谨以此书献给

中华人民共和国成立七十周年！

鄂温克族自治旗成立六十周年！

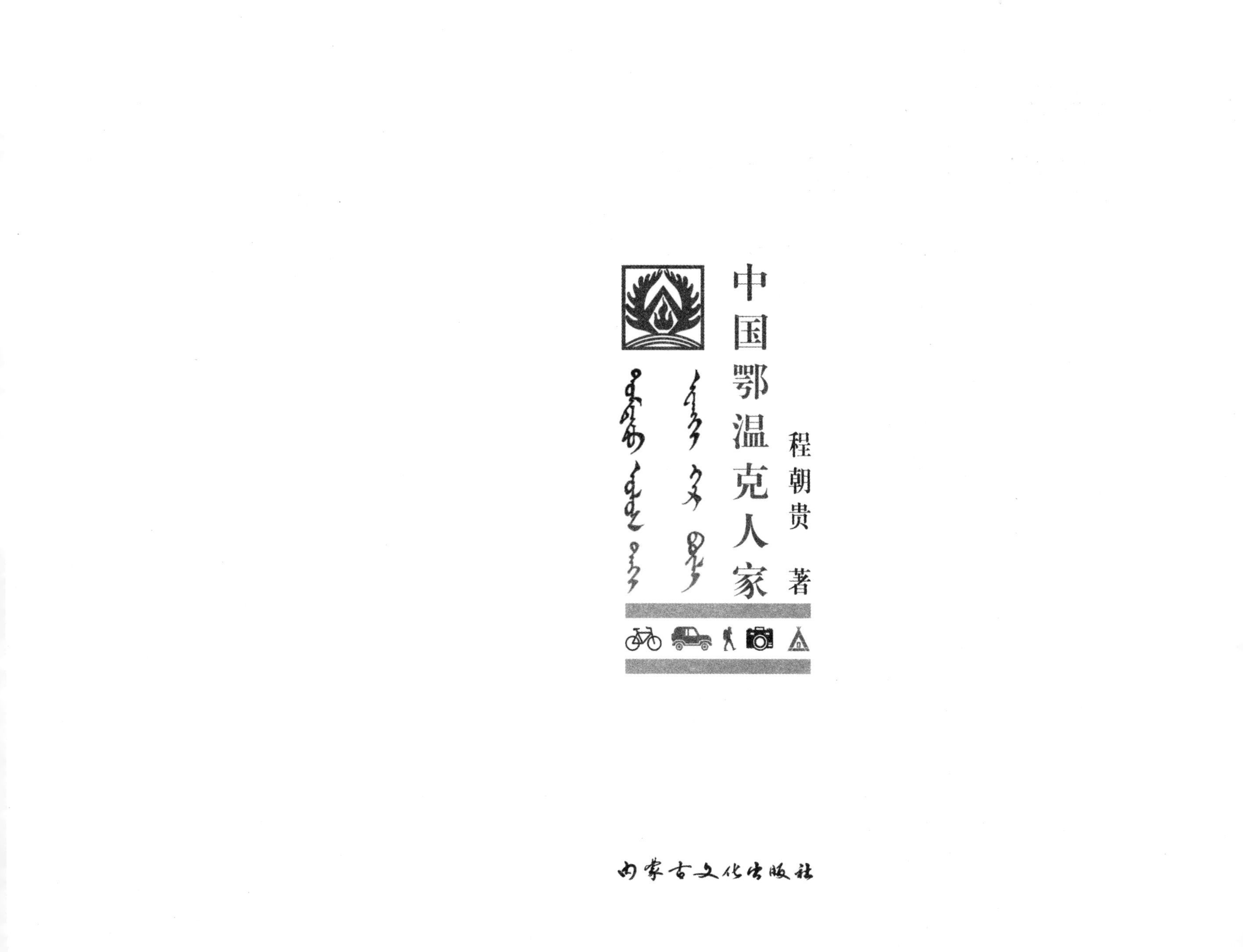

中国鄂温克人家

程朝贵 著

内蒙古文化出版社

图书在版编目（CIP）数据

中国鄂温克人家 ： 蒙古文、汉文 / 程朝贵著. --
呼伦贝尔 ： 内蒙古文化出版社，2018.6
ISBN 978-7-5521-1501-7

Ⅰ. ①中… Ⅱ. ①程… Ⅲ. ①鄂温克族－概况－中国
－摄影集 Ⅳ. ①K282.3-64

中国版本图书馆CIP数据核字(2018)第143720号

中国鄂温克人家

程朝贵　著

责任编辑　铁　山　姜继飞
出版发行　内蒙古文化出版社
（呼伦贝尔市海拉尔区河东新春街4付3号）
印刷装订　三河市华东印刷有限公司
开　　本　787毫米 × 1092毫米　1/16
印　　张　17　　字　　数　146千
版　　次　2018年6月第1版
印　　次　2020年2月第1次印刷
书　　号　ISBN 978-7-5521-1501-7
定　　价　128.00元

《中国鄂温克人家》编委会

ᠵᠠᠩᠭᠠᠷ ᠰᠤᠳᠤᠯᠭ᠎ᠠ ᠶᠢᠨ ᠲᠡᠦᠬᠡ ᠳᠦ ᠬᠢ ᠴᠢᠬᠤᠯᠠ ᠰᠤᠳᠤᠯᠭ᠎ᠠ

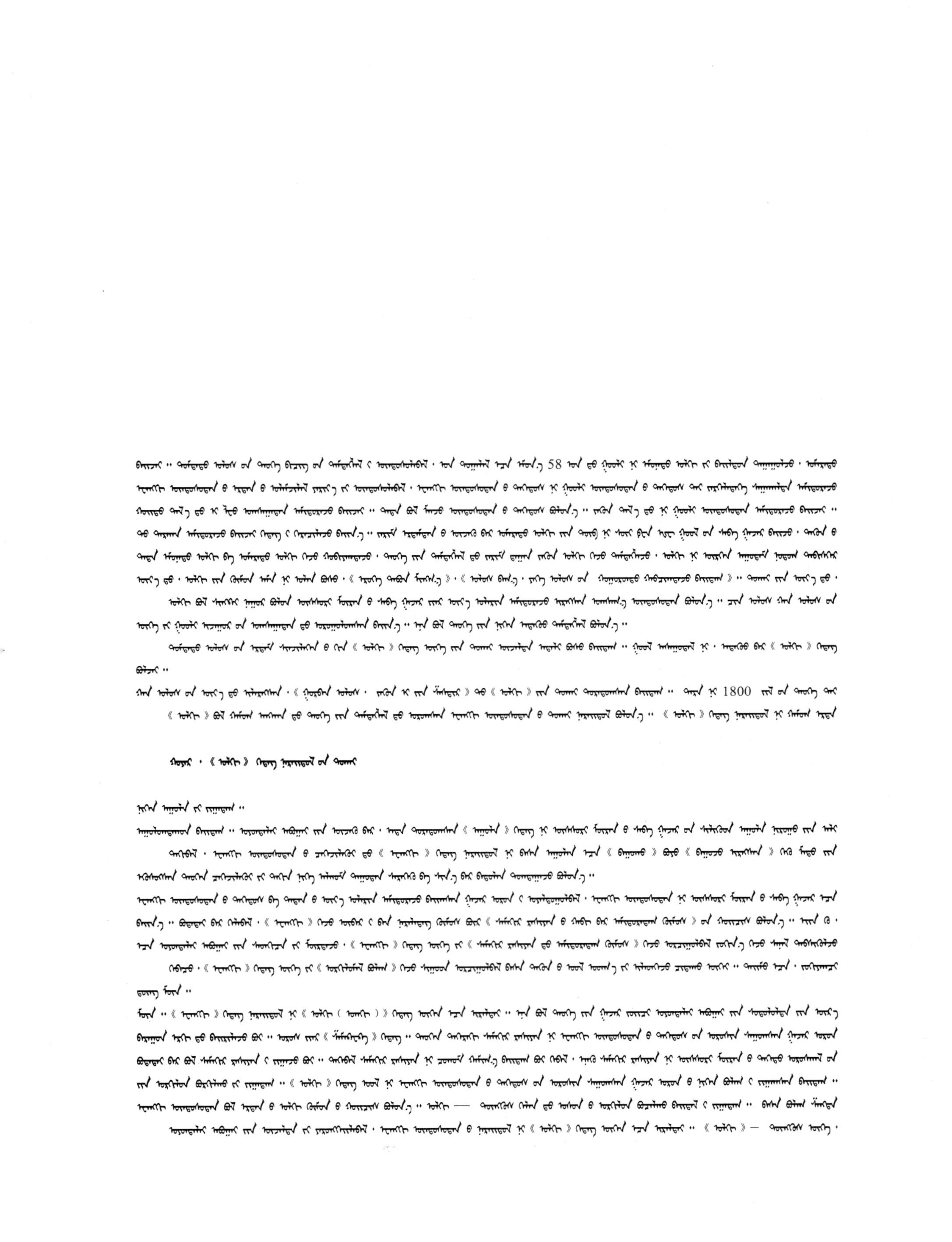

[illegible] 58 [illegible]

[illegible]

[illegible] 1800 [illegible]

ᠭᠤᠷᠪᠠ᠂ 《ᠵᠠᠩᠭᠠᠷ》 [illegible]

[illegible]

[illegible]

[illegible]

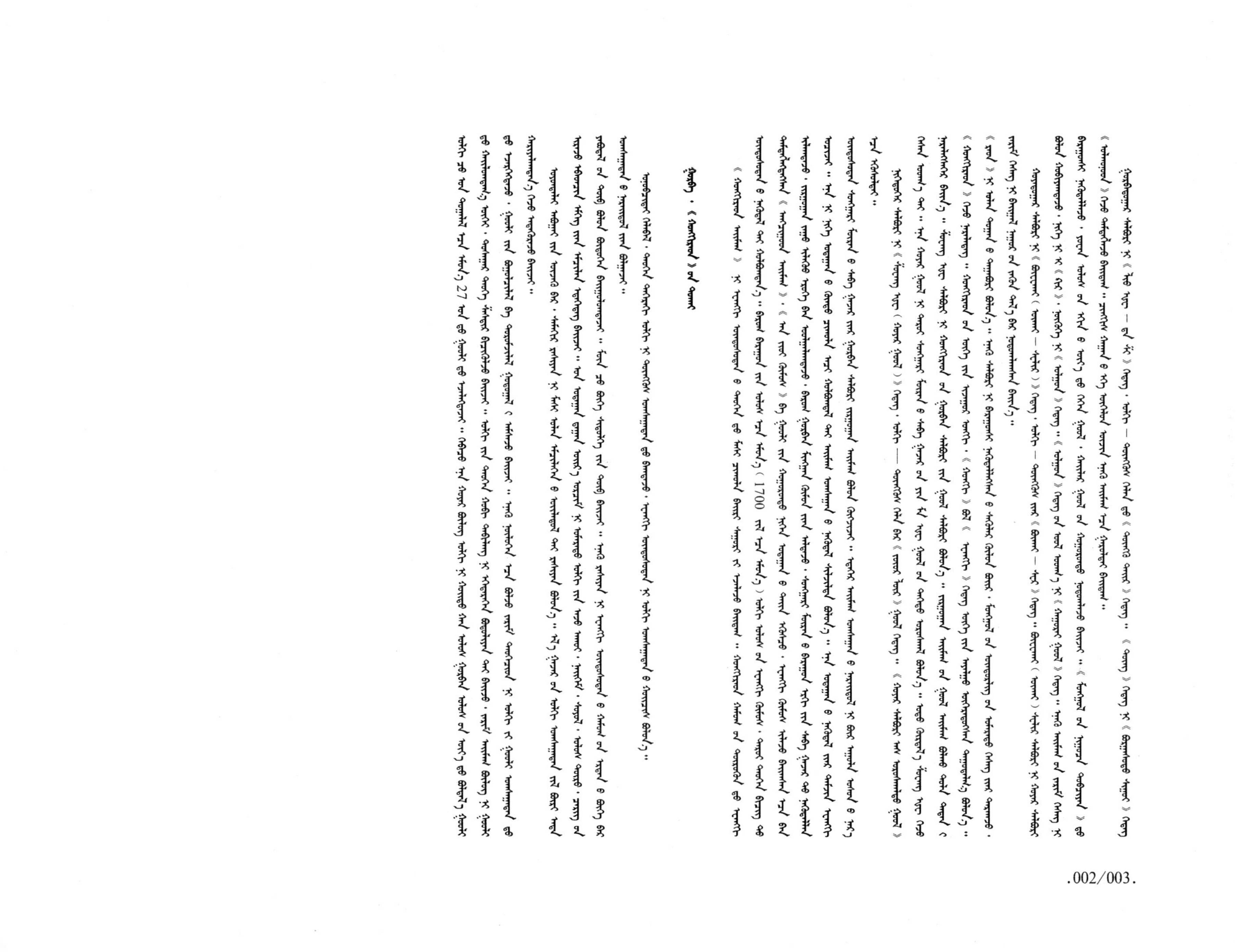

[illegible]

ᠶᠢᠨ ᠬᠦᠷᠢᠶᠡᠨ ᠲᠦ ᠪᠠᠭᠳᠠᠭᠰᠠᠨ 《ᠣᠷᠴᠢᠭᠤᠯᠭ᠎ᠠ》 · ᠣᠷᠴᠢᠭᠤᠯᠤᠭᠰᠠᠨ 《ᠣᠷᠴᠢᠭᠤᠯ》 ᠤᠨ ᠪᠠᠷᠢᠮᠲᠠ ᠪᠣᠯᠤᠨ᠎ᠠ ::

11 ᠳᠦᠭᠡᠷ ᠵᠠᠭᠤᠨ ᠤ ᠡᠬᠢᠨ ᠦ ᠦᠶ᠎ᠡ ᠳᠦ ᠪᠠᠭᠳᠠᠭᠰᠠᠨ ᠪᠠᠷᠢᠮᠲᠠ ᠪᠢᠴᠢᠭ ᠲᠦ ᠪᠠᠭᠳᠠᠨ᠎ᠠ ::

ᠲᠣᠪᠴᠢᠯᠠᠨ ᠬᠡᠯᠡᠪᠡᠯ · 《ᠣᠷᠴᠢᠭᠤᠯ》 ᠤᠨ ᠬᠡᠯᠡᠨ ᠦ ᠪᠠᠷᠢᠮᠲᠠ ᠪᠣᠯᠤᠨ᠎ᠠ ::

ᠳᠣᠯᠣᠳᠤᠭᠠᠷ · 《ᠣᠷᠴᠢᠭᠤᠯᠭ᠎ᠠ》 ᠶᠢᠨ ᠬᠡᠯᠡᠨ ᠦ ᠰᠤᠳᠤᠯᠤᠯ ᠤᠨ ᠦᠷ᠎ᠡ ᠳᠦ

ᠬᠡᠯᠡᠨ ᠦ ᠰᠤᠳᠤᠯᠤᠯ ᠤᠨ ᠦᠷ᠎ᠡ ᠪᠣᠯᠤᠨ᠎ᠠ ::

ᠣᠷᠴᠢᠭᠤᠯᠭ᠎ᠠ ᠶᠢᠨ ᠬᠡᠯᠡᠨ ᠦ ᠰᠤᠳᠤᠯᠤᠯ ᠤᠨ ᠠᠷᠭ᠎ᠠ ᠪᠠᠷ ᠬᠡᠯᠡᠨ ᠦ ᠦᠭᠡ ᠶᠢᠨ ᠰᠤᠳᠤᠯᠤᠯ ᠤᠨ ᠦᠷ᠎ᠡ ᠳᠦ ᠪᠣᠯᠤᠨ᠎ᠠ :: 698 — 926 ᠣᠨ ᠤ ᠬᠣᠣᠷᠣᠨᠳᠤ ᠬᠤᠪᠢᠯᠤᠭᠰᠠᠨ ᠦᠭᠡ ᠶᠢᠨ ᠪᠠᠷᠢᠮᠲᠠ ᠪᠣᠯᠤᠨ᠎ᠠ ::

《ᠣᠷᠴᠢᠭᠤᠯ》 ᠤᠨ ᠬᠡᠯᠡᠨ ᠦ ᠦᠭᠡ ᠶᠢᠨ ᠰᠤᠳᠤᠯᠤᠯ ᠤᠨ ᠦᠷ᠎ᠡ ᠳᠦ ᠪᠠᠭᠳᠠᠨ᠎ᠠ :: 《ᠣᠷᠴᠢᠭᠤᠯ》 《ᠮᠠ》 《ᠶᠠ》 ᠬᠡᠮᠡᠬᠦ ᠦᠭᠡ ᠪᠣᠯᠤᠨ᠎ᠠ ::

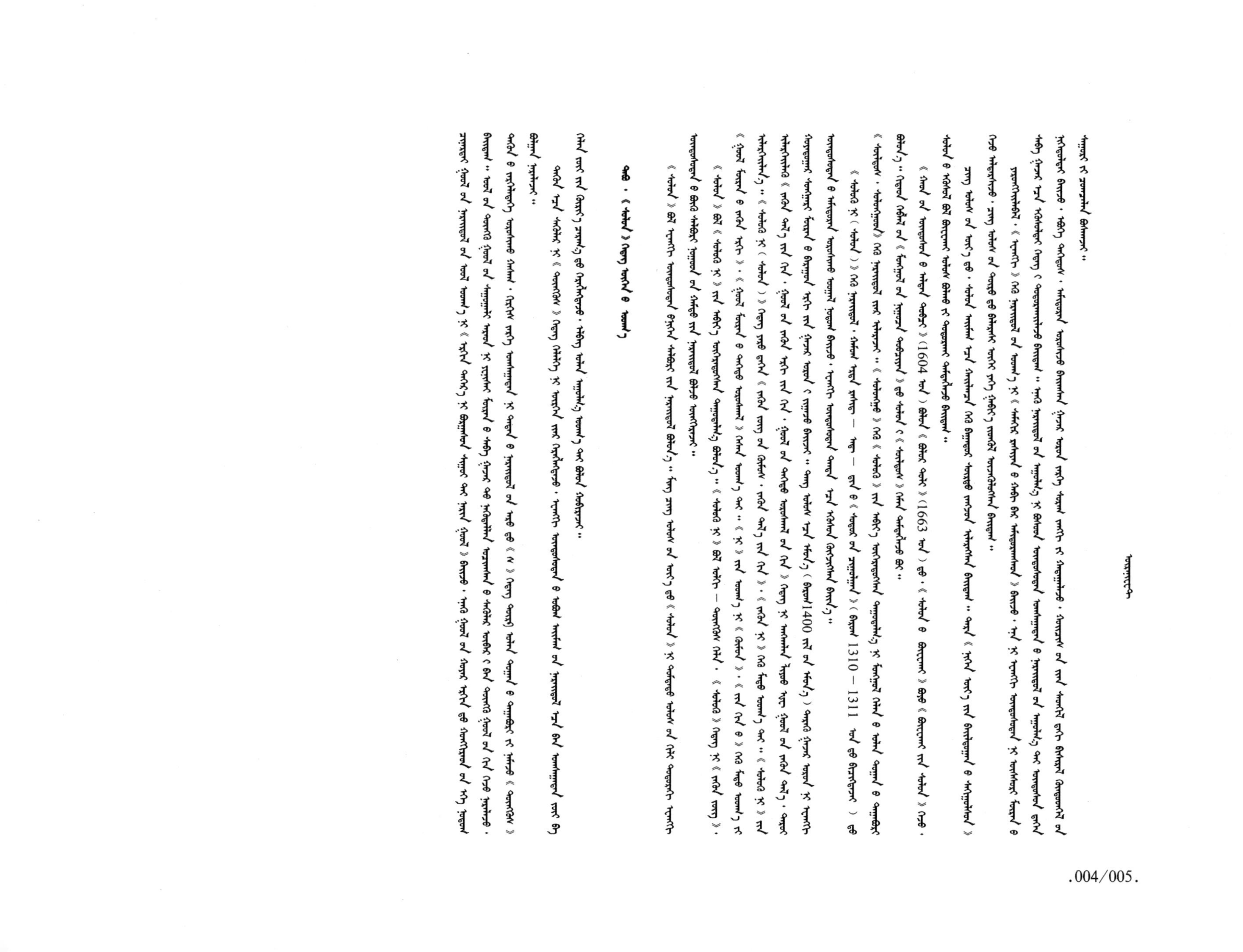

[illegible] ::

[illegible] · [illegible] · [illegible] · [illegible] :: [illegible] · 《[illegible]》 [illegible] 《[illegible]》 [illegible] · [illegible] · [illegible] ::

[illegible] · [illegible] :: [illegible] 《[illegible]》 [illegible] ::

《[illegible]》(1604 [illegible]) [illegible] 《[illegible]》(1663 [illegible]) [illegible] · 《[illegible]》 [illegible] 《[illegible]》 [illegible] · [illegible] :: [illegible] 《[illegible]》 [illegible] 《[illegible]》 [illegible] ::

《[illegible] · [illegible]》 [illegible] :: 《[illegible]》 [illegible] 《[illegible]》 [illegible]

《[illegible] ([illegible])》 [illegible] · [illegible] — [illegible] — [illegible] 《[illegible]》([illegible] 1310 — 1311 [illegible]) [illegible] · [illegible] ::

[illegible] :: [illegible] ([illegible]1400 [illegible]) [illegible] 《[illegible]》 · [illegible] · [illegible] 《[illegible]》 [illegible] · [illegible] :: 《[illegible] ([illegible])》 [illegible] 《[illegible] · [illegible]》 · 《[illegible]》 [illegible] :: 《[illegible]》 [illegible] 《[illegible]》 · 《[illegible]》 [illegible] :: 《[illegible]》 [illegible] 《[illegible]》 · 《[illegible]》 [illegible]

《[illegible]》 [illegible] 《[illegible]》 [illegible] :: 《[illegible]》 [illegible] — [illegible] · 《[illegible]》 [illegible] 《[illegible]》 · [illegible] ::

《[illegible]》 [illegible] :: [illegible] 《[illegible]》 [illegible] 《[illegible]》 [illegible]

[illegible] · 《[illegible]》 [illegible]

[illegible] · [illegible] ::

[illegible] 《[illegible]》 [illegible] · [illegible] ::

[illegible] · [illegible] 《[illegible]》 [illegible] 《[illegible]》 [illegible] :: [illegible] · [illegible] 《[illegible]》 [illegible] 《[illegible]》 [illegible] · [illegible]

鄂温克族称的含义与其他历史称谓

乌热尔图

鄂温克（ewenki）民族是古老的民族。谈到鄂温克民族的历史特点，可以这样来概括：民族人口较少；居住地分散；历史上经历过多次大迁徙。另外，鄂温克人习惯于以居住地的河流做代称，以此来区分彼此，由此形成了多种多样的自称和他称。本文重点分析这些称呼的含义和由来。

一、怎样解释“鄂温克”一词的含义

1956年至1958年，中国社会科学院少数民族社会历史调查组对中国境内的鄂温克民族进行了社会调查，将“鄂温克”这一族称的原意及由来列为研究课题。在调查中，阿荣旗查巴奇的鄂温克人称，“‘鄂温克’的意思是指‘住在山南坡的人们’”；额尔古纳左旗（今根河市）使用驯鹿鄂温克人对此的解答是：“鄂温克人把西伯利亚一带的大山林，其中包括兴安岭、勒拿河、阿玛扎尔河等地区的大山林，都叫‘俄哥登’（大山林），而在这些大山林中居住的人们都叫‘鄂温克’。

因此，‘鄂温克’的意思就是‘住在大山林中的人们’。”

截至目前，在中国境内，人们已经习惯于说“鄂温克”一词的含义，就是“住在大山林中的人们”。

随着社会的发展以及人们历史意识的提高，更多的人发现，以往对“鄂温克”一词的阐释中存在着一些矛盾，一些无法解释的历史偏差。例如，阿荣旗的鄂温克人称“鄂温克”的意思是“住在山南坡的人们”，这个“山南坡”到底指的是什么山？其地理位置是不清楚的，但它指的绝不可能是大兴安岭。这一“山南坡”的观点，代表了鄂温克索伦分支残缺的早期记忆。而称“鄂温克”的含义是“住在大山林中的人们”的说法，具体所指是西伯利亚阿玛扎尔河一带的大山林。这一观点，代表了使用驯鹿鄂温克分支的集体记忆，这一记忆也带有明显的缺陷，因为鄂温克人迁至西伯利亚只有一千多年的历史。所以上述两种记忆，也就是这两种说法，不足以解释“鄂温克”一词的原有含义。

1989年，《鄂温克族的起源》一书正式出版，作者是鄂温克族学者乌云达赉先生。在这部专著中，这位历史地名学家对鄂温克族起源问题进行了深入的研究，并对“鄂温克”一词的含义，进行了全新的阐释。乌云达赉先生的历史观点清晰、深刻，与俄罗斯著名人类学家希罗科戈罗夫·谢尔盖·米哈伊洛维奇的推断基本一致。

简括起来说，乌云达赉先生认为，鄂温克这一族称是由olgi生发而来，olgi是沃沮–通古斯语，鄂温克人是古沃沮人的后裔。沃沮–通古斯语称烧水时锅底翻花、沸水漩动状态为olgi，所以把翻花的矿泉、漩流的矿泉也叫作olgi。olgi的原本之意，指的是鄂温克先祖聚集地的一处矿泉，具体是指萨玛伊尔矿泉。那么，萨玛伊尔矿泉到底在哪儿？这个萨玛伊尔矿泉位于乌苏里江上游右侧，其具体的位置和名称，今按俄文音译为“什马科夫卡”。历史上的萨玛伊尔矿泉，是鄂温克先人的聚集之地，“鄂温克”这一称谓是因olgi而得名。

这是历史地名学家乌云达赉先生的研究成果。

由此说来，把“鄂温克”一词直译为“翻花的矿泉”并不能代表其原意。因此，笔者遵循乌云达赉先生的思路，提议将“鄂温克”一词解读为：“居住在萨玛伊尔矿泉的人们”。具体地说，所有以鄂温克自称的人，都是“居住在萨玛伊尔矿泉的人们”的后裔。这样，将鄂温克人的先祖与先祖的世居之地相互联系在了一起，便可进一步唤醒和重新确立鄂温克民族起源于乌苏里江流域的历史记忆了。

另外，在鄂温克人的记忆中，鄂温克这一称谓还含有从山上“下去”或“下来”之意。乌云达赉认定，这里所指的“山上”，原本是指乌苏里江流域锡霍特山脉的某处山岭。

二、谈谈“沃沮”这一称呼

沃沮是olgi的汉文标注，也就是说，沃沮是最早进入历史记载的鄂温克民族的代称。沃沮一名最早出现于中国的汉代，在《三国志·东夷传》中提到了沃沮，距今大约已有1800年历史。

中国的学术界对沃沮看法不一，其主要问题是误将沃沮划入高句丽语族。这是一个历史误判。

沃沮是世代居住在兴凯湖及乌苏里江流域的族群，在秦汉时期，沃沮人数不多，“户五千”，“国小，迫于大国之间”。当时，他们分为北沃沮和南沃沮，史书中也有称呼东沃沮的，可见当时沃沮人分布在广阔的地域。有学者认为，北沃沮的活动中心在绥芬河流域，他们的北面是挹娄人，也就是满族的先人，东面是高句丽人。而按照流传下来鄂温克人的古老传说，鄂温克人的祖先确实同高句丽人比邻而居。在中国史书中记载，公元前58年高句丽征服了南沃沮，北沃沮于公元前27年为高句丽所侵占，但这两部分沃沮直到三国时期并未融入高句丽，而被独立列传。沃沮的历史命运坎坷，一些部落长期臣服于高句丽，饱受高句丽的奴役和欺压，也受其影响，因此被一些史学家误认为同属于高句丽语族。

乌云达赉先生认为，因萨玛伊尔有许多疗效极佳的矿泉，各地的沃沮人每年来此治疗各种疾病，久而久之，将这一带地方建设成为北沃沮的经济、社会、文化、政治、军事中心，也是萨满教的中心。这一矿泉，是以鄂温克族最古老的萨玛伊尔（samanyir）氏族命名的。

可以确切地说，历史上的沃沮属于通古斯语系，而鄂温克人是沃沮人的后裔。

三、谈谈“弘吉剌诸部”

“弘吉剌诸部”在鄂温克族的历史上占有重要的位置。具体谈到弘吉剌，首先涉及鄂温克族群的迁徙。大约在西晋以前，也就是1700多年前，沃沮国的鄂温克人，也就是史书中所称的“安车骨部”“安居人”，与高句丽发生了一场战争，安居鄂温克人先胜后败，被高句丽掳去六百余家，三千多人，迁到第二松花江西岸地区。这是一次重要的部族迁徙，这次迁徙使鄂温克人在第二松花江流域繁衍生息，在那里发展成为三个支系、六个部落。这些部落的名称均得自当地的山川河流。

第一个支系，名曰“双河”，沃沮–通古斯语称juur lup gu，意思是“两条径直流过的河”。这两条河，就是第二松花江流域的饮马河上游，现在仍叫双河。双河系，是弘吉剌三个支系中的本支，六个部落中的正支，所以也称他们为弘吉剌。“弘吉剌”（honkir），其词干onki、honki是ewenki的变读音，–r、–t是复数词尾。这一支系的一些分支西迁后，主要分布在呼伦贝尔、蒙古高原东北部，也有的散居贝加尔湖以东地区。

第二个支系，名曰“渤海（雾海）–奢岭”，沃沮–通古斯语称buhai–seer。渤海（雾海）–奢岭系，派生两个部落，一个叫ii–kir，另一个叫olgun。olgun部落的原意为干河床。这个部落的一些分支西迁后，元初居住在根河与海拉尔之间的地区，并在《蒙古秘史》中记载为“斡勒忽讷兀剔”。成吉思汗的母亲诃额仑出自这个部落。

第三个支系，名曰“柳河–大氏”，沃沮–通古斯语称tungu–daayir。tungu之意为“柳条丛林”。这个“柳条林子河”，指的是第二松花江流域柳河——辉发河上段河道柳河。daayir的daa，表示“原本的”“原有的”“最初就有的”意思。daayir的ir，意为“洞穴”，有时当词尾来用。家族中的嫡长房，氏族中的本支家族，部落中的正支氏族，都叫作daa–ir，在中国史料《旧唐书》《新唐书》中译音为“大”。在《蒙古秘史》中写为“歹亦儿”“答亦儿”。柳河–大氏派生三个部落：其一gorol，其二oiheen，其三haran。

历史上的gorol部落，曾出过两位重要的人物。一是在gorol部落的一些分支西迁后，他们的氏族到达贝加尔湖东岸，与蒙古人比邻而居，在《蒙古秘史》中称其为“豁罗剌思”。对此，拉施特在《史集》（成书于1300–1310年）中称，铁木真的第十二世祖母阿阑豁阿出自gorolas部落，其家族曾在贝加尔湖东岸巴尔古津河流域居住。二是留在故乡柳河上游流域的gorol部落，他们经过繁衍发展成为强大的部落。渤海国（公元698–926年）的开国君王大（daayir）祚荣就出自这个部落。

oiheen部落，分布在东辽河上游的渭津河一带。oiheen的意思是“大森林”。oiheen部落的若干分支西迁后，拉施特在《史集》中称其为“额勒只斤”。

haran部落，分布在海龙河流域及今辉南县一带。haran的意思是“山口”“鞍部”“岭口”。haran部落的若干分支西迁后，拉施特在《史集》中记载为“合剌讷惕”。

上述对弘吉剌诸部的起源及历史变迁的简要描述，是历史学家乌云达赉先生最重要的研究成果，也是他本人对鄂温克民族作出的极其宝贵的贡献。

四、解读“通古斯”一词的含义

可以说，“通古斯”一词是鄂温克民族最重要的代称。但是，这些年来，各方面人士对“通古斯”一词的解释偏差太大，令人不解。

乌云达赉先生对“通古斯”一词的解释合情合理，因此具有权威性。他认为，通古斯是tunggus的译音。tunggus是沃沮–通古斯语，tung意为“柳条林”，gu意为“河”，–s是蒙古语、突厥语复数词尾。通古斯，是鄂温克人的别称，是大约于11世纪初，移居叶尼塞河流域鄂温克人的自称。

11世纪初，乌素固（鄂温克）部西迁时，将“通古斯”（tunggus）这一名称带到了叶尼塞河流域。tung–gu的原本之意是指第二松花江下游支流伊通河（iitung–gu，今称“一统河”），伊通河在辽金时代就称tung–gu，即通河。这条由鄂温克先人命名的季节性小河，原意是“岸边长满柳树林的小河”，小河两岸是弘吉剌部落的故乡。原居tung–gu（通河）的部落支系迁至叶尼塞河流域后，他们自称tung–gu人（“柳河人”或“〈伊〉通河人”），其近邻哈卡斯人、吉尔吉斯人、克特人便在tung–gu后面加上突厥语复数词尾–s，称他们为tung–gus，即通古斯。

之后，“通古斯”一词被广泛应用，由特指鄂温克的部落称谓转入语言学及人类学领域，成为外延丰富的多义概念。

五、“索伦”的含义

索伦是鄂温克支系部落的自称。早在明清时期，索伦一度成为中国境内鄂温克诸部的代称。

索伦是sologu–ni的变读solun的译音。sologu–ni，是沃沮–通古斯语，sologu意为“东方”“河流的左方”“河流的上方”，ni意为“人”。sologu–ni（solun）通常是“东方人”“东夷”的意思。sologu所指的“东方”“河流的左方”“河流的上方”，最初原意是指辽河以东的地方，也就是第二松花江西岸地区。大致在唐代之前（大约1400年前）那里是鄂温克人繁衍生息之地，是鄂温克民族的发祥地。

sologu–ni（索伦）这一称谓，最早见于拉施特的《史集》。汉译者将其译注为“速勒都思”（solongg–hos）部落，–solongg是sologu的变读音，–hos是蒙古语的复数词尾。

在汉译《蒙古秘史》中，“索伦”被译为“速勒都思”。

在《诸汗源流黄金史纲》（蒙古文，1604年成书）和《蒙古汗统宝贵史纲》（蒙古文，1663年成书）中，称“索伦之渤海”或“渤海之索伦”，准确地记述了索伦源自渤海国。

在清代，索伦部落出了一位威震八方的大将军，他被称为“一代战神”，曾为大清帝国立下赫赫战功，他的名字叫——海兰察。

总括起来说，“鄂温克”（ewenki）这一称谓的含义——“居住在萨玛伊尔矿泉的人们”，指明了鄂温克民族起源于乌苏里江流域。这一族称的内涵，与其他古老民族称谓的含义原则上相一致，所传递的信息要素隐含了先祖的身份以及先祖的居住地，并由此在后嗣的心灵中奠定崇尚的情怀。

乌热尔图：著名作家，内蒙古文联副主席，内蒙古鄂温克族研究会会长

目　录

索伦鄂温克人家

居住地 内蒙古自治区呼伦贝尔市：鄂温克族自治旗，扎兰屯市萨马街鄂温克民族乡，阿荣旗音河达斡尔鄂温克民族乡、查巴奇鄂温克民族乡、得力其尔鄂温克民族乡，莫力达瓦达斡尔族自治旗杜拉尔鄂温克民族乡、巴彦鄂温克民族乡。

黑龙江省讷河市兴旺鄂温克民族乡。

新疆维吾尔自治区塔城市。

北京市、呼和浩特市、通辽市等地散居着鄂温克人家。

中国历史上的两次军事布防，形成今天鄂温克族分布的基本格局。

雍正十年（1732年），清政府从布特哈征调1636名鄂温克族士兵、730名达斡尔族士兵和359名鄂伦春族士兵，携带家眷驻防呼伦贝尔。

乾隆二十八年（1763年）四月初十，第一批500名索伦兵，携带家眷1421人从东北嫩江流域启程，于乾隆二十九年（1764年）正月十九抵达伊犁，戍守新疆。

语　言 使用辉河方言，历史上称索伦鄂温克语。在鄂温克族自治旗、莫力达瓦达斡尔族自治旗杜拉尔鄂温克民族乡等地保持较好。其他地区60岁以上的老人会讲本民族语言，有部分年轻人能听懂本民族语言，但基本不会讲了。

服　饰 鄂温克族自治旗辉苏木、伊敏苏木、巴彦嵯岗苏木保持得较好，并且经常穿着。其他地区的鄂温克人一般在节庆的时候穿民族服装，平时不穿。

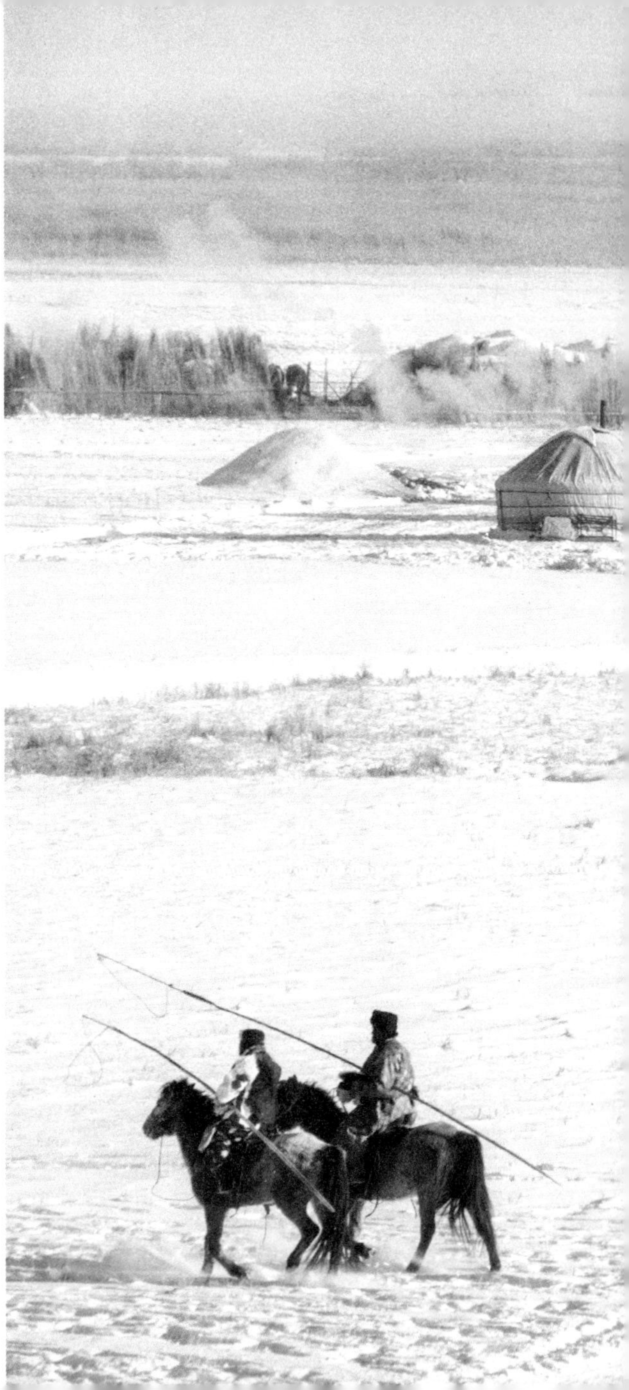

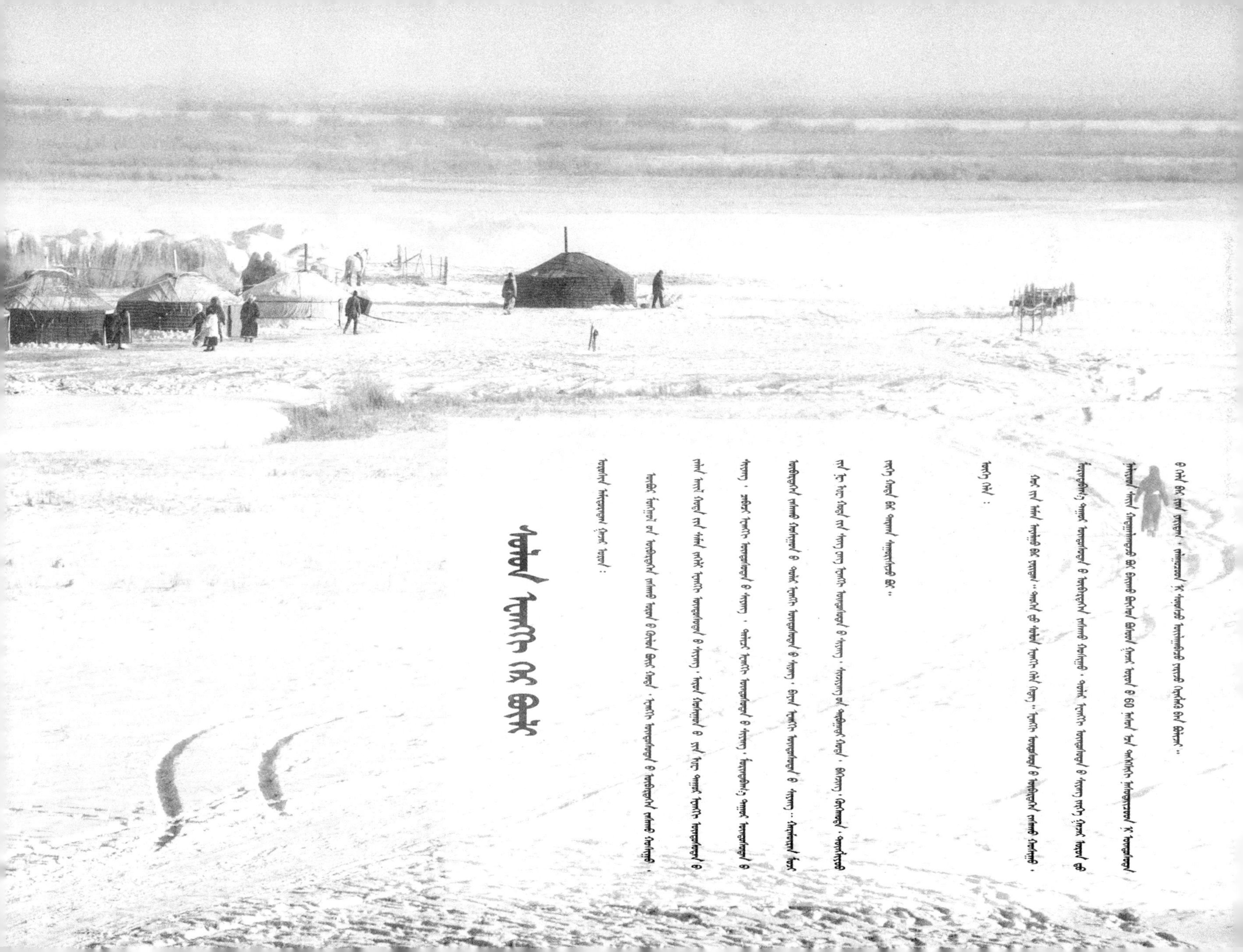

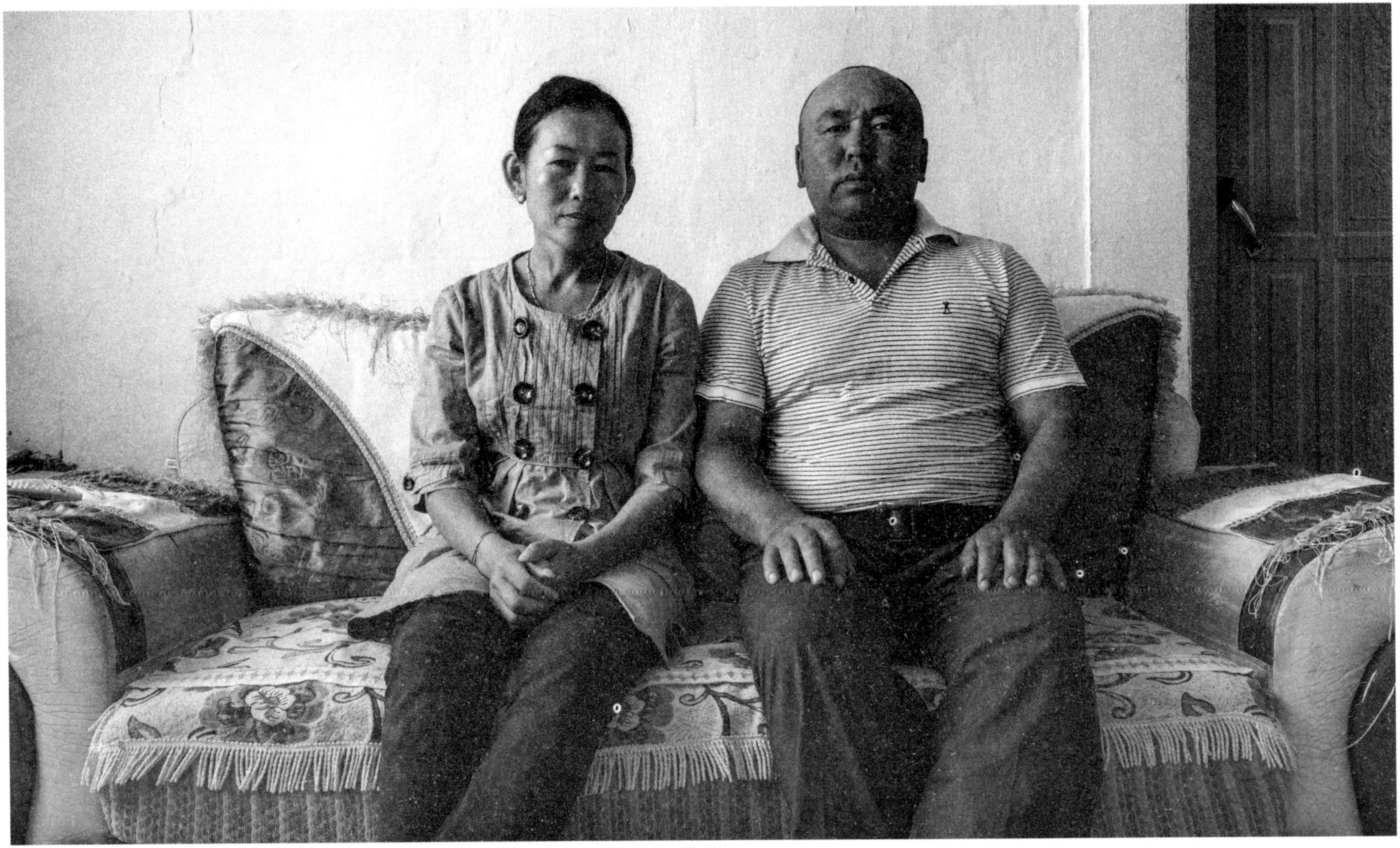

敖其巴达拉呼一家

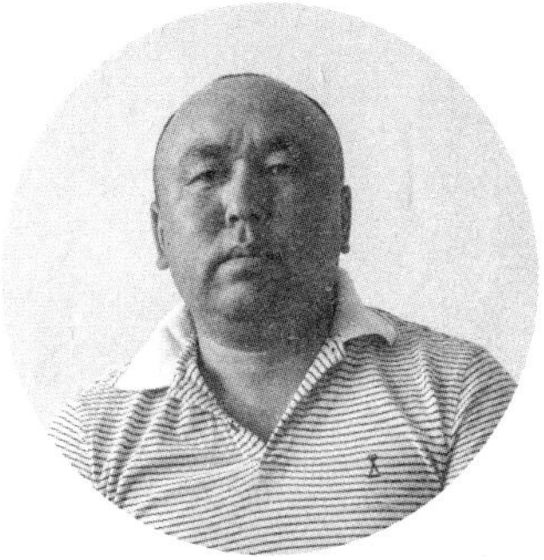

敖其巴达拉呼

1974年12月出生，鄂温克族，父母都是鄂温克族。中共党员，高中毕业，会说鄂温克语、蒙古语、汉语。

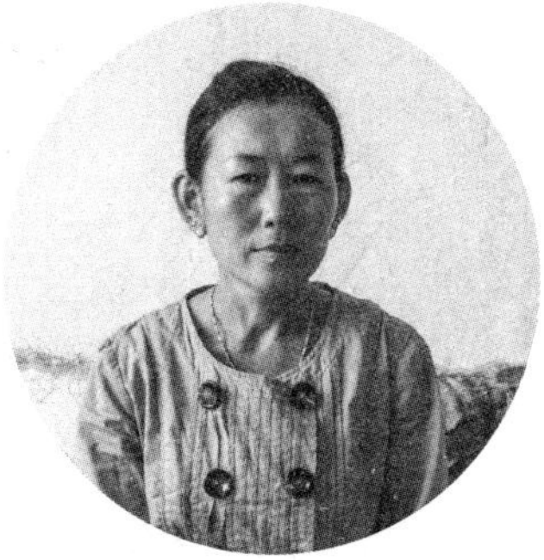

爱人：嘎拉森道力玛

1977年1月出生，鄂温克族，通古斯鄂温克人，初中文化。养育一个儿子，今年当兵入伍。

家里有34头牛，2匹马，175只羊，年收入7万元。

居住地：内蒙古自治区呼伦贝尔市鄂温克族自治旗辉苏木辉道嘎查
拍摄于2014年8月26日

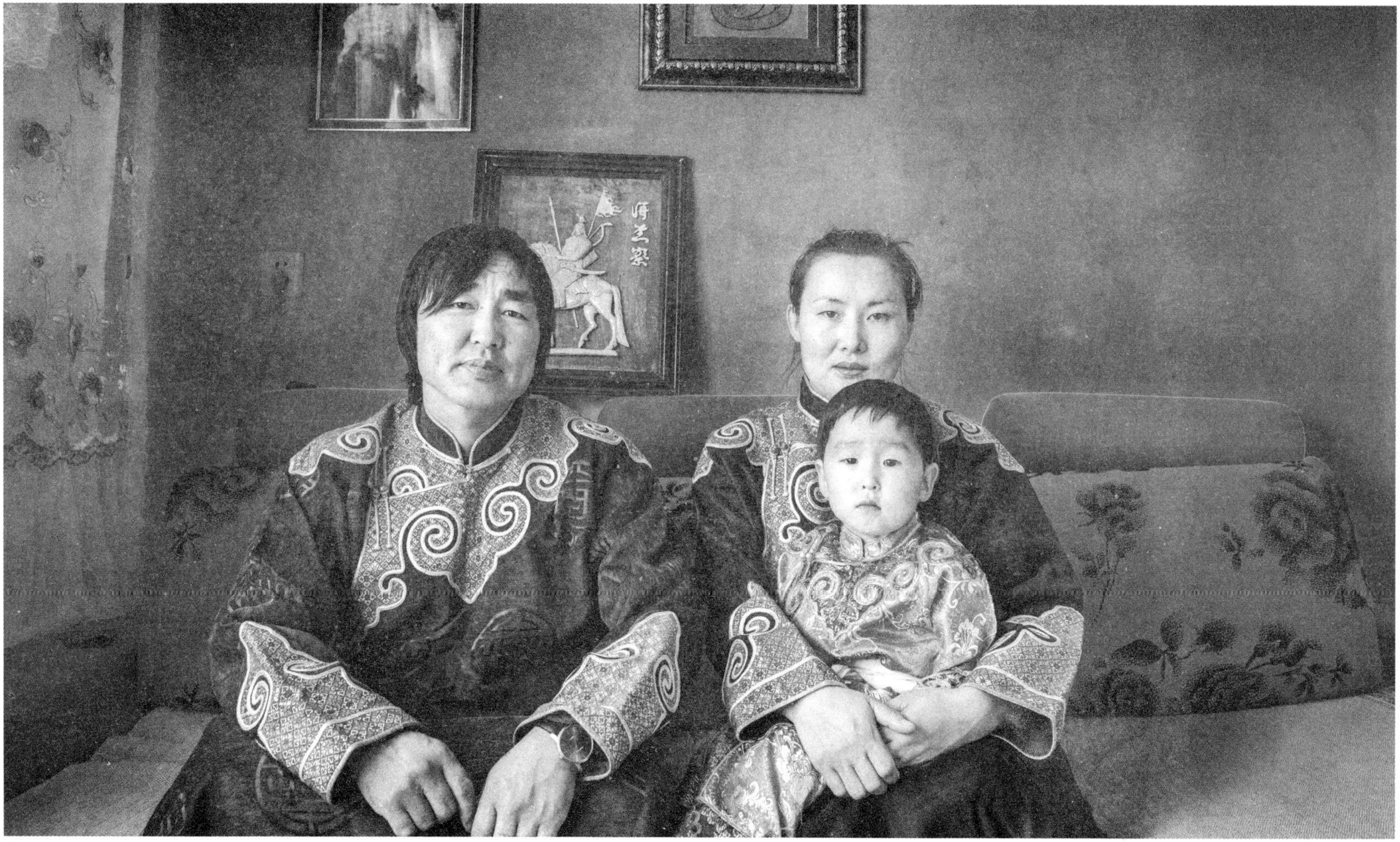

嘎拉巴达拉呼一家

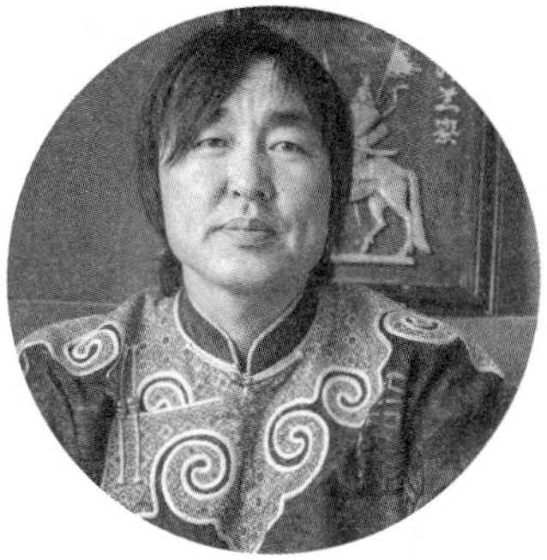

嘎拉巴达拉呼

1977年7月出生，鄂温克族，父母都是鄂温克族。中专学历，会说鄂温克语、蒙古语、汉语。嘎拉巴达拉呼和乌云在2005年10月17日代表鄂温克族青年，参加了在北京人民大会堂举行的第三届中华“龙凤呈祥”民族青年婚礼大典。

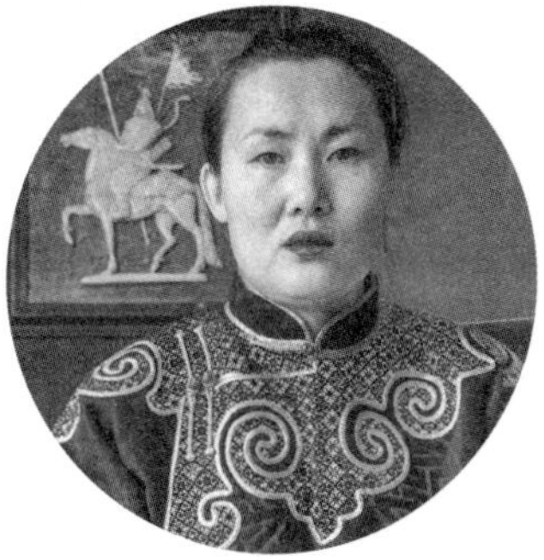

爱人：乌云

1986年3月出生，鄂温克族，初中文化。养育两个孩子。长女：迪拉甘，2006年9月出生，鄂温克族，现在巴彦托海镇上小学三年级。

2009年夫俩开了家小卖店，自己有车，去海拉尔上货，既方便了附近牧民的生活，又增加了家里收入。家里有30多头牛，3匹马，200多只羊，年收入5万～6万元。

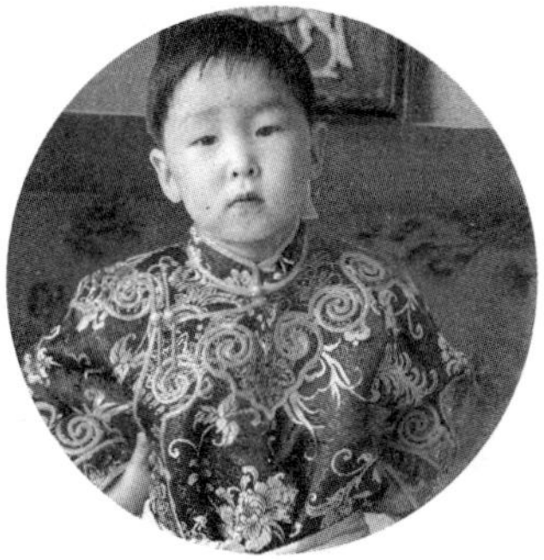

长子：提博

2011年11月出生，鄂温克族。

爷爷奶奶在巴彦托海镇照顾上学的迪拉甘和提博。

居住地：内蒙古自治区呼伦贝尔市鄂温克族自治旗辉苏木辉道嘎查

拍摄于2014年8月26日

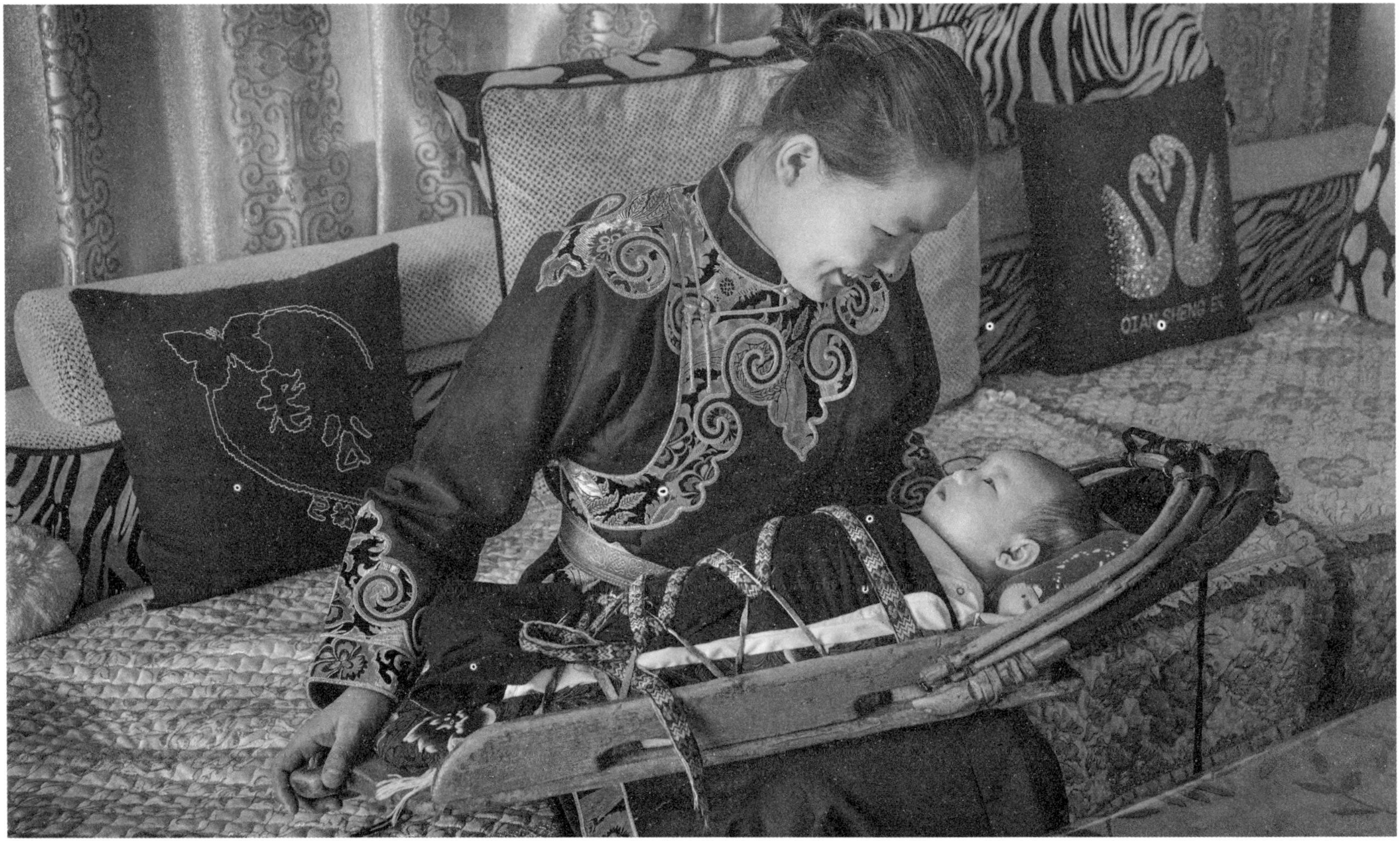

阿尼尔一家

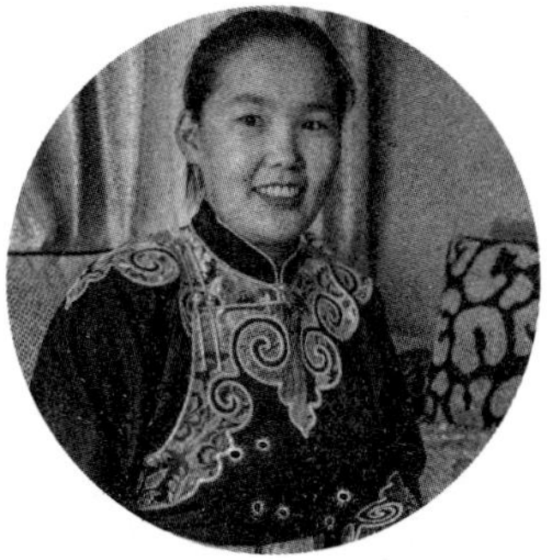

阿尼尔

1989年2月出生，鄂温克族，父母都是鄂温克族。学前教育专业毕业，大专学历。会说鄂温克语、蒙古语、汉语。

爱人：孟根

1988年10月出生，鄂温克族，初中文化。前几天骑马套牛摔了，脸抢破了皮，没有拍照。

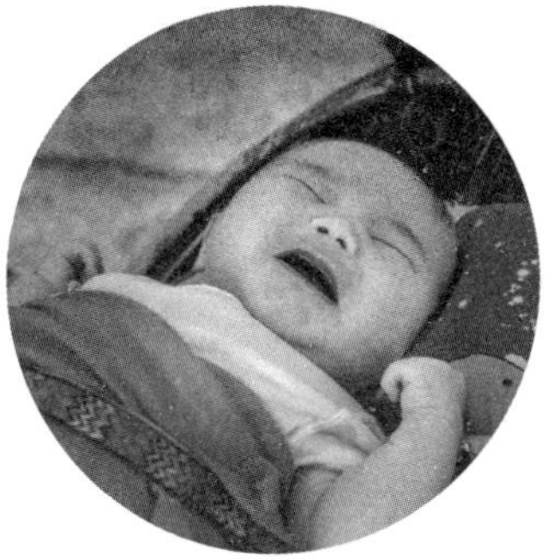

儿子：呼鲁克

2014年7月出生，鄂温克族。

他们与孟根的父母共同生活，家里有100多头牛，70匹马，300多只羊，年收入20万～30万元。

问阿尼尔想没想到城市里找份工作，她说还没有，等孩子大了再说吧。

他们的想法是等孩子大了，也要让他进城里接受良好教育，让父母去城里照顾孩子，他们在草原上放羊。

居住地：内蒙古自治区呼伦贝尔市鄂温克族自治旗辉苏木完工托海嘎查

拍摄于2014年8月26日

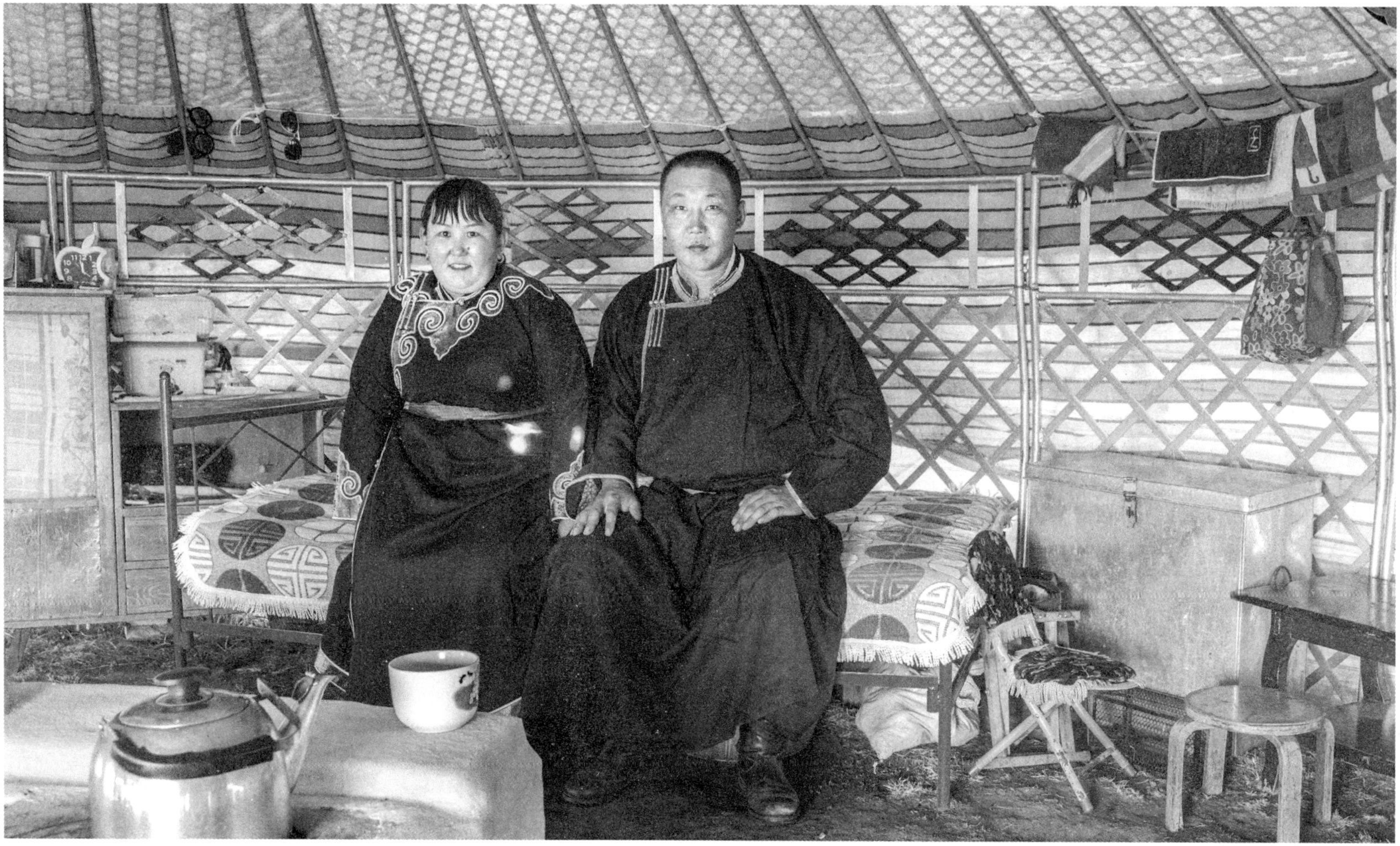

额尔德尼仓一家

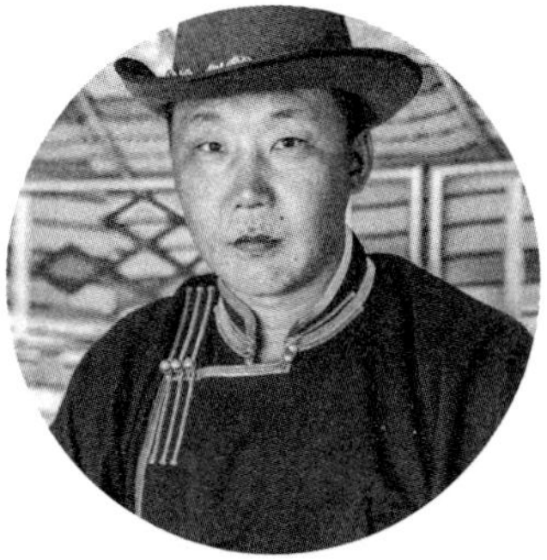

额尔德尼仓

1979年7月出生，鄂温克族，父母都是鄂温克族。初中文化，会说鄂温克语、蒙古语、汉语。现在牛奶没人收，只是挤一部分自己喝，再做点奶干、奶油去卖，贴补家用。羊毛也没人要，一公斤才4元钱。

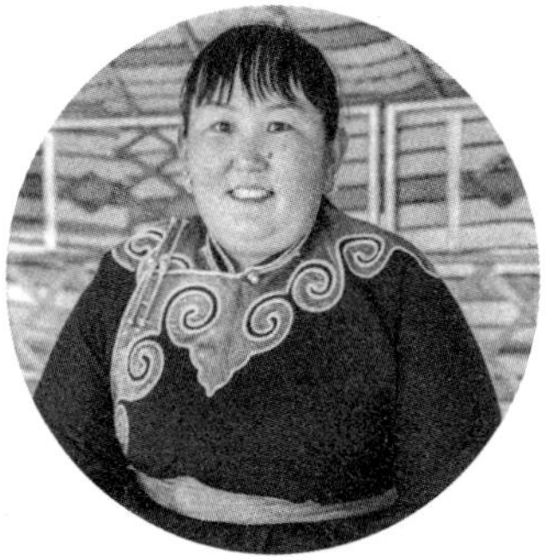

爱人：诺敏

1981年8月出生，鄂温克族，初中文化。养育两个儿子，大的上五年级，小的上幼儿园，在巴彦托海镇租房子上学，费用很高，由奶奶照顾。有时间他们就去看看孩子。诺敏希望孩子们好好学习，将来上个好大学，在城里找份稳定的工作，不希望他们回到草原放牧。

问：将来孩子都进城里了，你们老了的时候，牛羊怎么办？

诺敏笑着答：没想过。

家里有100多头牛，20多匹马，200多只羊，年收入4万～5万元。

居住地：内蒙古自治区呼伦贝尔市鄂温克族自治旗辉苏木完工托海嘎查

拍摄于2014年8月26日

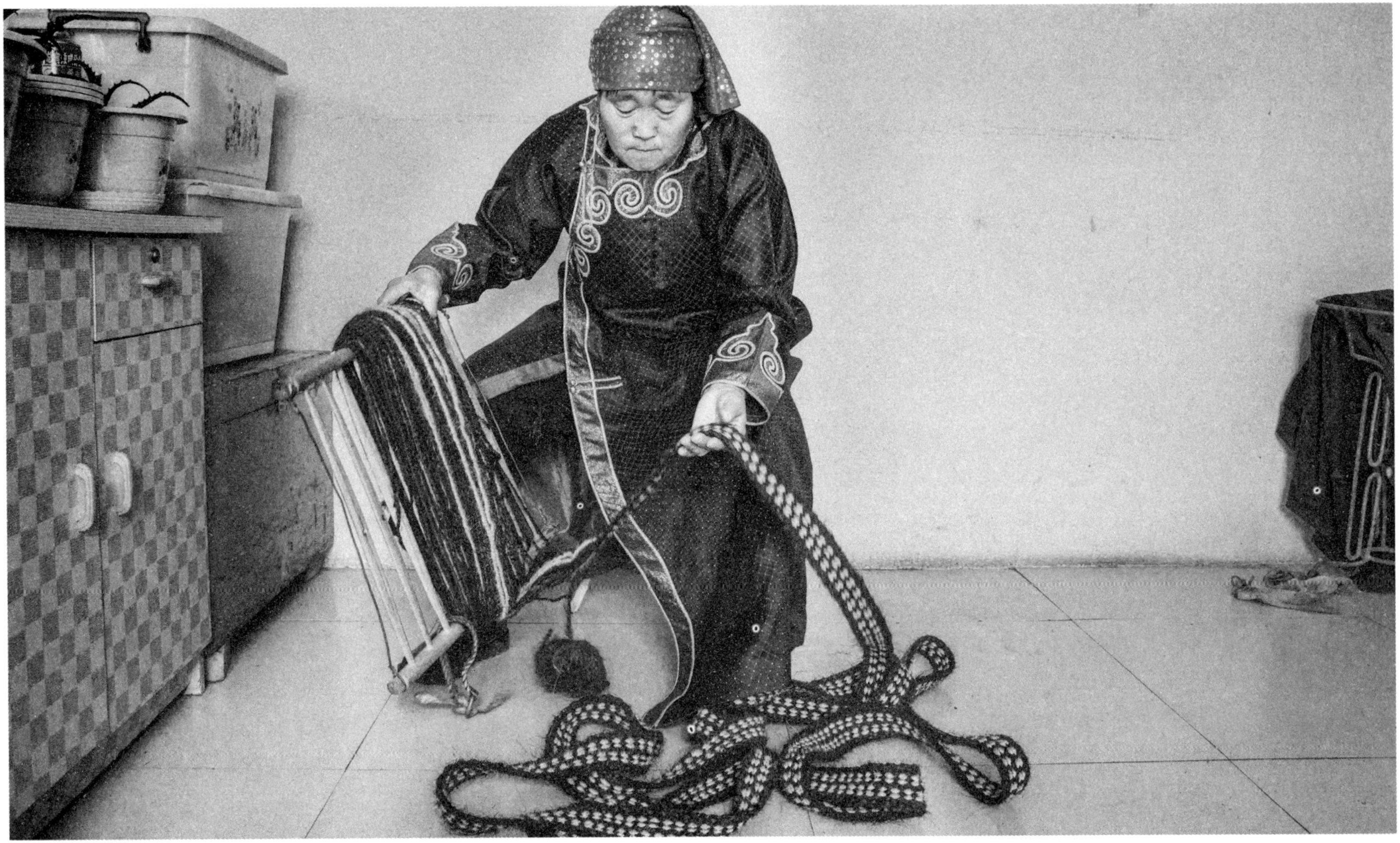

乌云挂一家

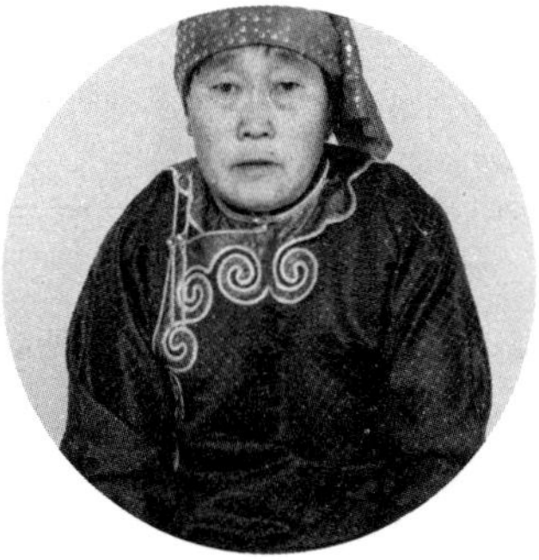

乌云挂

1959年11月出生，鄂温克族。

丈夫：孟和苏荣

1958年7月出生，鄂温克族，小学文化。外出打草，没有拍照。

养育了三个孩子，都成家了。家里有个孩子身体不好，一直有病，手术花了很多钱。

牛都卖了，羊被狼祸害了。现在家里开个旅游点，收入补贴家用。

乌云挂和孟和苏荣是草原上的手艺人，会做传统的鄂温克包和民族服饰，会熟皮子，做马的配具和奶制品等。

居住地：内蒙古自治区呼伦贝尔市鄂温克族自治旗辉苏木完工托海嘎查

拍摄于2014年8月27日

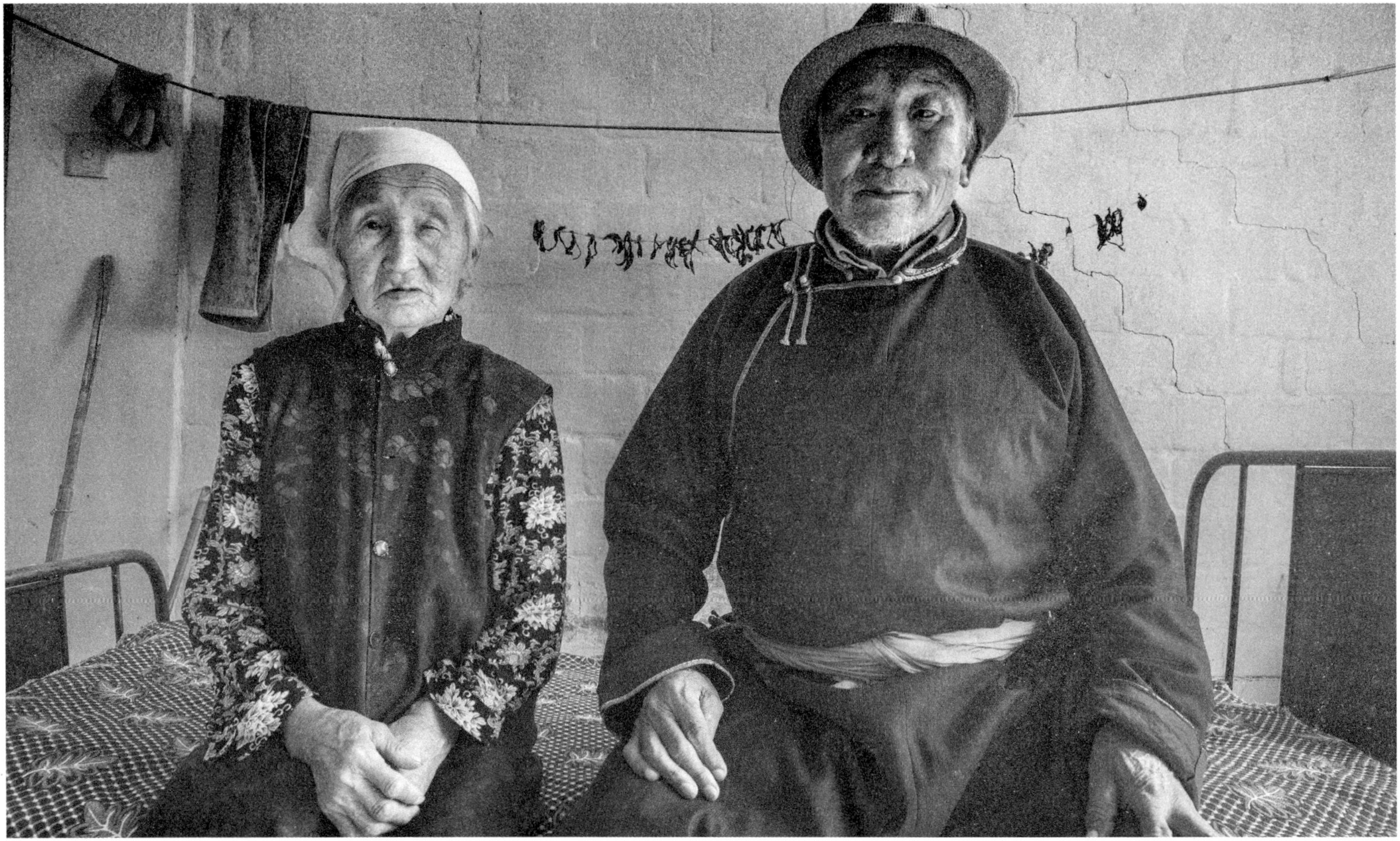

哈拉珠一家

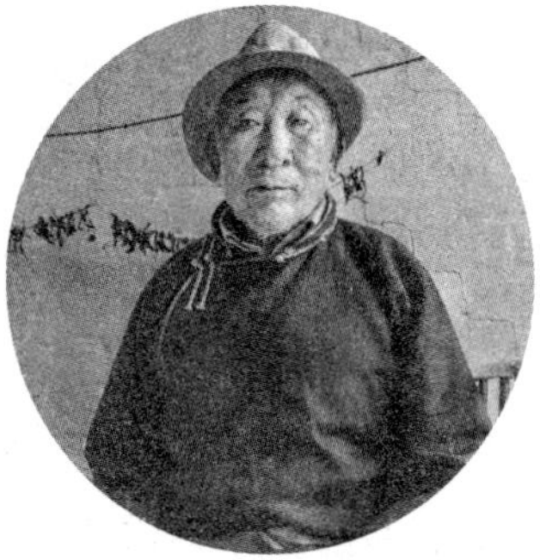

哈拉珠

1933年出生，鄂温克族。

哈拉珠老人是日军在辉苏木做细菌实验的幸存者。

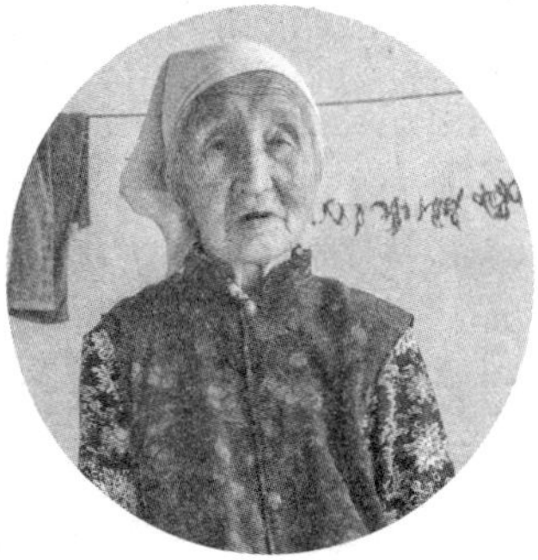

爱人：丽希日

1933年出生，鄂温克族。

居住地：内蒙古自治区呼伦贝尔市鄂温克族自治旗辉苏木乌兰宝力格嘎查

拍摄于2014年8月27日

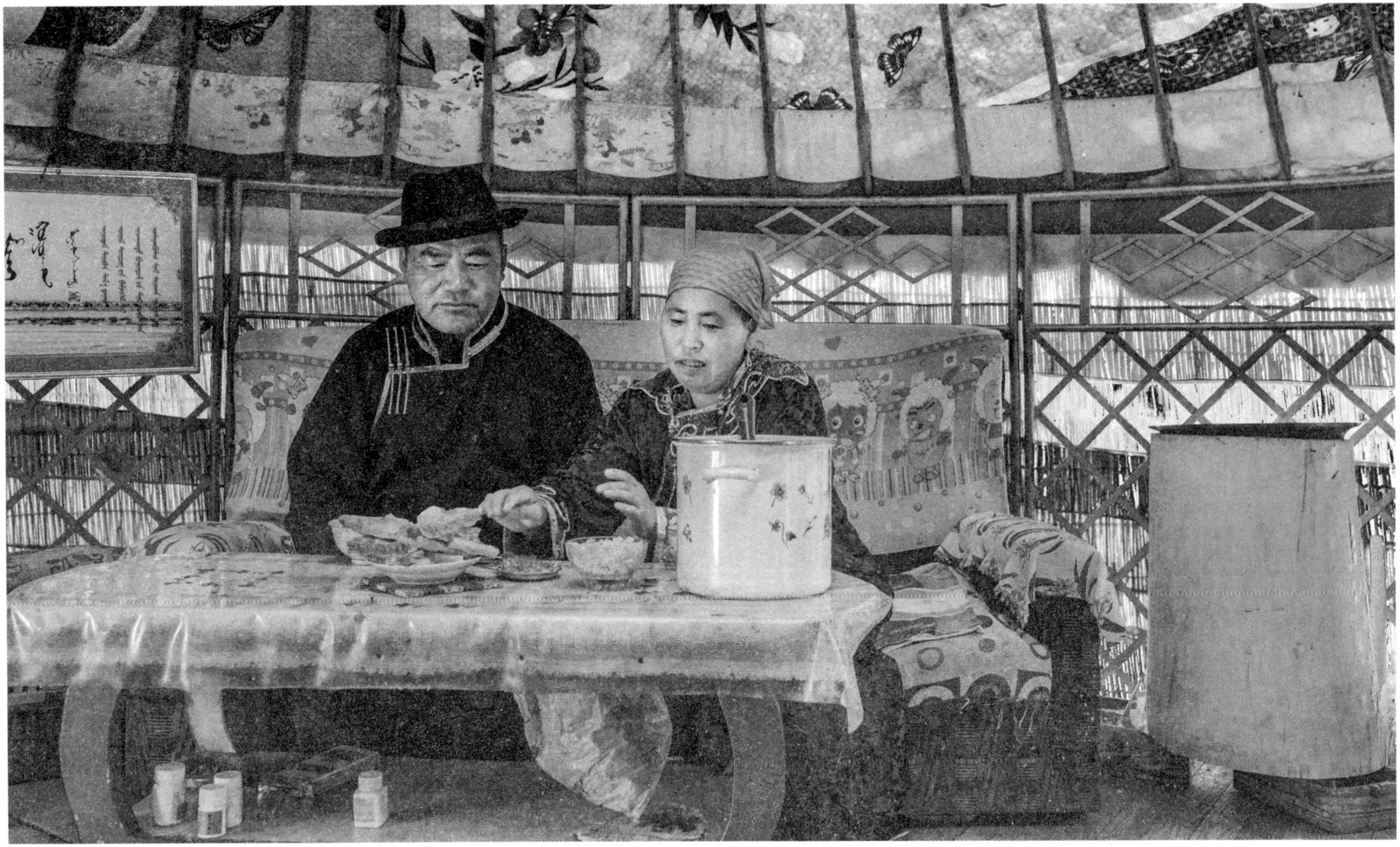

孟和一家

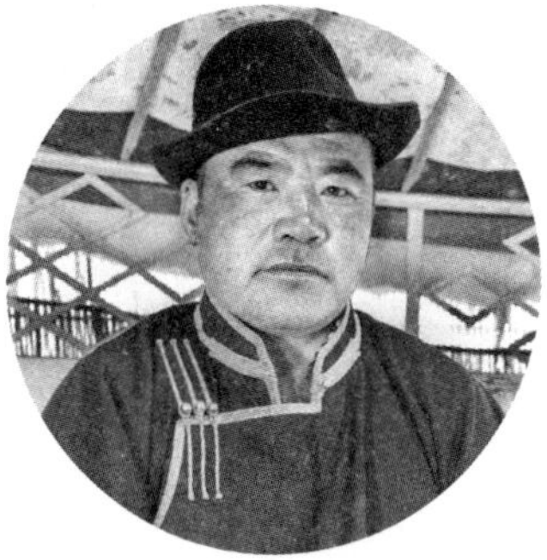

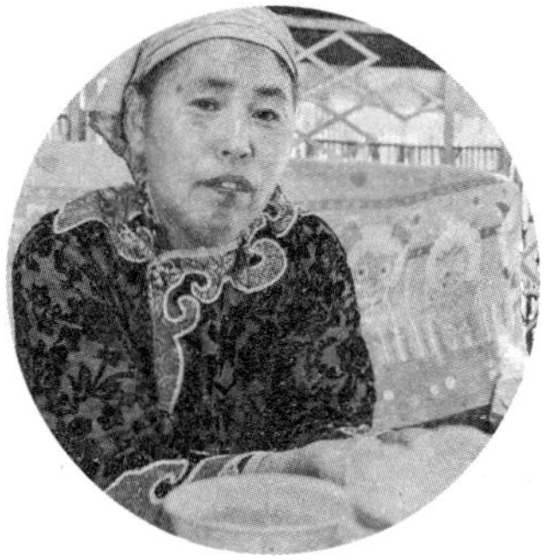

孟和

1963年1月出生，鄂温克族，父母都是鄂温克族。小学文化，会说鄂温克语、蒙古语、汉语。

爱人：巴达玛其其格

1965年7月出生，鄂温克族，初中毕业。养育两个儿子。

长子：那琴

1987年8月出生，鄂温克族。

次子：南丁

1990年10月出生，鄂温克族。

家里有40头牛，30多匹马，300多只羊，年收入10万元。
巴达玛其其格会做鄂温克奶酒、奶制品、肝肉包子等。

居住地：内蒙古自治区呼伦贝尔市鄂温克族自治旗辉苏木乌兰宝力格嘎查
拍摄于2014年8月27日

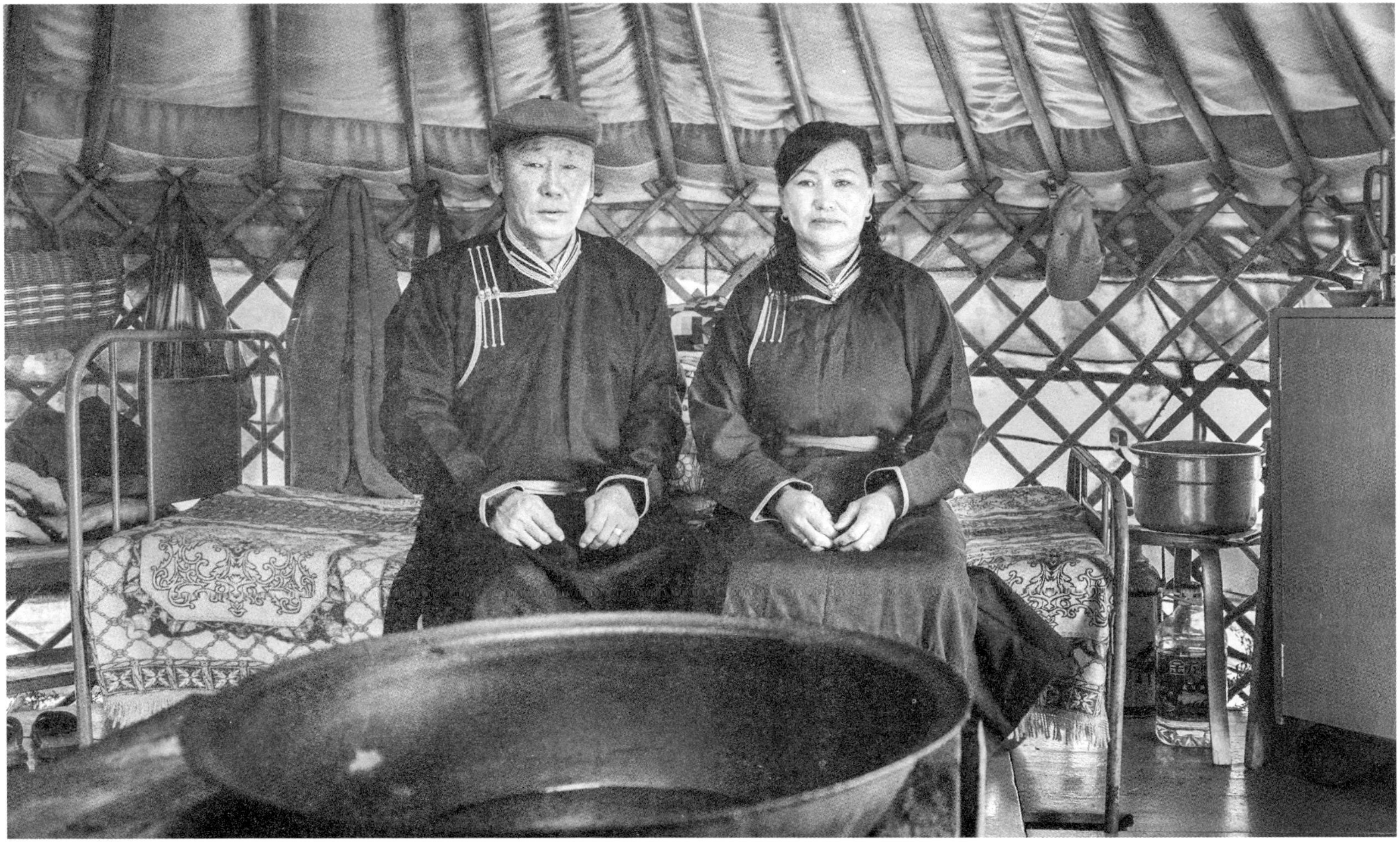

那顺额尔德尼一家

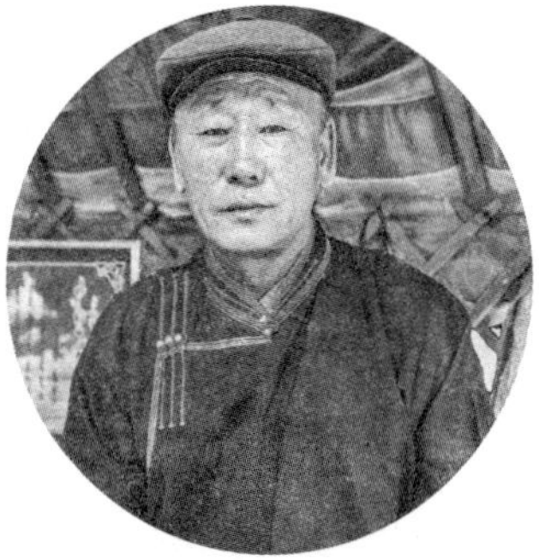

那顺额尔德尼

1963年5月出生，鄂温克族，父母都是鄂温克族。初中文化，会说鄂温克语、蒙古语、汉语。

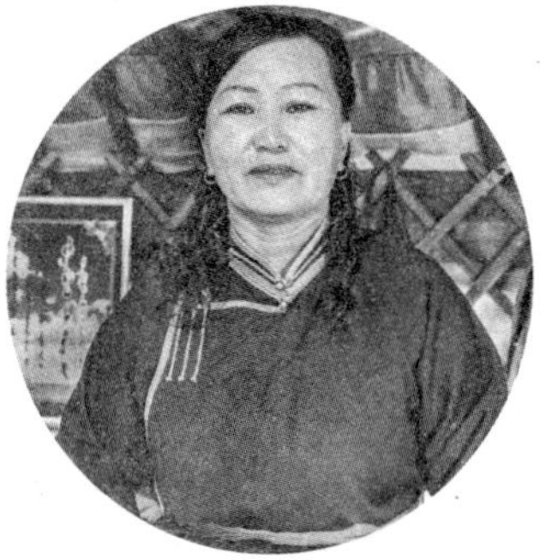

爱人：阿拉坦托雅

1965年8月出生，鄂温克族，养育三个孩子。

长子：宋布日

1987年3月出生，鄂温克族，在辉苏木政府工作。

长女：荔丽

1989年2月出生，鄂温克族，出嫁了。

次女：查娜

1991年9月出生，鄂温克族，在家帮爸妈放羊。

家里有40头牛，2匹马，300多只羊，年收入7万～8万元。

居住地：内蒙古自治区呼伦贝尔市鄂温克族自治旗辉苏木乌兰宝力格嘎查

拍摄于2014年8月27日

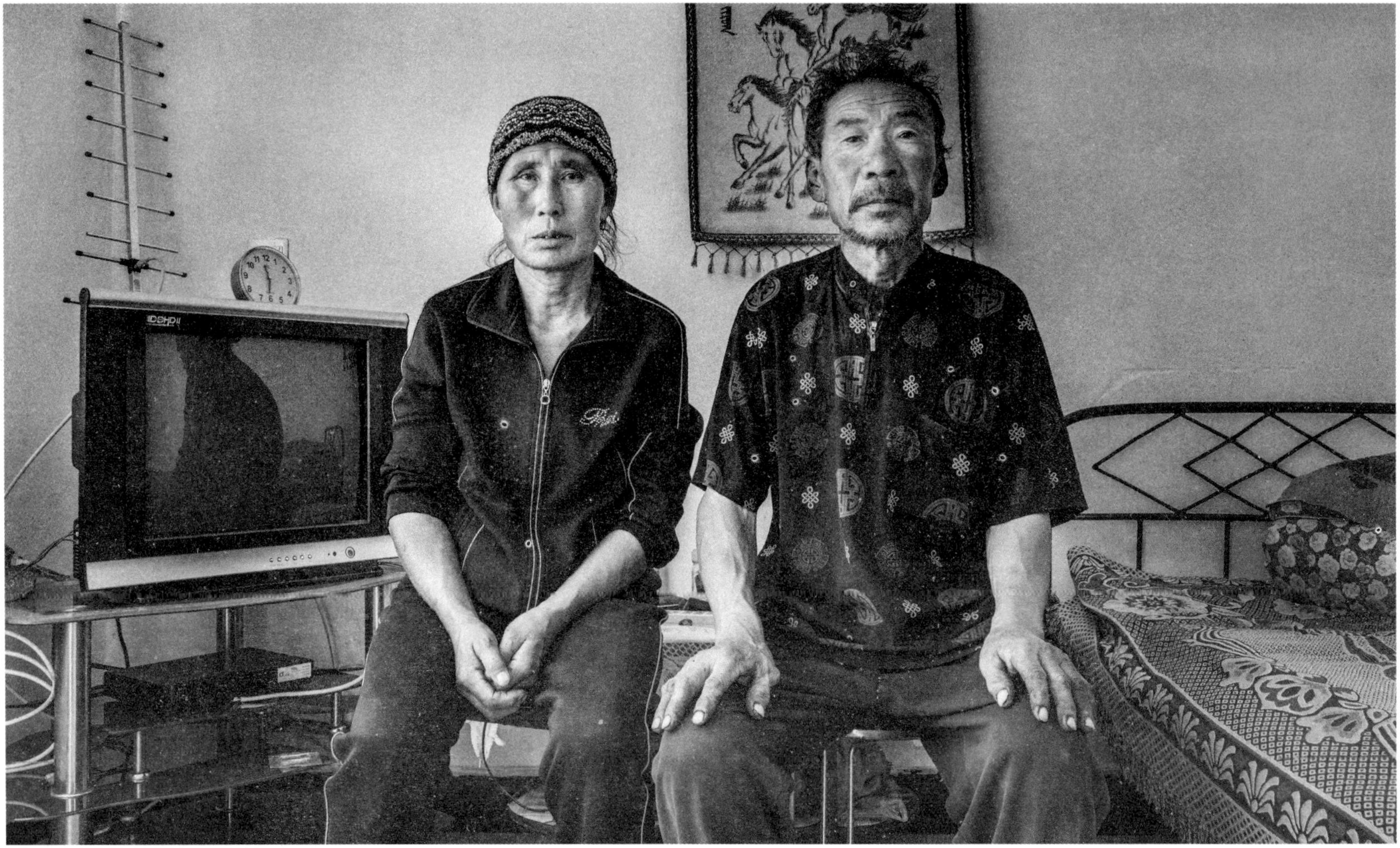

那顺孟和一家

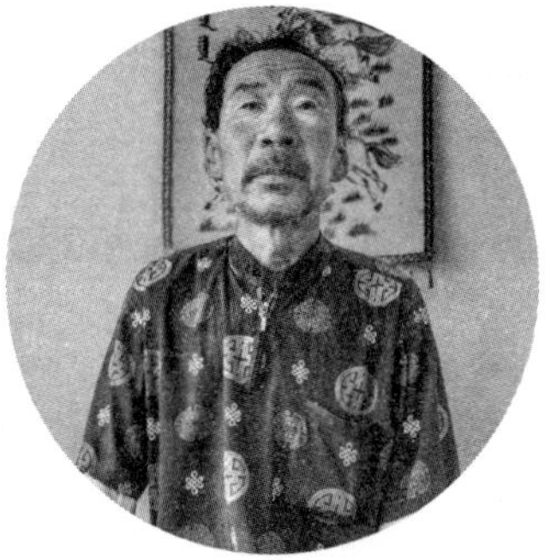

那顺孟和

1957年1月出生，鄂温克族。初中文化，会说鄂温克语、蒙古语、汉语。

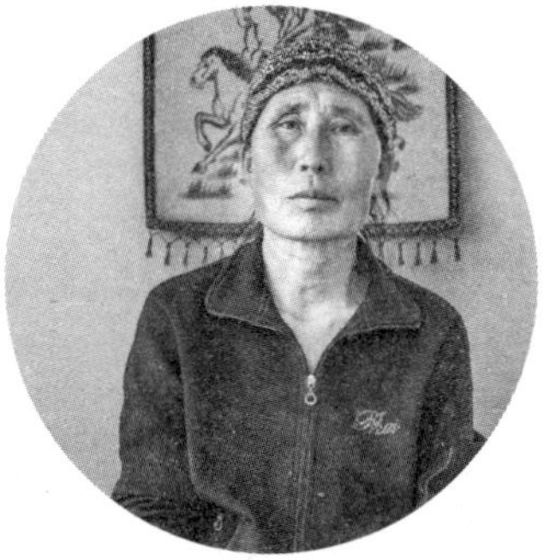

爱人：阿拉坦其其格

1953年12月出生，鄂温克族。

家里有20头牛，130只羊，年收入5万～6万元。

居住地：内蒙古自治区呼伦贝尔市鄂温克族自治旗辉苏木乌兰宝力格嘎查

拍摄于2014年8月27日

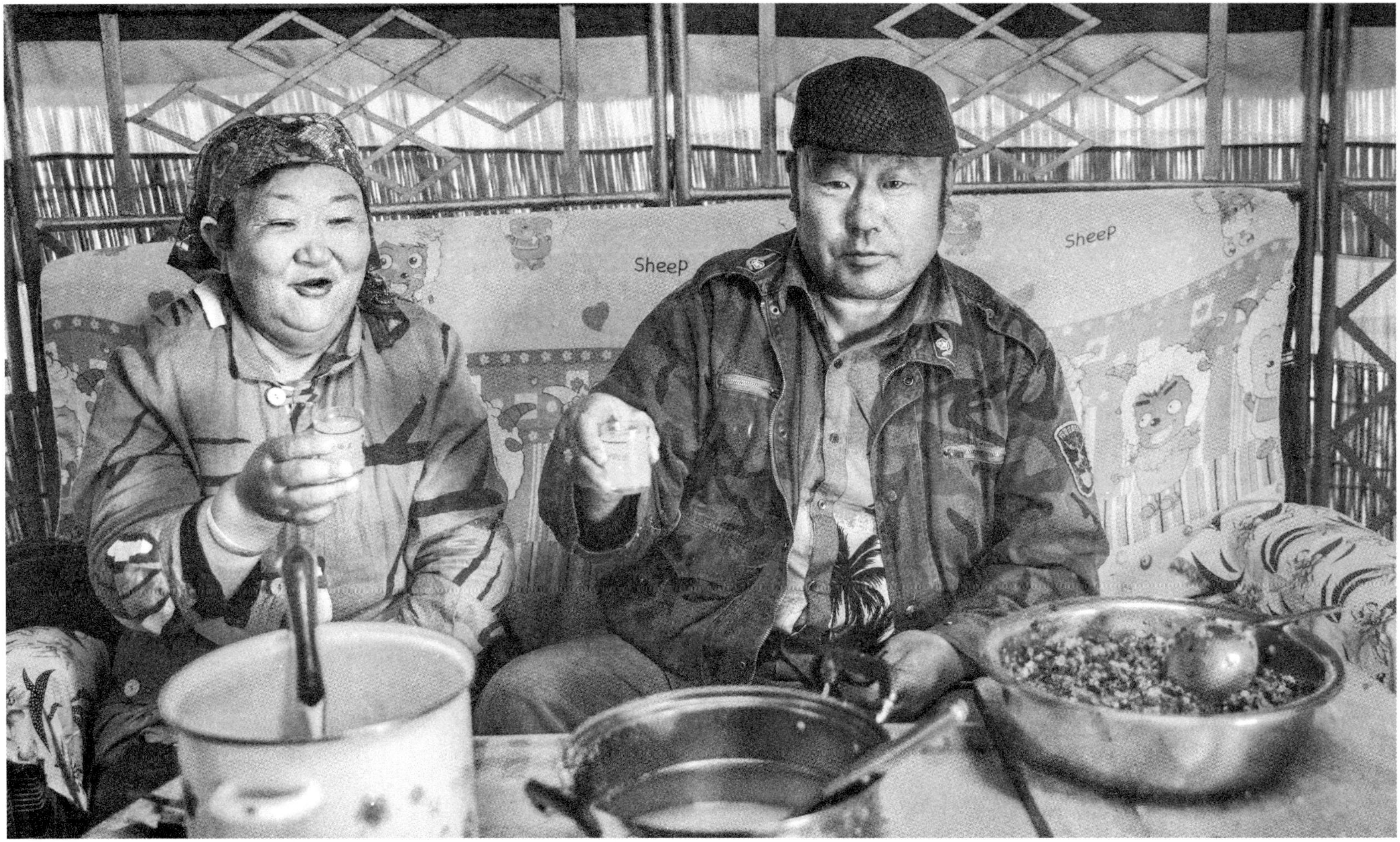

苏优乐巴图一家

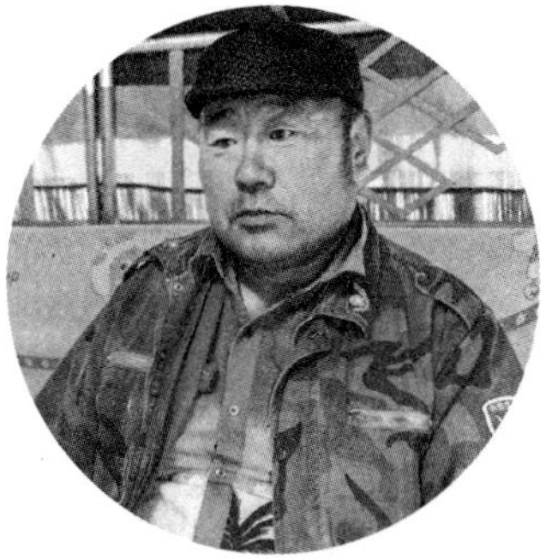

苏优乐巴图

1956年1月出生，鄂温克族，父母都是鄂温克族。小学文化，会说鄂温克语、蒙古语、汉语。

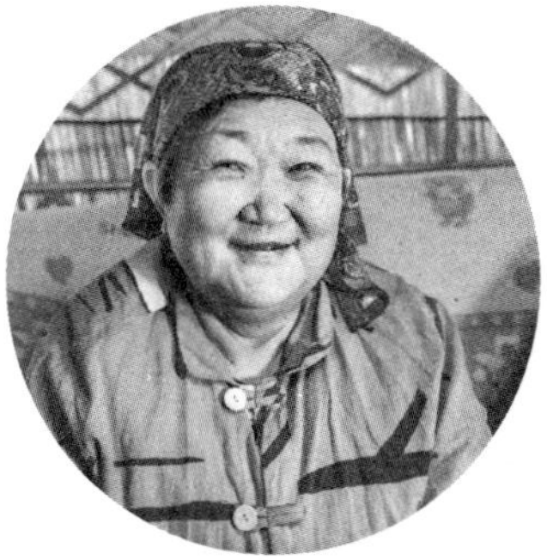

爱人：宝音其木格

1958年11月出生，鄂温克族，小学文化。养育三个孩子，都在鄂温克族自治旗工作，都成家了。

家里有30多头牛，2匹马，200多只羊，年收入5万~6万元。

居住地：内蒙古自治区呼伦贝尔市鄂温克族自治旗辉苏木乌兰宝力格嘎查

拍摄于2014年8月26日

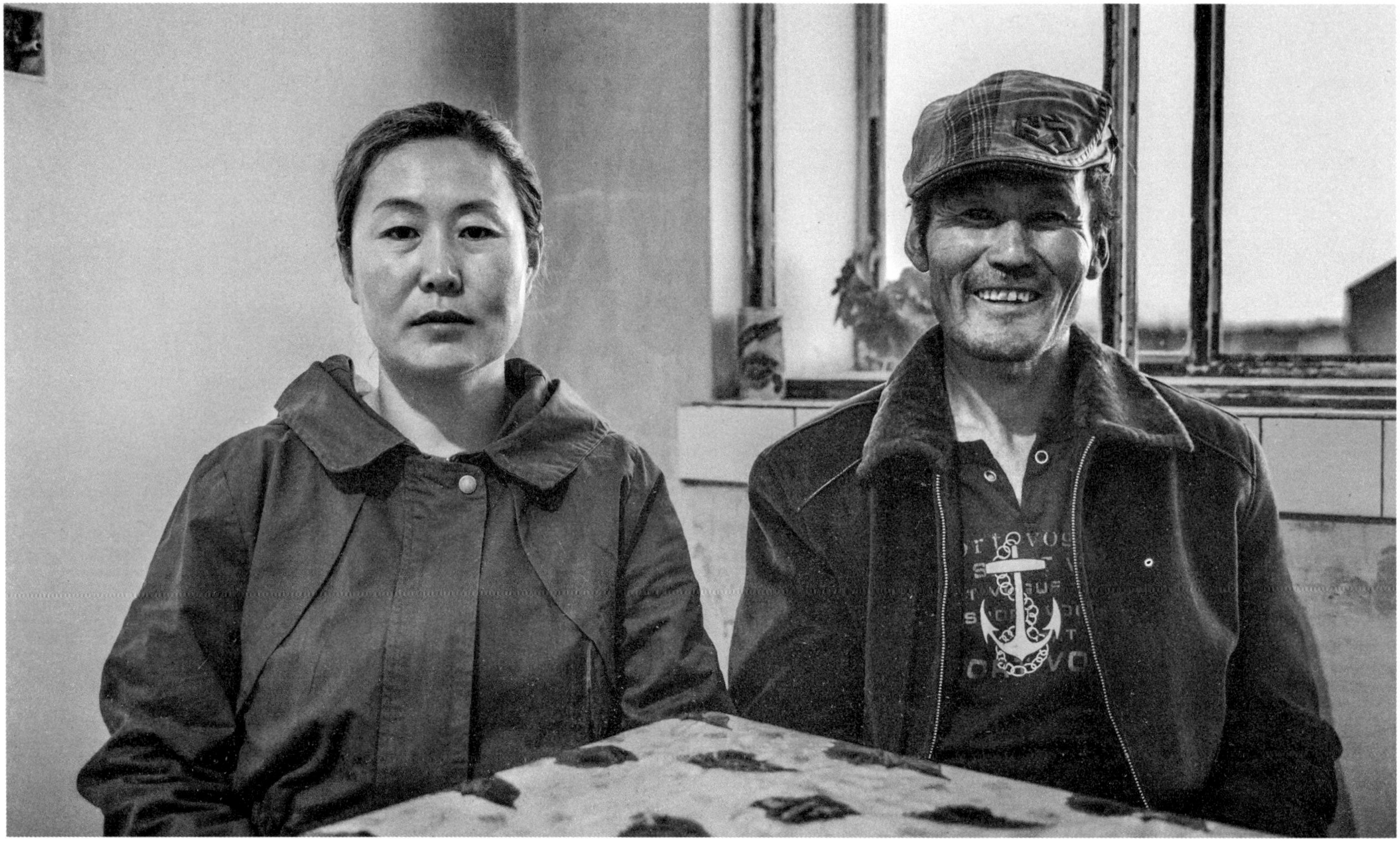

英明一家

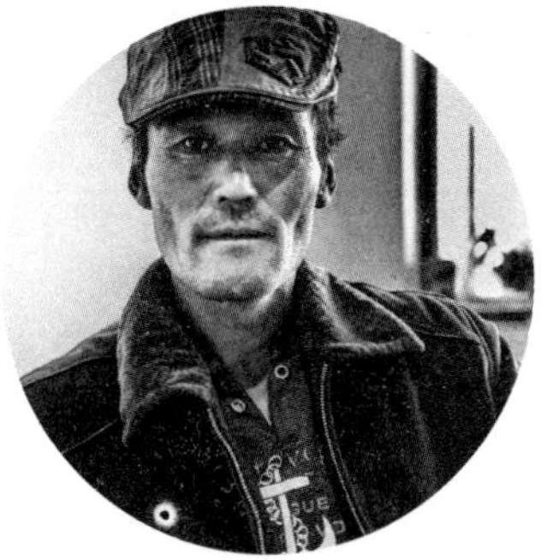

英　明

1968年6月出生，鄂温克族，父母都是鄂温克族。初中文化，会说鄂温克语、蒙古语、汉语。

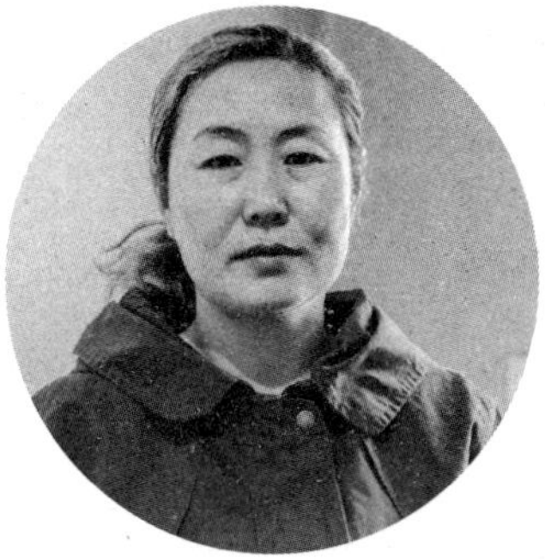

爱人：莫冬梅

1975年11月出生，鄂温克族，初中文化。

儿子：杜佳俊

2000年9月出生，鄂温克族，在海拉尔学府路中学上初三。

家里有70头牛，20匹马，1000只羊，6峰骆驼，年收入30万元。

英明非常爱骆驼，他有一峰骆驼在比赛中屡获大奖。

居住地：内蒙古自治区呼伦贝尔市鄂温克族自治旗辉苏木乌兰宝力格嘎查

拍摄于2014年8月26日

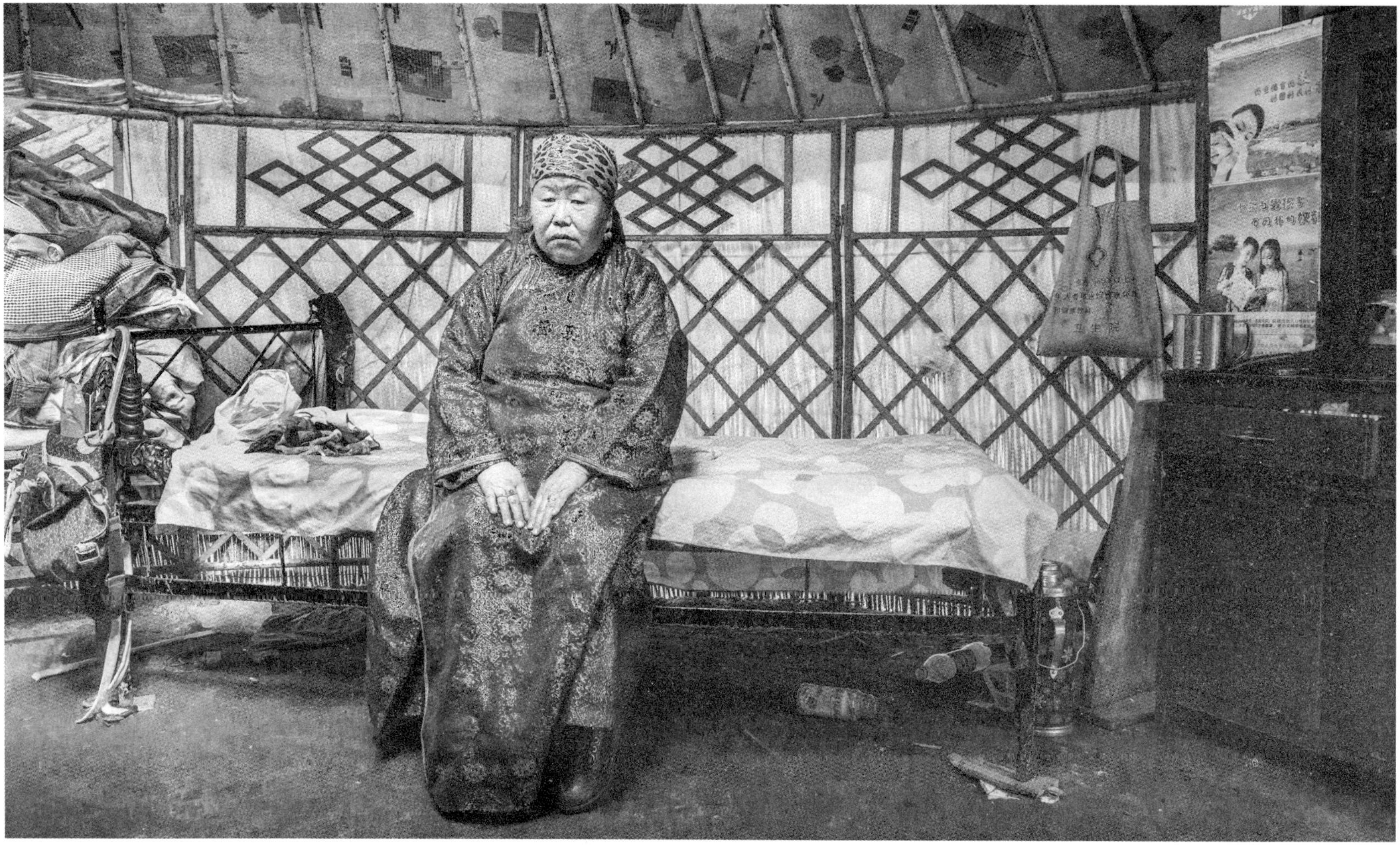

阿拉坦德力格尔一家

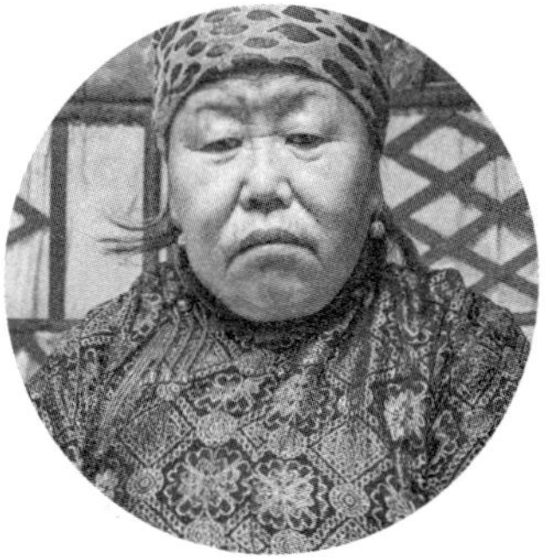

阿拉坦德力格尔

1951年8月出生，鄂温克族，父母都是鄂温克族。会做柳条包，编五畜绳。现在和儿子在一起生活。

儿子：呼日乐

1981年3月出生，鄂温克族，在辉苏木政府工作。

居住地：内蒙古自治区呼伦贝尔市鄂温克族自治旗辉苏木乌兰托格嘎查

拍摄于2014年8月27日

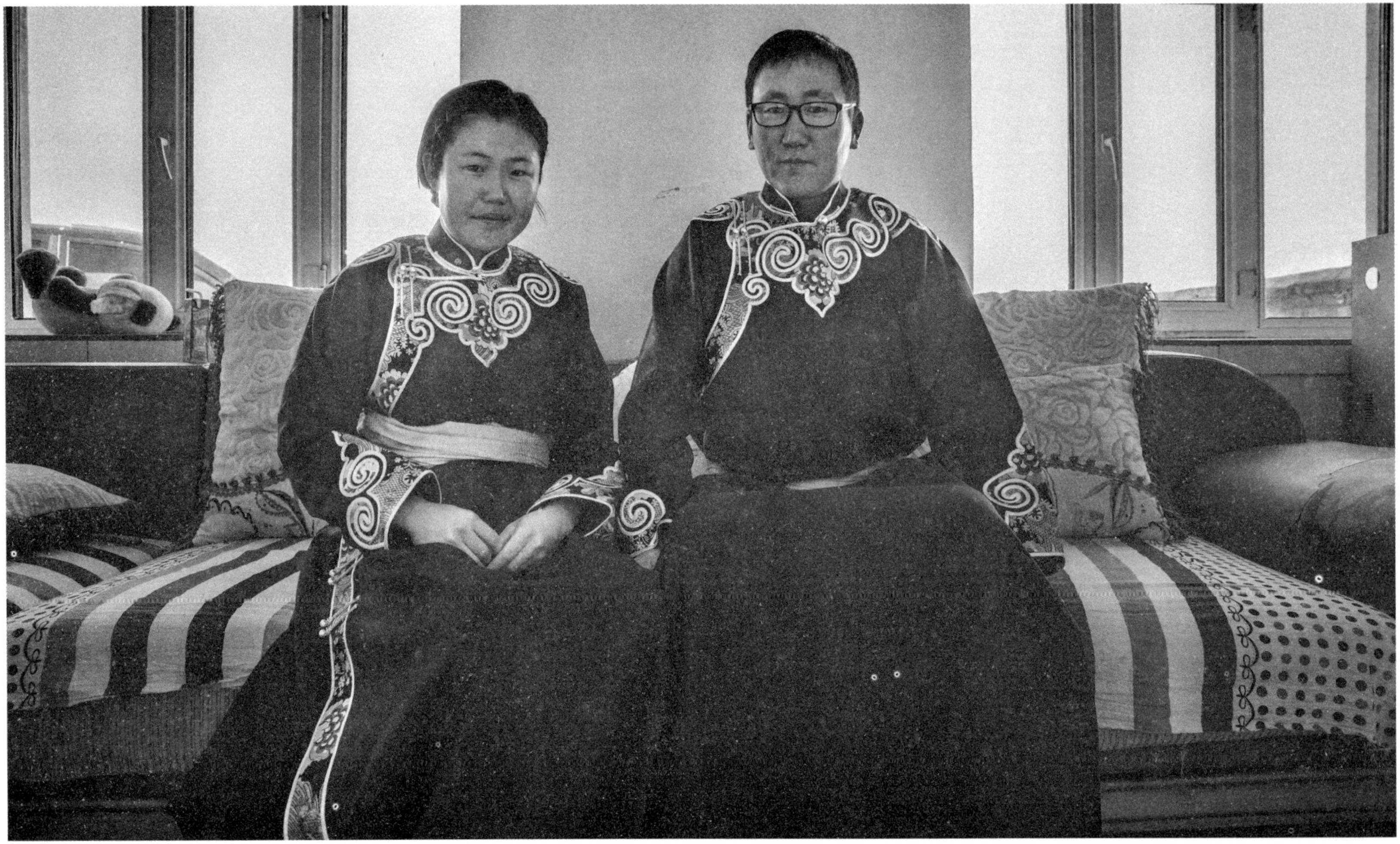

阿拉木斯一家

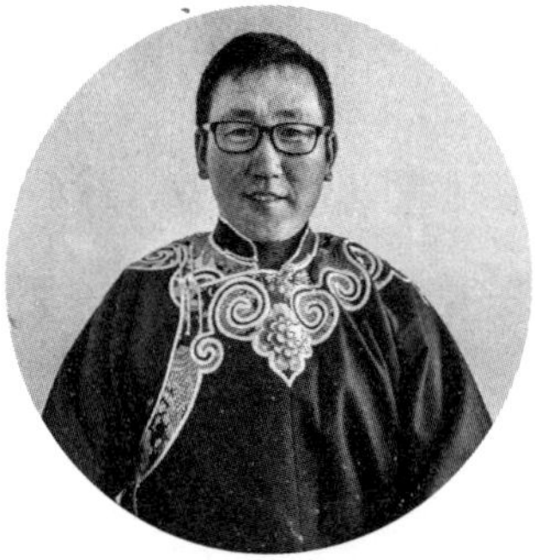

阿拉木斯

1979年10月出生，鄂温克族，父母都是鄂温克族。高中文化，会说鄂温克语、蒙古语、汉语。现任喜桂图嘎查的嘎查达。

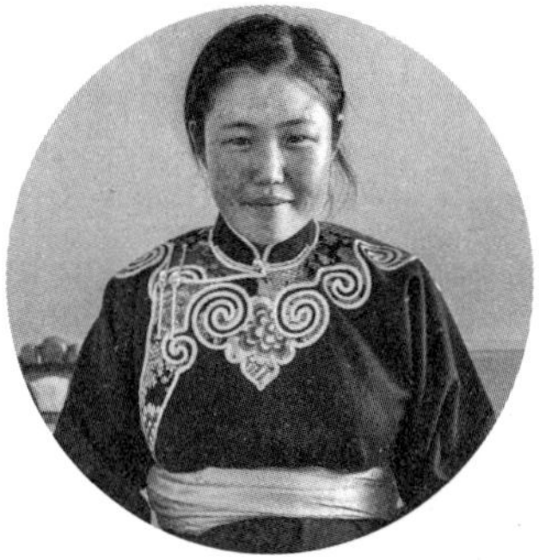

爱人：乌仁朝乐门

1989年12月出生，鄂温克族。

长女：德哥金

2009年6月出生，鄂温克族，在巴彦托海镇上学前班。

次女：呼格金

2013年8月出生，鄂温克族。

家里有40多头牛，40多匹马，年收入10万元。

居住地：内蒙古自治区呼伦贝尔市鄂温克族自治旗辉苏木喜桂图嘎查
拍摄于2014年8月26日

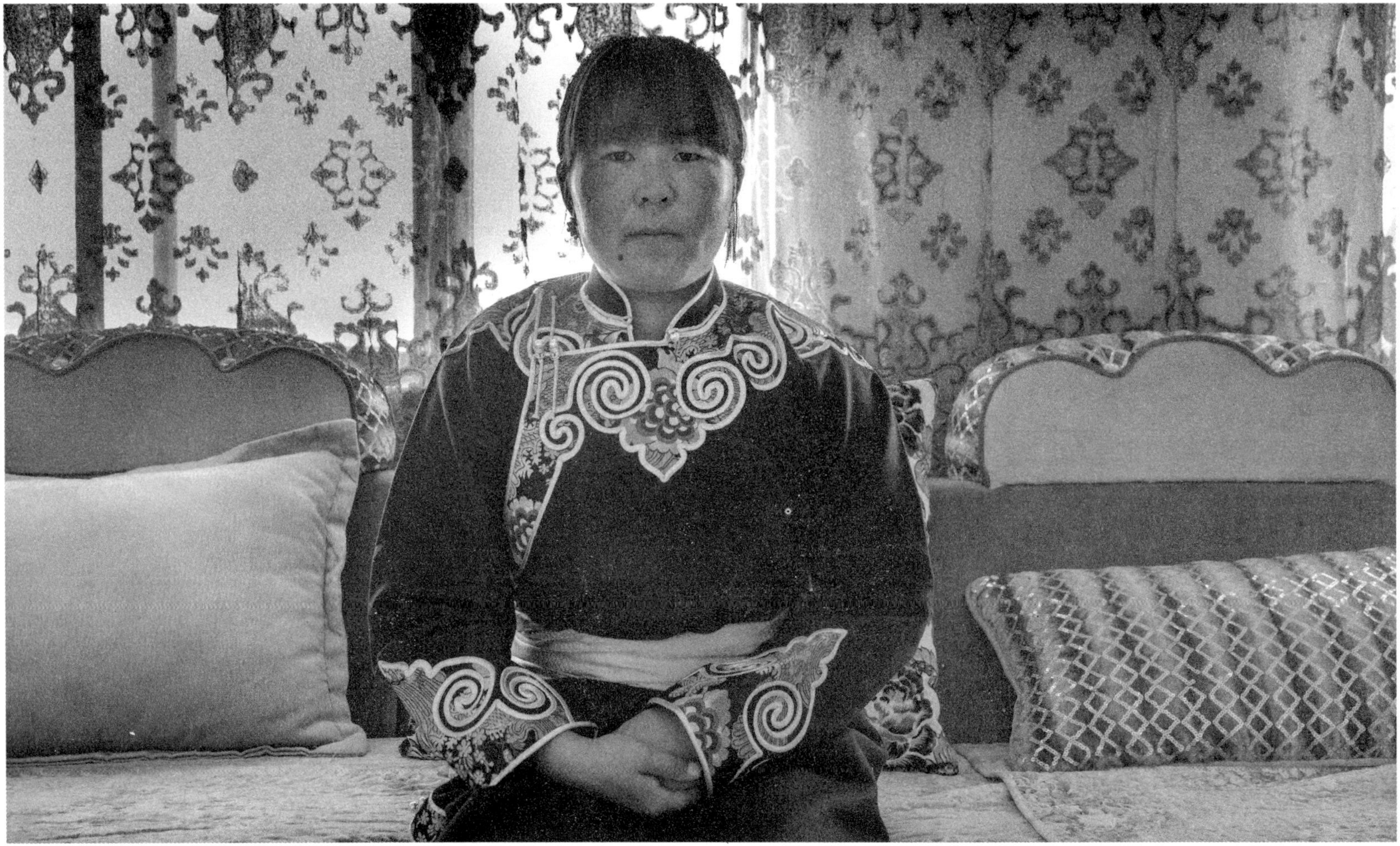

陶格苏一家

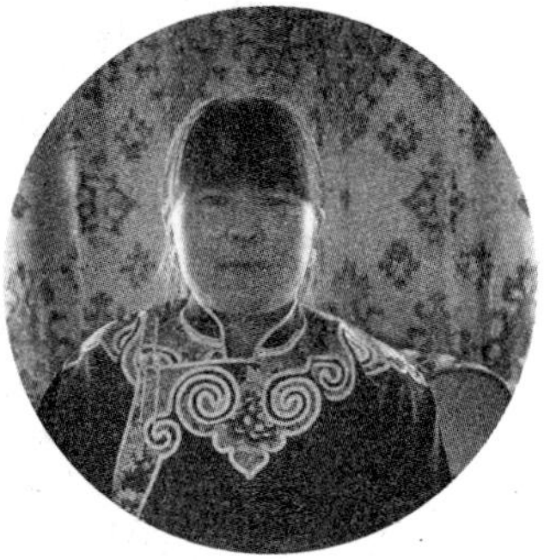

陶格苏

1984年4月出生，鄂温克族，父母都是鄂温克族。初中文化，会说鄂温克语、蒙古语、汉语。现任喜桂图嘎查妇代会主任，年工资7800元。

爱人：呼吉扎拉桑

1982年8月出生，鄂温克族，小学文化。外出打草，没有拍照。

长女：乌日娅

2003年7月出生，鄂温克族，在巴彦托海镇上小学五年级。

次女：乌日丽嘎

2010年10月出生，在巴彦托海镇上幼儿园，由奶奶照顾。

家里有40多头牛，20多匹马，200多只羊，年收入10万元。

居住地：内蒙古自治区呼伦贝尔市鄂温克族自治旗辉苏木喜桂图嘎查
拍摄于2014年8月26日

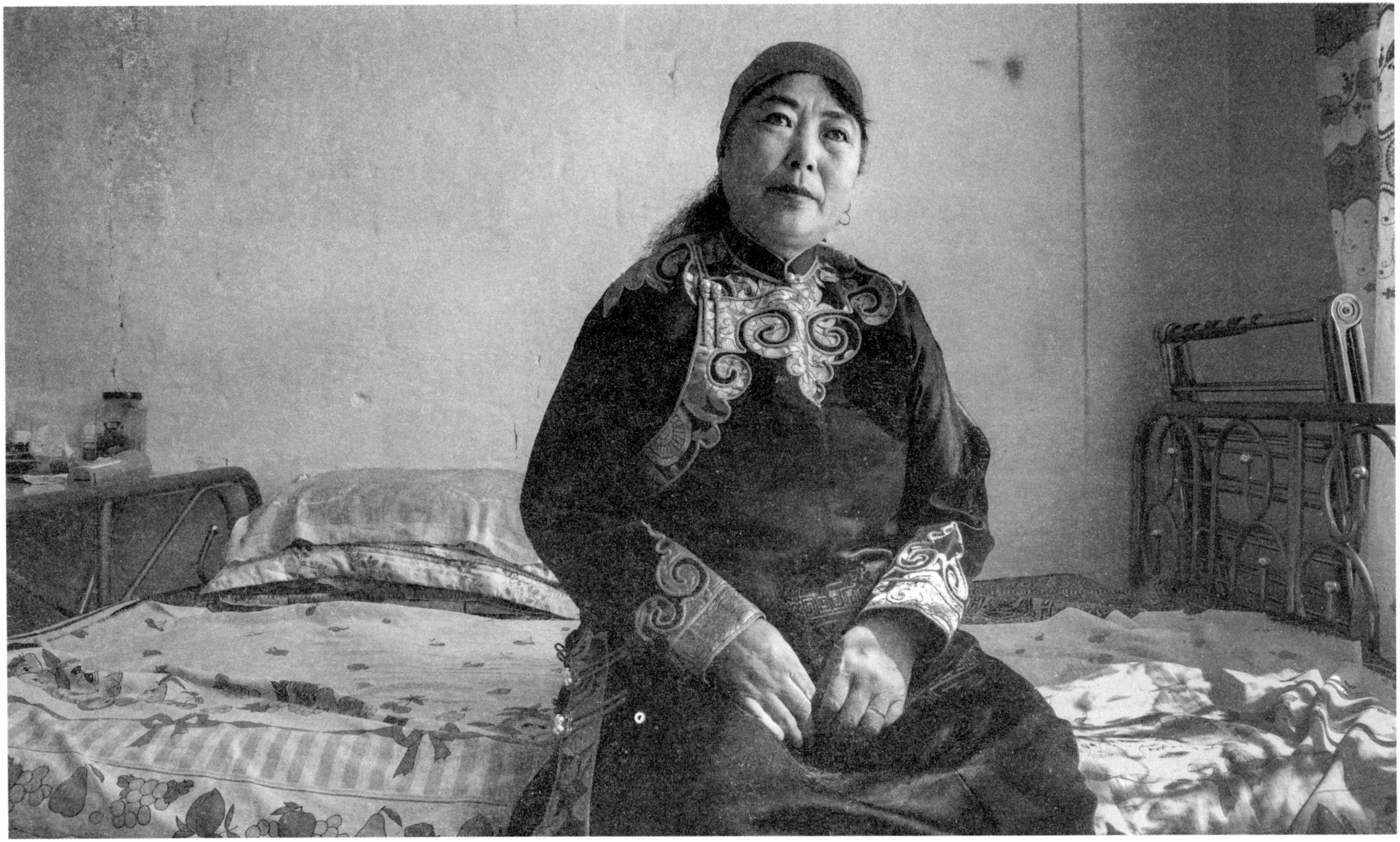

萨仁其其格一家

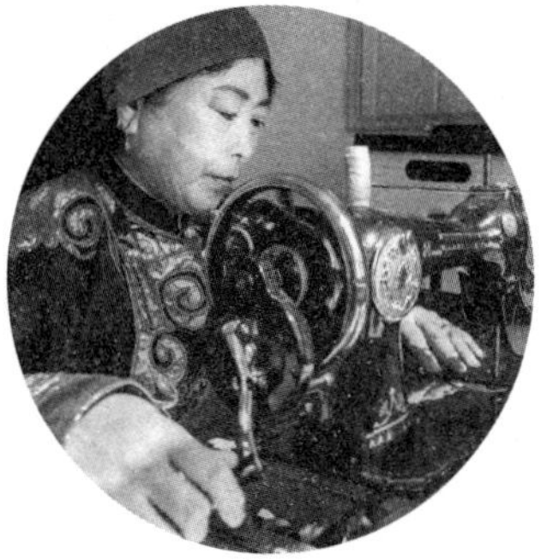

萨仁其其格

1956年出生，鄂温克族，父母都是鄂温克族。小学文化，会说鄂温克语、蒙古语、汉语。会制作民族服装，收入补贴家用。现在辉苏木居住，照顾孙子上学。

居住地：内蒙古自治区呼伦贝尔市鄂温克族自治旗辉苏木
拍摄于2014年8月27日

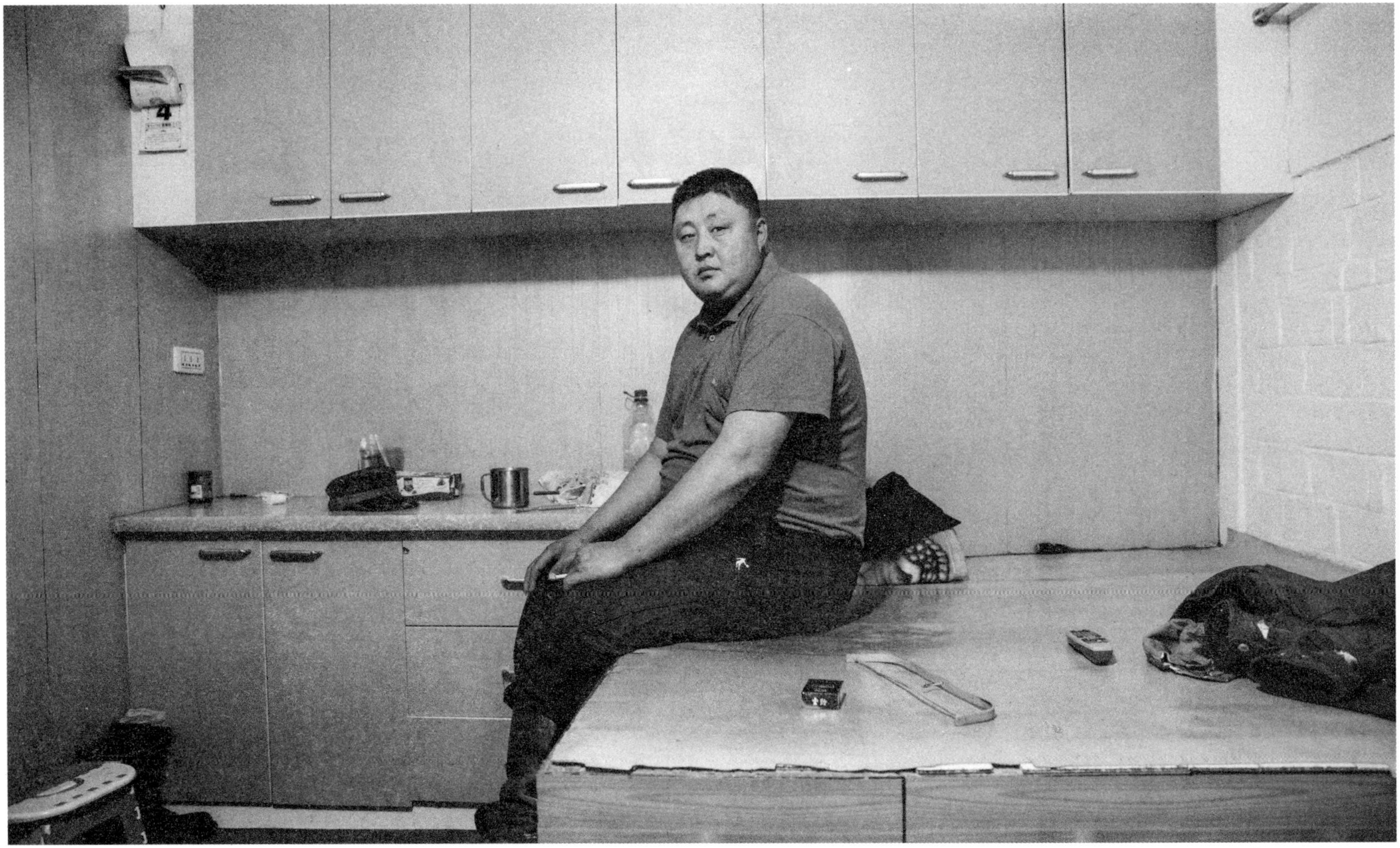

呼德乐一家

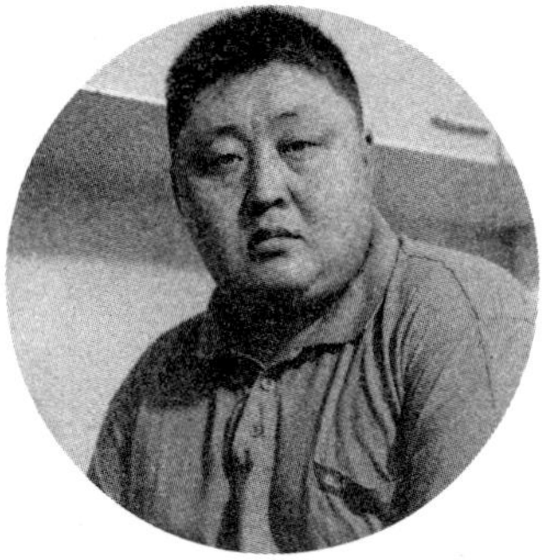

呼德乐

1980年4月出生，鄂温克族，父母都是鄂温克族。扎兰屯农牧学校毕业，在巴彦嵯岗苏木畜牧站工作。会说鄂温克语、蒙古语、达斡尔语、汉语。

爱人：阿荣

1981年10月出生，鄂温克族，在巴彦嵯岗苏木卫生院当护士。

儿子：特奇

2007年8月出生，鄂温克族。在呼伦贝尔市新区新海小学读一年级。为了孩子上学，在呼伦贝尔市新区买了楼房，由爷爷奶奶陪读。

家里有80多匹马，30只羊，牧业收入加工资有30万元左右。

居住地：内蒙古自治区呼伦贝尔市鄂温克族自治旗巴彦嵯岗苏木阿拉坦敖希特嘎查

拍摄于2014年9月4日

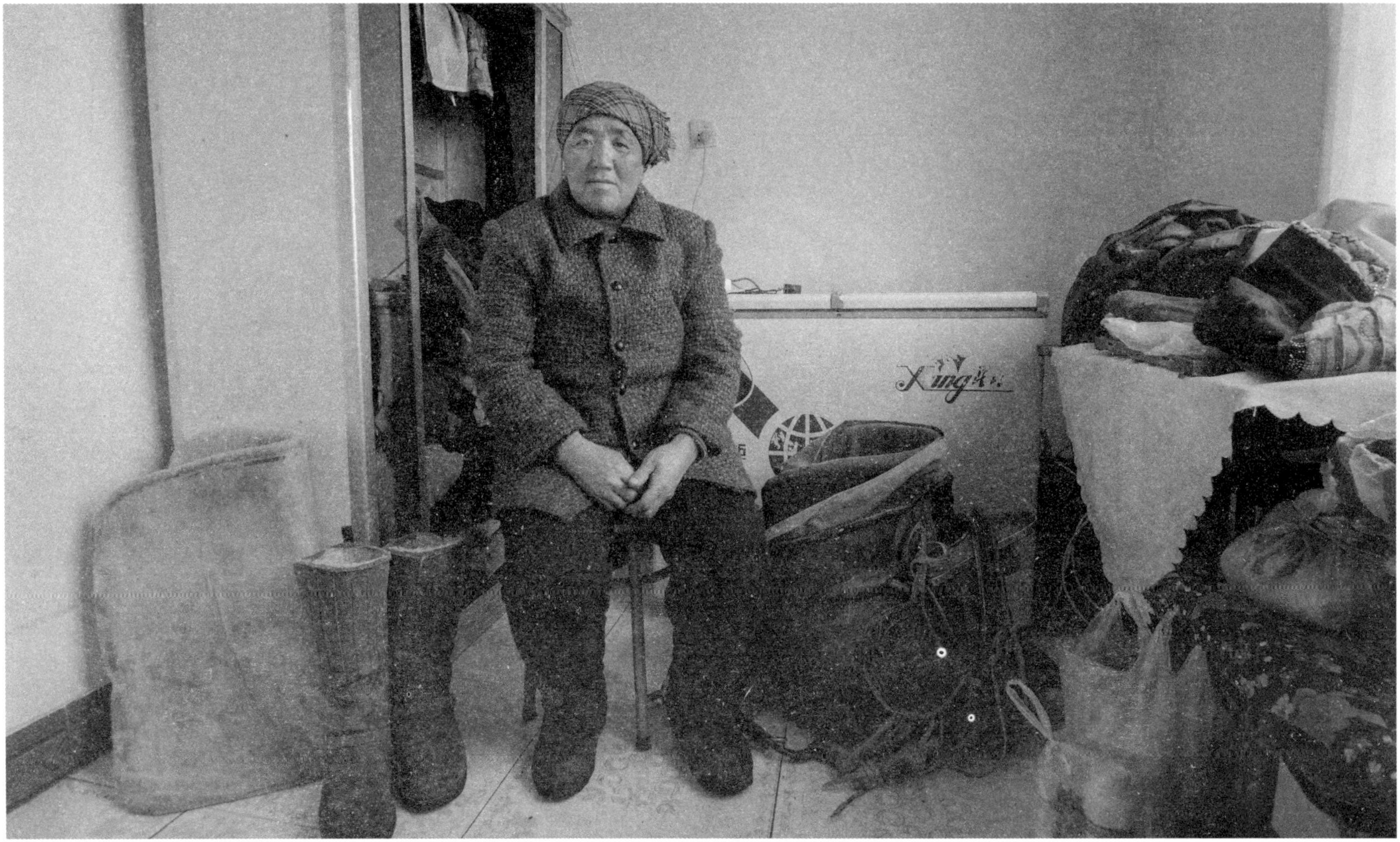

乌日娜一家

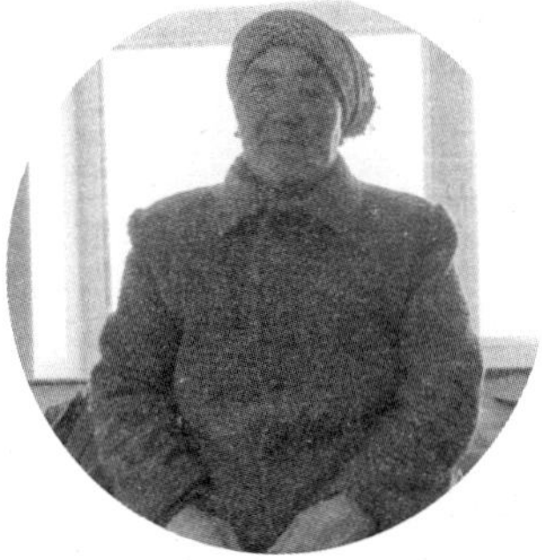

乌日娜

1963年出生，鄂温克族，1980年高中毕业。

爱人：巴图毕力格

1958年出生，鄂温克族，1977年高中毕业。

儿子：陶克

鄂温克族，大学毕业，现待业。

家里有100多匹马，6头牛，80多只羊。

居住地：内蒙古自治区呼伦贝尔市鄂温克族自治旗巴彦嵯岗苏木莫和尔图嘎查
拍摄于2013年4月2日

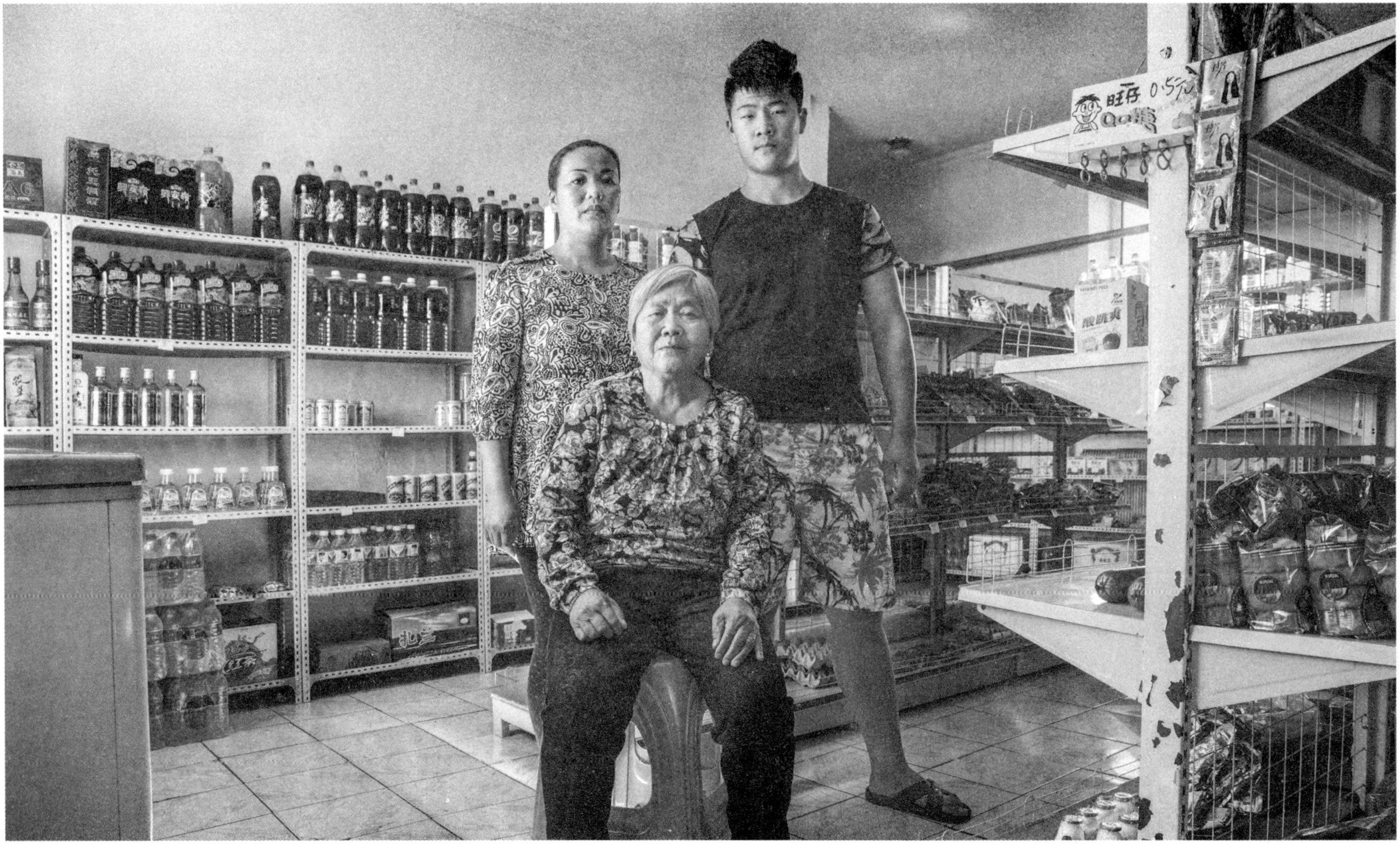

敖日玛一家

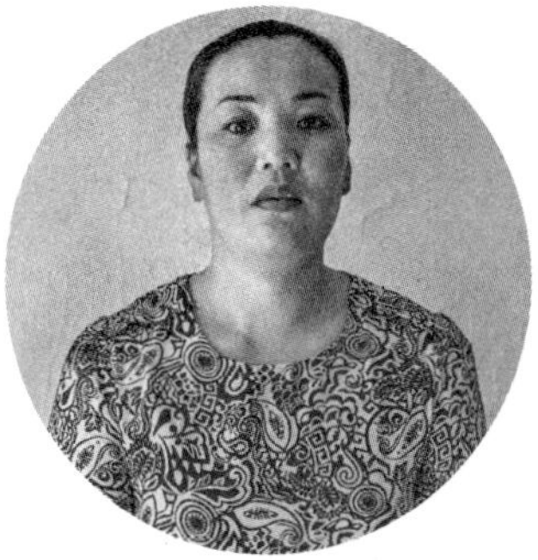

敖日玛

1977年7月出生，鄂温克族，父亲是鄂温克族，母亲是汉族。初中文化，会说鄂温克语、蒙古语、达斡尔语、汉语。

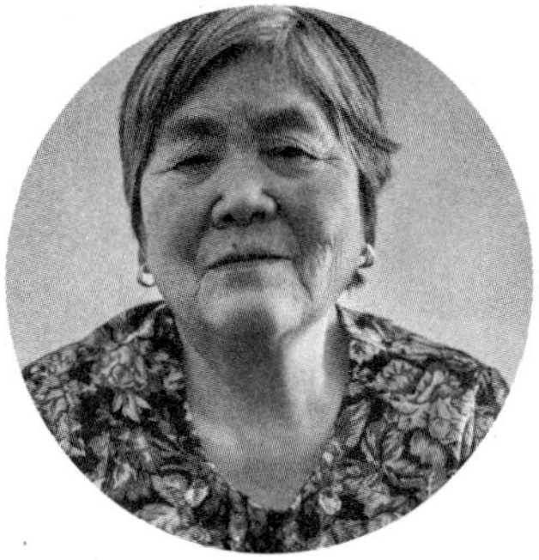

敖日玛的母亲：雷金风

1943年11月出生，汉族，小学文化。20世纪60年代随父母来到巴彦嵯岗苏木，养育三男三女。

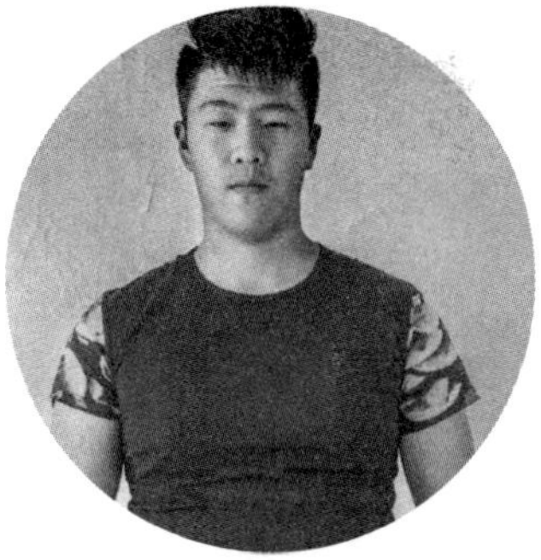

敖日玛的儿子：徐博文

1997年3月出生，鄂温克族。2012年在呼伦贝尔市体校学习柔道，2014年参加全国运动会柔道比赛获得第四名。

敖日玛经营超市七八年了，是扎格达木丹嘎查唯一的一家超市。家里有20多头牛、270匹马，200多只羊，年收入30万元。

居住地：内蒙古自治区呼伦贝尔市鄂温克族自治旗巴彦嵯岗苏木扎格达木丹嘎查
拍摄于2014年9月4日

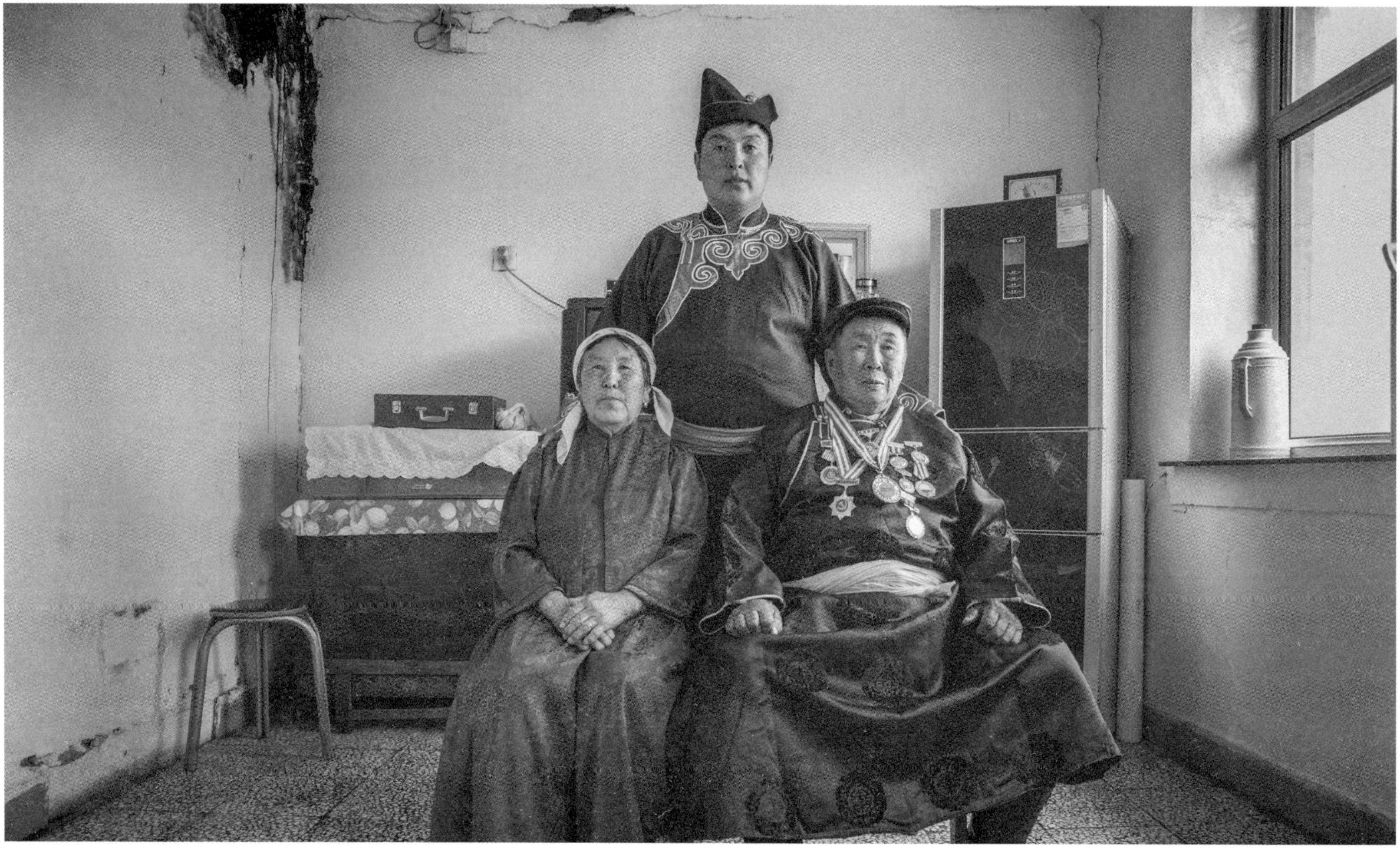

呼热巴雅尔一家

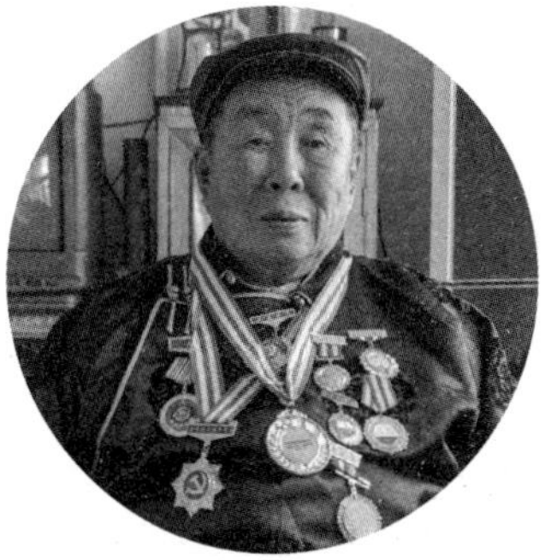

呼热巴雅尔

1943年9月出生，鄂温克族，父母都是鄂温克族。初中文化，会说鄂温克语、蒙古语、达斡尔语、汉语。1973年入党，1977年至今担任扎格达木丹嘎查书记，1995年当选全国劳动模范。

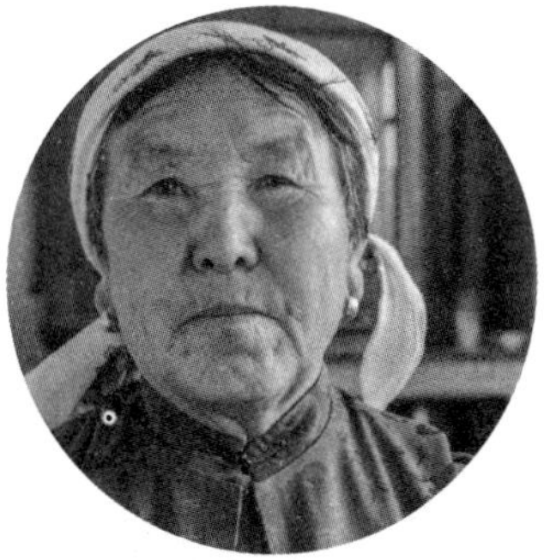

爱人：道力玛苏荣

1951年1月出生，鄂温克族，通古斯鄂温克人。

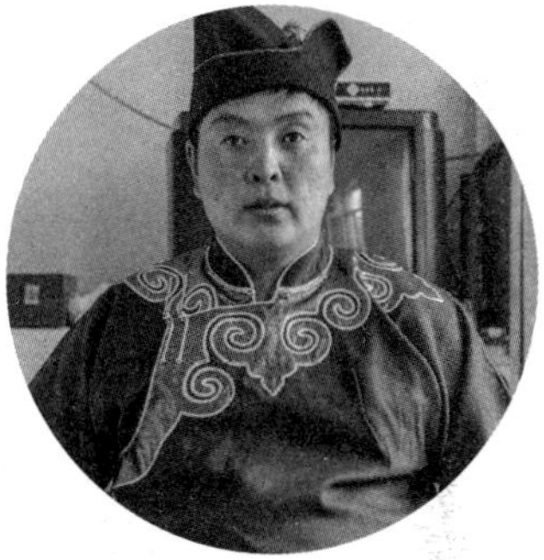

儿子：宝日金

1990年6月出生，鄂温克族，初中文化。

家里有20头牛，1600只羊。

居住地：内蒙古自治区呼伦贝尔市鄂温克族自治旗巴彦嵯岗苏木扎格达木丹嘎查

拍摄于2014年9月4日

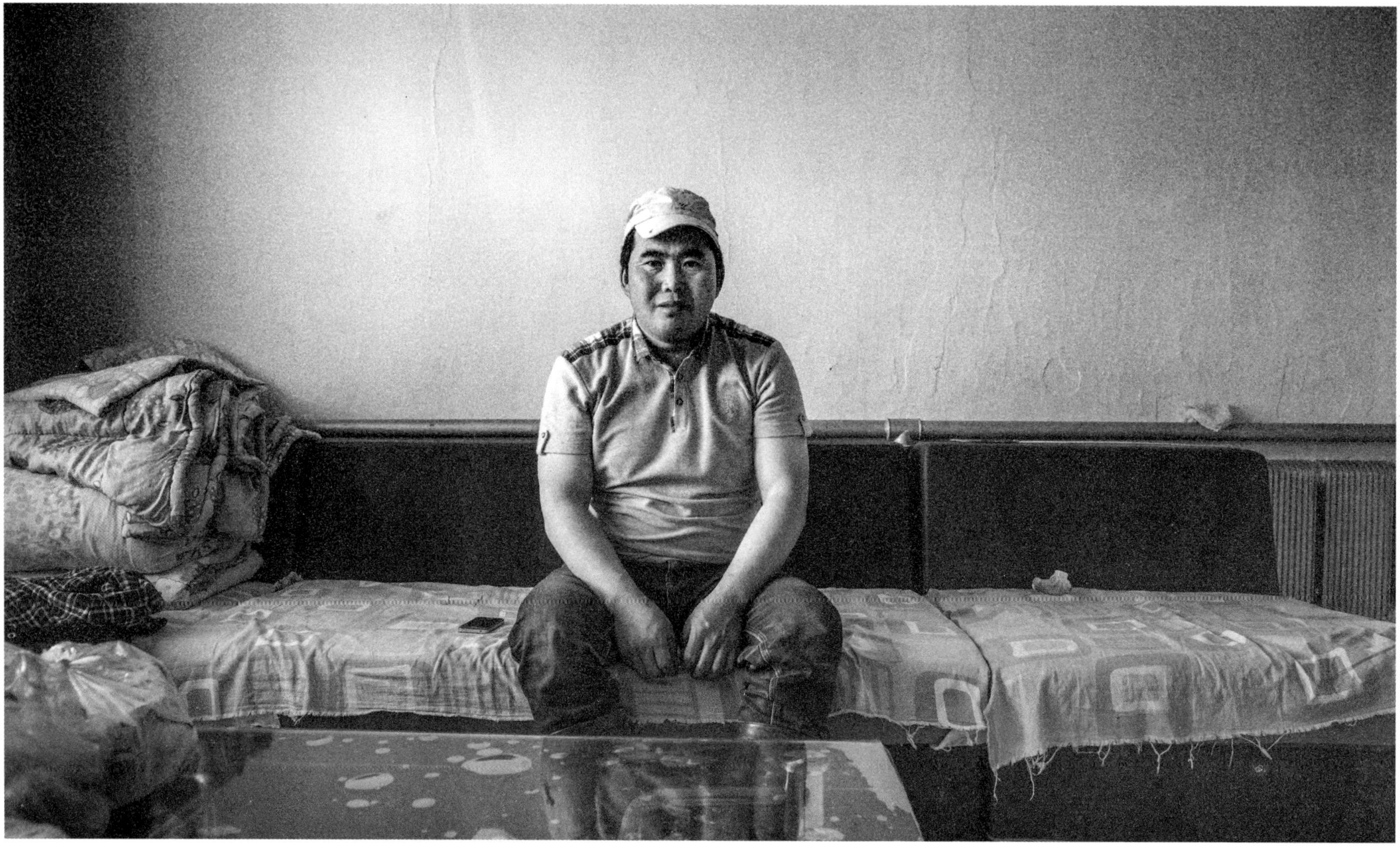

萨仁布和一家

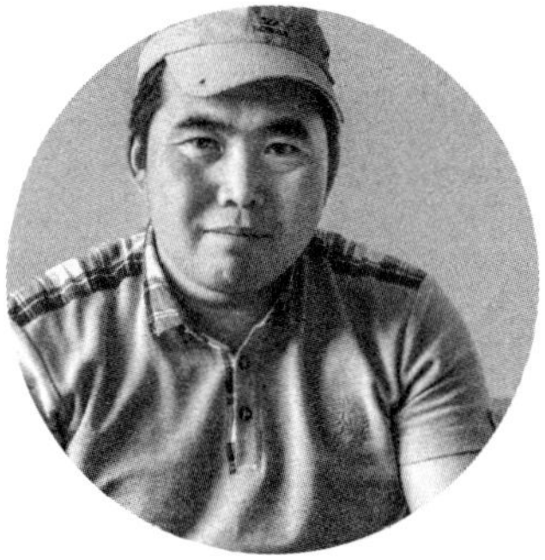

萨仁布和

1982年11月出生，鄂温克族，父母都是鄂温克族。小学文化，会说鄂温克语、蒙古语、达斡尔语、汉语。萨仁布和喜欢养马，自己训练，多次在旗市比赛中取得好名次。

爱人：萨娜

1988年1月出生，鄂温克族，初中文化。采蘑菇去了，不在家。

儿子：呼斯楞

2002年8月出生，鄂温克族。在鄂温克族自治旗第一小学上五年级，走读，每月费用900元。

女儿：娜米雅

2004年1月出生，鄂温克族。在鄂温克族自治旗第一小学上一年级，寄宿。

家里有54头牛，46匹马，211只羊，年收入6万～7万元。

居住地：内蒙古自治区呼伦贝尔市鄂温克族自治旗巴彦嵯岗苏木扎格达木丹嘎查
拍摄于2014年9月4日

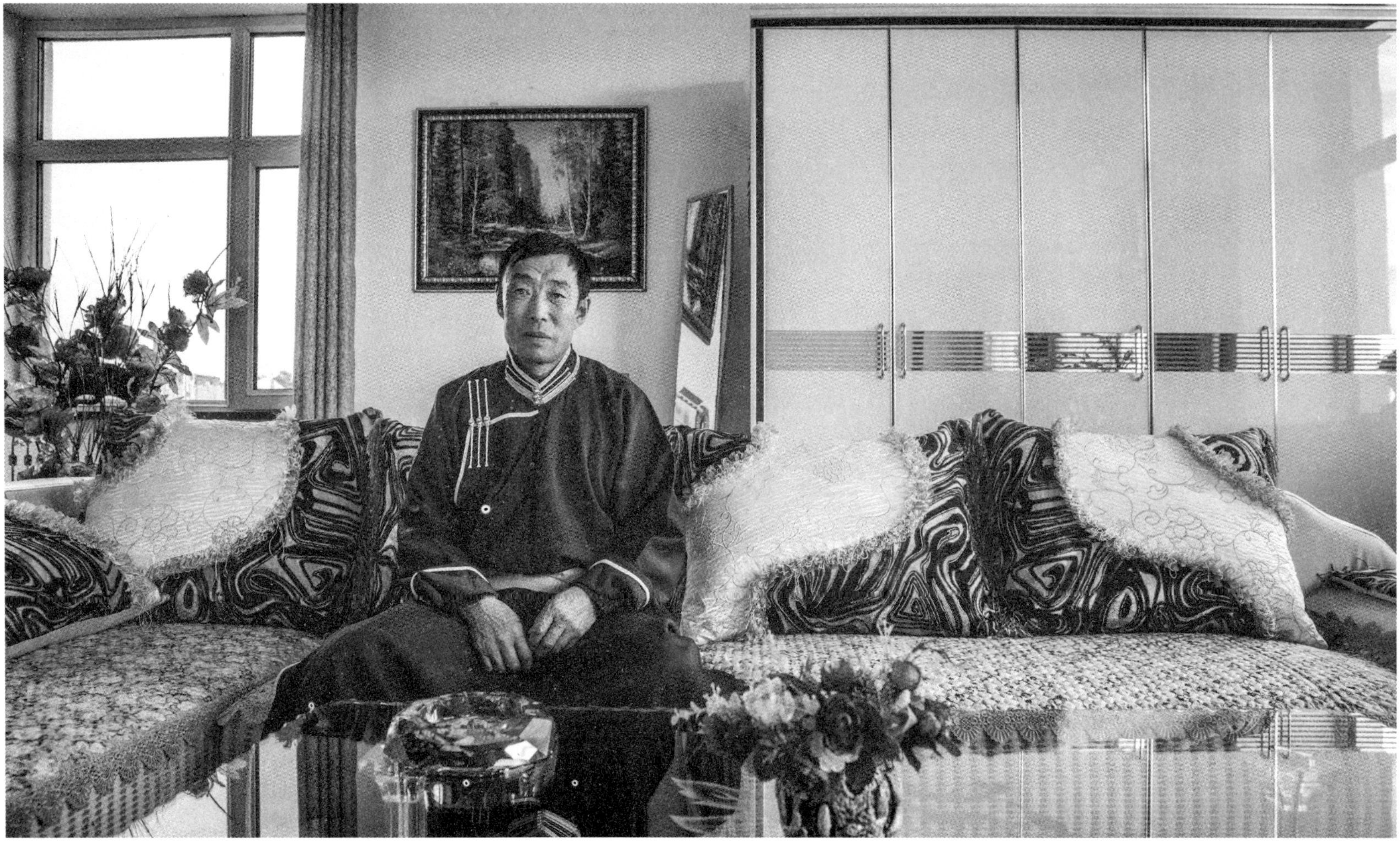

苏德布一家

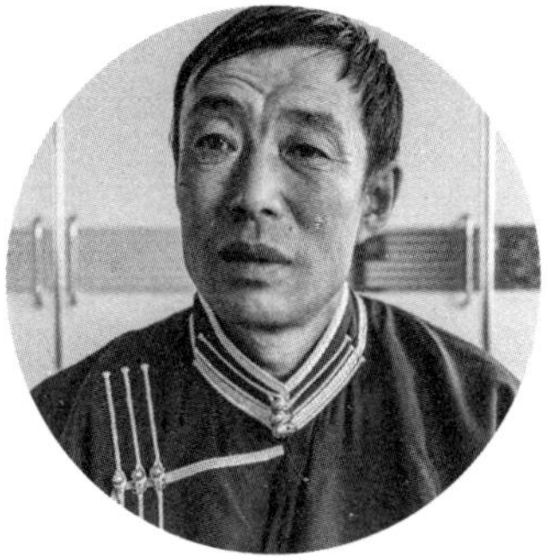

苏德布

1966年9月出生，鄂温克族，父母都是鄂温克族。小学文化，会说鄂温克语、蒙古语、达斡尔语、汉语。曾在巴彦嵯岗苏木工作，现已退休。从小喜欢民族歌曲，跟爸爸、姑姑学习了很多原生态歌曲，如《母鹿之歌》、《瓦干之歌》等。

爱人：格根托亚

1974年10月出生，鄂温克族，初中文化。

长女：海热

1988年2月出生，鄂温克族。内蒙古农业大学毕业，嫁到新巴尔虎左旗。

次女：阿如汗

1997年5月出生，鄂温克族。在海拉尔一中上高三，学习蒙古语。会说鄂温克语、蒙古语、达斡尔语、汉语。

家里有10头牛，30匹马，40只羊，年收入20万。

居住地：内蒙古自治区呼伦贝尔市鄂温克族自治旗巴彦嵯岗苏木扎格达木丹嘎查

拍摄于2014年9月4日

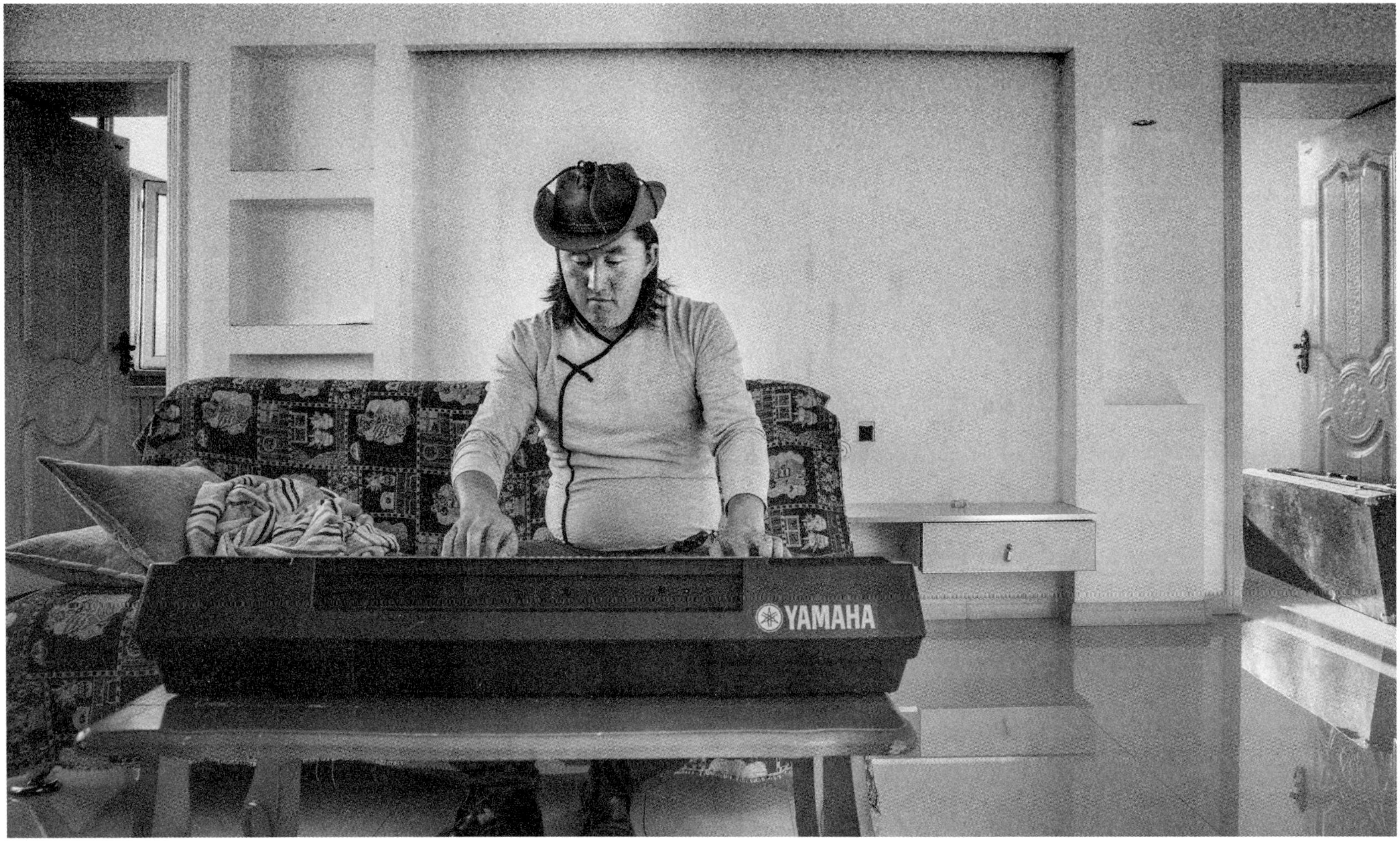

索德毕力格一家

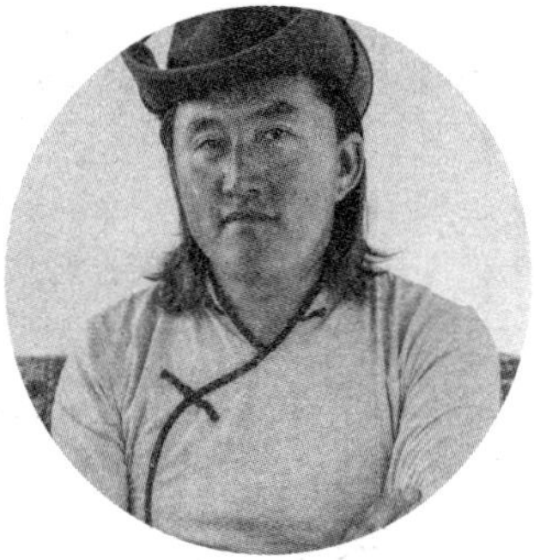

索德毕力格

1984年5月出生，鄂温克族，父母都是鄂温克族。2006年内蒙古大学艺术学院毕业，学习声乐。2008年受聘于呼伦贝尔市歌舞团，合同制，2014年辞职回到家乡养牛。曾在首届“三少民族”民歌电视大奖赛上获得三等奖。索德毕力格的梦想是发行一张自己的CD。索德毕力格还没有成家，和母亲一起生活。

母亲：南斯勒玛

1961年出生，鄂温克族。

家里有23头牛。

居住地：内蒙古自治区呼伦贝尔市鄂温克族自治旗巴彦嵯岗苏木扎格达木丹嘎查

拍摄于2014年9月4日

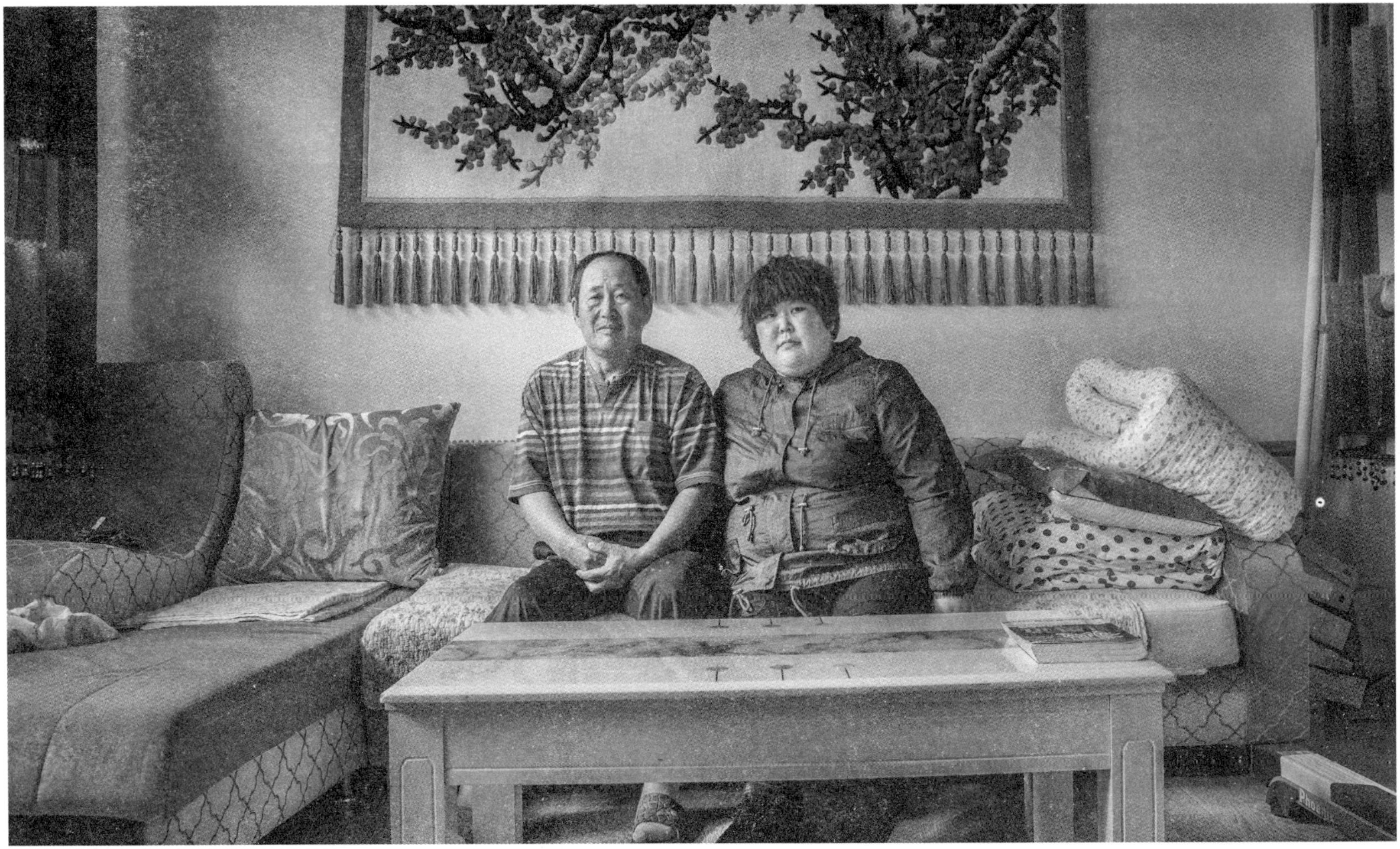

伟娜一家

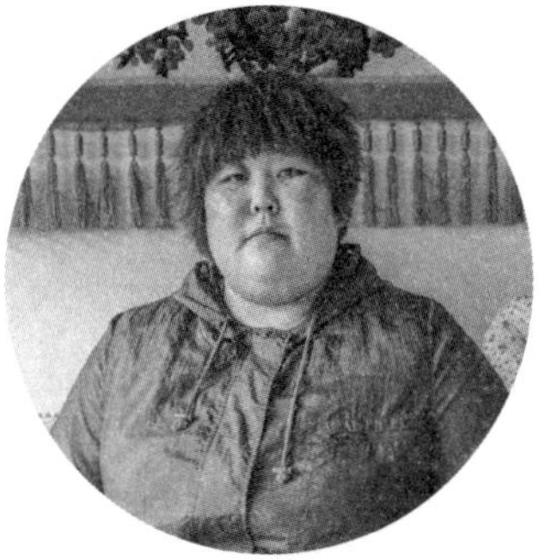

伟娜

1985年8月出生，鄂温克族。大学本科学历，会说鄂温克语、蒙古语、达斡尔语、汉语。扎格达木丹嘎查协理员，非常了解嘎查牧民情况，协助政府处理各项事宜，对工作热心。家里的牛羊都处理了，爸爸病了，一心照顾爸爸。

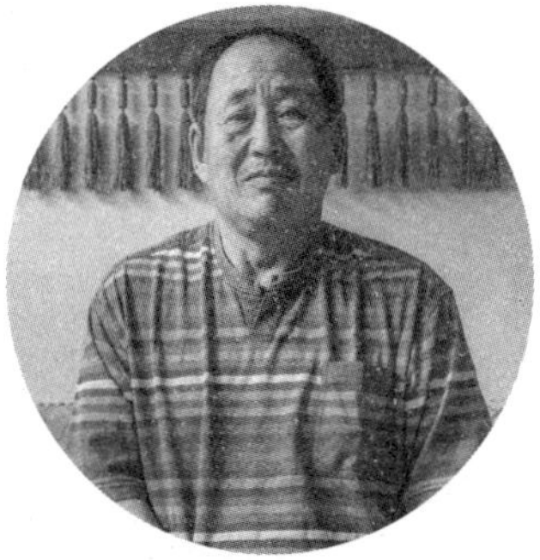

父亲：色音巴图

巴彦嵯岗苏木退休干部。

居住地：内蒙古自治区呼伦贝尔市鄂温克族自治旗巴彦嵯岗苏木莫和尔图嘎查

拍摄于2014年9月4日

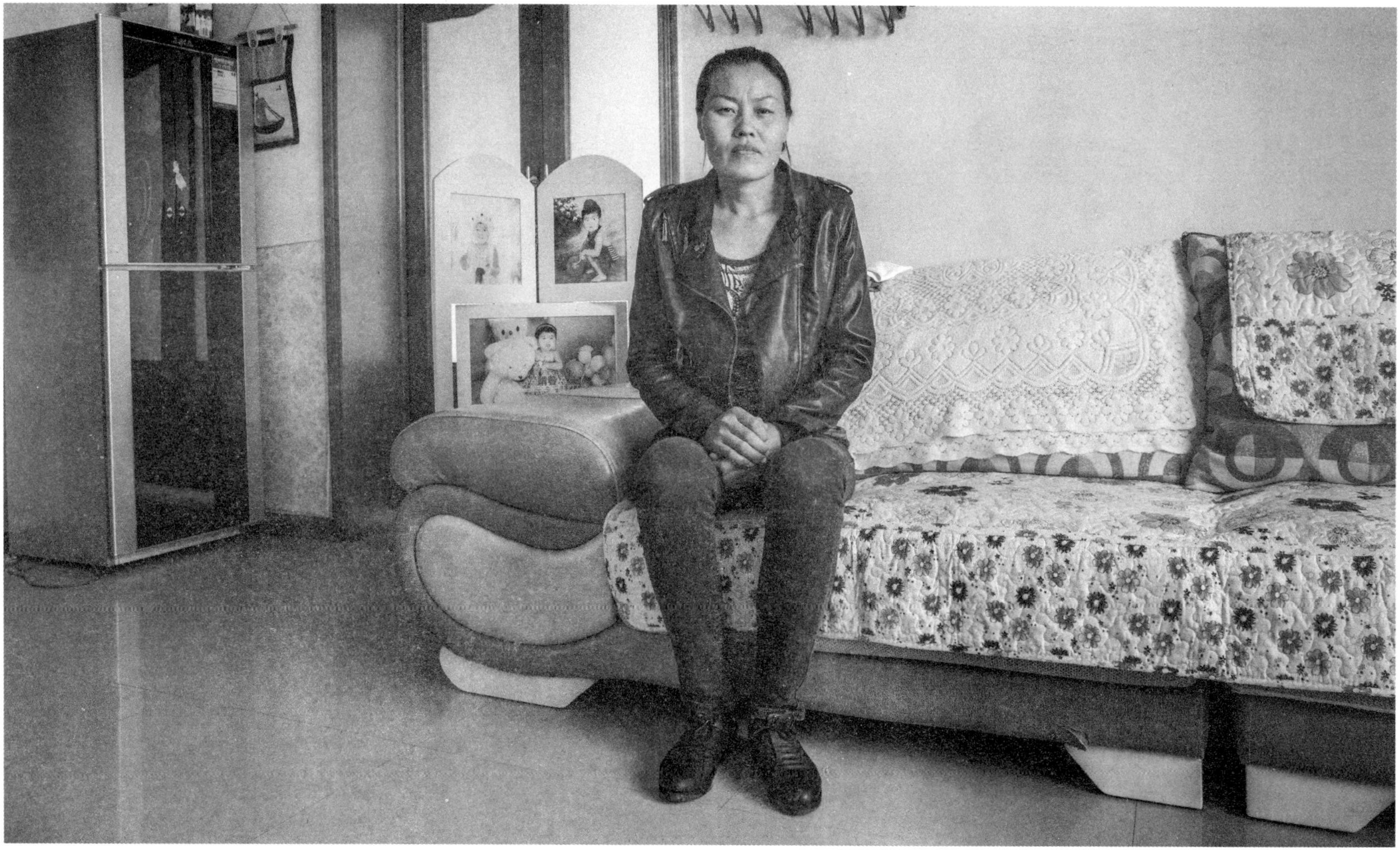

乌日娜一家

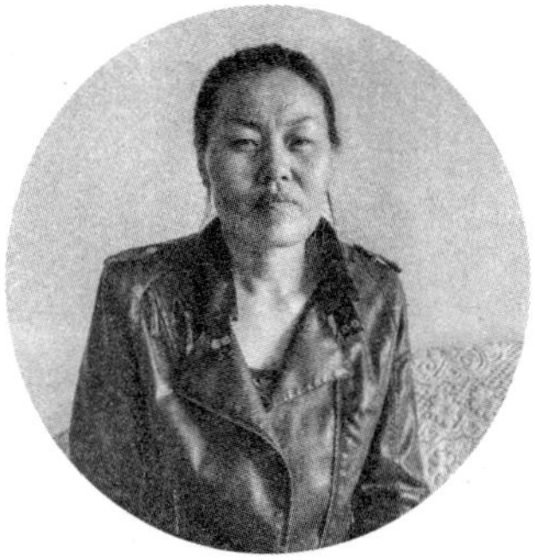

乌日娜

1984年8月出生，鄂温克族。初中文化，会说鄂温克语、蒙古语、达斡尔语、汉语。

爱人：巴雅尔图

1979年9月出生，鄂温克族。

女儿：阿力雅

2009年2月出生，鄂温克族。

他们在巴彦托海镇租了个房子，老人陪孩子读书，女儿在新辉幼儿园上大班。每月伙食费300多元，学费300多元，一个月各项费用合计要1000多元，房租一年1.2万元。

家里有20多头牛，100只羊，年收入10万元。

居住地：内蒙古自治区呼伦贝尔市鄂温克族自治旗巴彦嵯岗苏木扎格达木丹嘎查

拍摄于2014年9月4日

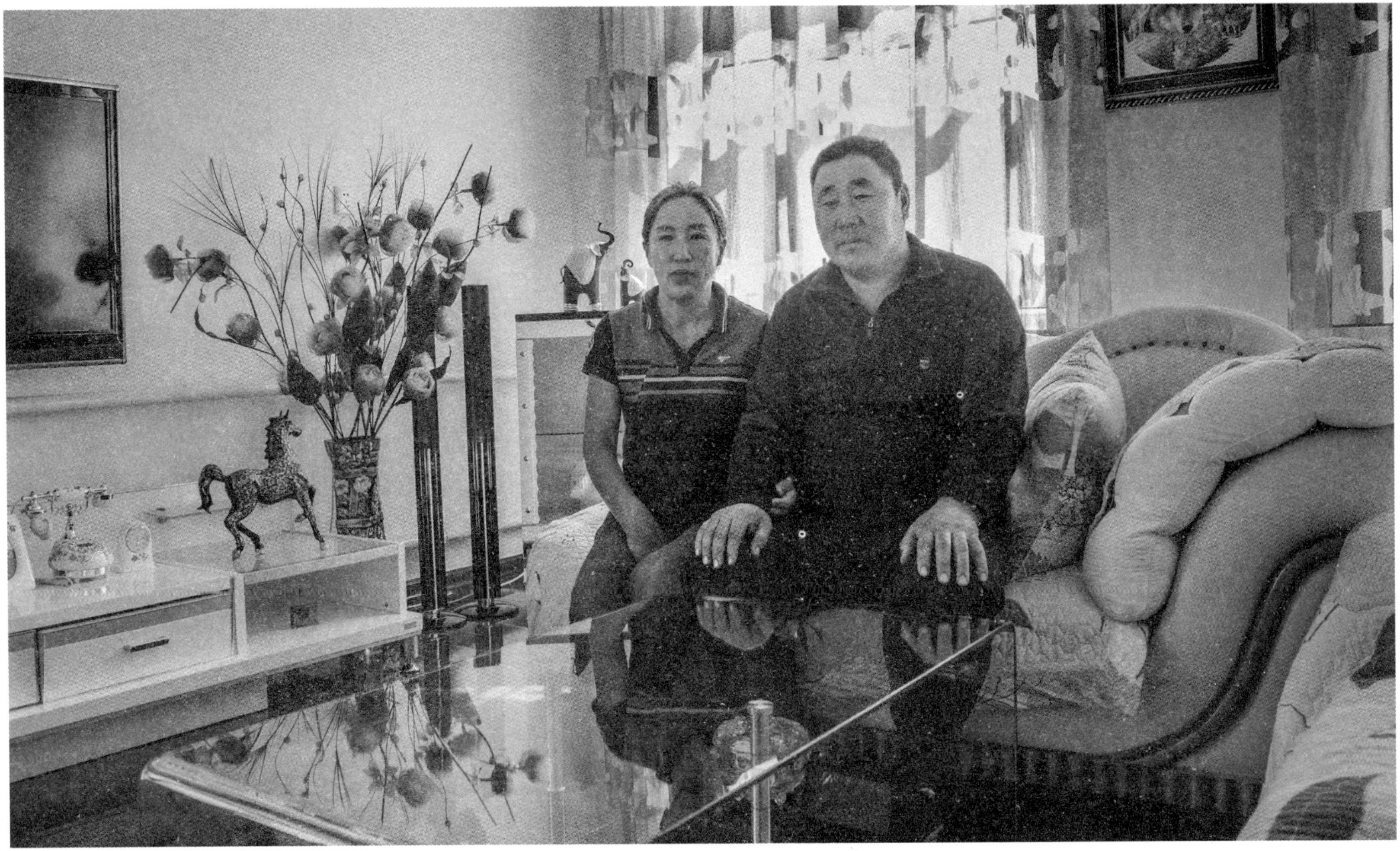

乌云索德一家

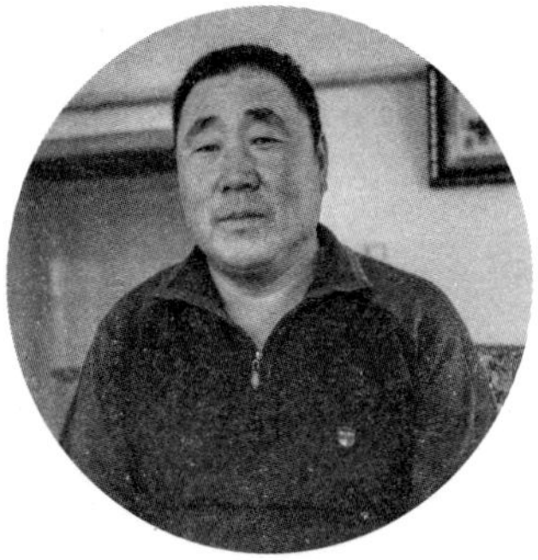

乌云索德

1975年1月出生，鄂温克族，父母都是鄂温克族。初中文化，会说鄂温克语、蒙古语、达斡尔语、汉语。

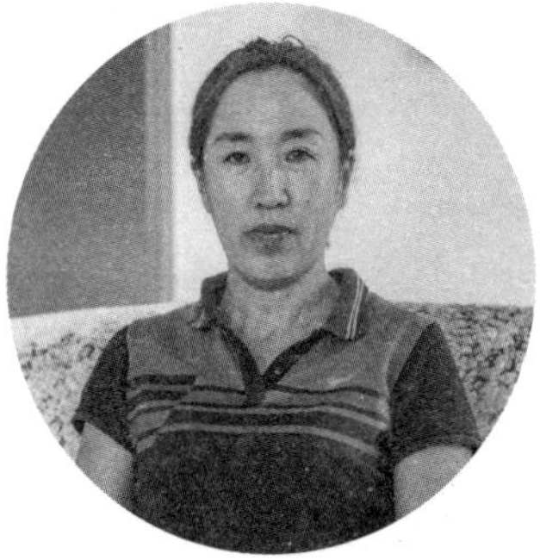

爱人：红霞

1976年7月出生，达斡尔族，高中毕业。

儿子：额日奇

1999年11月出生，鄂温克族，在鄂温克族自治旗民族中学上初三。为了孩子上学，在巴彦托海镇买了房子，由奶奶陪读。

家里有40多头牛，30多匹马，1000多只羊，年收入30万元。

居住地：内蒙古自治区呼伦贝尔市鄂温克族自治旗巴彦嵯岗苏木扎格达木丹嘎查
拍摄于2014年9月4日

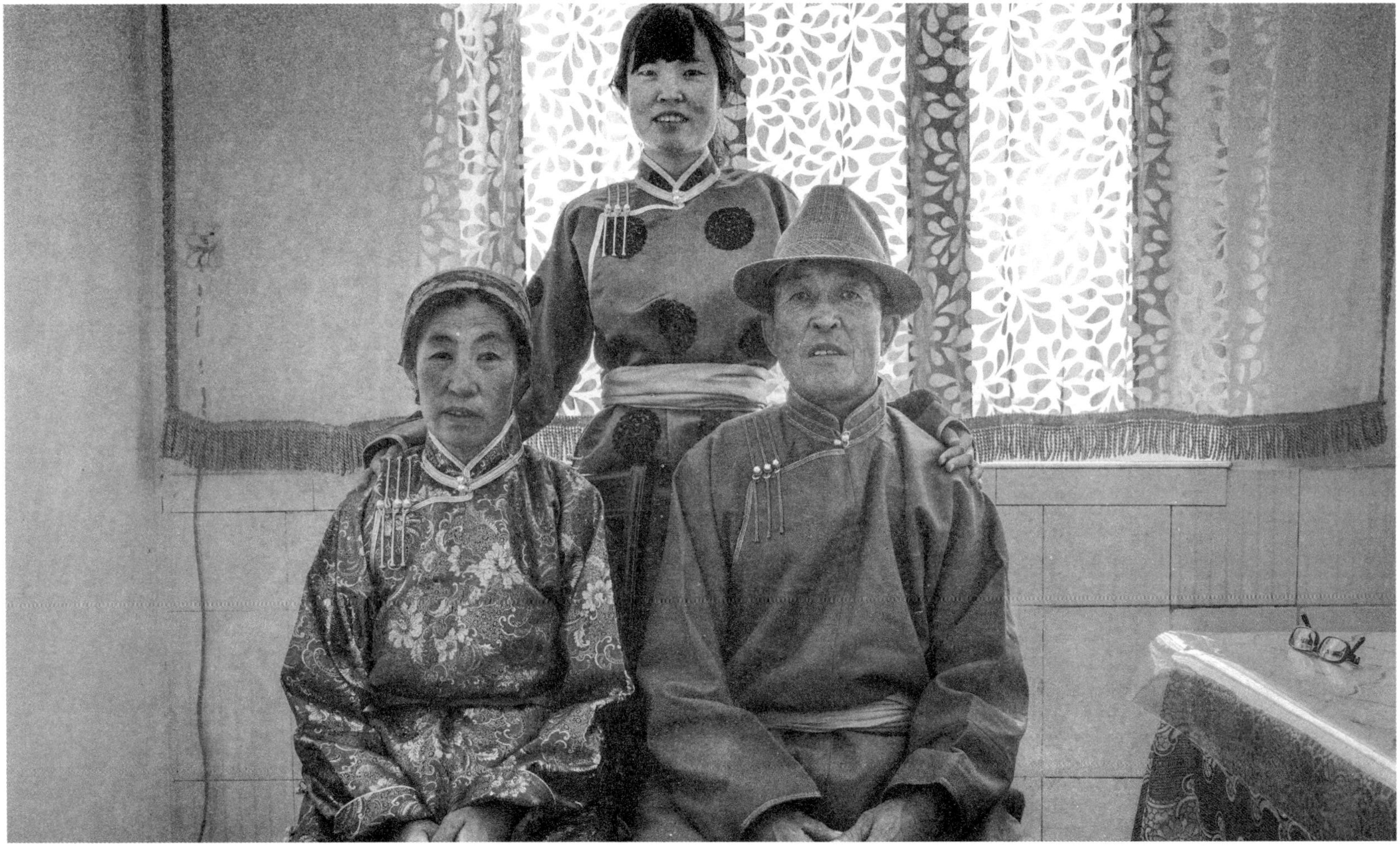

额尔敦宝力格一家

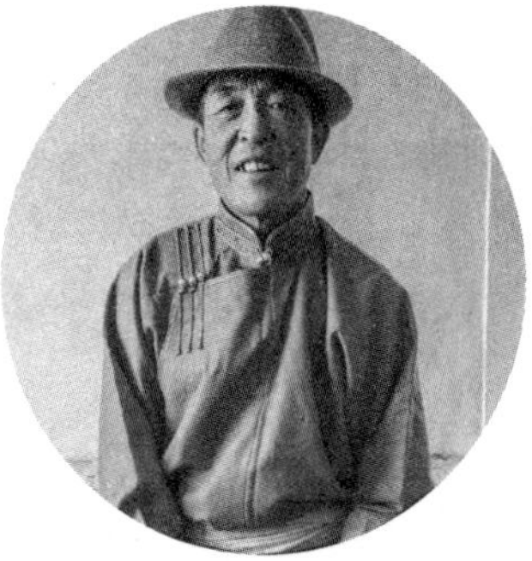

额尔敦宝力格

1956年12月出生，鄂温克族，父母都是鄂温克族。小学文化，会说鄂温克语、蒙古语、汉语。1986年入党，1989年当生产队长，1994年至2000年期间任毕鲁图嘎查书记。

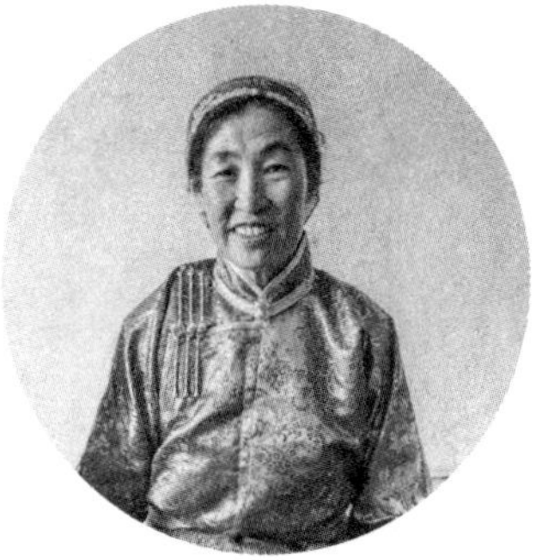

爱人：乌日娜

1959年11月出生，鄂温克族，初中文化。

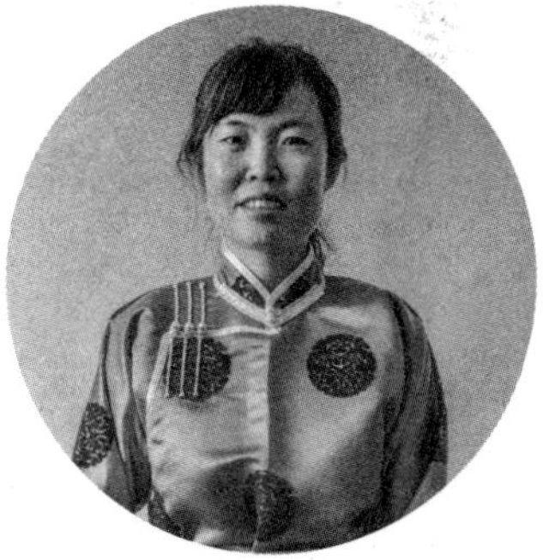

女儿：木其热

1986年10月出生，鄂温克族。内蒙古农业大学毕业。2011年考取公务员，现任伊敏苏木党政办主任，再过几天（2014年9月2日）就要出嫁了。

家里有60多头牛，10多匹马，200多只羊，年收入15万元。

居住地：内蒙古自治区呼伦贝尔市鄂温克族自治旗伊敏苏木毕鲁图嘎查

拍摄于2014年8月29日

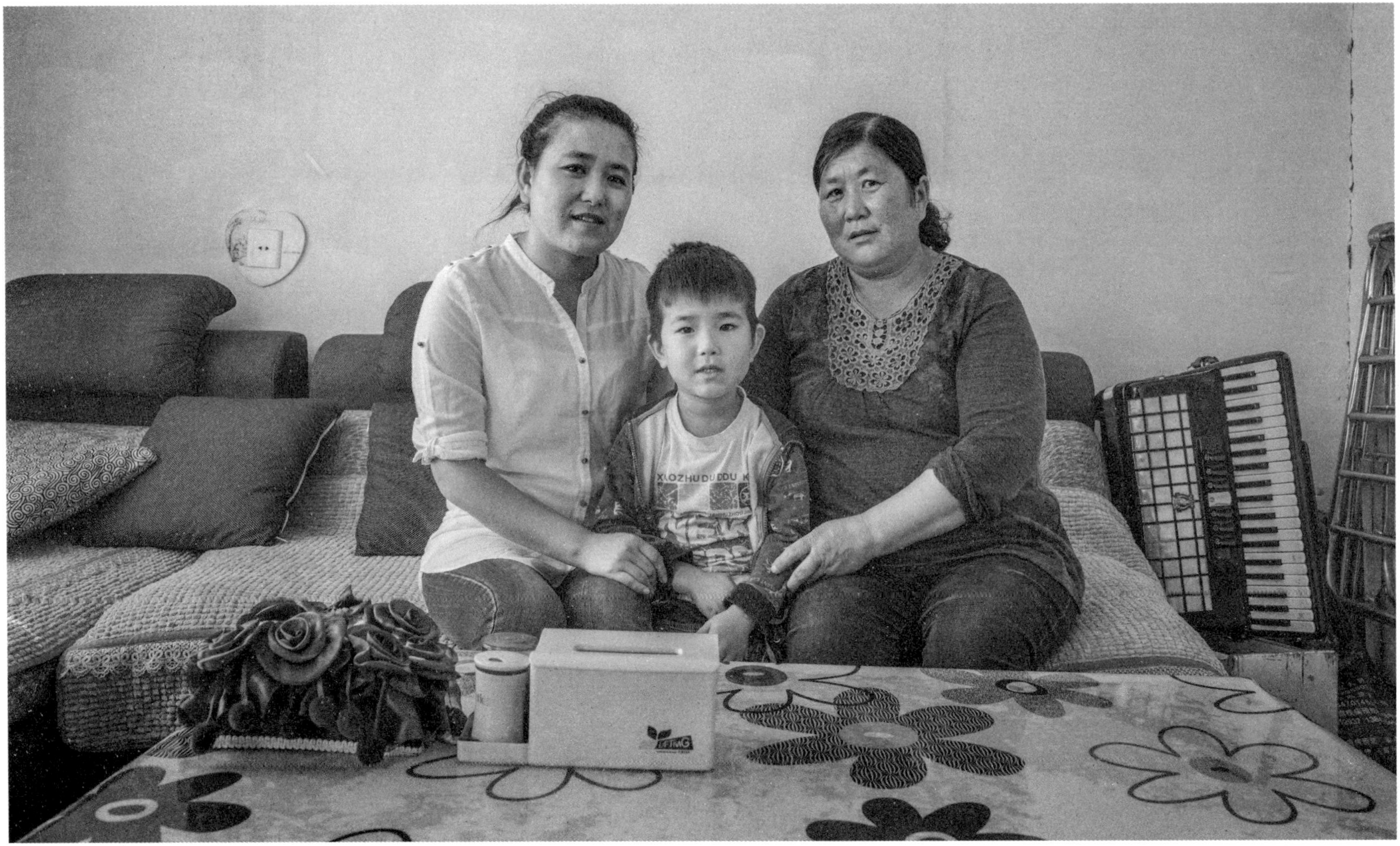

苏荣挂一家

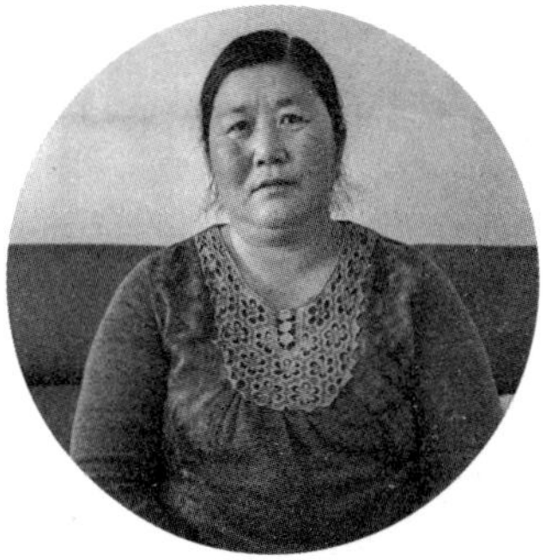

苏荣挂

1962年2月出生，鄂温克族，父母都是鄂温克族。高中文化，会说鄂温克语、蒙古语、汉语。

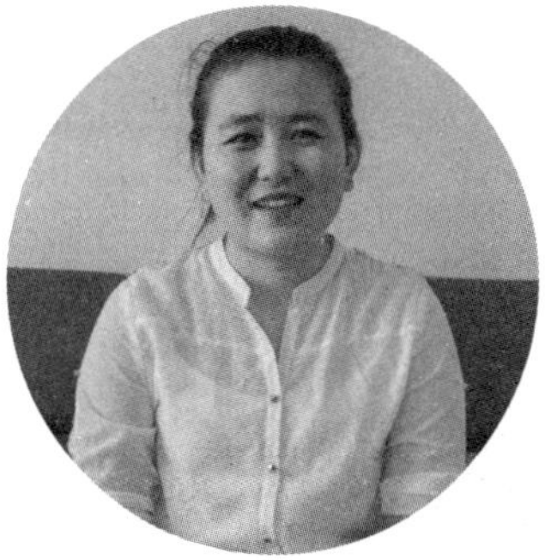

女儿：娜日萨

1986年8月出生，鄂温克族，大专学历。2009年在吉登嘎查任大学生村官，2012年在毕鲁图嘎查任副嘎查达，月工资3000多元，明年到届。2014年6月创办了“爱涵牧户游旅游点”，每天接待能力100人左右。

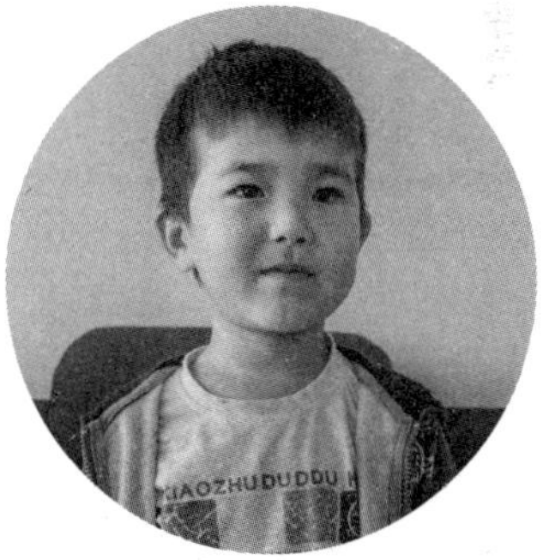

外孙：希温

2010年1月出生，鄂温克族。在伊敏苏木中心校上中班，学习蒙古语。

家里有30多头牛，100多只羊，年收入6万元。

居住地：内蒙古自治区呼伦贝尔市鄂温克族自治旗伊敏苏木毕鲁图嘎查
拍摄于2014年8月29日

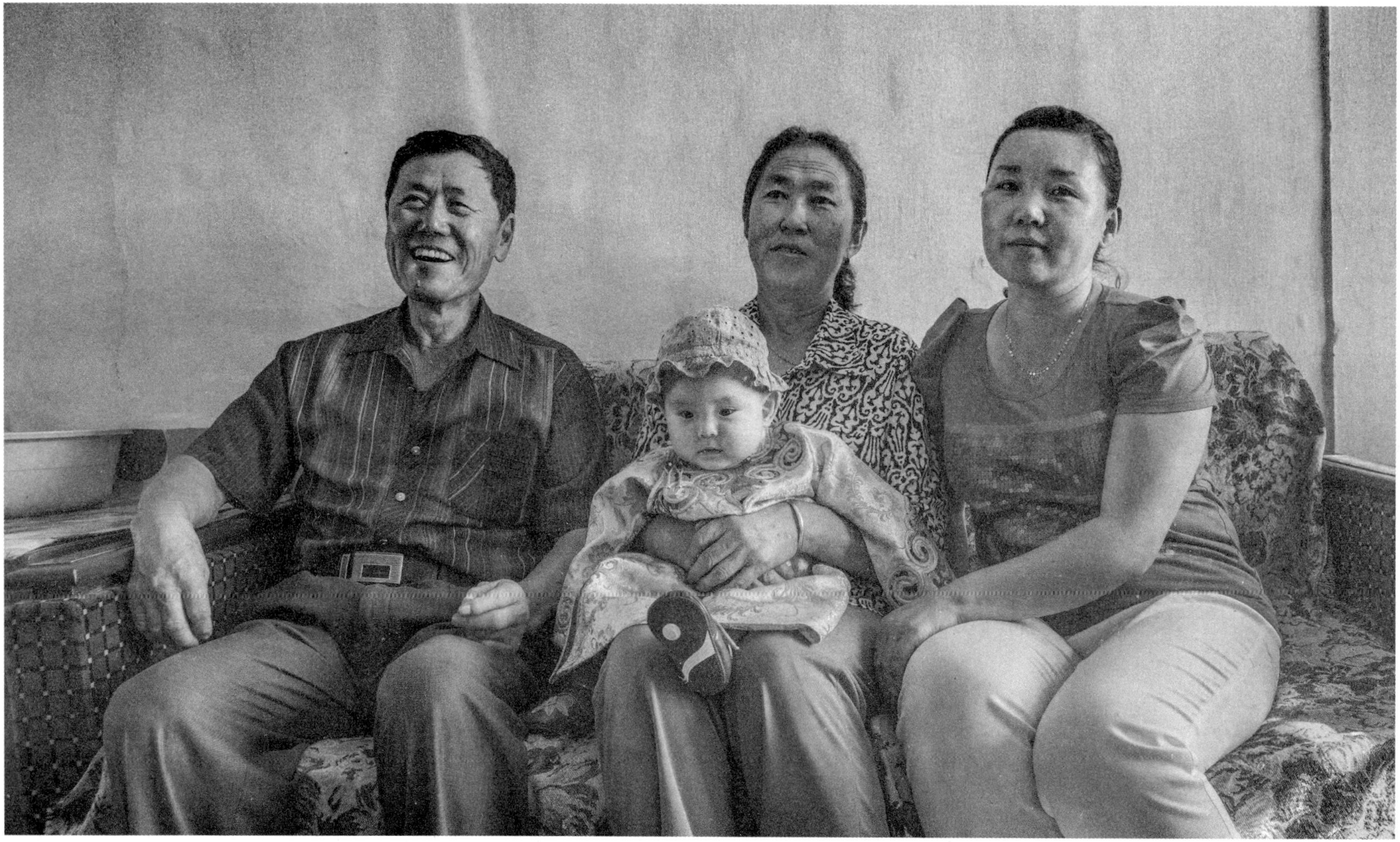

哈拉一家

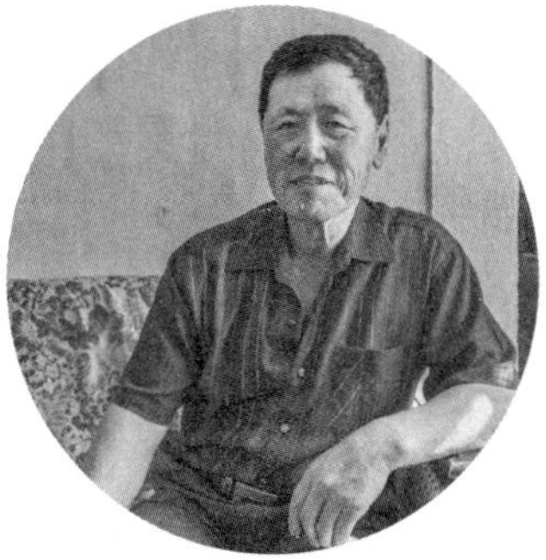

哈　拉

1950年11月出生，鄂温克族，父母都是鄂温克族。中共党员，高中文化，曾任伊敏苏木党委副书记，现已退休。

哈拉和儿子一起生活，家里有60多头牛，10多匹马，150多只羊，年收入12万元。

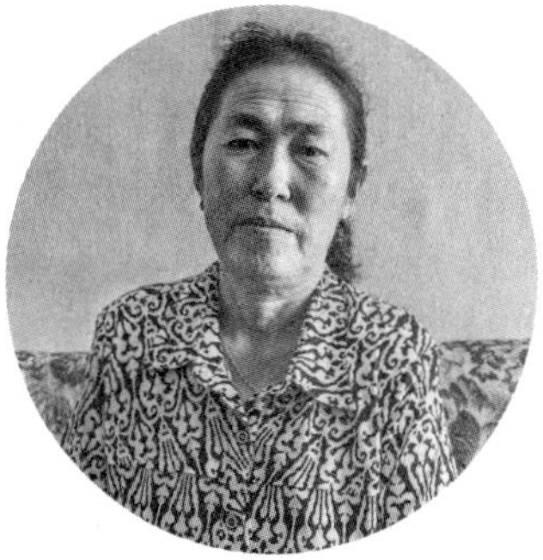

爱人：阿伦

1955年3月出生，鄂温克族。

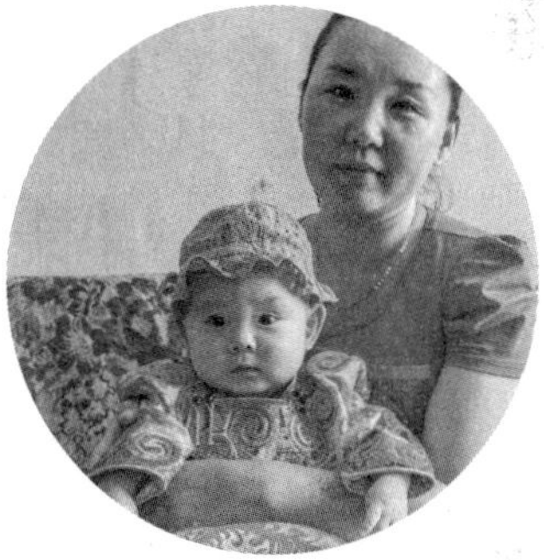

儿媳：牡丹

1982年9月出生，鄂温克族，大学学历。现任伊敏苏木党委组宣部长。

孙女：杜妮娅

2013年11月出生，鄂温克族。

居住地：内蒙古自治区呼伦贝尔市鄂温克族自治旗伊敏苏木红花尔基嘎查

拍摄于2014年8月29日

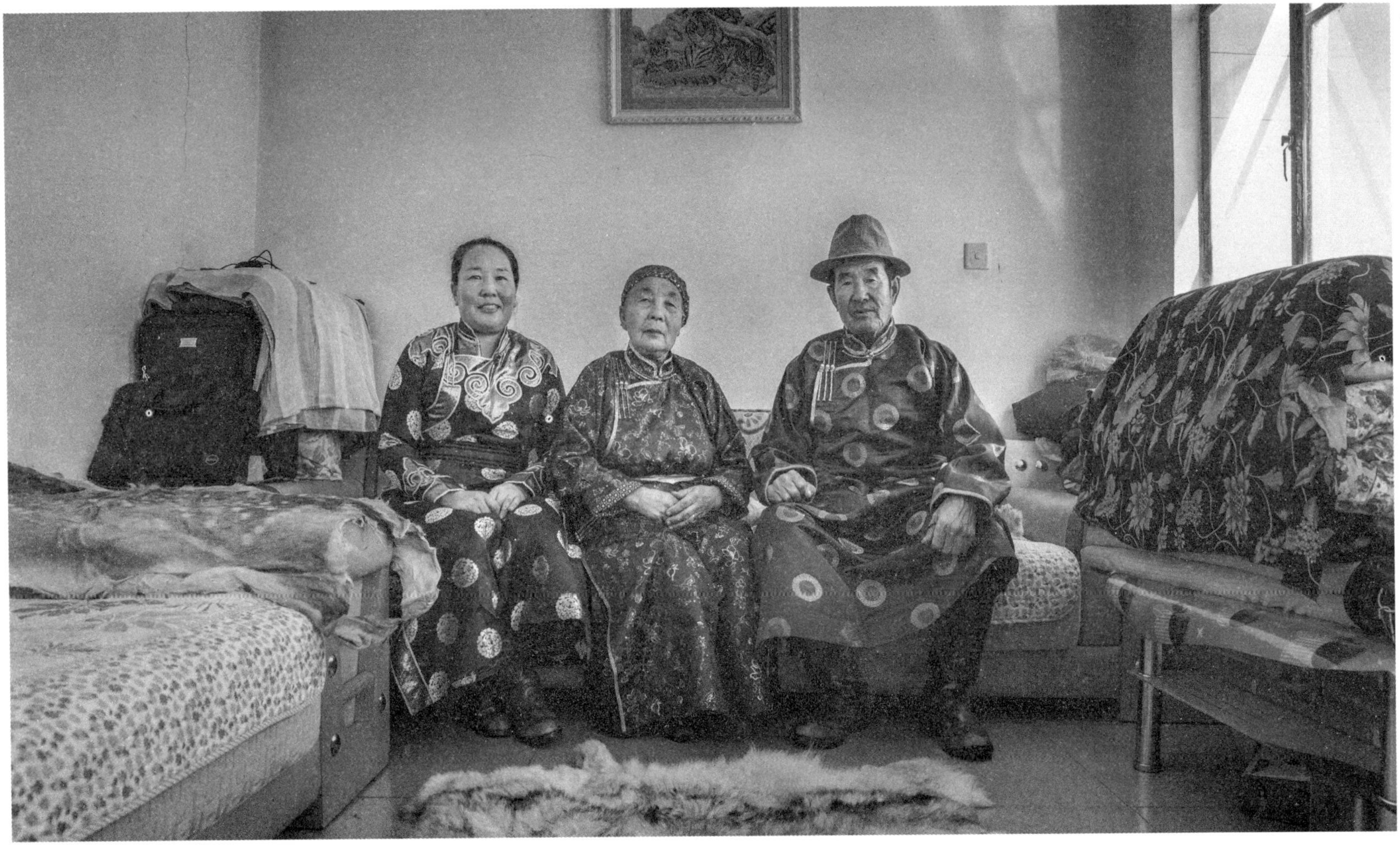

孟和巴图一家

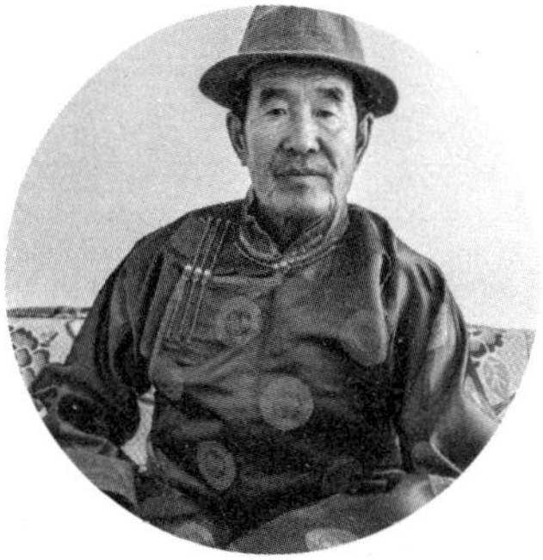

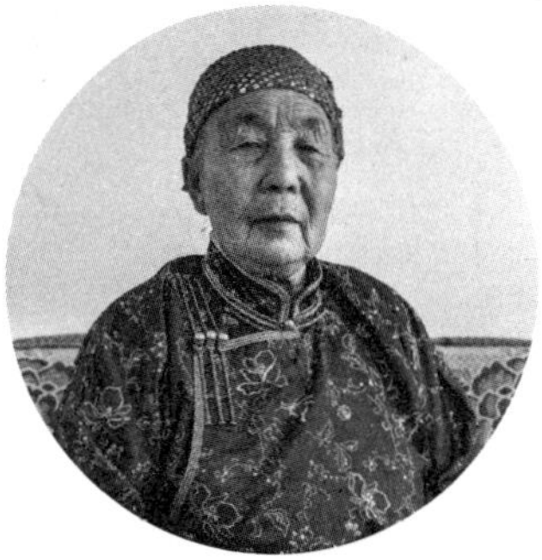

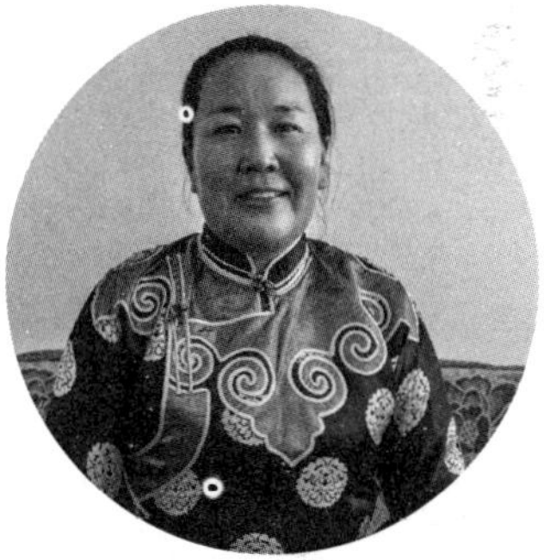

孟和巴图

1949年7月出生，鄂温克族，父母都是鄂温克族。小学文化，会说鄂温克语、蒙古语、汉语。孟和巴图的父亲和祖父都是鄂温克族萨满。孟和巴图15岁进入猎民队，16岁配发小口径枪，17岁配发大枪，开始猎民生活。猎到过熊、犴等大物，是个好猎手，对狩猎文化依然念念不忘。

爱人：道力玛

1949年6月出生，鄂温克族，小学文化。

女儿：木其日

1979年6月出生，鄂温克族。呼伦贝尔学院农牧经济管理专业毕业。现任红花尔基嘎查妇代会主任，业余时间做蒙古语主持人。

家里有100多头牛，30多匹马，100多只羊，年收入10万元。

居住地：内蒙古自治区呼伦贝尔市鄂温克族自治旗伊敏苏木红花尔基嘎查

拍摄于2014年8月29日

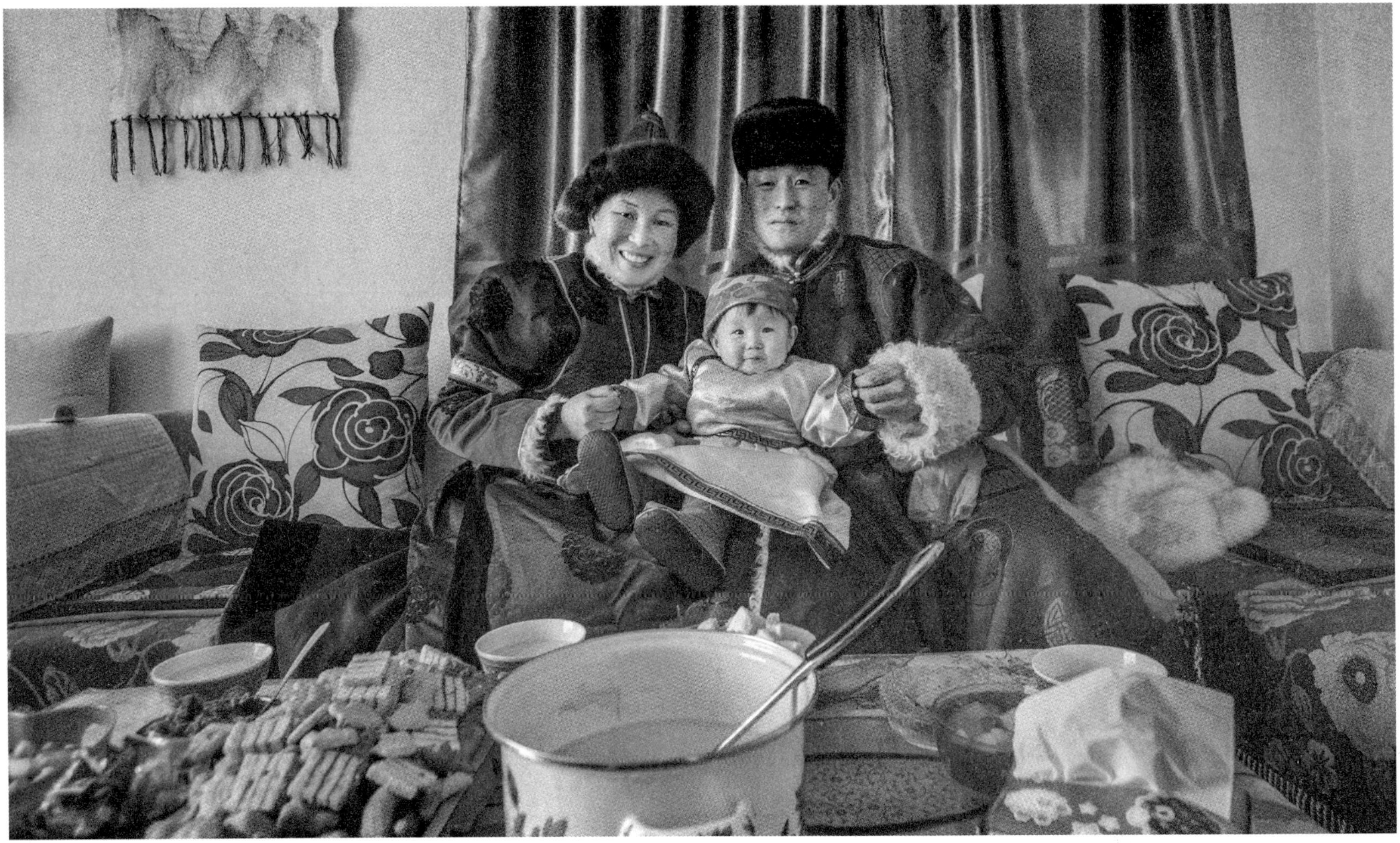

朝克巴雅尔一家

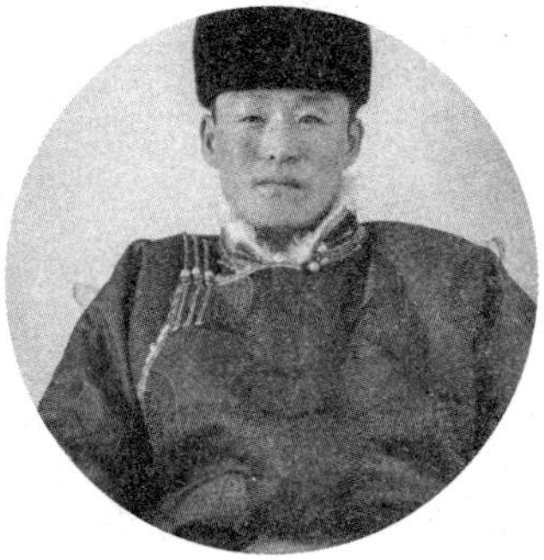

朝克巴雅尔

1984年出生，鄂温克族，父母都是鄂温克族。扎兰屯农牧学院毕业，大专学历。现在伊敏苏木综合服务站工作。

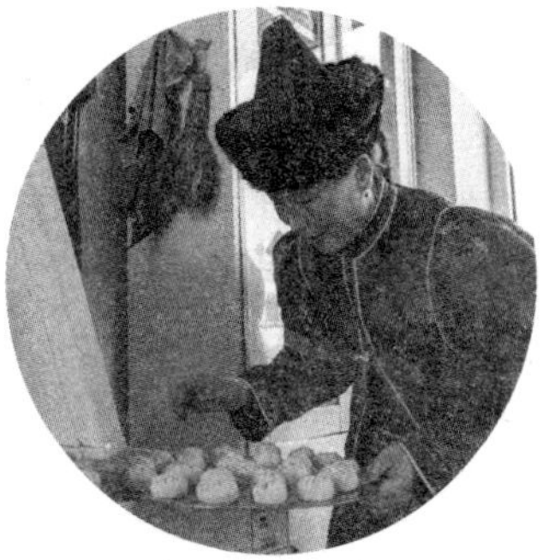

爱人：巴拉吉玛

1991年9月出生，蒙古族，父母都是布里亚特蒙古人。

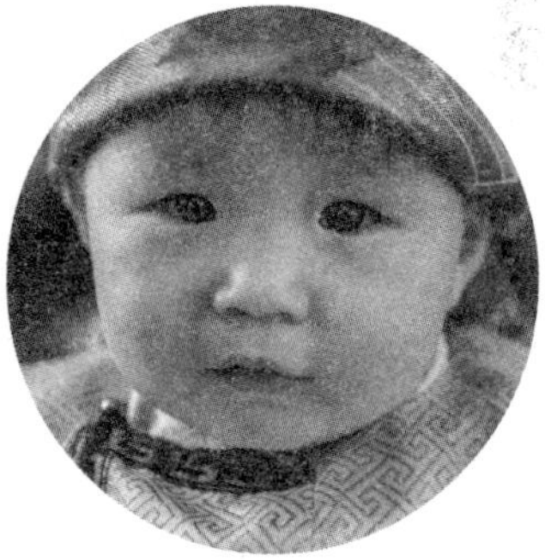

女儿：鄂金

2011年12月出生，鄂温克族。

家里有28头牛，现在经营家庭牧户游。

居住地：内蒙古自治区呼伦贝尔市鄂温克族自治旗伊敏苏木毕鲁图嘎查

拍摄于2013年3月17日

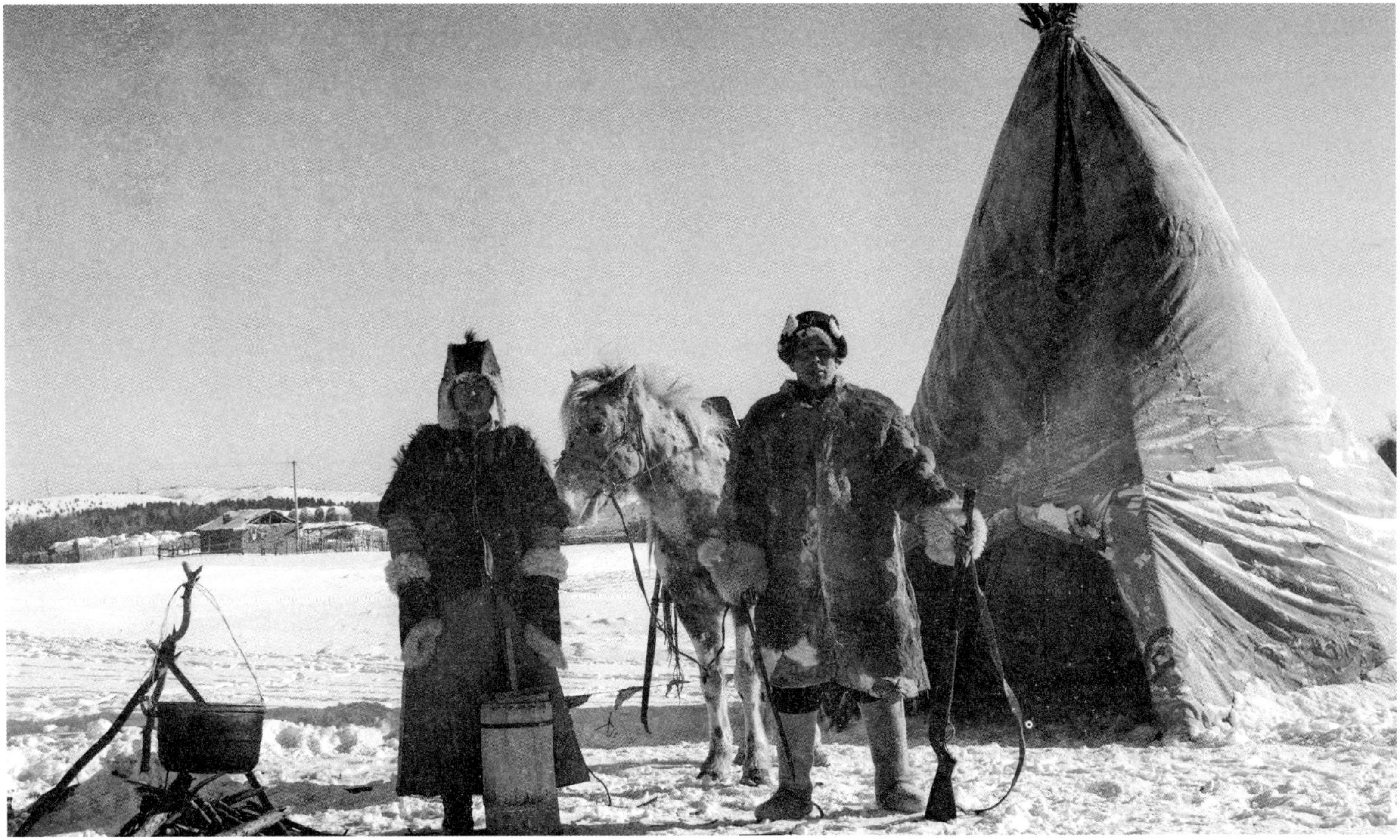

敖德一家

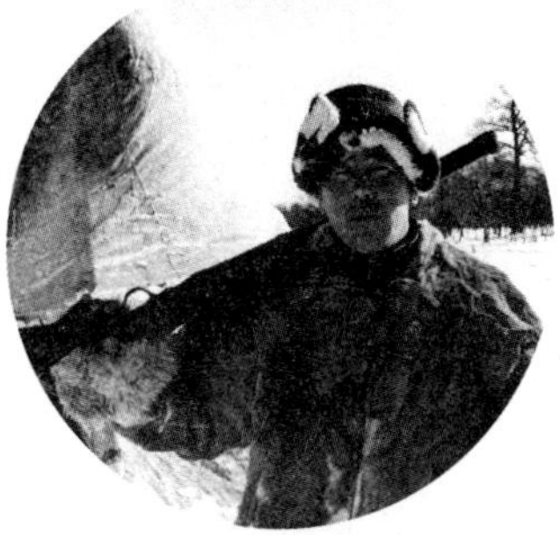

敖　德

1986年7月出生，鄂温克族，父母都是鄂温克族。小学文化，会说鄂温克语、蒙古语、汉语。敖德是吉登嘎查牧民代表和财务小组成员。

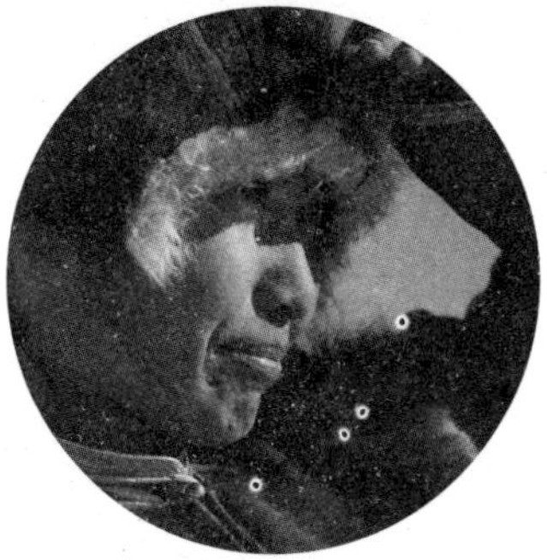

爱人：塔娜

1991年7月出生，鄂温克族，初中文化。曾担任吉登嘎查团支部书记和残联协理员。

家里有6头牛，60多匹马，350只羊。

居住地：内蒙古自治区呼伦贝尔市鄂温克族自治旗伊敏苏木吉登嘎查

拍摄于2014年1月25日

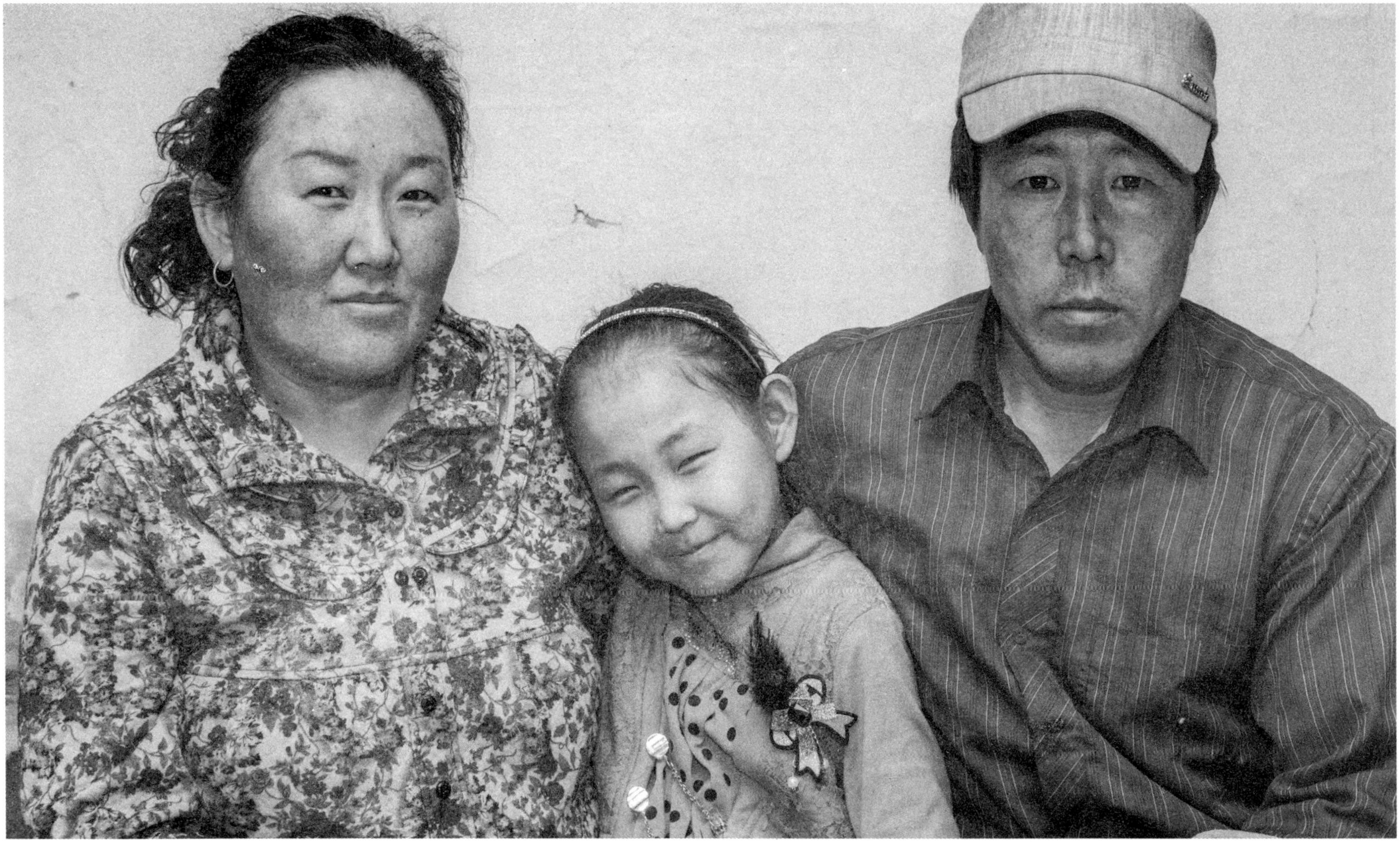

包春玉一家

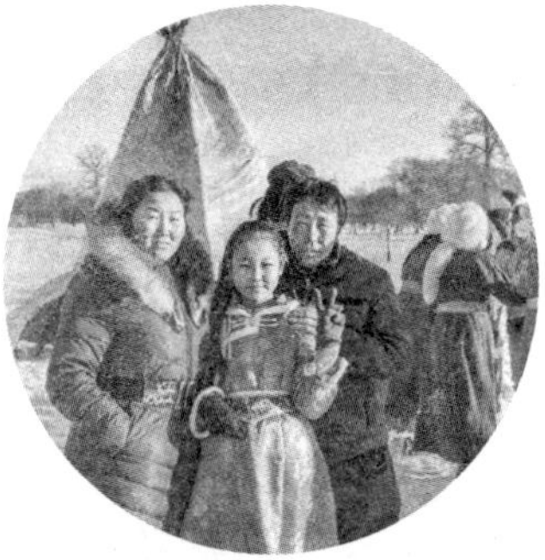

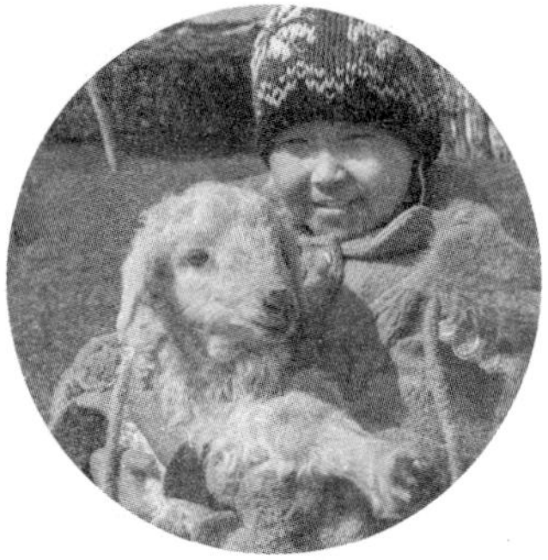

包春玉

1976年5月出生，鄂温克族，父亲是蒙古族，母亲是鄂温克族。小学文化，会说鄂温克语、蒙古语、汉语。包春玉是吉登嘎查的拖拉机手。

爱人：斯琴花

1977年4月出生，鄂温克族，初中文化。

女儿：包楠

2002年5月出生，鄂温克族。在鄂温克族自治旗第一小学读六年级。

家里有30头牛，年收入5万~6万元。

居住地：内蒙古自治区呼伦贝尔市鄂温克族自治旗伊敏苏木吉登嘎查

拍摄于2014年1月25日

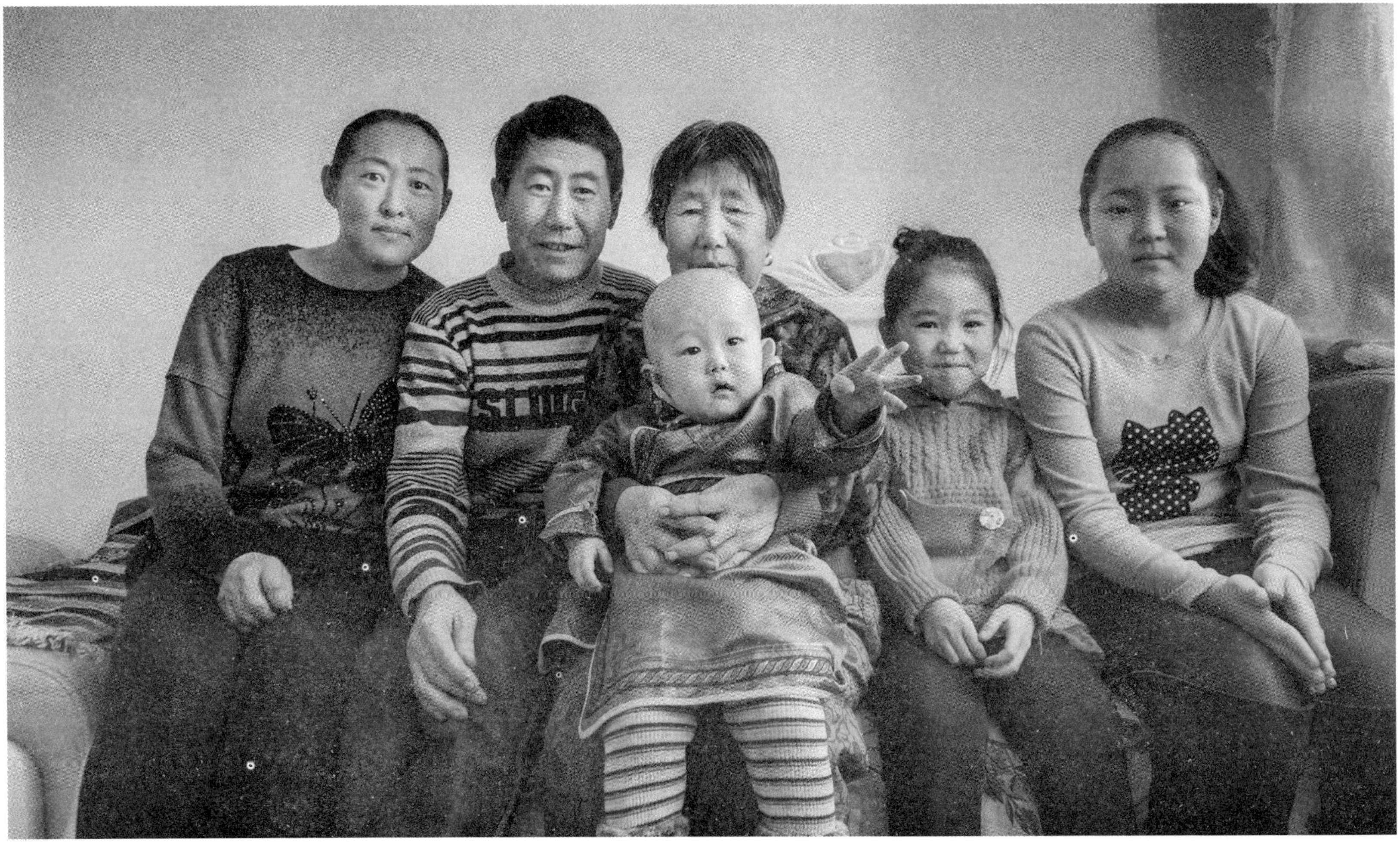

刘庆国一家

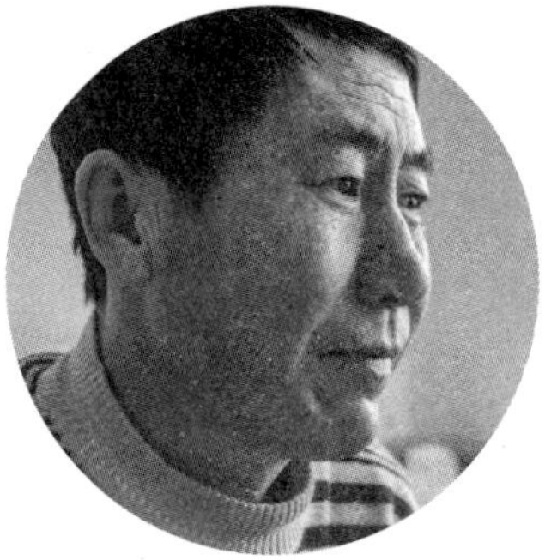

刘庆国

1977年6月出生，鄂温克族。父亲是鄂温克族，母亲是蒙古族。初中文化，会说鄂温克语、蒙古语、汉语。现任吉登嘎查委员会委员。

爱人：白云

1978年6月出生，鄂温克族。

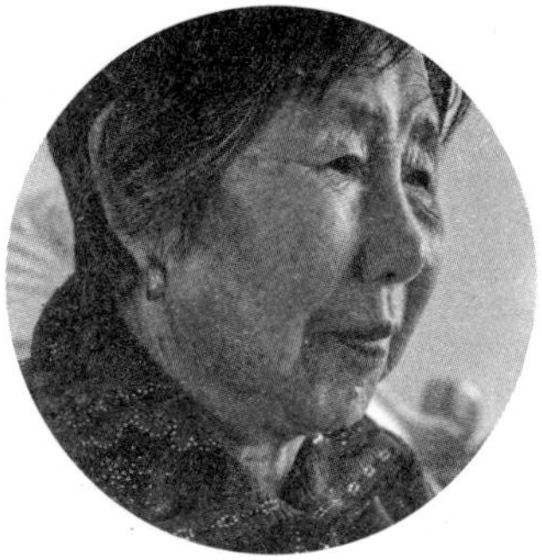

母亲：德恩力玛

1941年1月出生，蒙古族。

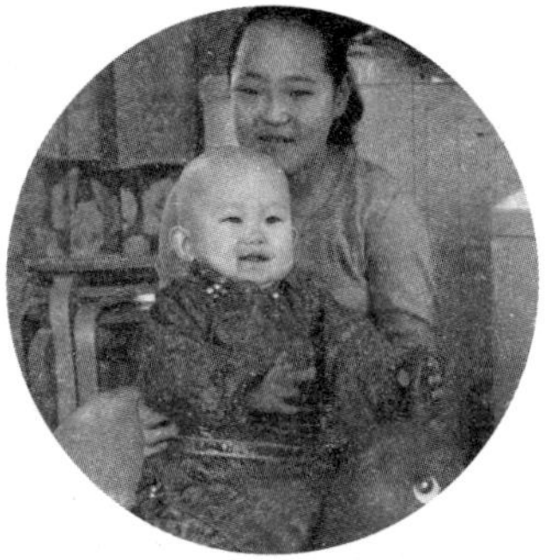

长女：何丽娜

2003年11月出生，鄂温克族。在鄂温克族自治旗第一小学上四年级，学习蒙古语，能听懂鄂温克语。

长子：恩格乐

2012年7月出生，鄂温克族。

家里有30头牛。

居住地：内蒙古自治区呼伦贝尔市鄂温克族自治旗伊敏苏木吉登嘎查

拍摄于2014年1月25日

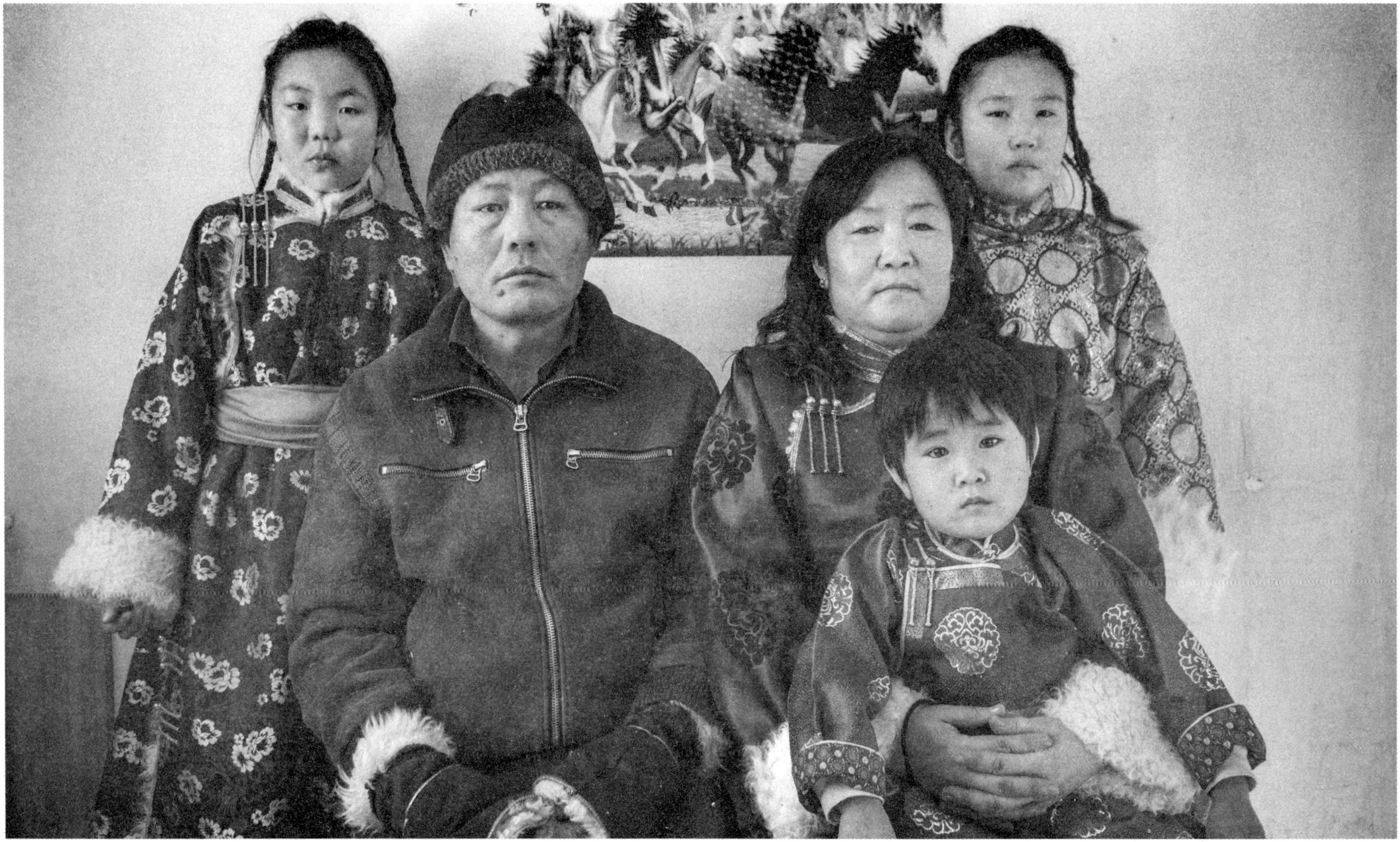

特木热一家

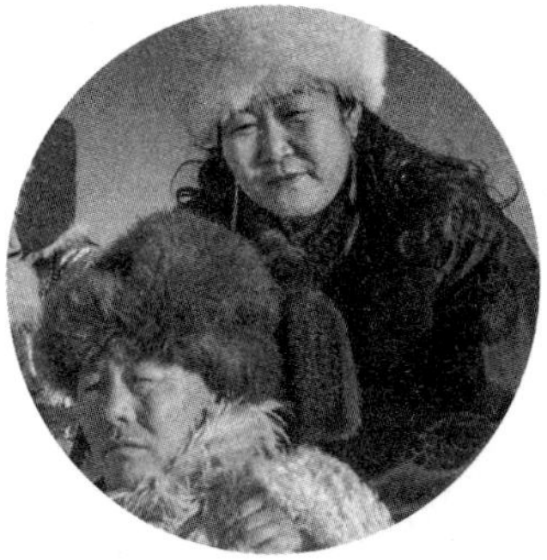

特木热

1972年8月出生，鄂温克族，父母都是鄂温克族。小学文化，会说鄂温克语、蒙古语、汉语。现任吉登嘎查副嘎查达。

爱人：娜仁高娃

1977年5月出生，鄂温克族，内蒙古团校中专毕业。

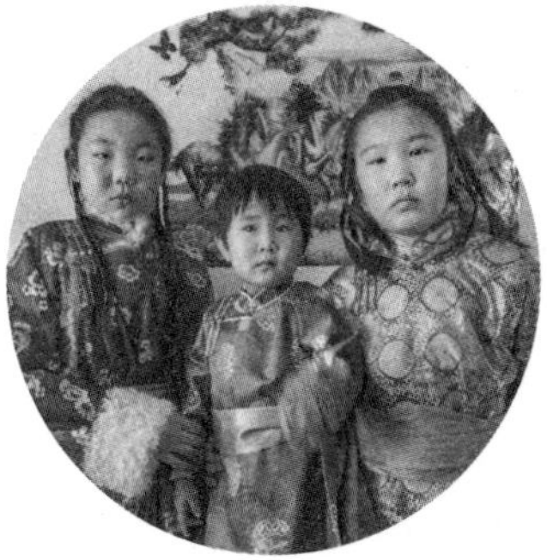

长女：杜佳琦（左）

2001年6月出生，鄂温克族。现在伊敏河镇第二中学上初一。

次女：何佳鑫（右）

2002年8月出生，鄂温克族。现在鄂温克族自治旗民族中学上初一。

三女：阿如坤（中）

2011年5月出生，鄂温克族。在伊敏苏木幼儿园上学，由母亲陪读。

居住地：内蒙古自治区呼伦贝尔市鄂温克族自治旗伊敏苏木吉登嘎查

拍摄于2014年1月25日

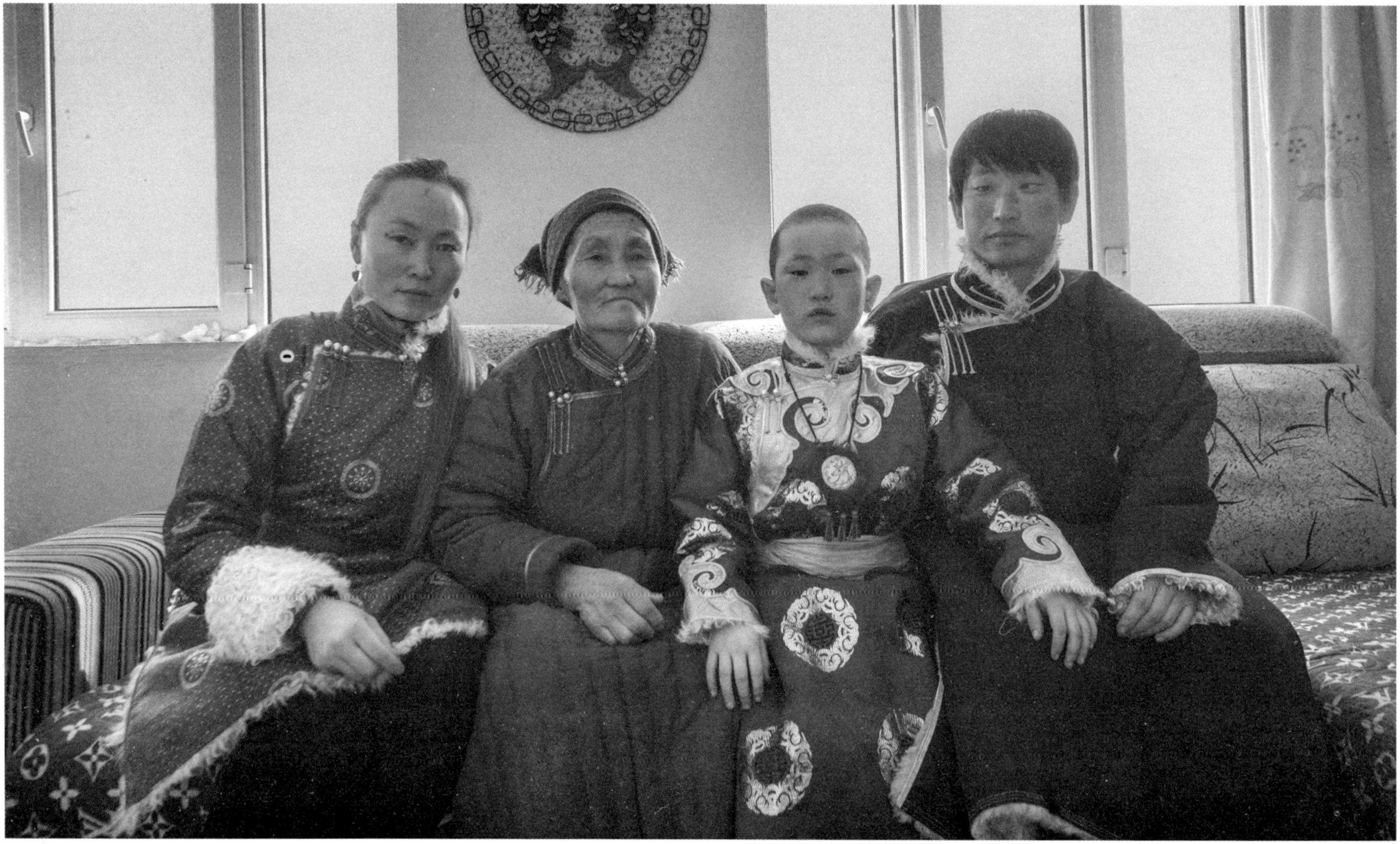

娜日娜一家

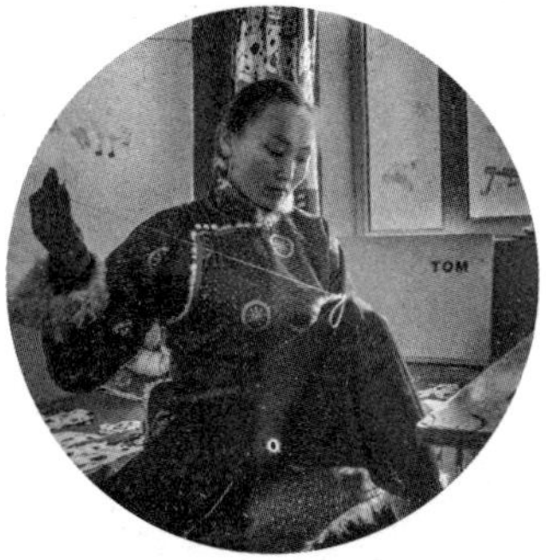

娜日娜

1979年12月出生，鄂温克族，父母都是鄂温克族。呼和浩特市经贸学校服装设计系毕业。现在家承做牧民生活服装。

爱人：段暄

汉族。

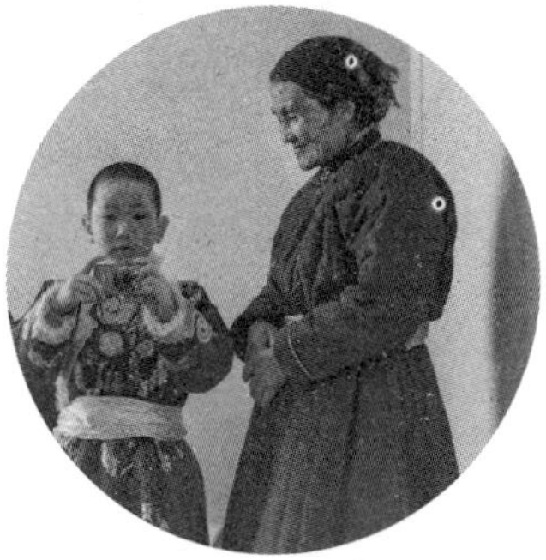

母亲：乌云格日乐

1952年10月出生，鄂温克族。

儿子：阿日彬

2005年9月出生，鄂温克族。

家里有30多头牛，40多只羊。

居住地：内蒙古自治区呼伦贝尔市鄂温克族自治旗伊敏苏木毕鲁图嘎查

拍摄于2013年3月17日

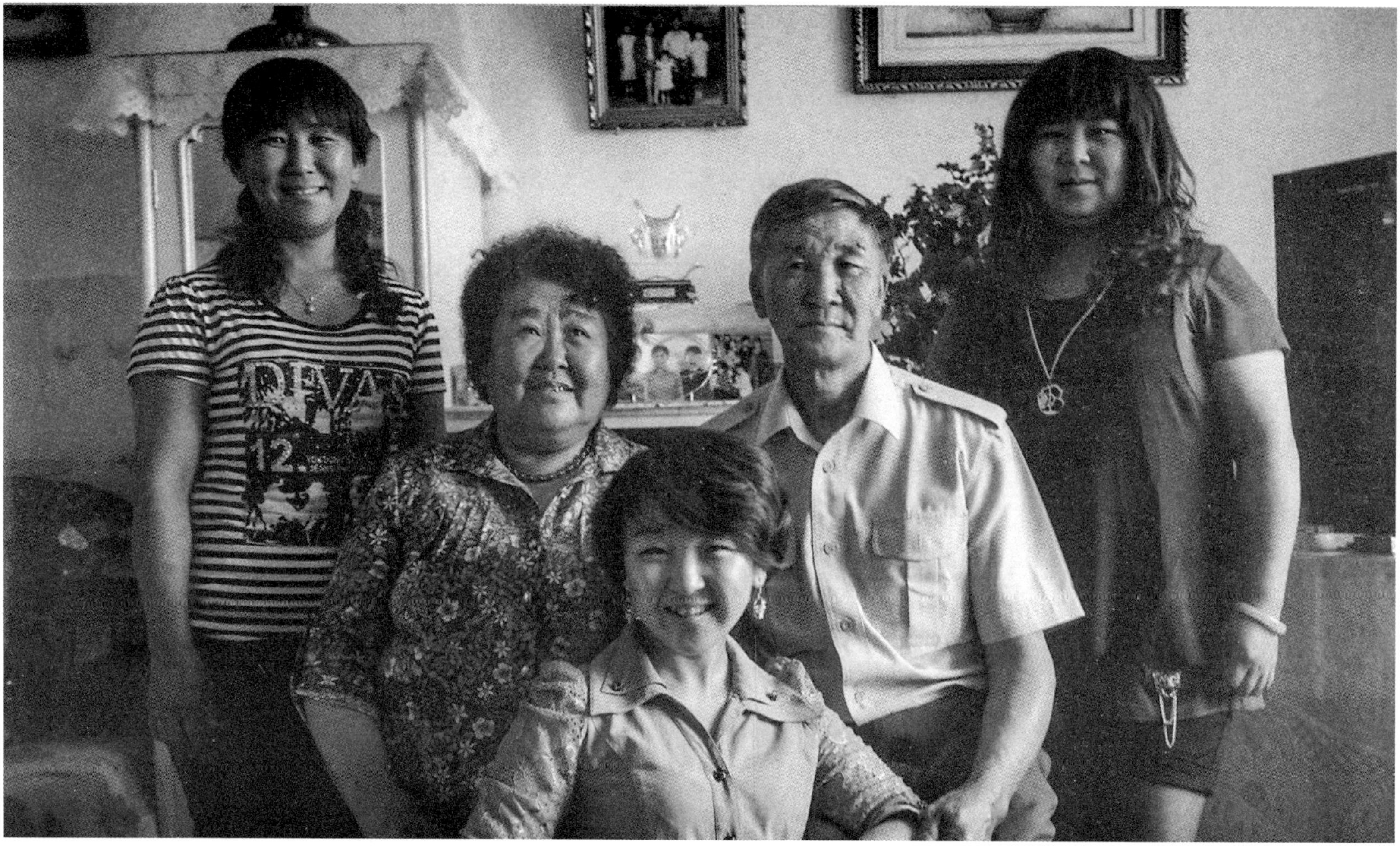

风花一家

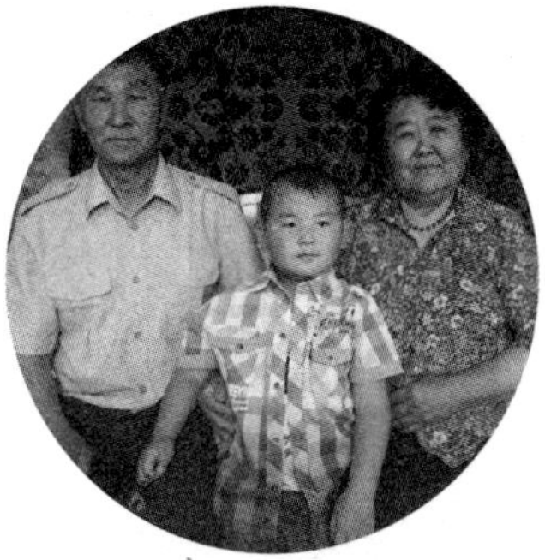

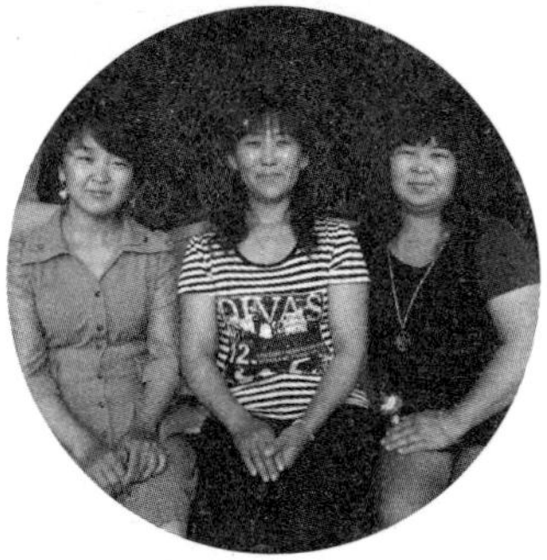

风花（别名：吉别克）

1950年9月出生于新疆塔城市喀拉哈巴克乡阔斯哈巴克村，鄂温克族，父母都是鄂温克族。初中文化，会说哈萨克语、达斡尔语、汉语。

爱人：罗西

1946年7月出生，达斡尔族。会说哈萨克语、达斡尔语、汉语。

长女：罗玉红（右）

1977年7月出生，达斡尔族。会说哈萨克语、汉语。

次女：罗玉芳（中）

1979年6月出生，达斡尔族。会说哈萨克语、汉语。

三女：罗玉婷（左）

1984年出生，达斡尔族。会说哈萨克语、汉语。在塔城地区社保局工作。

外孙：罗文源（罗玉红之子）

1998年3月出生，在塔城市一中学习。

风花家有95亩地，种植小麦、苞米、油菜等农作物。

居住地：新疆维吾尔自治区塔城市阿西尔达斡尔民族乡别勒塔木村

拍摄于2013年6月7日

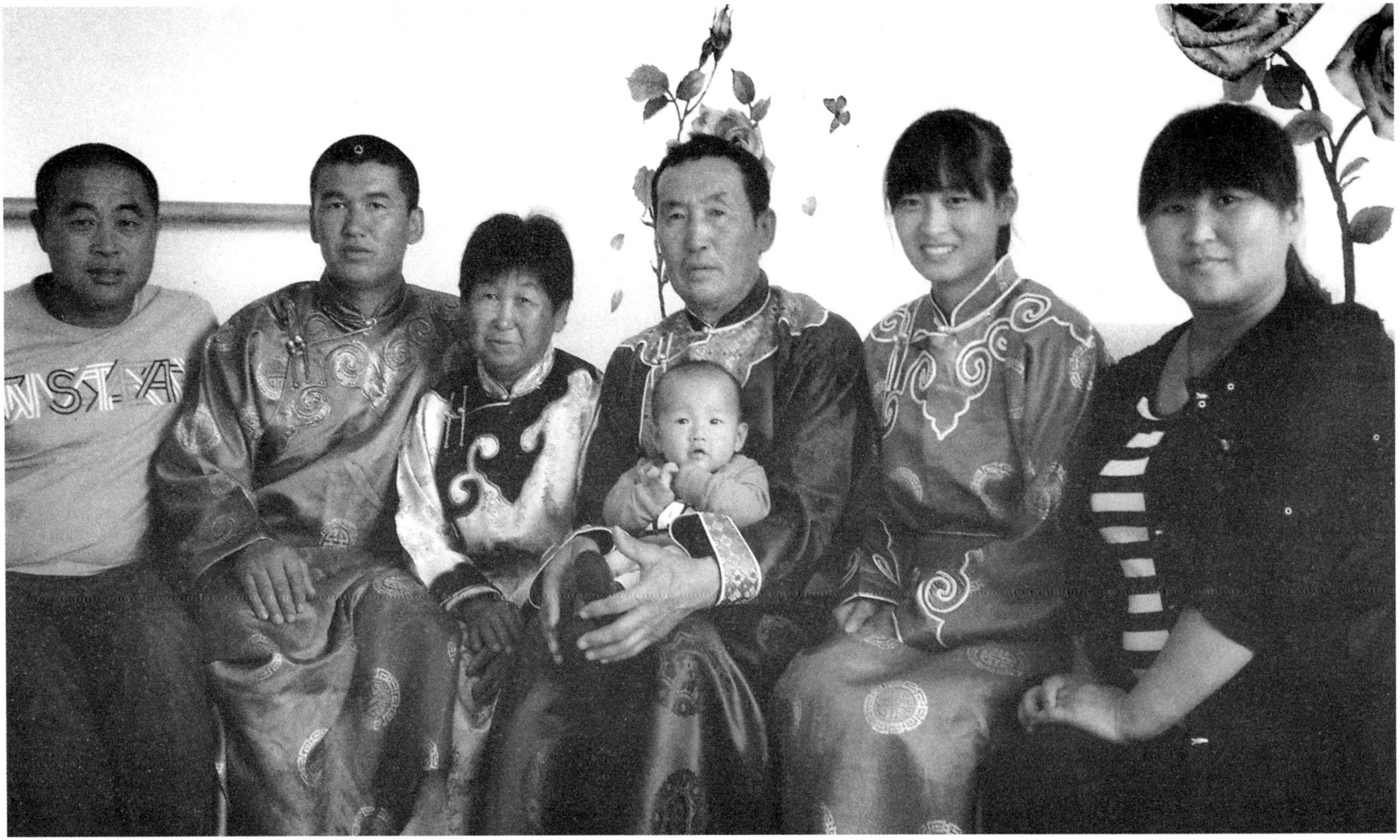

吴金花一家

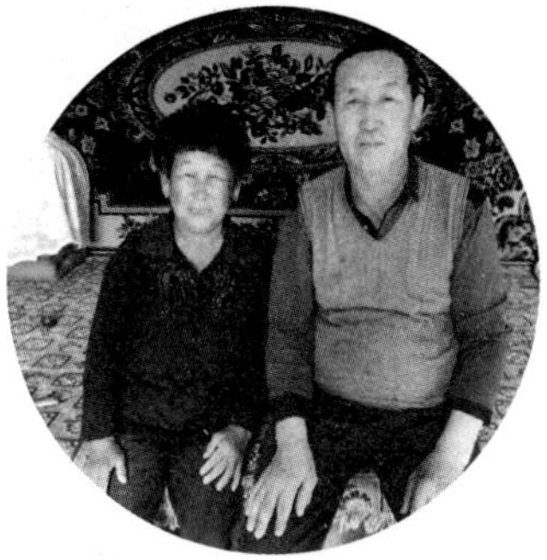

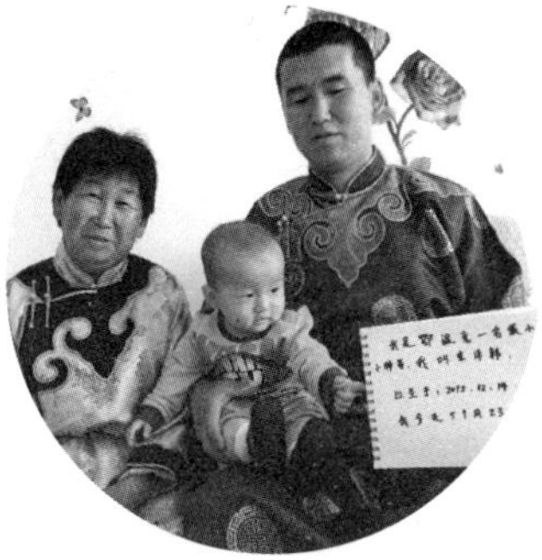

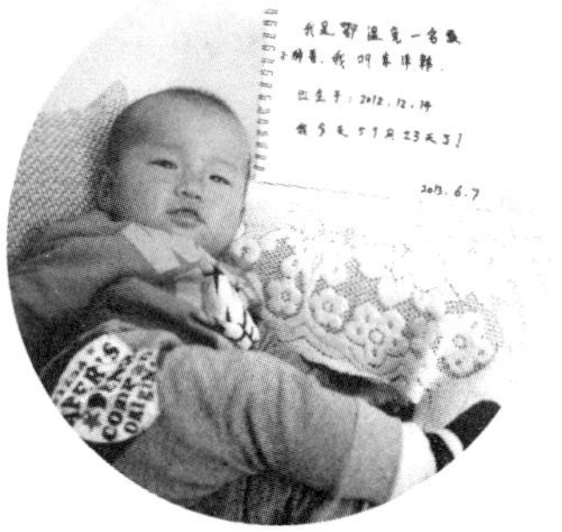

吴金花（别名：乌吉克）

1953年11月出生于新疆塔城市喀拉哈巴克乡阔斯哈巴克村，鄂温克族，父母都是鄂温克族。

农民，中共党员。会说哈萨克语、汉语。

爱人：李英

1952年3月出生，达斡尔族。会说达斡尔语、哈萨克语、汉语。

长女：李咏梅

1979年7月出生，达斡尔族。会说哈萨克语、汉语。

次女：李红梅

1983年1月出生，达斡尔族。会说哈萨克语、汉语，会使用哈萨克文字。现在塔城市妇幼保健医院工作。

长子：李坚锐

1984年10月出生，鄂温克族。初中毕业，中共党员。会说哈萨克语、汉语。

长媳：潘倩倩

1991年7月出生，汉族。

长孙：李泽韩

2012年12月出生，鄂温克族。

家里有80亩地，主要种植小麦、苞米、油菜、向日葵等农作物，有拖拉机、打捆机等农机具。

居住地：新疆维吾尔自治区塔城市阿西尔达斡尔民族乡上满致巴克村

拍摄于2013年6月7日

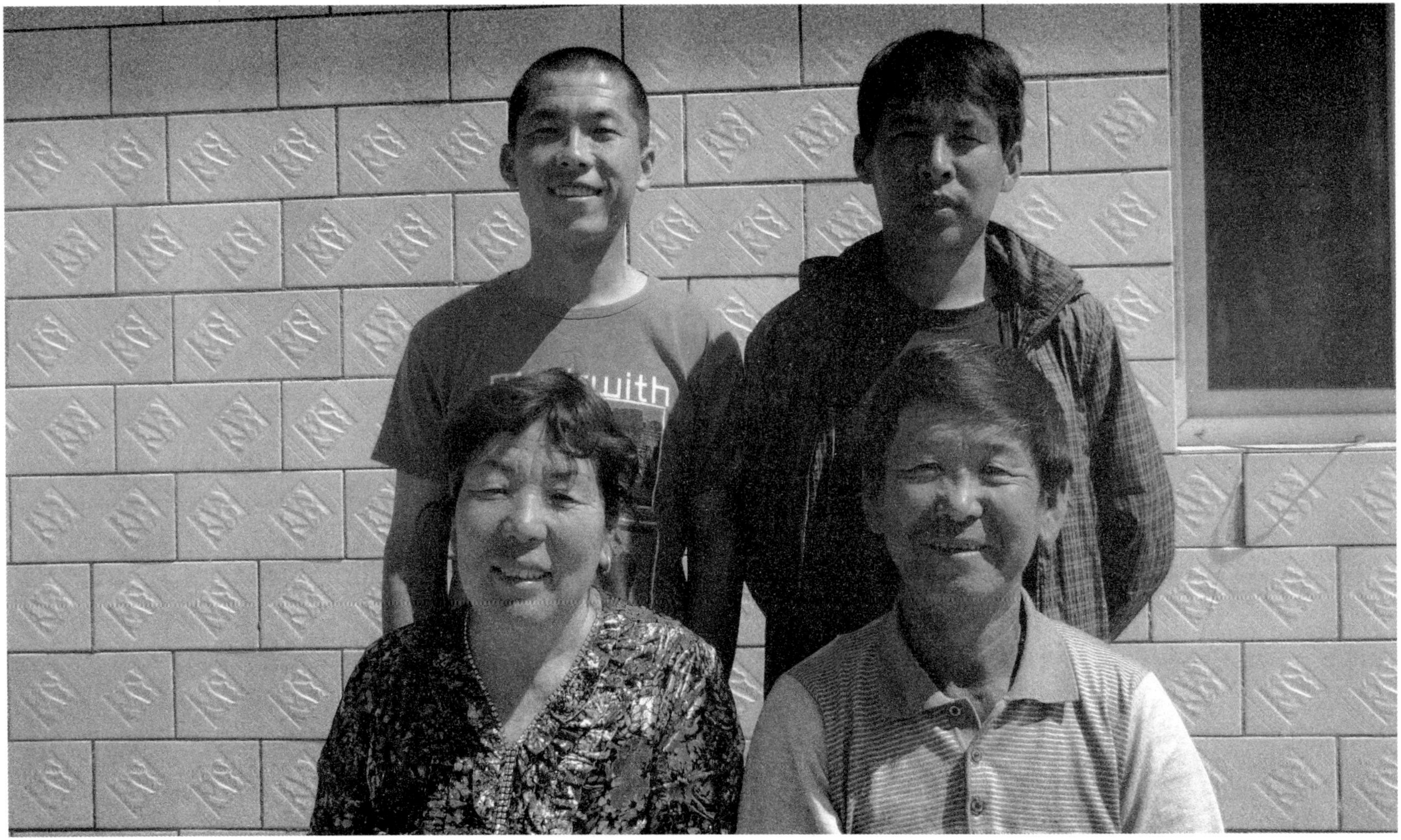

光辉一家（柳华提供）

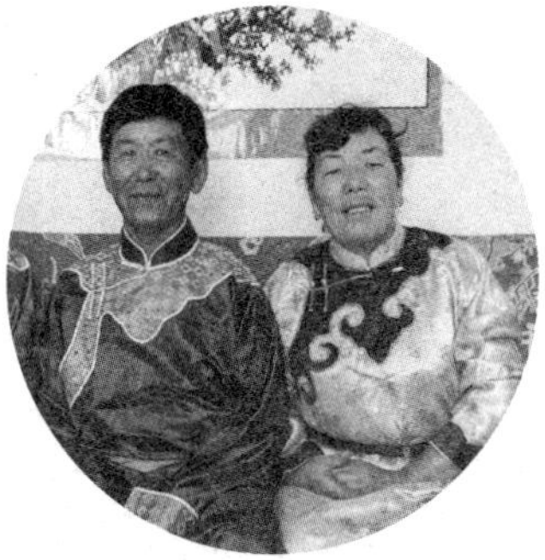

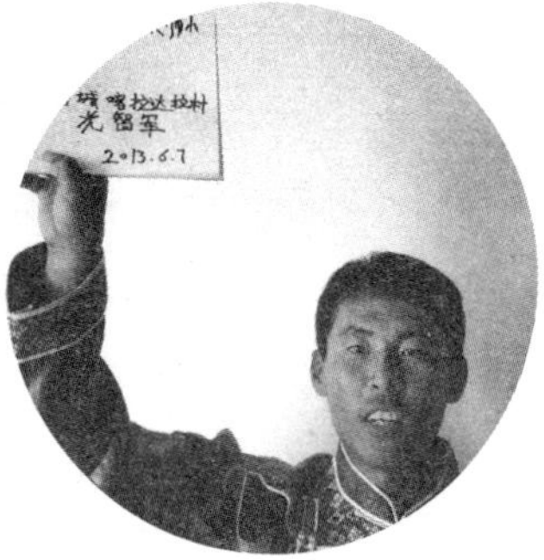

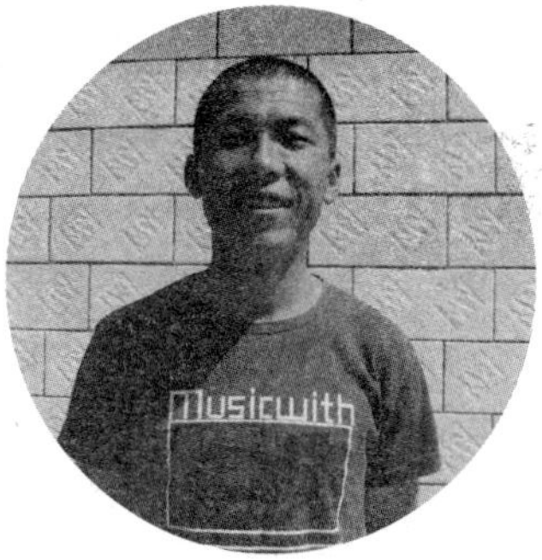

光　辉

1955年1月出生于新疆塔城市喀拉哈巴克乡阔斯哈巴克村，鄂温克族，父母都是鄂温克族。初中文化，会说哈萨克语、汉语。

爱人：苏德华

1959年11月出生，鄂温克族。高中文化，会说哈萨克语、达斡尔语、汉语。

长子：光智军

1986年9月出生，鄂温克族。初中文化，会说哈萨克语、汉语。现在从事个体运输。

次子：光智兴

1989年8月出生，鄂温克族。会说哈萨克语、汉语。现在开运输车。

家里有100亩地，种植小麦、苞米等农作物，有5头牛，130只羊。

居住地：新疆维吾尔自治区塔城市阿西尔达斡尔民族乡下喀拉达拉村

拍摄于2013年6月7日

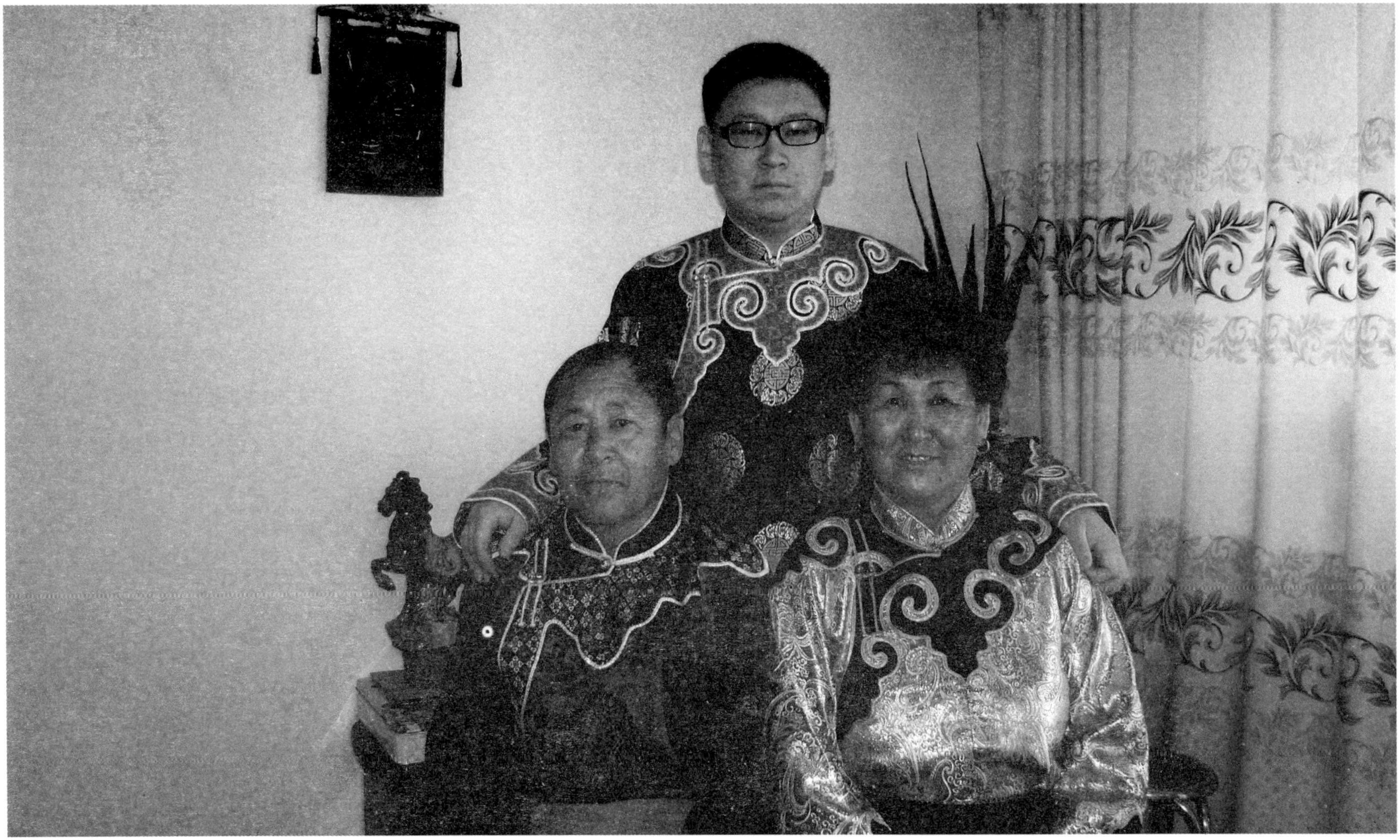

朱莲花一家

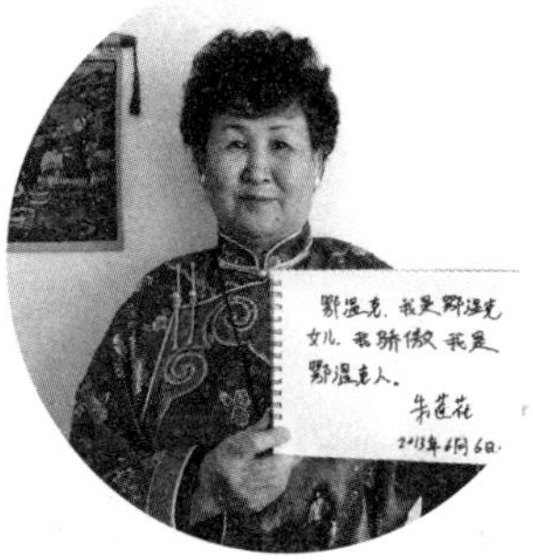

朱莲花（鄂温克族名：珠来席）

1958年11月出生于新疆塔城市喀拉哈巴克乡阔斯哈巴克村，鄂温克族，父母都是鄂温克族。高中文化，会说哈萨克语、汉语。曾经是一名民办教师。

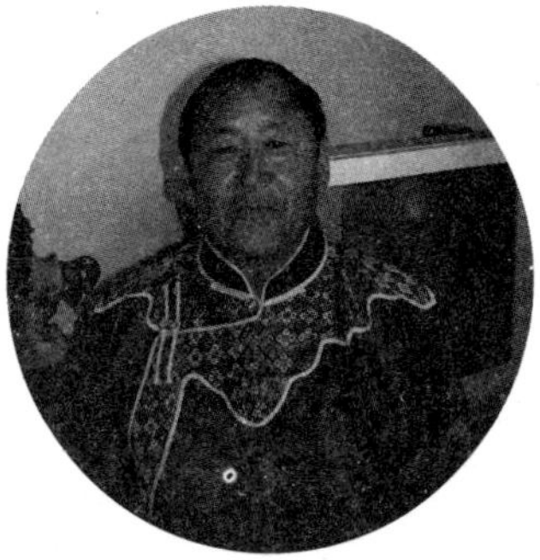

爱人：郭英

1959年11月出生，锡伯族。会说锡伯语、哈萨克语、汉语。已从塔城市环卫处退休。

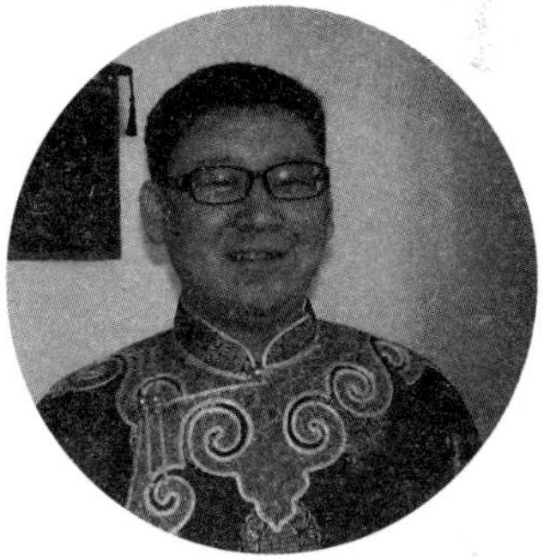

长子：郭新城

1988年10月出生，锡伯族。会说锡伯语、汉语。

居住地：新疆维吾尔自治区塔城市

拍摄于2013年6月7日

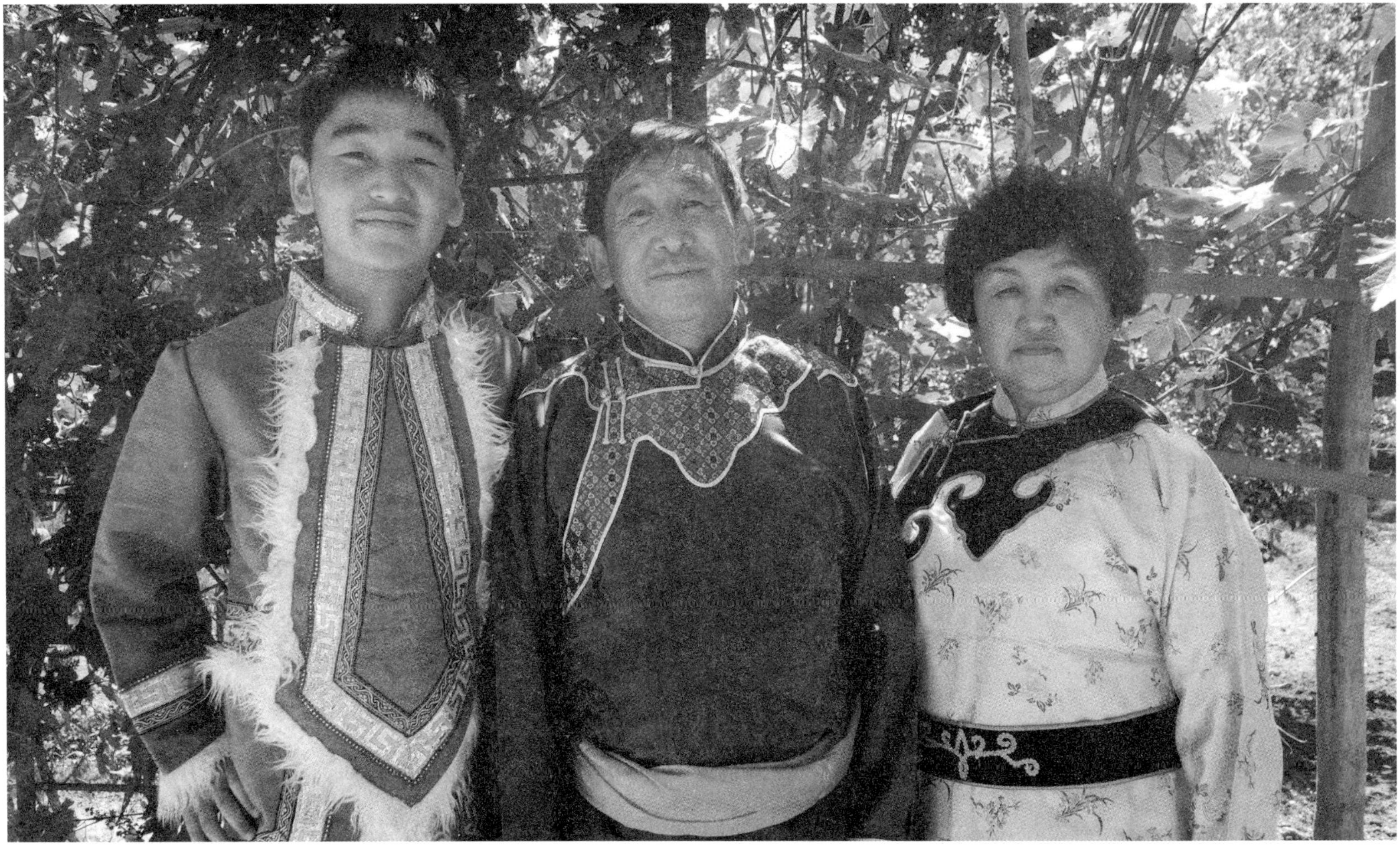

光明一家

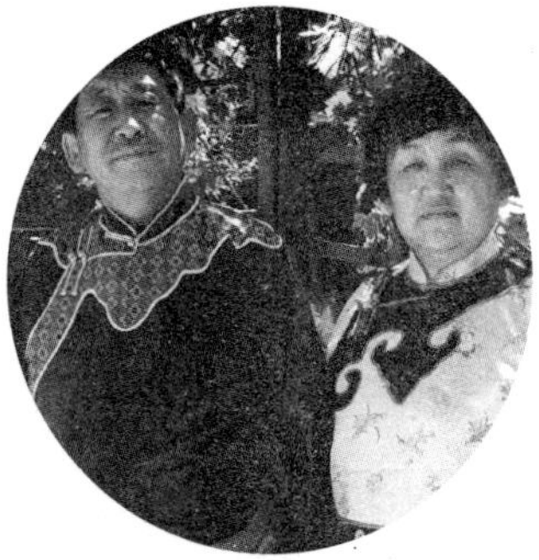

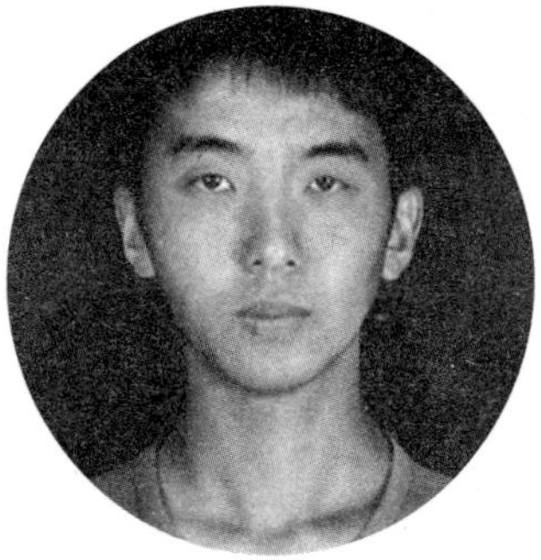

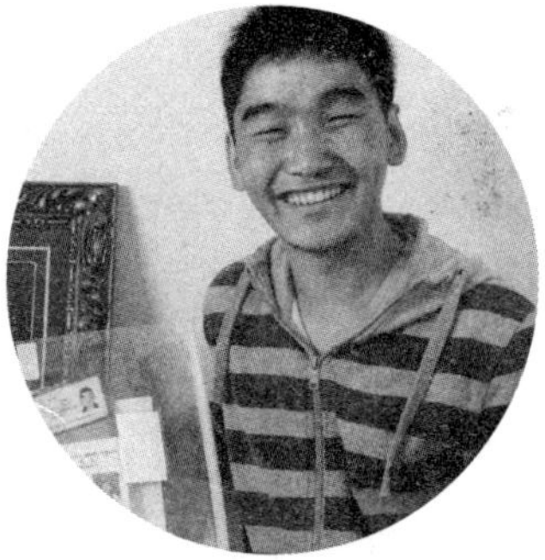

光　明

1962年11月出生于新疆塔城市喀拉哈巴克乡阔斯哈巴克村，鄂温克族，父母都是鄂温克族。初中文化，会说哈萨克语、汉语。

爱人：金梅兰

1966年9月出生，达斡尔族。会说达斡尔语、哈萨克语、汉语。

长子：光志威

1990年8月出生，鄂温克族。新疆交通职业技术学院毕业，会说哈萨克语、汉语。

次子：光志盛

1995年1月出生，鄂温克族。2013年考入新疆警察学院。会说哈萨克语、汉语。一家人都在学鄂温克语。

光明承包经营农牧场，养羊，种地，护林。

居住地：新疆维吾尔自治区塔城市
拍摄于2013年6月7日

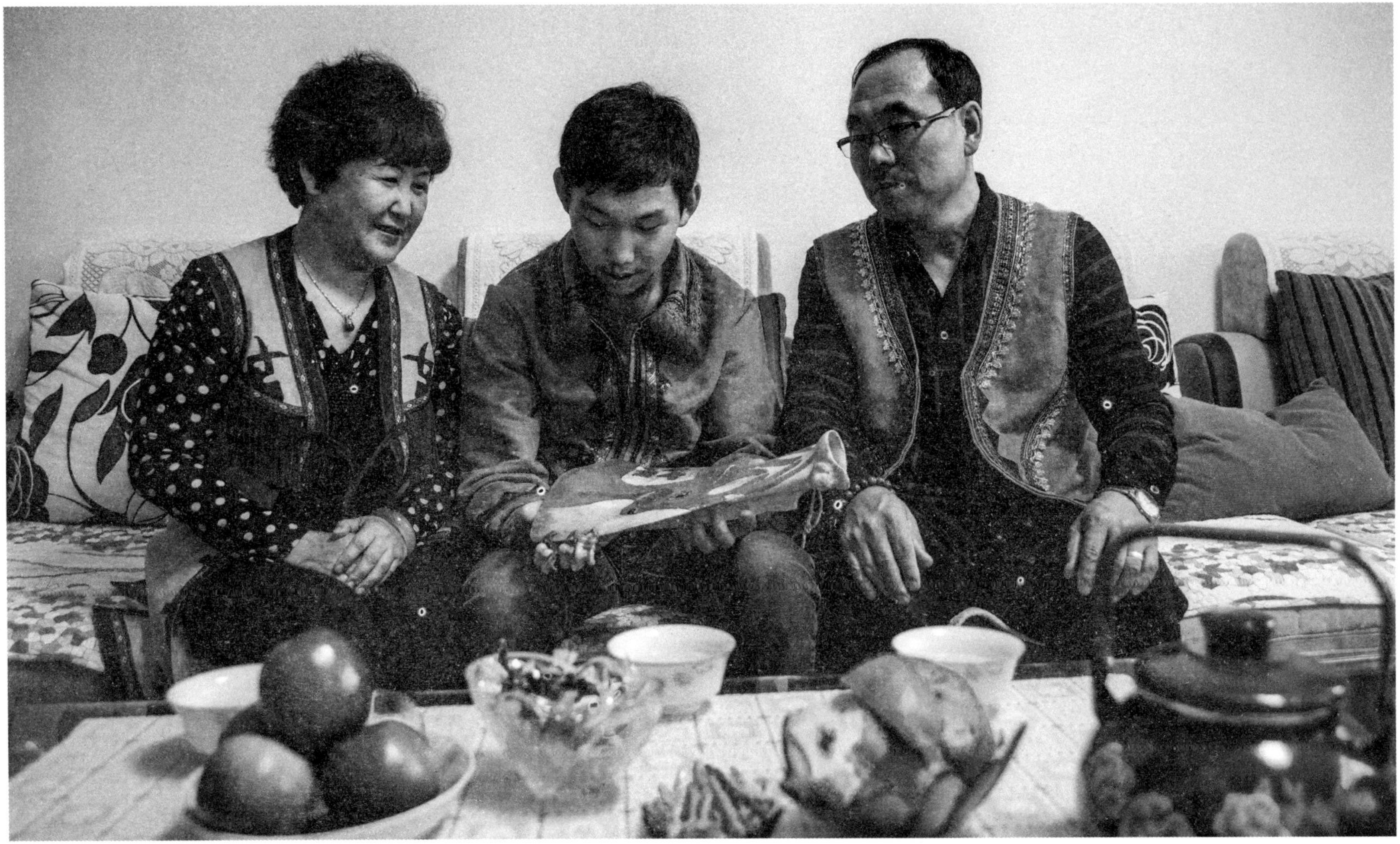

柳华一家

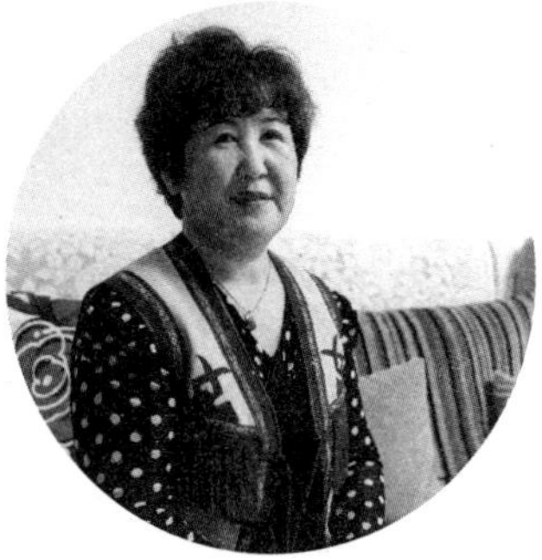

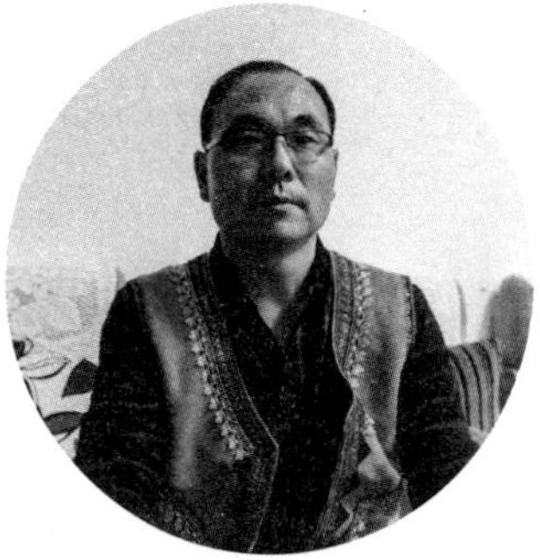

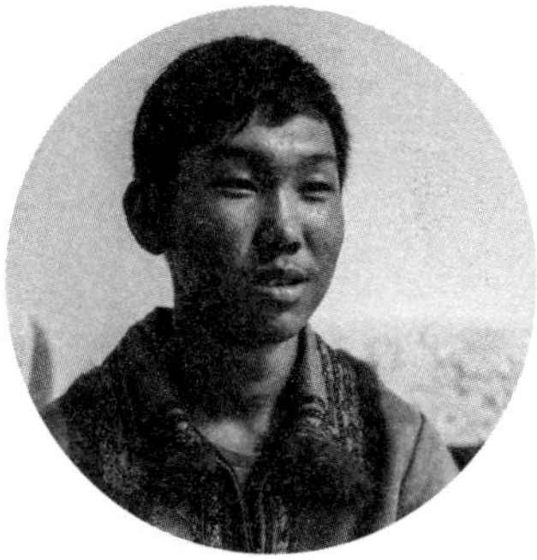

柳　华

1967年4月出生于新疆塔城市阿西尔达斡尔民族乡上满致巴克村，鄂温克族，父母都是鄂温克族。大专学历，会说哈萨克语、达斡尔语、汉语，能用简单的鄂温克语交流。1990年从新疆寻根回到鄂温克族自治旗工作，现任内蒙古自治区鄂温克族研究会副秘书长、鄂温克族自治旗鄂温克族研究会副会长、呼伦贝尔市民间艺术家协会副主席、鄂温克族自治旗民间艺术家协会主席。是鄂温克族自治旗第十届、十一届政协委员。担任《鄂温克研究》刊物（年刊）副主编、《鄂温克研究资料集》责任编辑。她被称为鄂温克族“当代东归第一人”。

爱人：敖铁林

1966年11月出生，达斡尔族。大专学历，会说达斡尔语、蒙古语、汉语。现任鄂温克族自治旗鄂温克族研究会办公室主任。

儿子：敖慈航

1996年3月出生，鄂温克族。能听懂达斡尔语，正在学说鄂温克语。2014年考入内蒙古民族大学学习。

居住地：内蒙古自治区呼伦贝尔市鄂温克族自治旗巴彦托海镇

拍摄于2014年8月28日

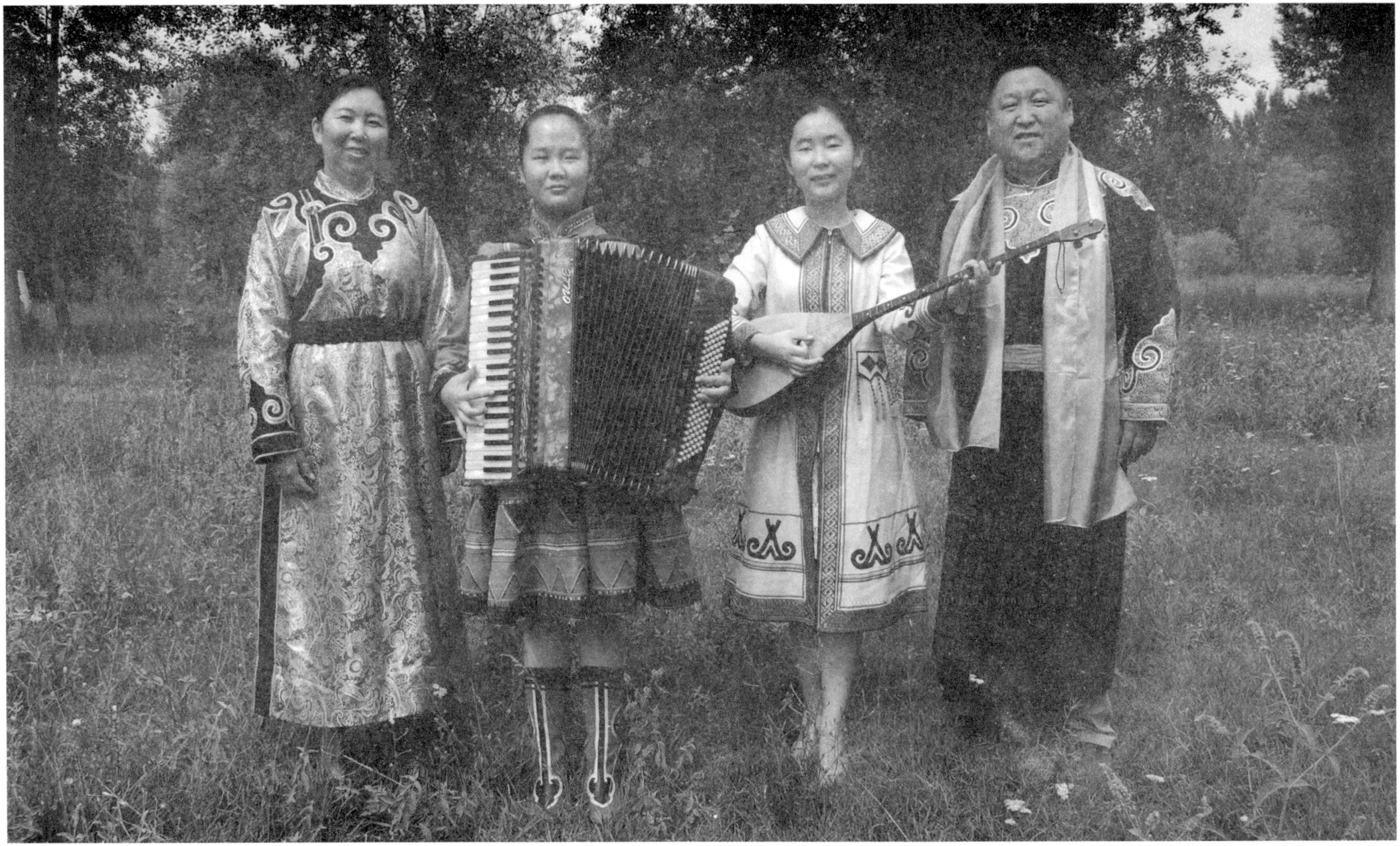

光军一家（柳华提供）

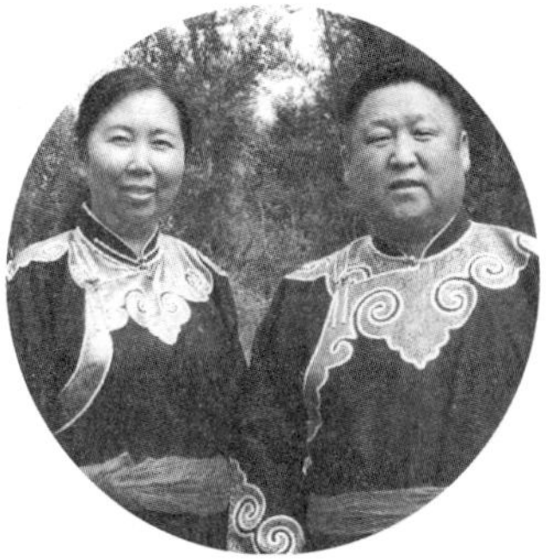

光军（鄂温克族名字：特根）

1969年6月出生于新疆塔城市阿西尔达斡尔民族乡上满致巴克村，鄂温克族，父母都是鄂温克族。初中文化，会说哈萨克语、汉语，还会说简单的鄂温克语、达斡尔语。

爱人：红梅

1970年11月出生，达斡尔族。会说哈萨克语、汉语。

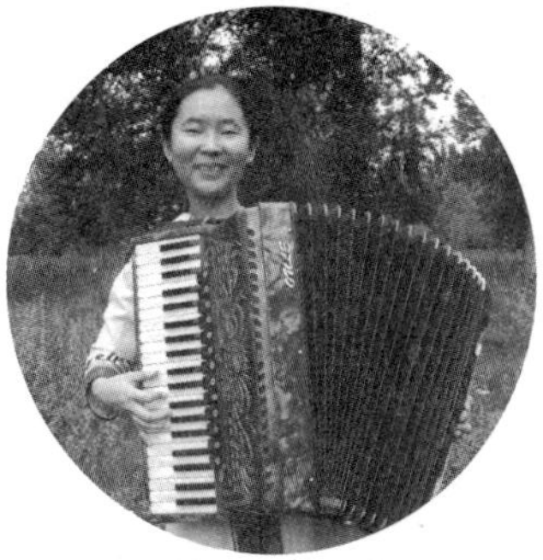

长女：娜琳

1994年9月出生，鄂温克族。会说哈萨克语、汉语。2014年考入西北民族大学，现在能用鄂温克语进行简单交流。

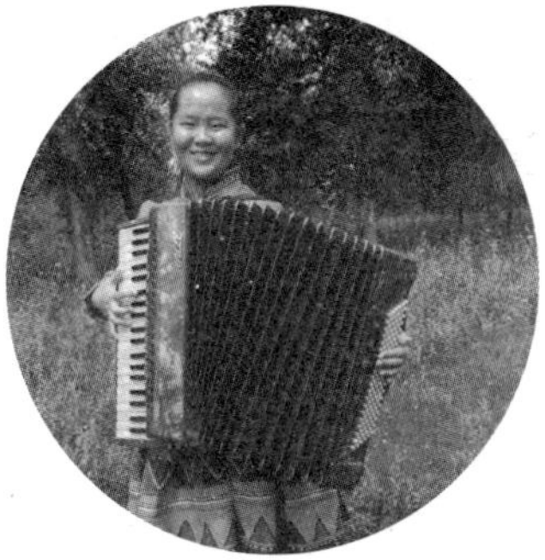

次女：娜莉

1998年5月出生，鄂温克族。会说哈萨克语、汉语。学习成绩优秀，2014年考入天津微山路中学新疆内地高中班。

光军是出租车司机，2008年第一次回到鄂温克族自治旗，他想有一个鄂温克族名字，于是人们说你那么思念故乡，就叫“特根”（鄂温克语的意思是故乡）吧。

居住地：新疆维吾尔自治区塔城市

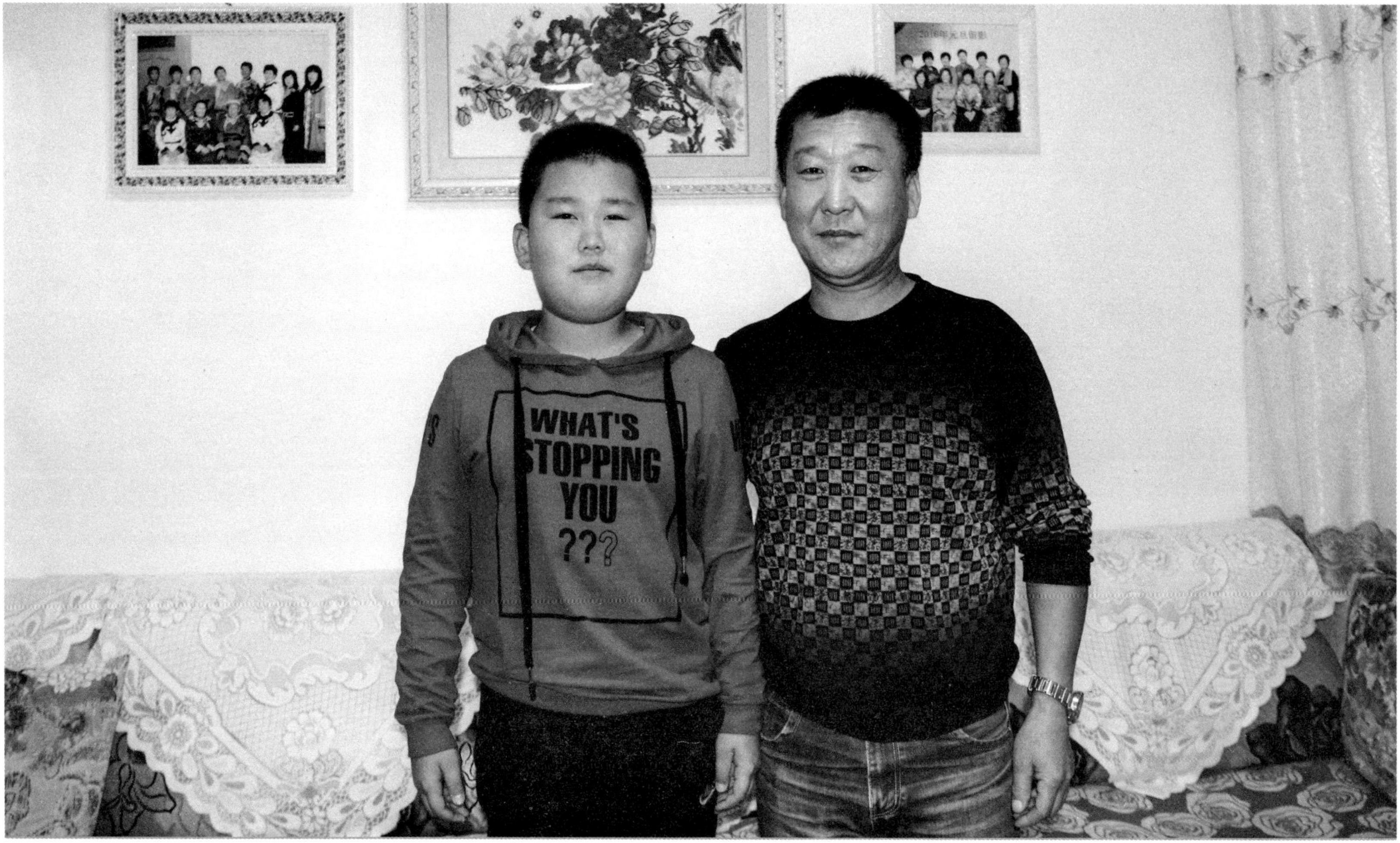

光愉一家（柳华提供）

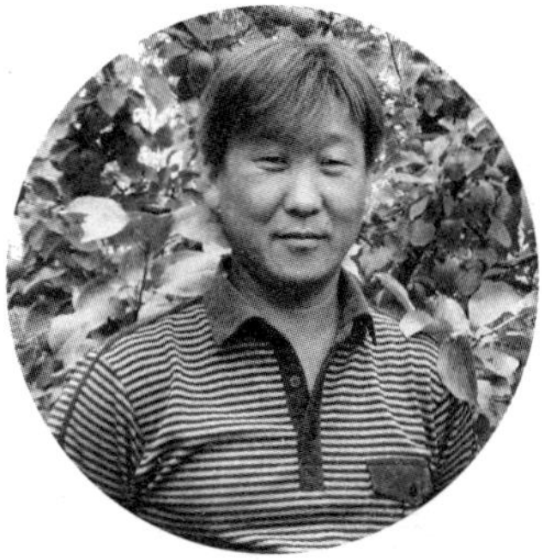

光　愉

1972年4月出生于新疆塔城市阿西尔达斡尔民族乡上满致巴克村，鄂温克族，父母都是鄂温克族。初中文化，会说哈萨克语、汉语。

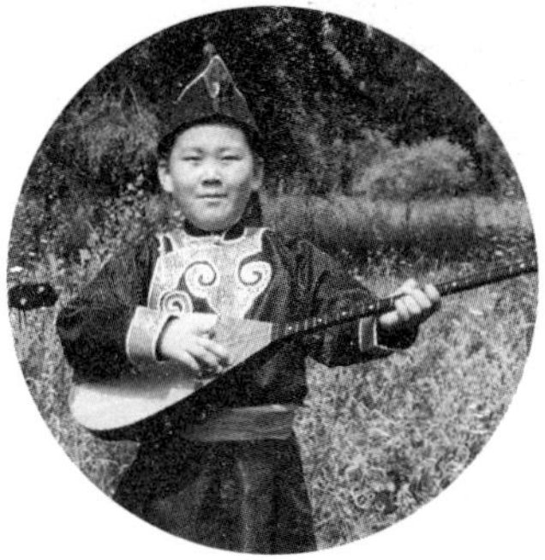

儿子：光志航（鄂温克族名字：满迪）

2003年11月出生，鄂温克族。在新疆塔城市第二小学学习，会演奏冬不拉。

光愉是出租车司机，家里有40亩地，种植小麦、苞米等农作物。

居住地：新疆维吾尔自治区塔城市

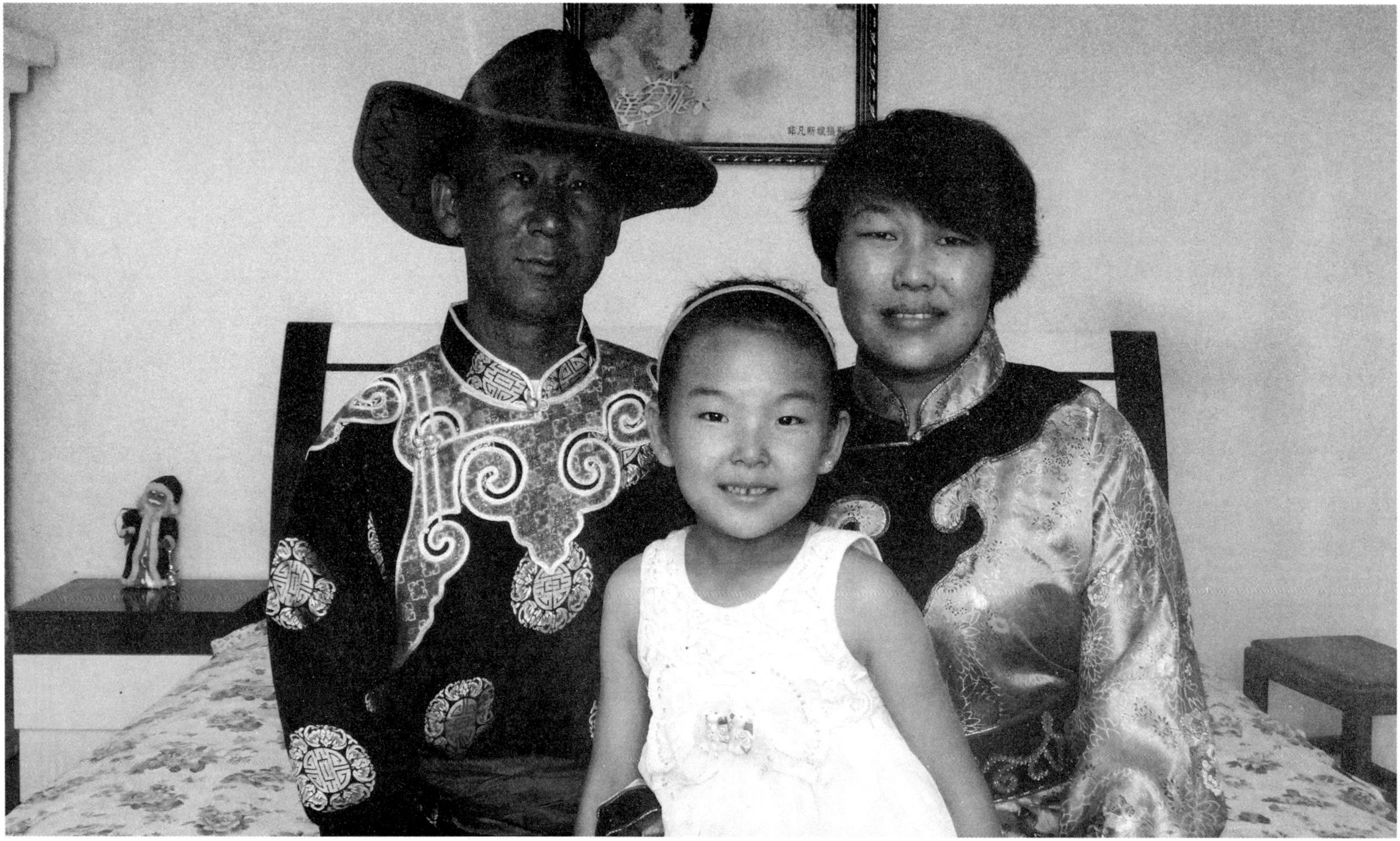

光勇一家（柳华提供）

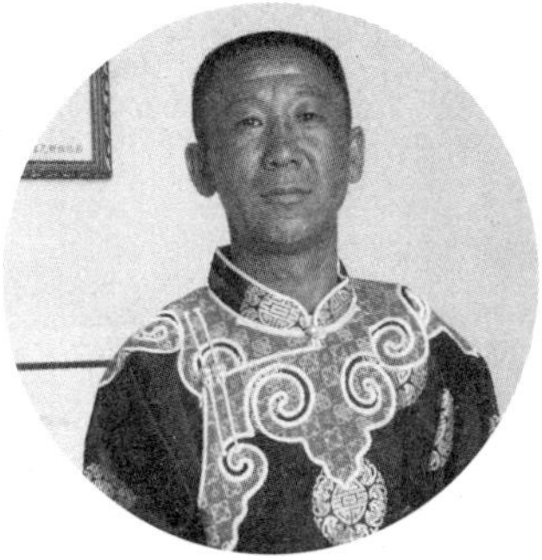

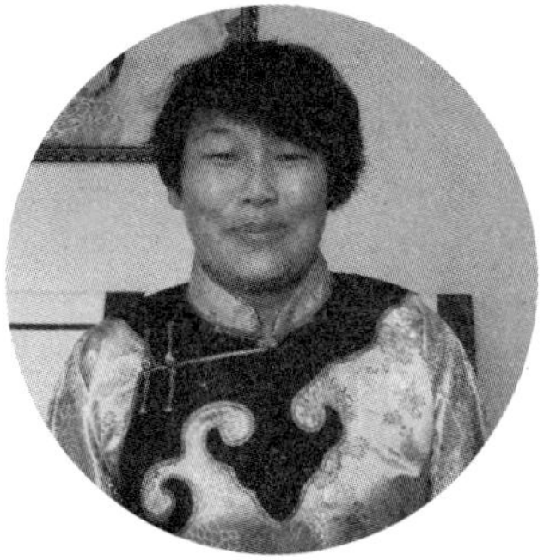

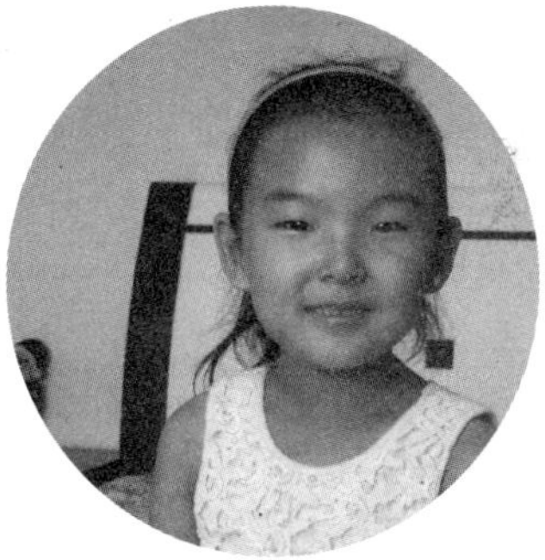

光　勇

1976年7月出生于新疆塔城市阿西尔达斡尔民族乡上满致巴克村，鄂温克族，父母都是鄂温克族。初中文化，会说哈萨克语、汉语。

爱人：美磊磊

1981年9月出生，达斡尔族。会说达斡尔语、汉语。

女儿：阿茹罕

2007年9月出生，鄂温克族。现在新疆塔城市第六小学上学。

光勇家有40亩地，种植小麦、苞米等农作物。爱人在城里租房子照顾孩子上学。

居住地：新疆维吾尔自治区塔城市

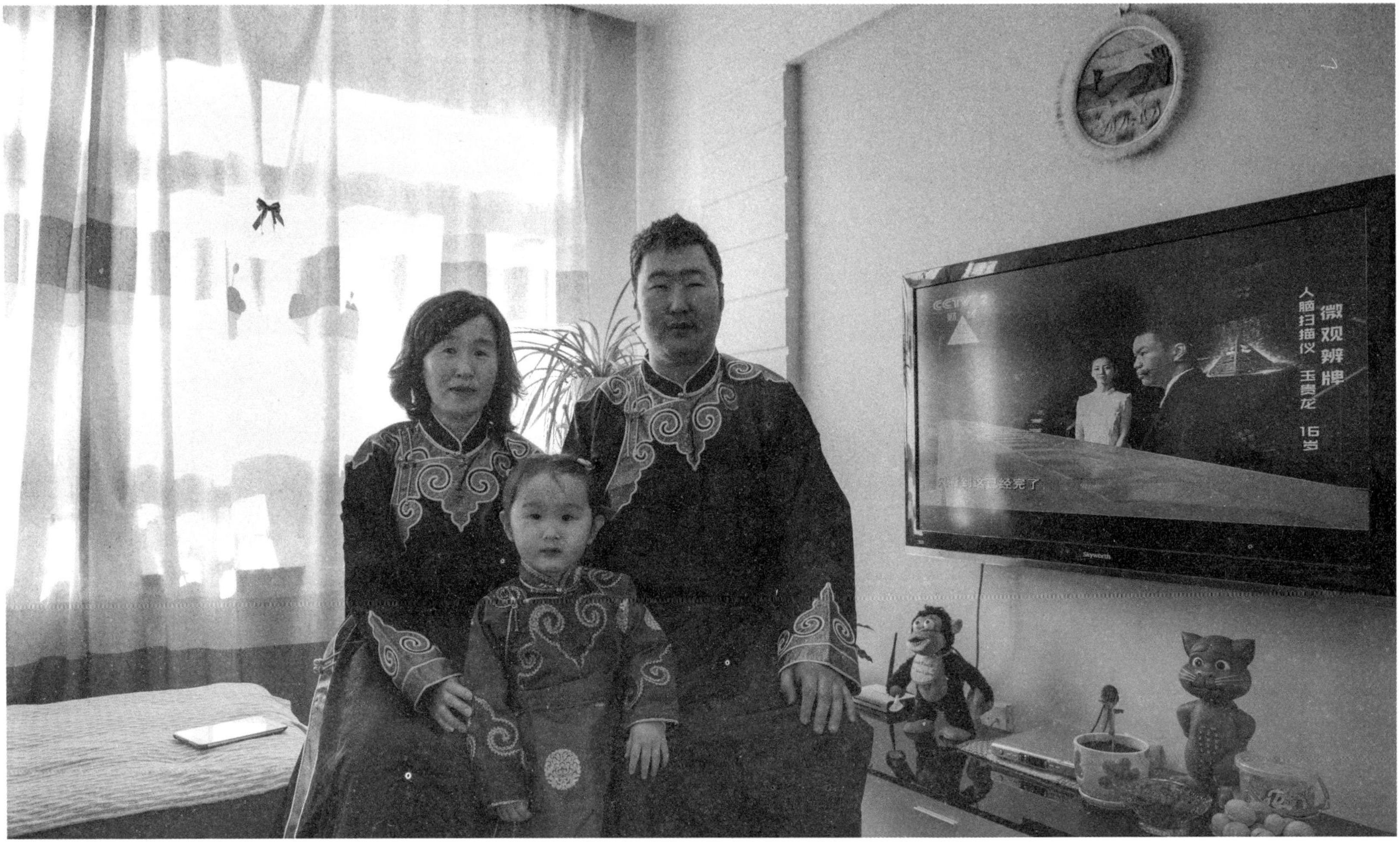

光荣一家

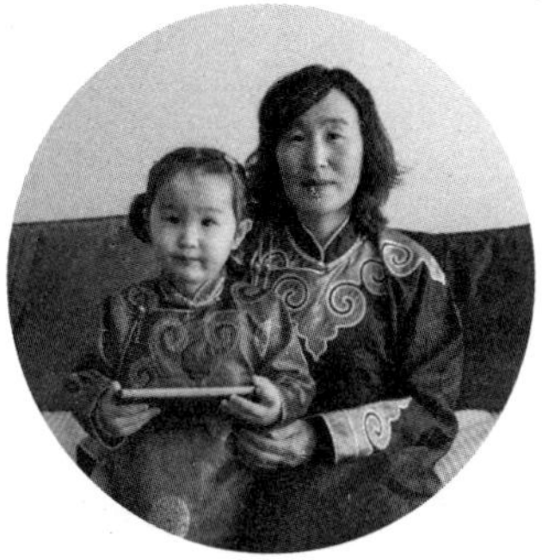

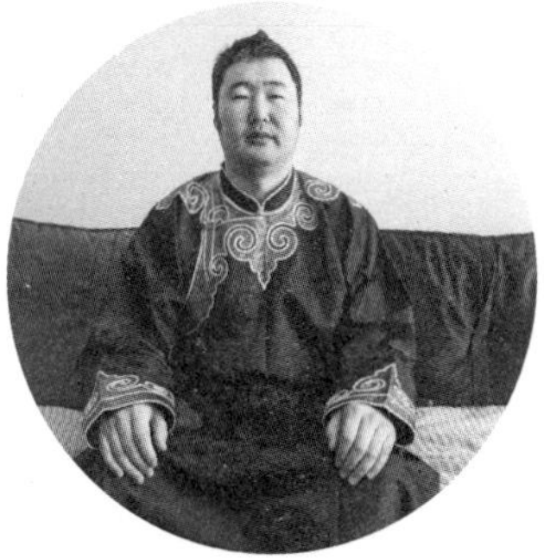

光　荣

1979年2月出生于新疆塔城市阿西尔达斡尔民族乡上满致巴克村，鄂温克族，父母都是鄂温克族。会说哈萨克语、汉语。1998年毕业于新疆轻工业学校会计专业，2009年来到鄂温克族自治旗，现在鄂温克族自治旗博物馆工作。

爱人：朝鲁门

1980年1月出生，鄂温克族。会说鄂温克语、达斡尔语、蒙古语、汉语。2009年毕业于长春工业大学法学专业，现成立“呼伦贝尔市野马户外运动俱乐部”，宣传推广草原文化，倡导绿色环保理念。

女儿：艾丽雅

2012年6月出生，鄂温克族。

居住地：内蒙古自治区呼伦贝尔市鄂温克族自治旗巴彦托海镇

拍摄于2014年10月12日

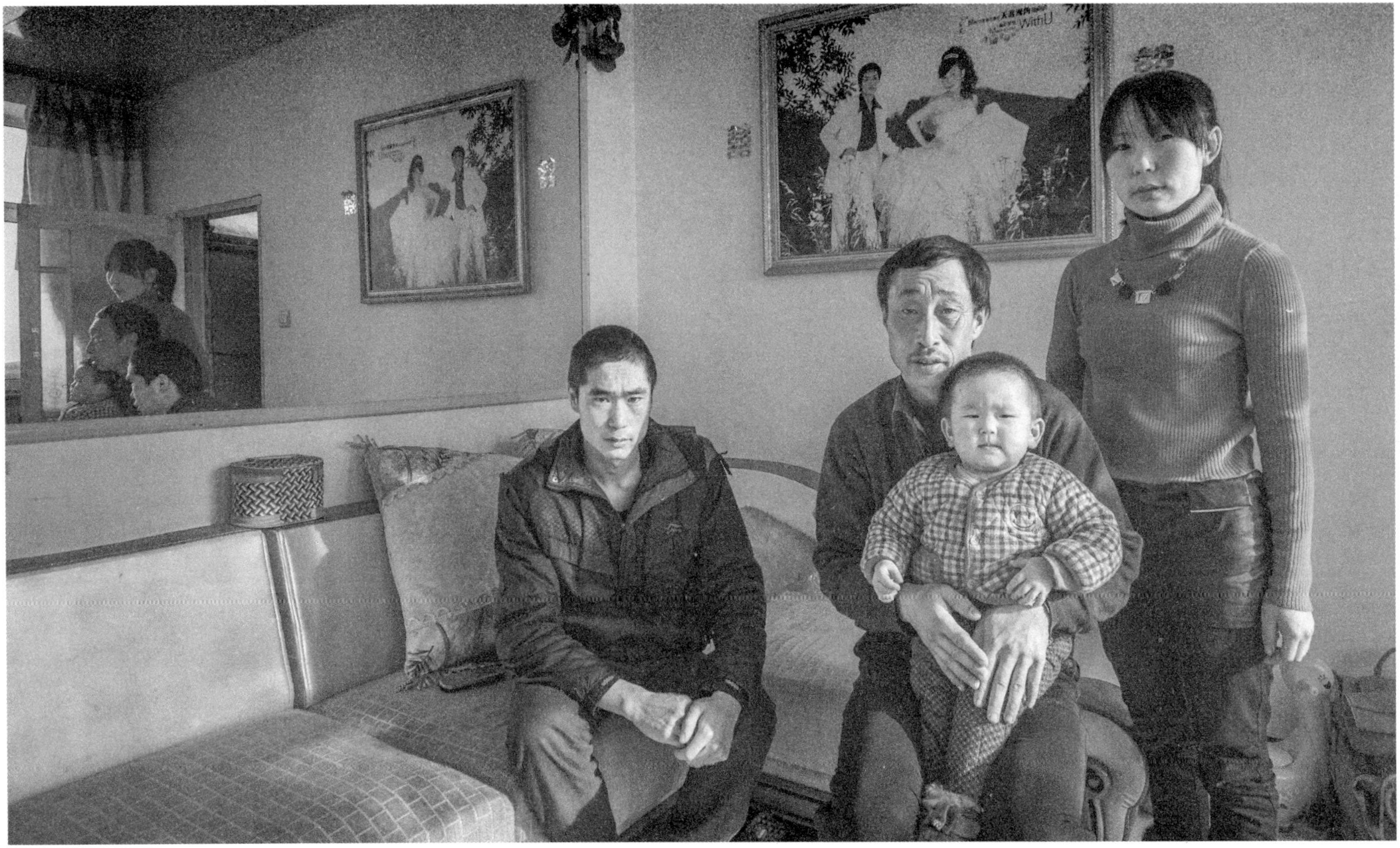

杜生辉一家

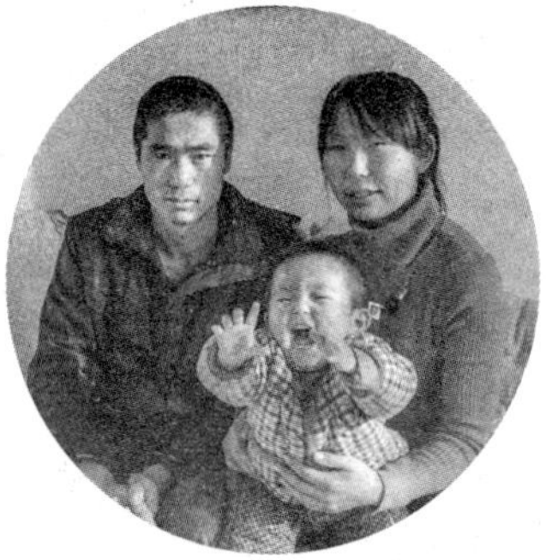

杜生辉

1988年出生，鄂温克族，父亲是蒙古族，母亲是鄂温克族。初中毕业。

爱人：吴娟

1990年出生，达斡尔族，初中毕业。

女儿：杜欣悦

2011年5月出生，鄂温克族。

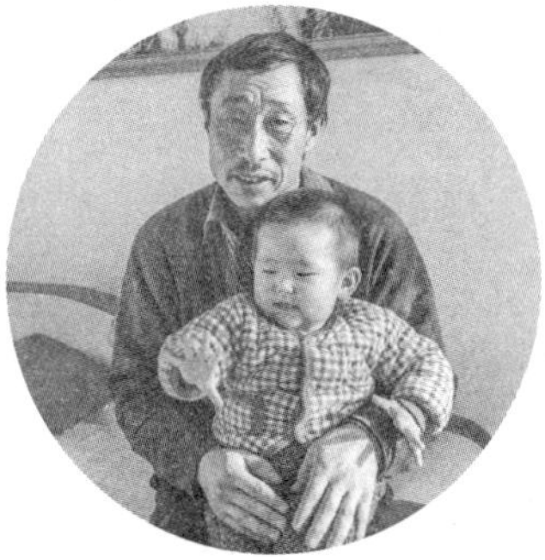

杜生辉的父亲：白双龙

1968年出生，蒙古族。全家人平时用达斡尔语交流。

家里有6头牛，50亩地。

居住地：内蒙古自治区呼伦贝尔市莫力达瓦达斡尔族自治旗巴彦鄂温克民族乡满都胡浅村

拍摄于2013年2月1日

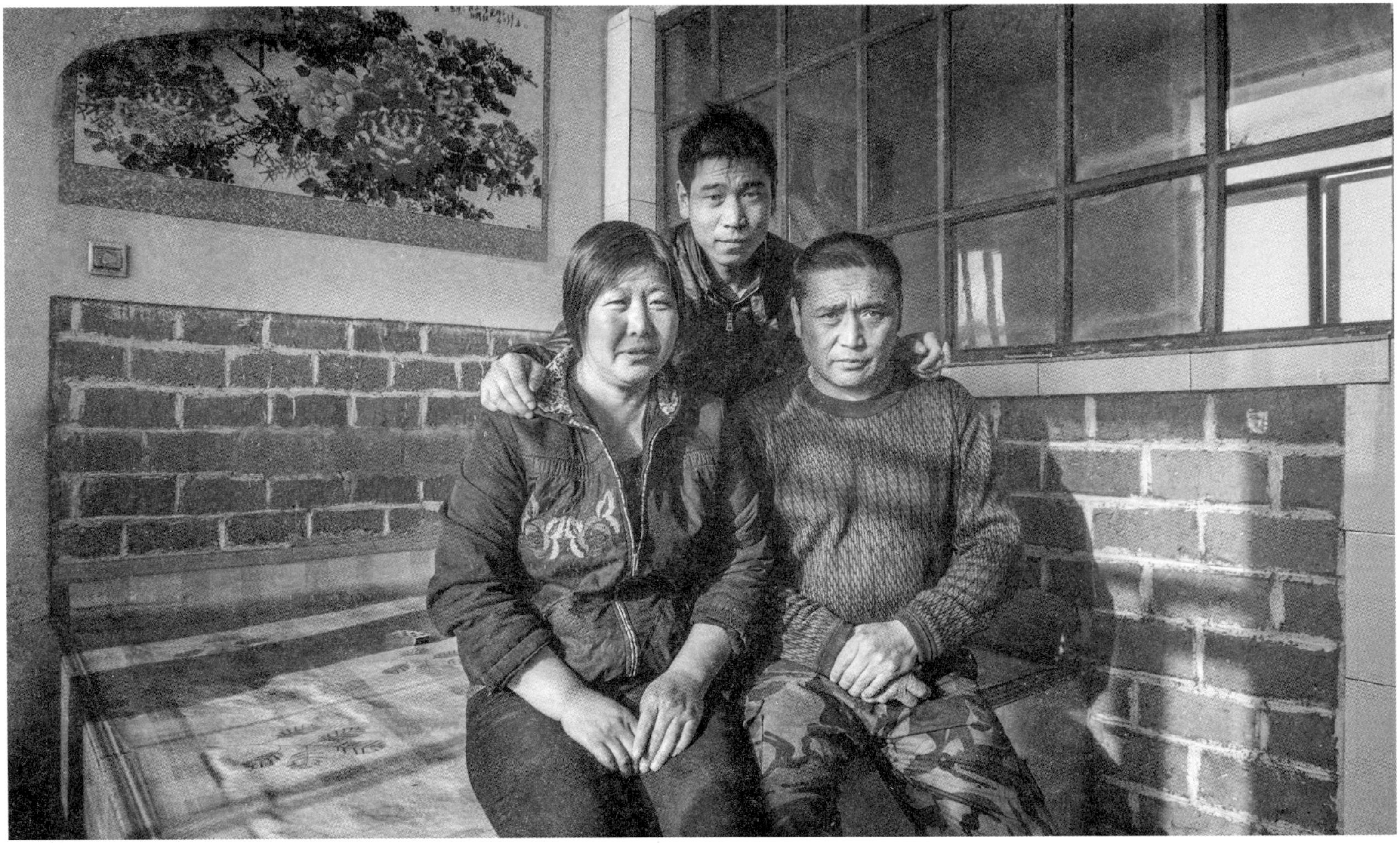

杜喜能一家

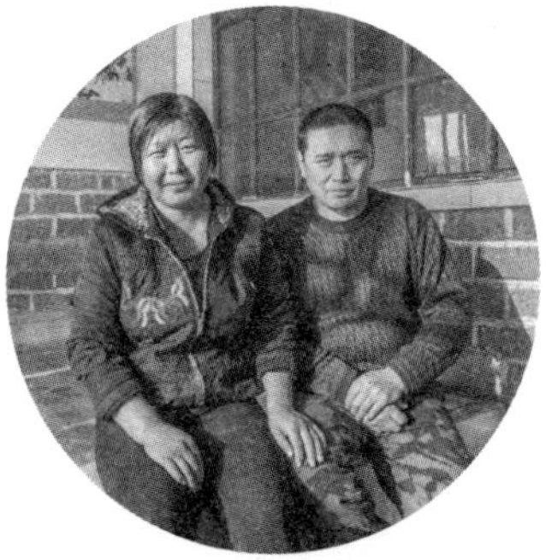

杜喜能

1970年出生，鄂温克族，父母都是鄂温克族。

爱人：德红岩

1972年出生，达斡尔族，养育了三个孩子。

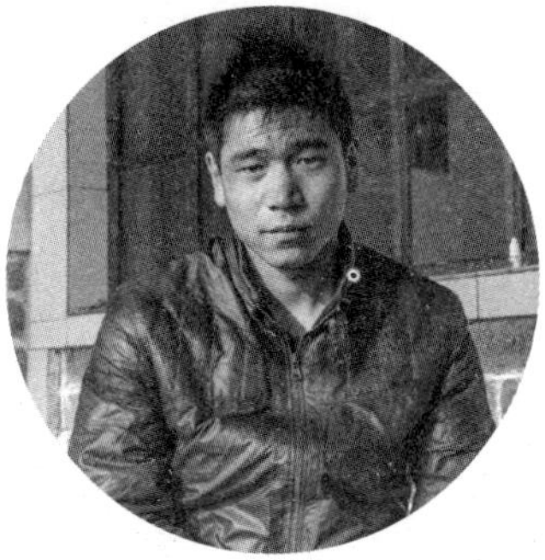

三子：杜晓辉

1993年出生，鄂温克族，高中毕业。

居住地：内蒙古自治区呼伦贝尔市莫力达瓦达斡尔族自治旗巴彦鄂温克民族乡满都胡浅村

拍摄于2013年2月1日

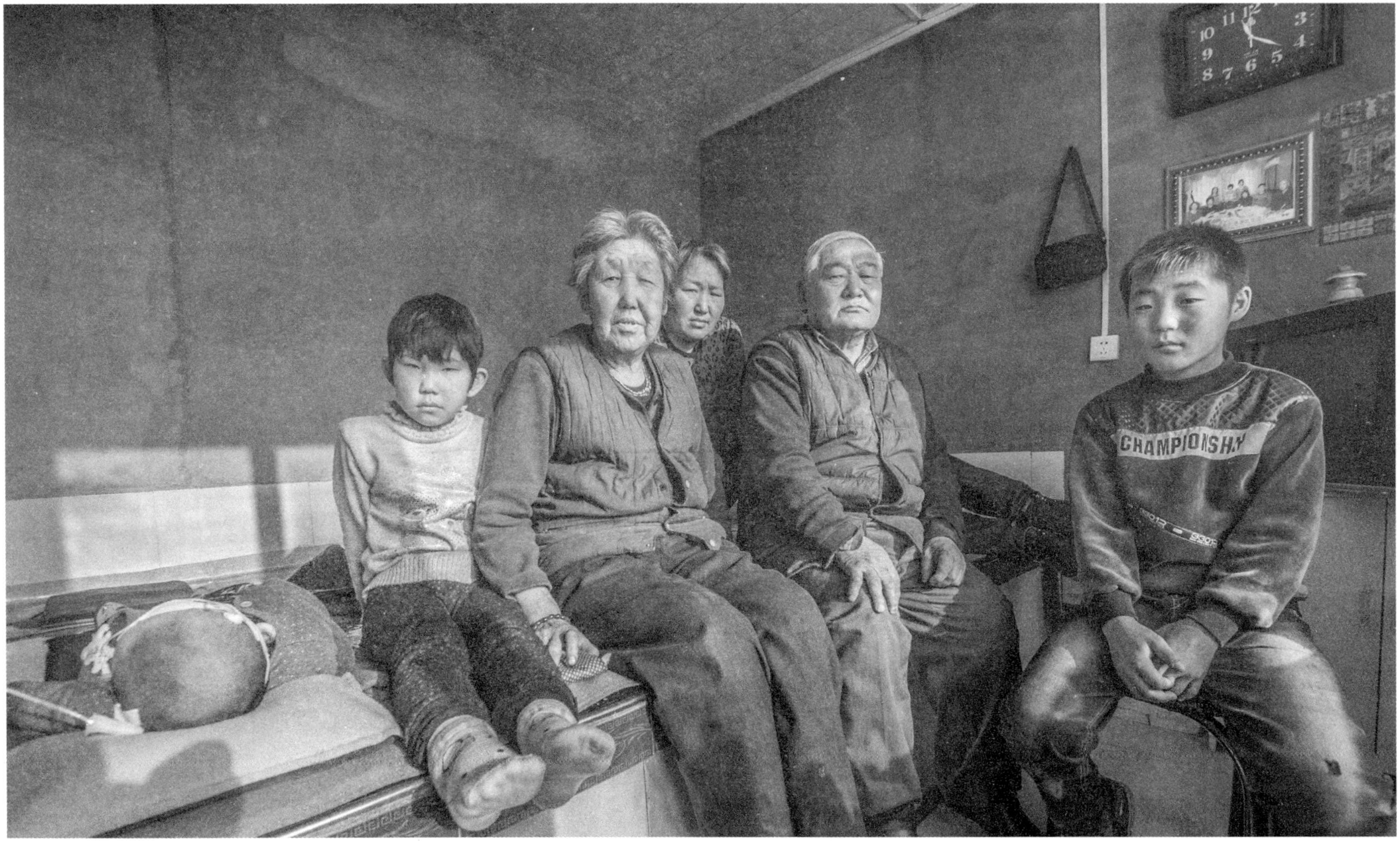

额尔德尼一家

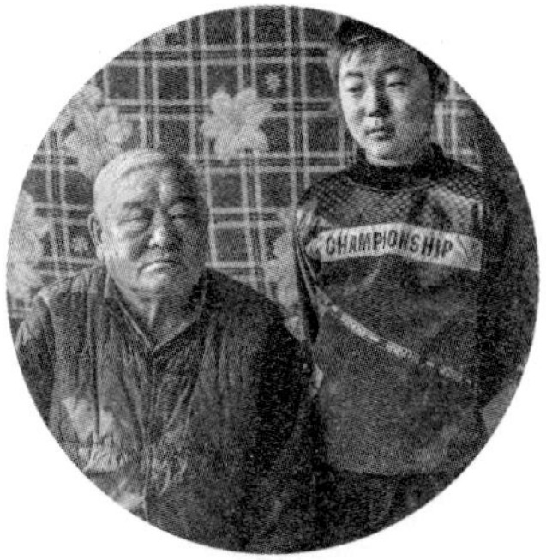

额尔德尼

1942年出生，鄂温克族，鄂温克族自治旗辉苏木人。当年在海拉尔卫校上学一年，后被推荐到乌兰浩特中蒙医学校学习三年，1961年毕业后被分配到巴彦鄂温克民族乡蒙医医院工作。腿做过手术，眼睛做过白内障手术。1983年病退，退休金3000元。会说鄂温克语、汉语。

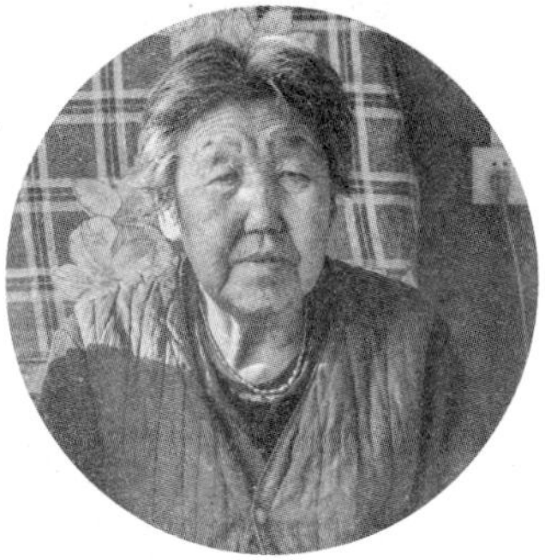

爱人：敖珍英

1947年出生，达斡尔族。养育了八个孩子，四男四女，现在有孙子、重孙子，四世同堂。

居住地：内蒙古自治区呼伦贝尔市莫力达瓦达斡尔族自治旗巴彦鄂温克民族乡满都胡浅村

拍摄于2013年2月1日

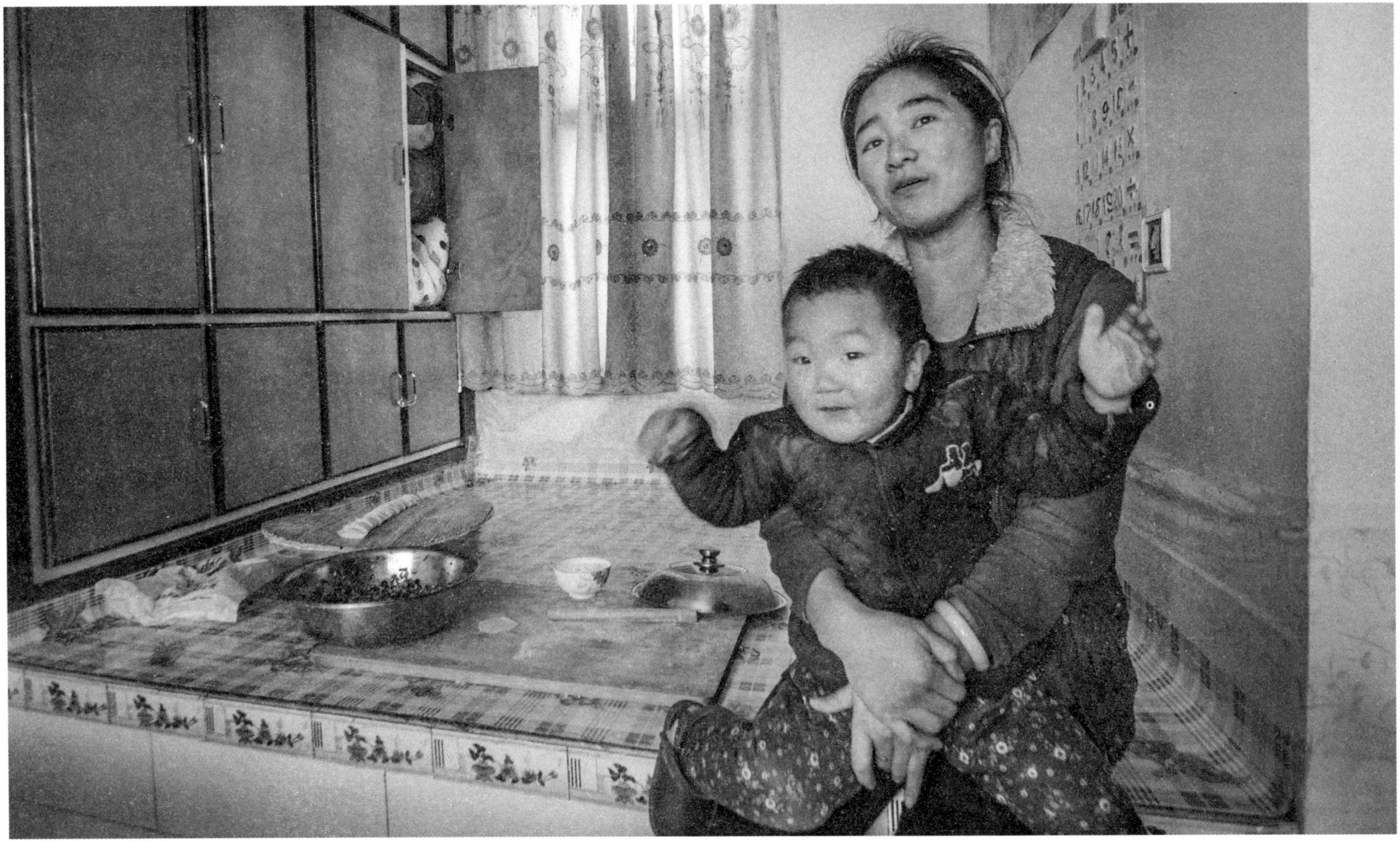

杜明博一家

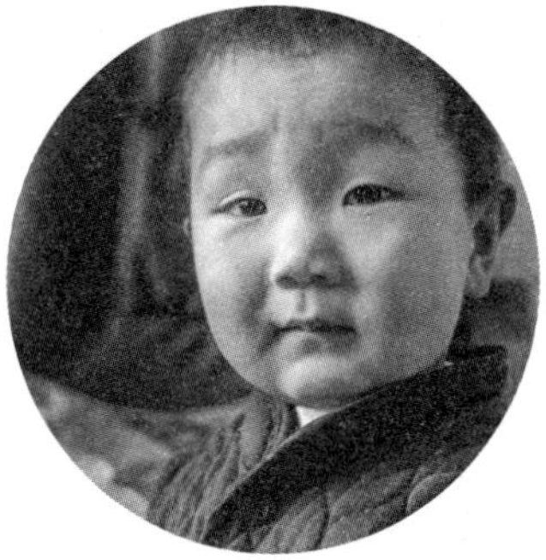

杜明博

2011年5月出生，鄂温克族。

父亲：杜凯

鄂温克族，开出租车没在家。

母亲：潘晓美

汉族。

居住地：内蒙古自治区呼伦贝尔市阿荣旗查巴奇鄂温克民族乡猎民村

拍摄于2013年1月30日

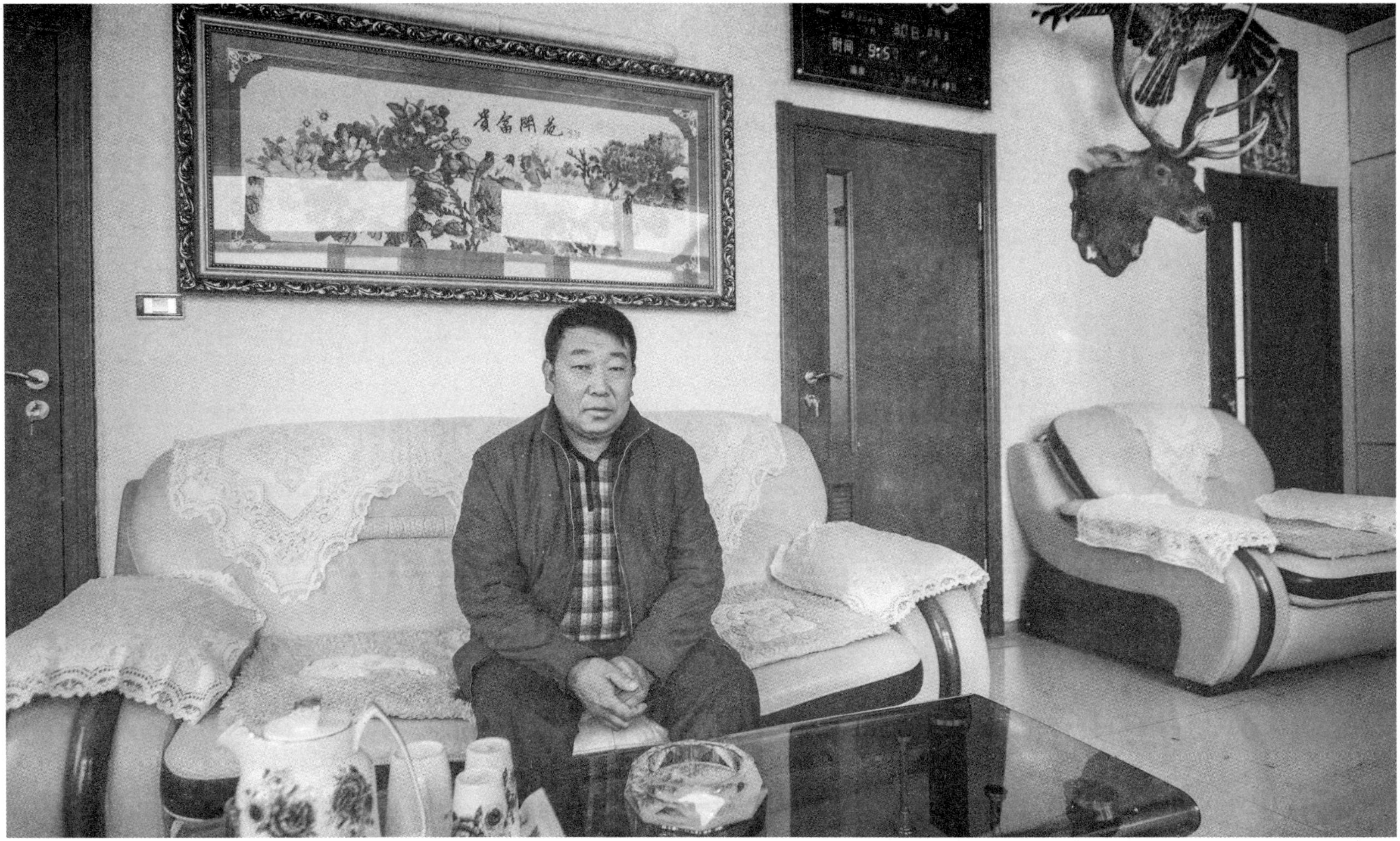

杜双荣一家

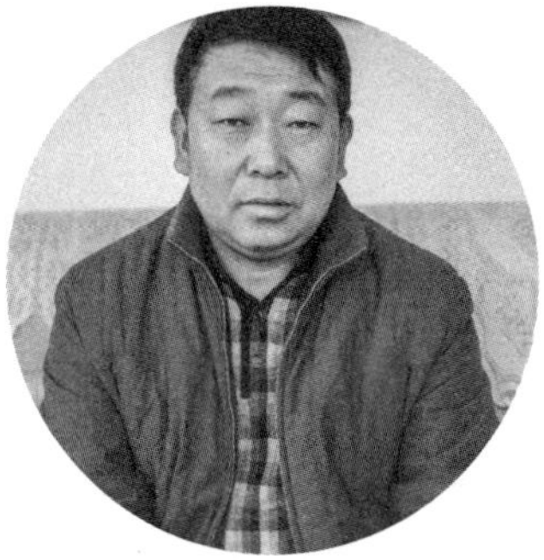

杜双荣

1967年出生，鄂温克族。父亲是鄂温克族，母亲是达斡尔族，爱人是汉族。养育了两个孩子，都是鄂温克族。杜双荣在1997年当选为村主任，1998年兼任书记。

居住地：内蒙古自治区呼伦贝尔市阿荣旗查巴奇鄂温克民族乡猎民村

拍摄于2013年1月30日

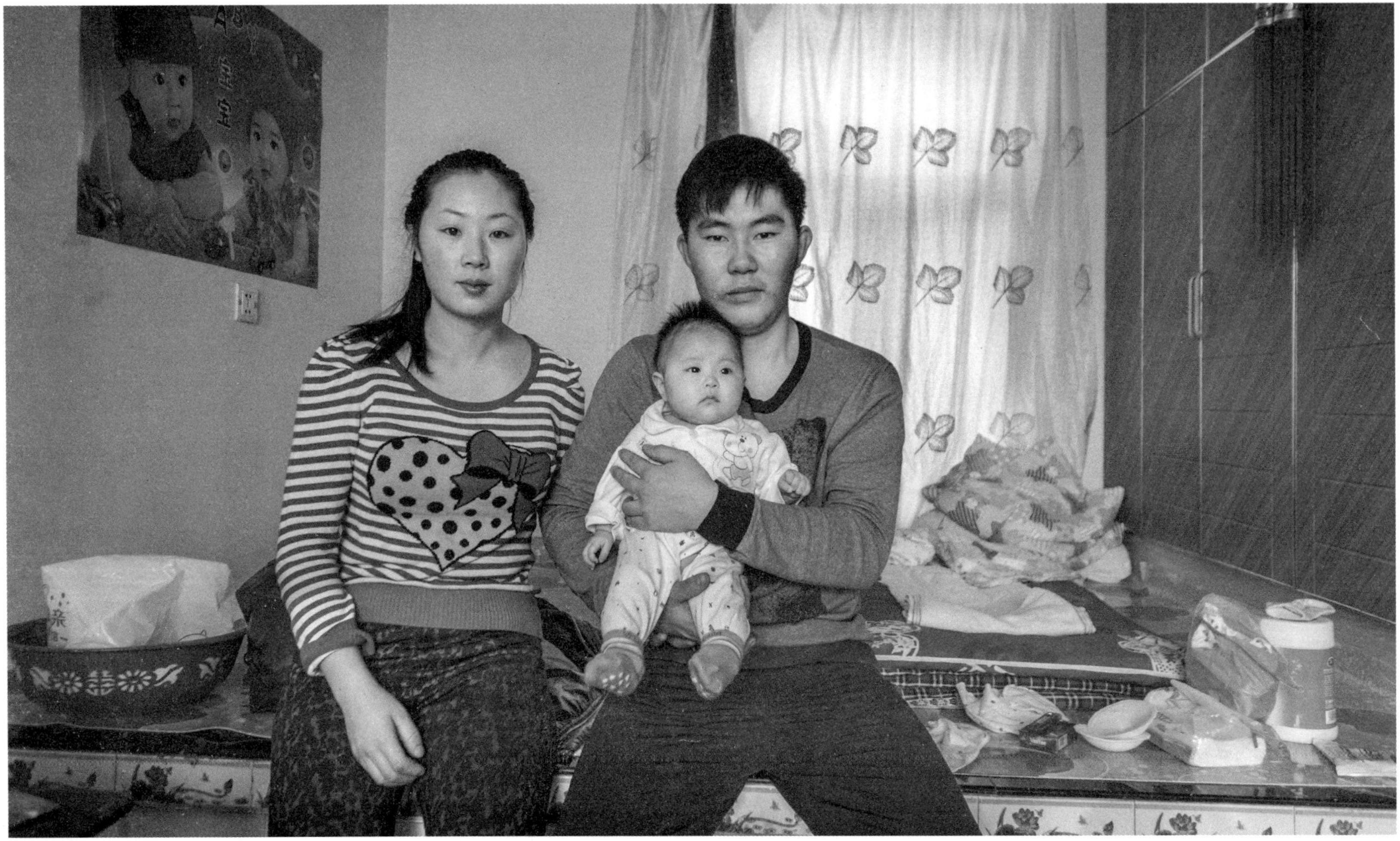

涂炆健一家

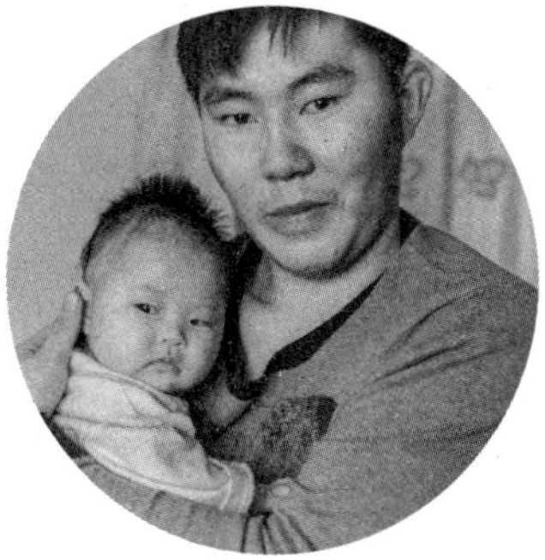

涂炆健

鄂温克族，退役军人。

爱人：陈晓芳

汉族。

女儿：涂新蕙茹

2012年12月出生，鄂温克族。

家有地，养牛。

居住地：内蒙古自治区呼伦贝尔市阿荣旗查巴奇鄂温克民族乡猎民村

拍摄于2013年1月30日

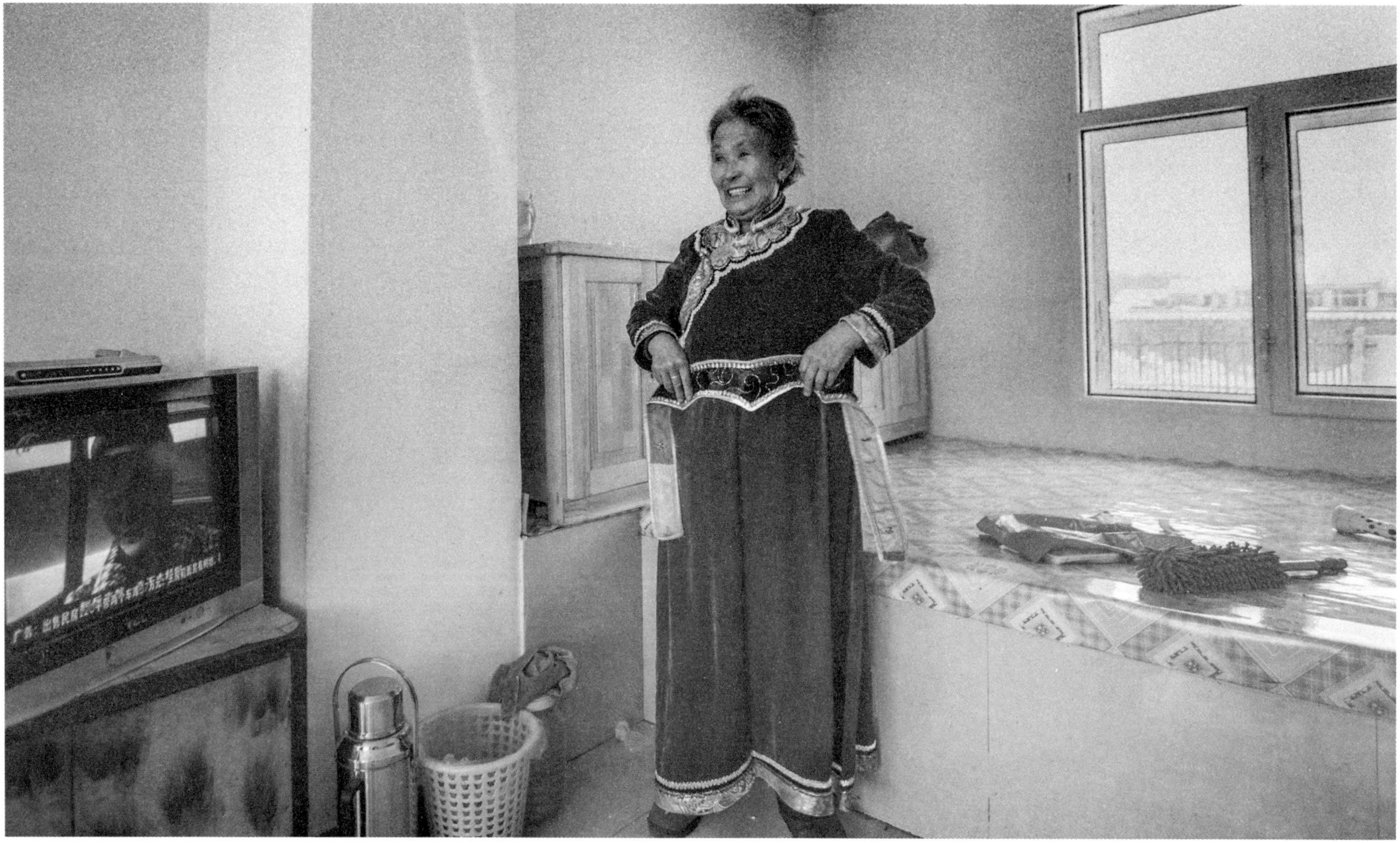

涂秀珍一家

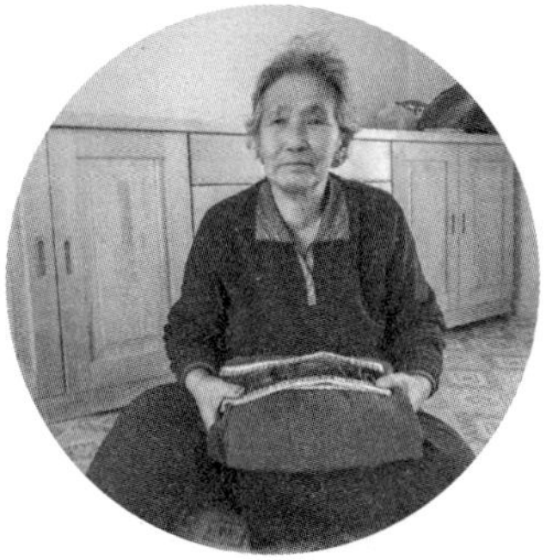

涂秀珍

1946年出生，鄂温克族，父母都是鄂温克族。会说鄂温克语。养育两个男孩、两个女孩，长子、长女会说一点儿鄂温克语。当年男人上山打猎，一去就是两个月。女人在家做家务，照顾孩子。涂秀珍的民族手工做得很好，青格尼是用狍子腿皮拼成的靴子，牛皮底，耐用。老人自言自语地说，等她不在了，家里就没人会做这些民族手工衣帽了。

居住地：内蒙古自治区呼伦贝尔市阿荣旗查巴奇鄂温克民族乡猎民村

拍摄于2013年1月30日

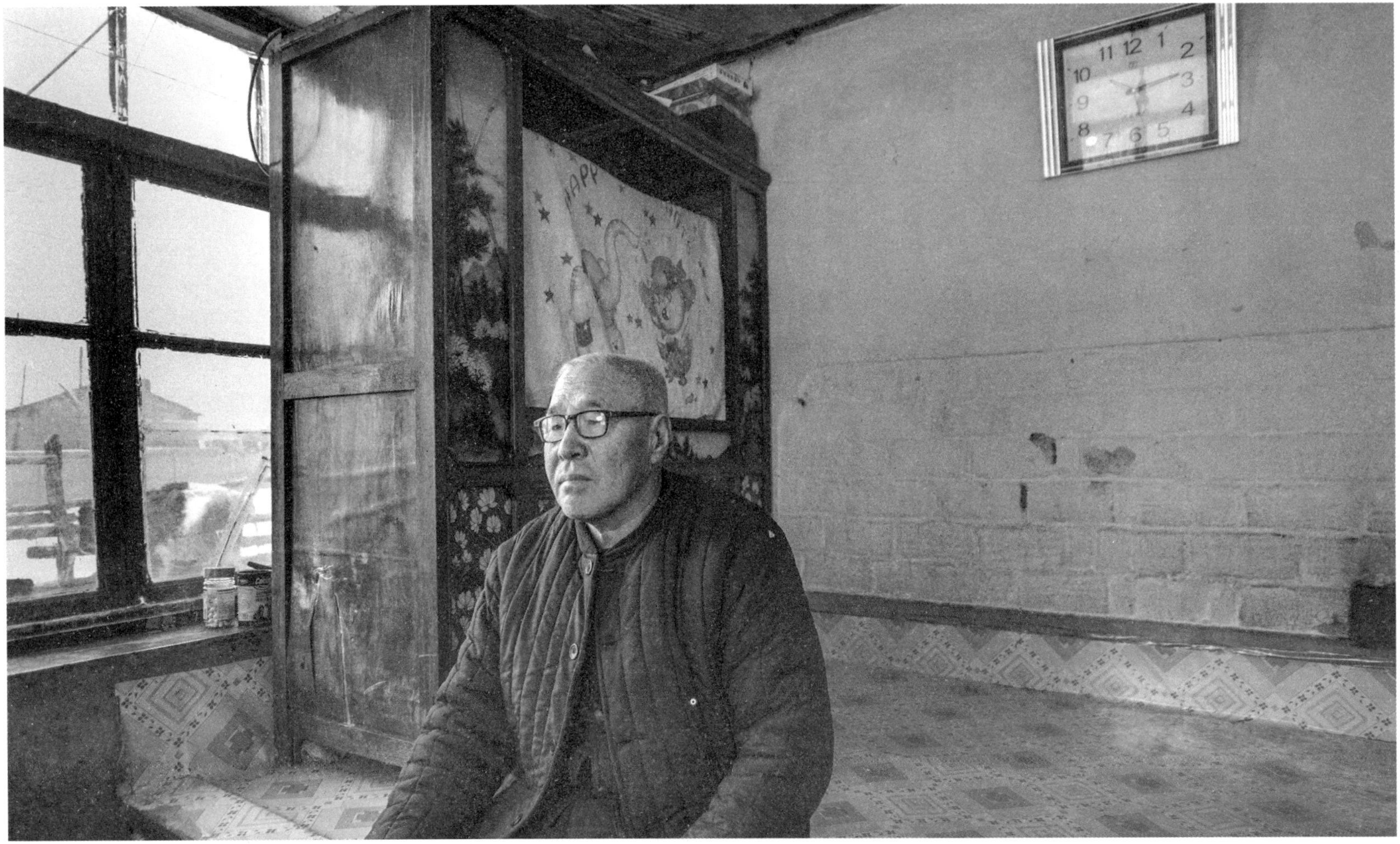

涂永来一家

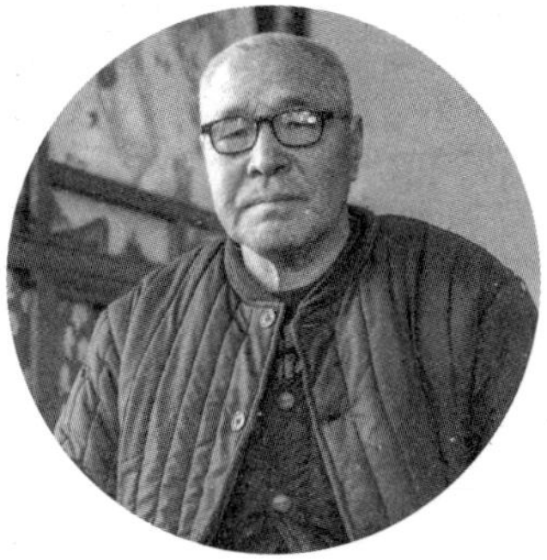

涂永来

1951年出生，鄂温克族，父母都是鄂温克族，爱人是达斡尔族。养育了两个男孩、两个女孩，长子、长女会说一点儿鄂温克语。祖辈打猎，他父亲是这里最好的猎手，枪响见物。涂永来参加狩猎队，打过很多猎物，一天工资2.88元，当时肉是两毛钱一斤。1999年收枪，变农民了。涂永来讲，以前的村民做大轮车到新巴尔虎右旗换马，两台车换一匹马，来回一趟一个月。还到新巴尔虎左旗甘珠尔庙赶庙会，把马带回来后卖掉，买生活用品。人们还伐树烧炭，然后把炭运到齐齐哈尔卖掉。

现在家里有12只羊，2头牛。

居住地：内蒙古自治区呼伦贝尔市阿荣旗查巴奇鄂温克民族乡猎民村
拍摄于2013年1月30日

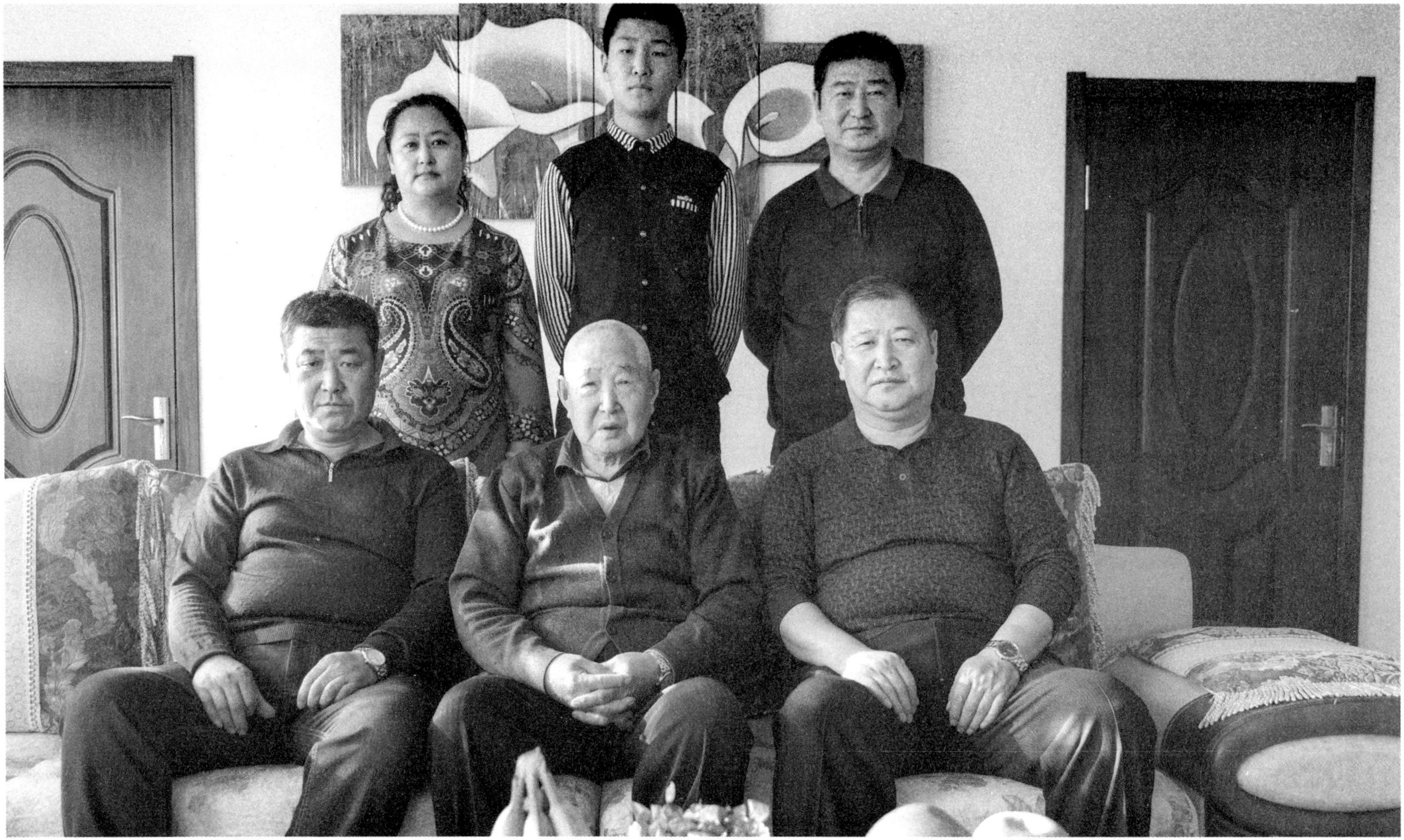

涂世秀一家

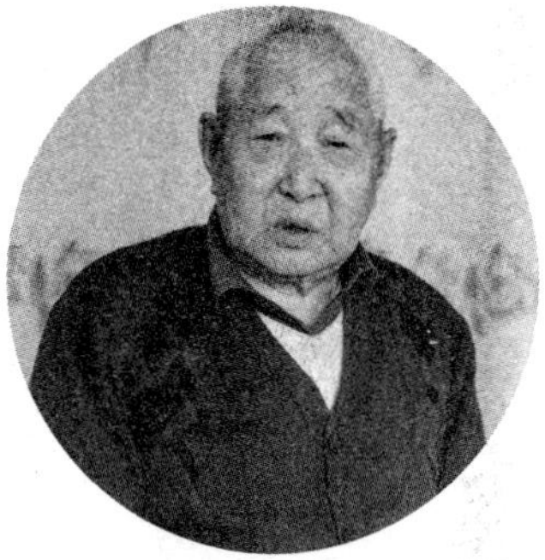

涂世秀

1933年出生，鄂温克族，黑龙江省讷河市兴旺鄂温克民族乡人，现居陈巴尔虎旗。小学四年级文化。1947年参加工作，1949年在内蒙古公安部队服兵役，两年后退伍参加乌兰浩特兽医培训班，后被分配陈巴尔虎旗工作，一辈子从事兽医工作。“文革”期间受到冲击，1969年被打成现行反革命，开除公职，入狱，1978年落实政策，平反。家族世代从军，爷爷官居佐领，在护送贡品进京返回途中病逝；三子涂建国任边防某部政治处副主任，曾荣立一等功；四子曙光高中毕业后服兵役。

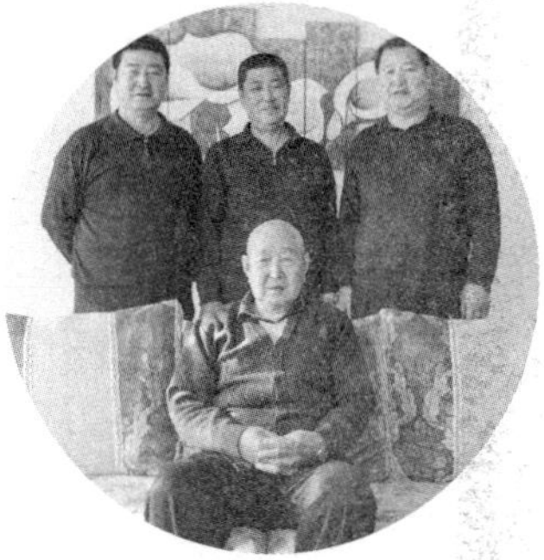

次子：伊利奇（中）

1960年出生，鄂温克族，畜牧兽医专业毕业，大专学历，在苏木兽医站内退。在1978年征兵中，因政审未通过，没能参军入伍。

三子：涂建国（右）

1963年5月出生，鄂温克族，中共党员，大专学历，内蒙古某部队政治处副主任。1981年10月入伍，历任班长、排长、政治教导员。1996年被北京军区树为优秀基层干部标兵，曾荣立一等功。1993、1998年分别当选为内蒙古自治区第八、九届人大代表。后荣转到地方工作。

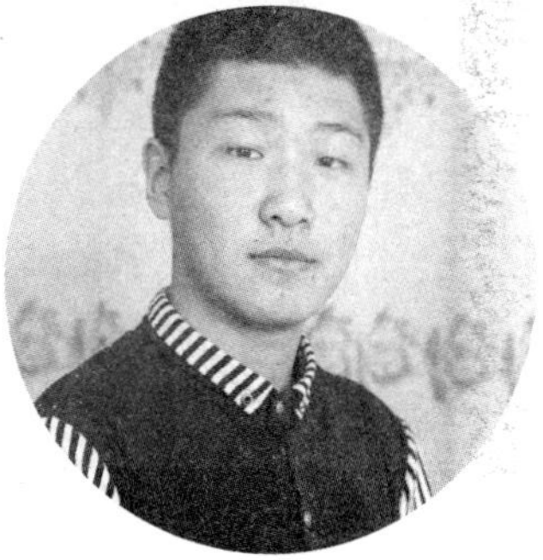

四子：曙光（左）

1966年出生，鄂温克族，高中毕业，中共党员。1987年入伍，后转业到地方工作。

曙光的儿子：涂添龙

1999年5月出生，鄂温克族，现在海拉尔铁路一中读书。

居住地：内蒙古自治区呼伦贝尔市陈巴尔虎旗巴彦库仁镇

拍摄于2015年11月22日

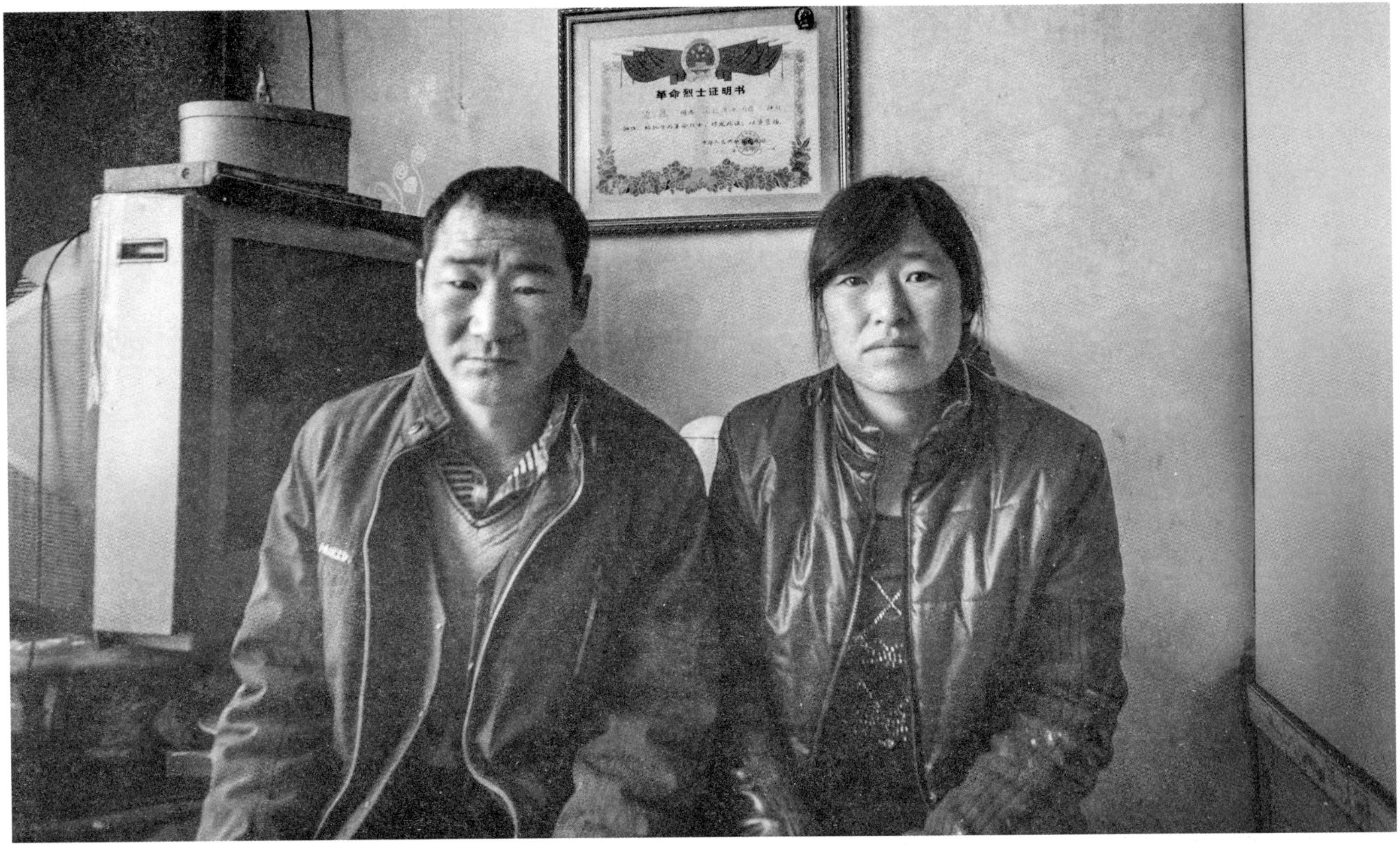

敖立荣一家

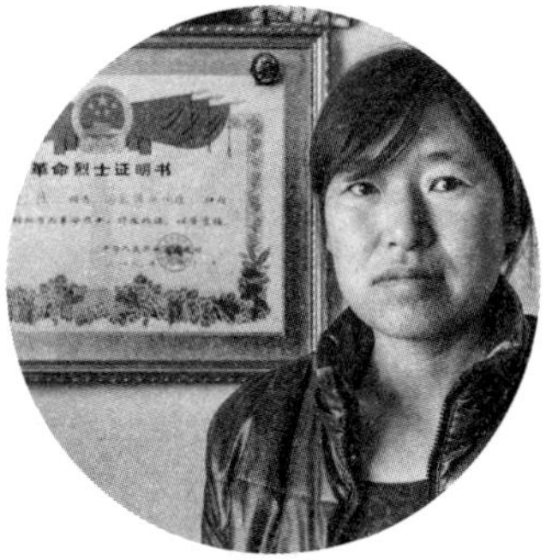

敖立荣

1976年出生，鄂温克族，患有严重心脏病。

爱人：边树君

1974年出生，汉族。身体多病，因为长子边强的牺牲，精神变得恍惚。

在这里要介绍一位鄂温克族烈士，少年英雄——边强。

边强是敖立荣的长子，鄂温克族。生前是阿荣旗得力其尔鄂温克族乡马河猎民村蒙红小学四年级学生，2007年7月3日，为救4名落水同学献出了年仅13岁的宝贵生命。2008年边强被市、旗两级党委政府评为见义勇为道德模范。2009年被评为第二届“感动内蒙古人物”。2009年11月11日，边强被国家民政部授予“革命烈士”称号。

边树君说，2012年一场大水把地冲了，没有收成。为了还人家饥荒把牲畜都卖了。原先身体好的时候帮人家放牛，现在干不动了，两人只能靠低保生活。

居住地：内蒙古自治区呼伦贝尔市阿荣旗得力其尔鄂温克族乡马河猎民村

拍摄于2013年1月30日

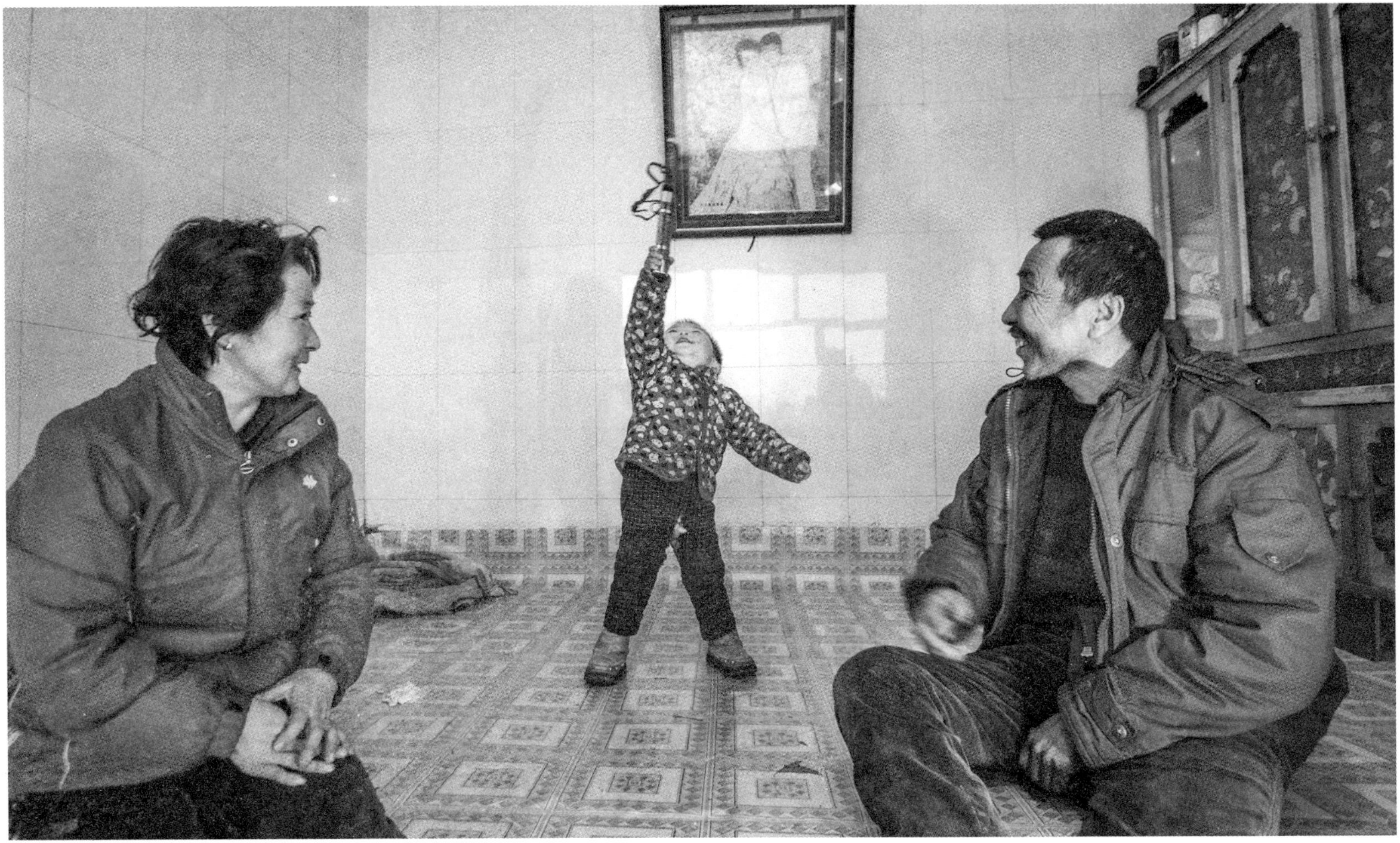

涂锁荣一家

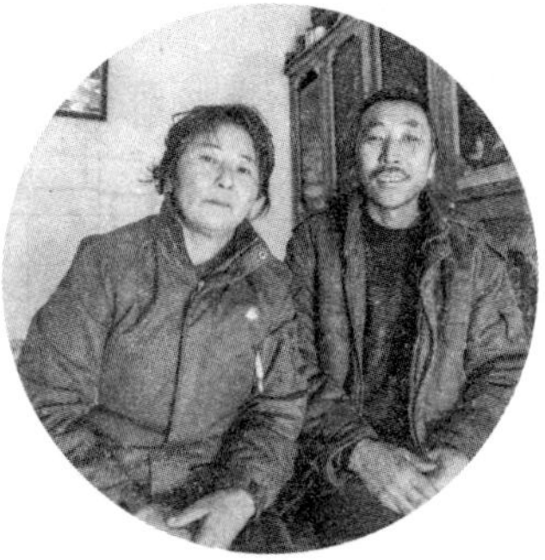

涂锁荣

1963年出生，鄂温克族，患有脑血栓后遗症。

爱人：胡永华

1967年出生，鄂温克族，莫旗杜拉尔鄂温克民族乡人。

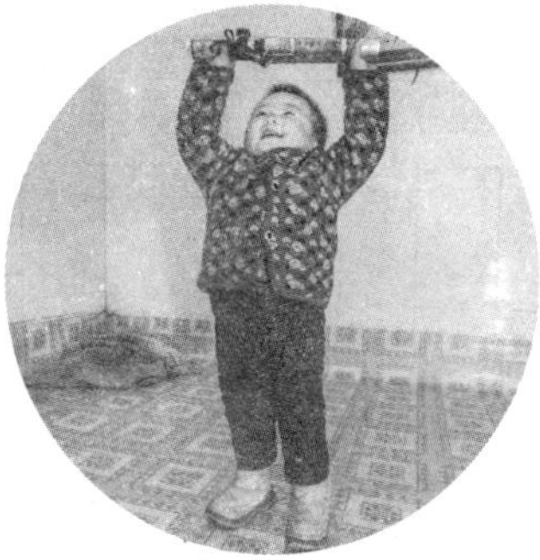

次子涂成武的儿子：腾格勒

2010年7月出生，鄂温克族。

涂锁荣和胡永华养育了两个儿子、两个女儿。

全家日常使用鄂温克语交流。

家里有20多匹马，地不多，有低保。

居住地：内蒙古自治区呼伦贝尔市阿荣旗得力其尔鄂温克族乡马河猎民村

拍摄于2013年1月30日

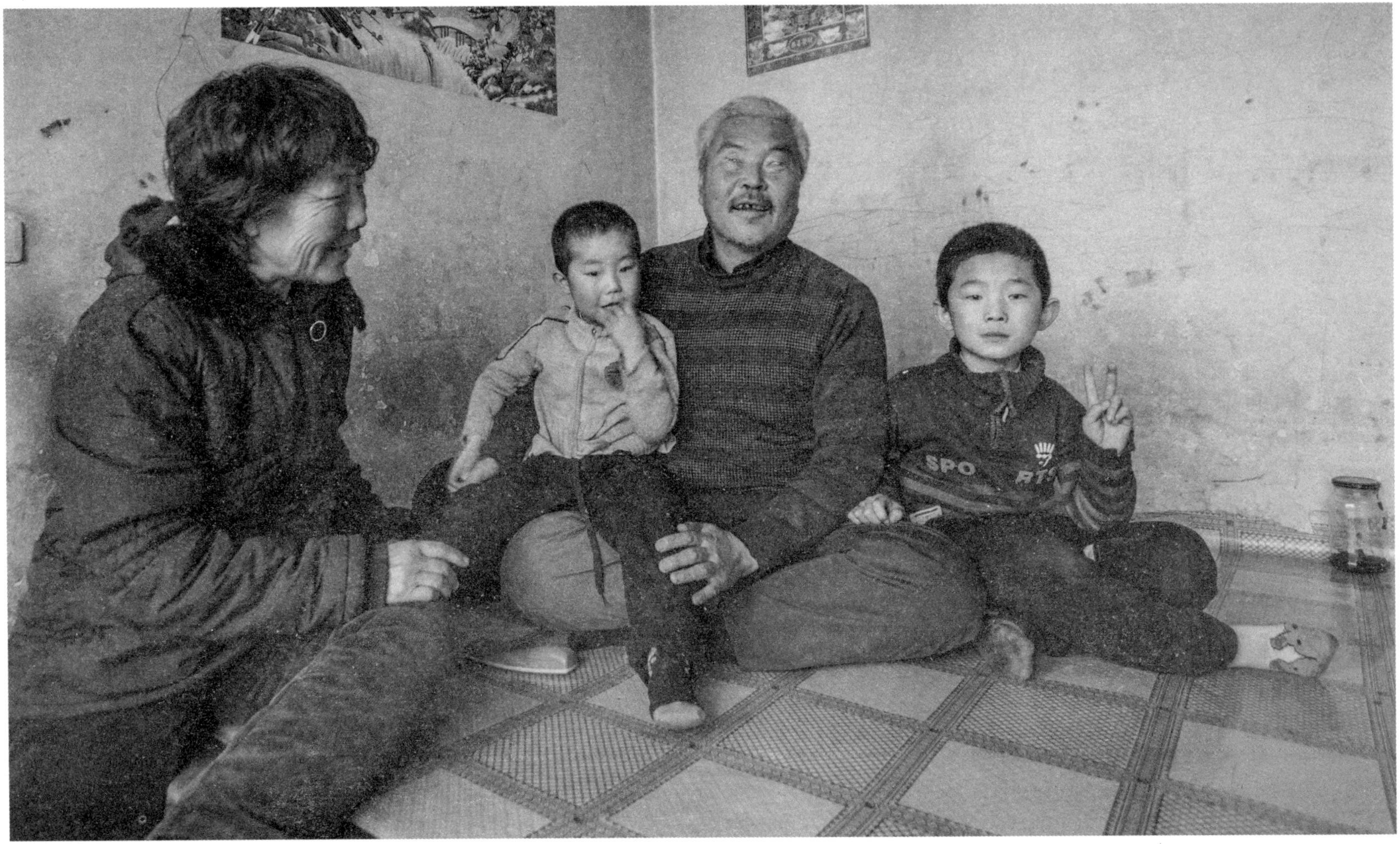

涂锁柱一家

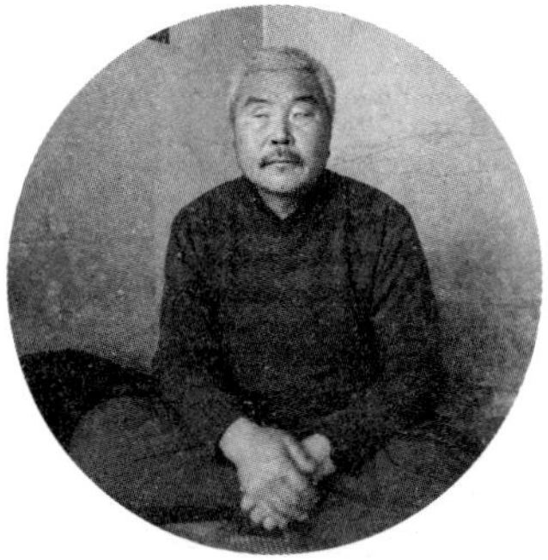

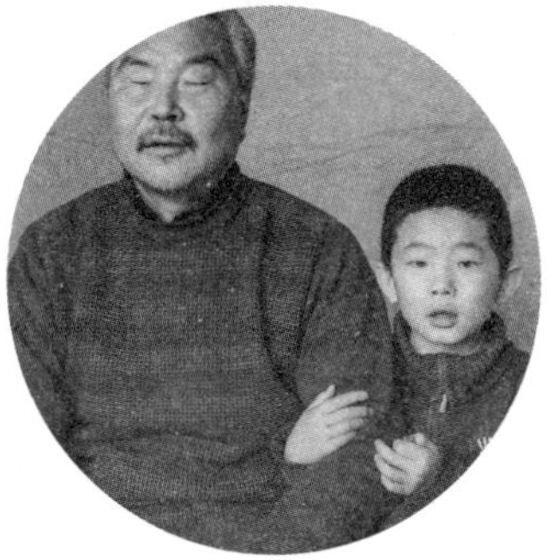

涂锁柱

1959年出生，鄂温克族。1979年当选村长，1995年卸任。涂锁柱十几岁开始打猎，1999年政府收枪，开始种地。全家三户，百十亩地。1976年小兴安岭着火，他带领村民灭火22天。一天晚上不小心他的左眼被松树枝扎了一下，当时就看不见了，慢慢地右眼变成青光眼，做了两次手术，1994年双目彻底失明。涂锁柱的爱人是达斡尔族，二等低保，一年1000元左右。

涂锁柱夫妇养育了两个儿子，长子考上了海拉尔师专，现在得力其尔鄂温克民族乡小学教书。次子在阿荣旗打工。

长孙涂志浩（左图），鄂温克族，8岁，在乡里上小学。次孙涂志远，鄂温克族，5岁，在阿荣旗上幼儿园，每年费用要一万多元，由大人陪读。

居住地：内蒙古自治区呼伦贝尔市阿荣旗得力其尔鄂温克族乡马河猎民村

拍摄于2013年1月30日

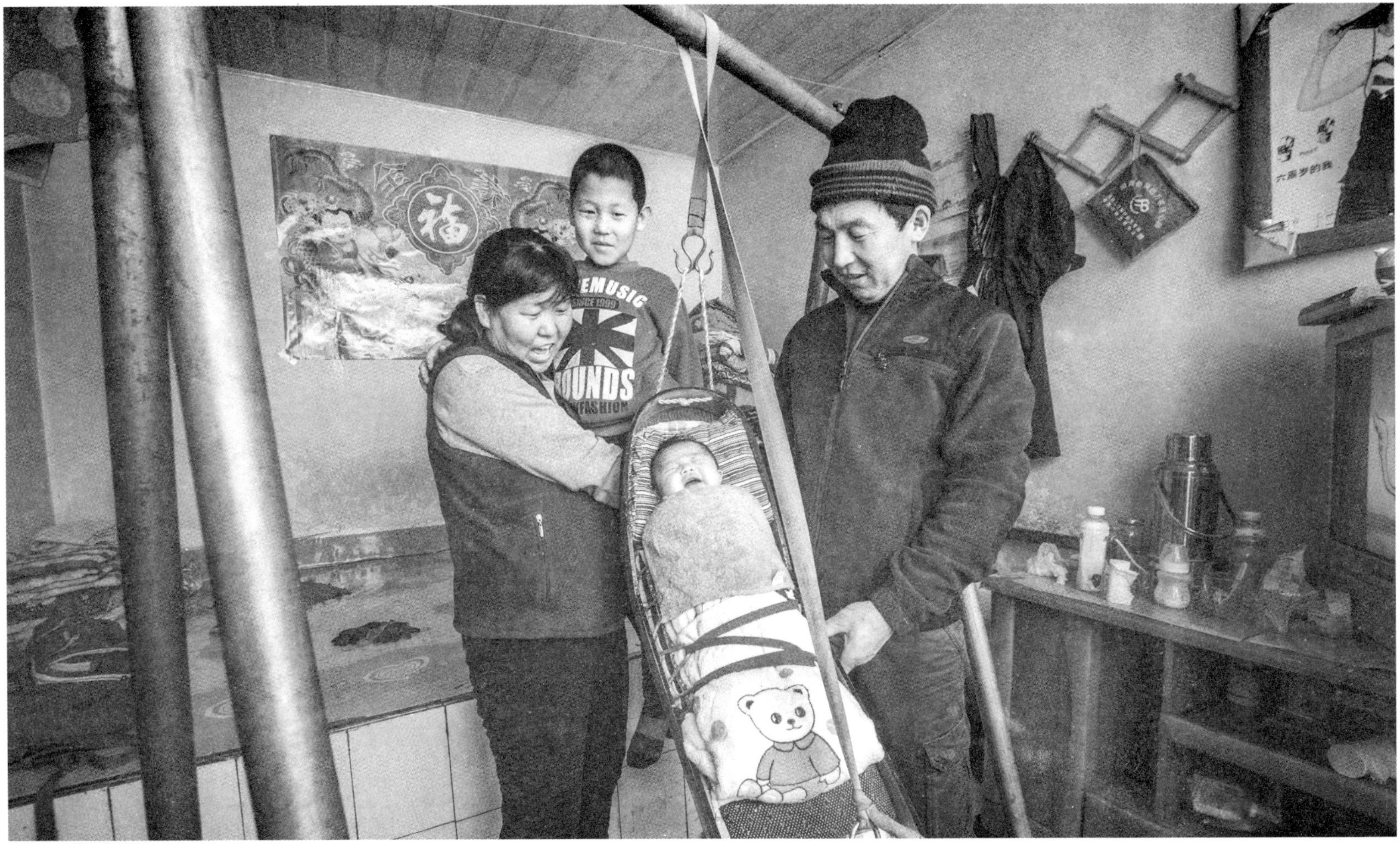

涂玉德一家

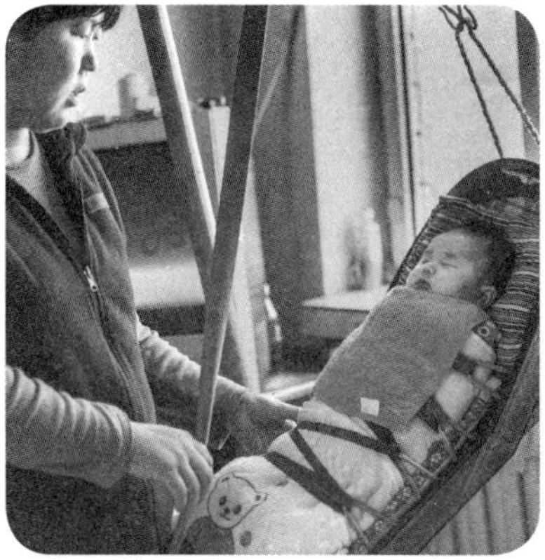

涂玉德

1980年出生，鄂温克族，父亲是鄂温克族，母亲是达斡尔族。初中毕业，会说鄂温克语。涂玉德现任杜克塔尔村治保主任。

爱人：何花

1982年出生，达斡尔族。

儿子：涂成伟

2004年出生，读小学二年级。

女儿：涂珍琦

2012年12月出生，刚满月。

居住地：内蒙古自治区呼伦贝尔市莫力达瓦达斡尔族自治旗杜拉尔鄂温克民族乡杜克塔尔村

拍摄于2013年1月31日

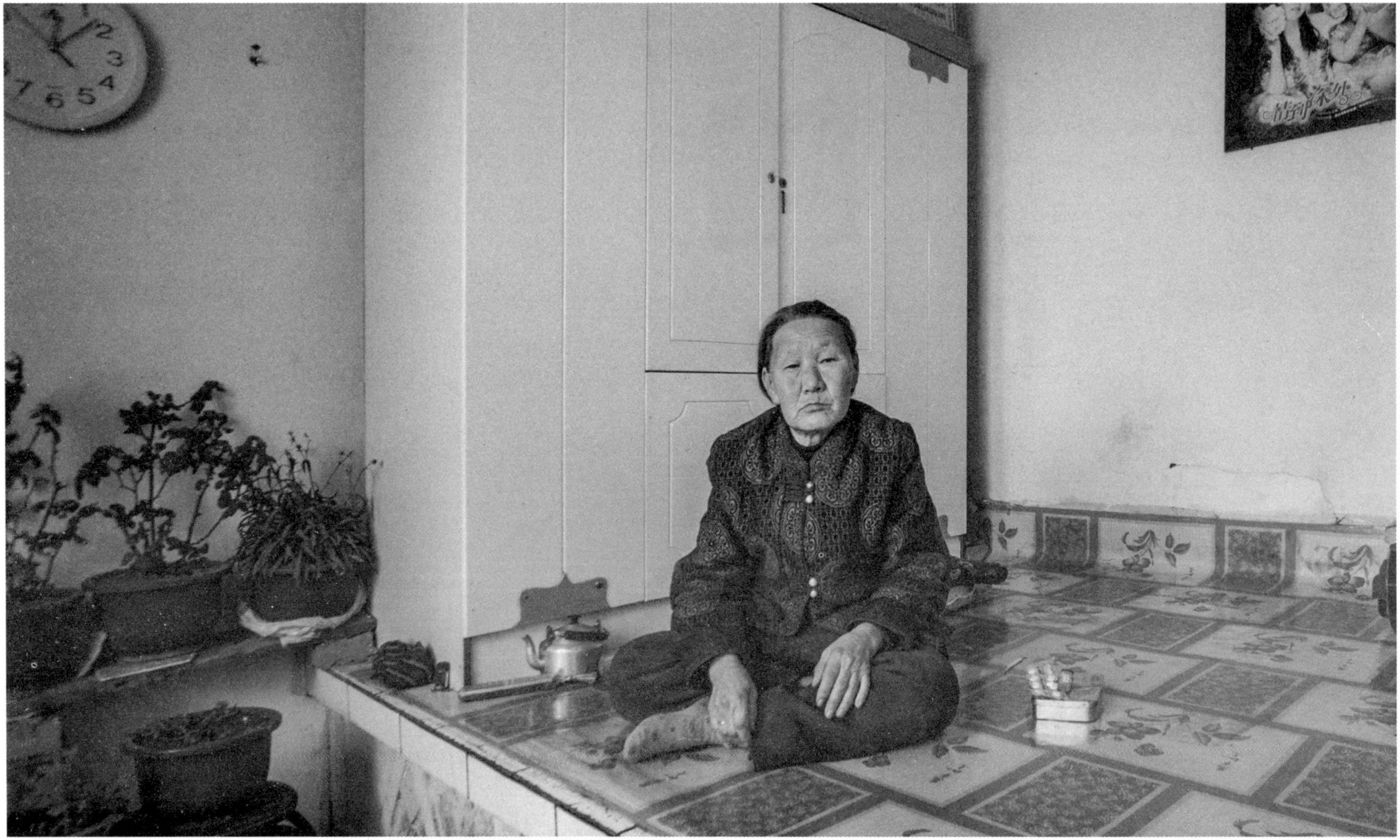

涂玉花一家

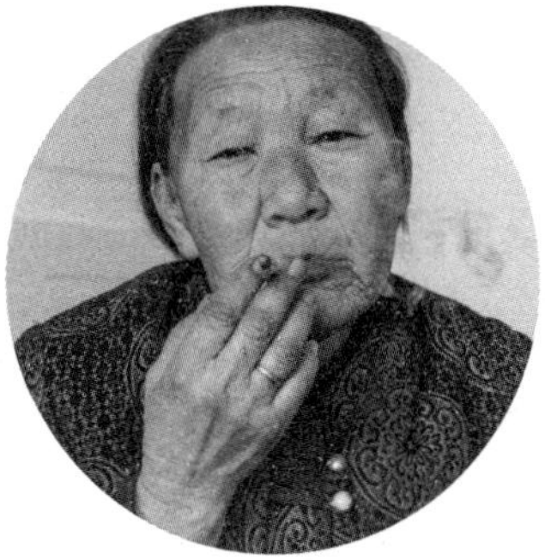

涂玉花

1940年出生，鄂温克族。养育五个儿女。涂玉花说，过60岁有养老金，一个月55元。年轻时男人打围、放排，女人操持家务。

居住地：内蒙古自治区呼伦贝尔市莫力达瓦达斡尔族自治旗杜拉尔鄂温克民族乡杜克塔尔村

拍摄于2013年1月31日

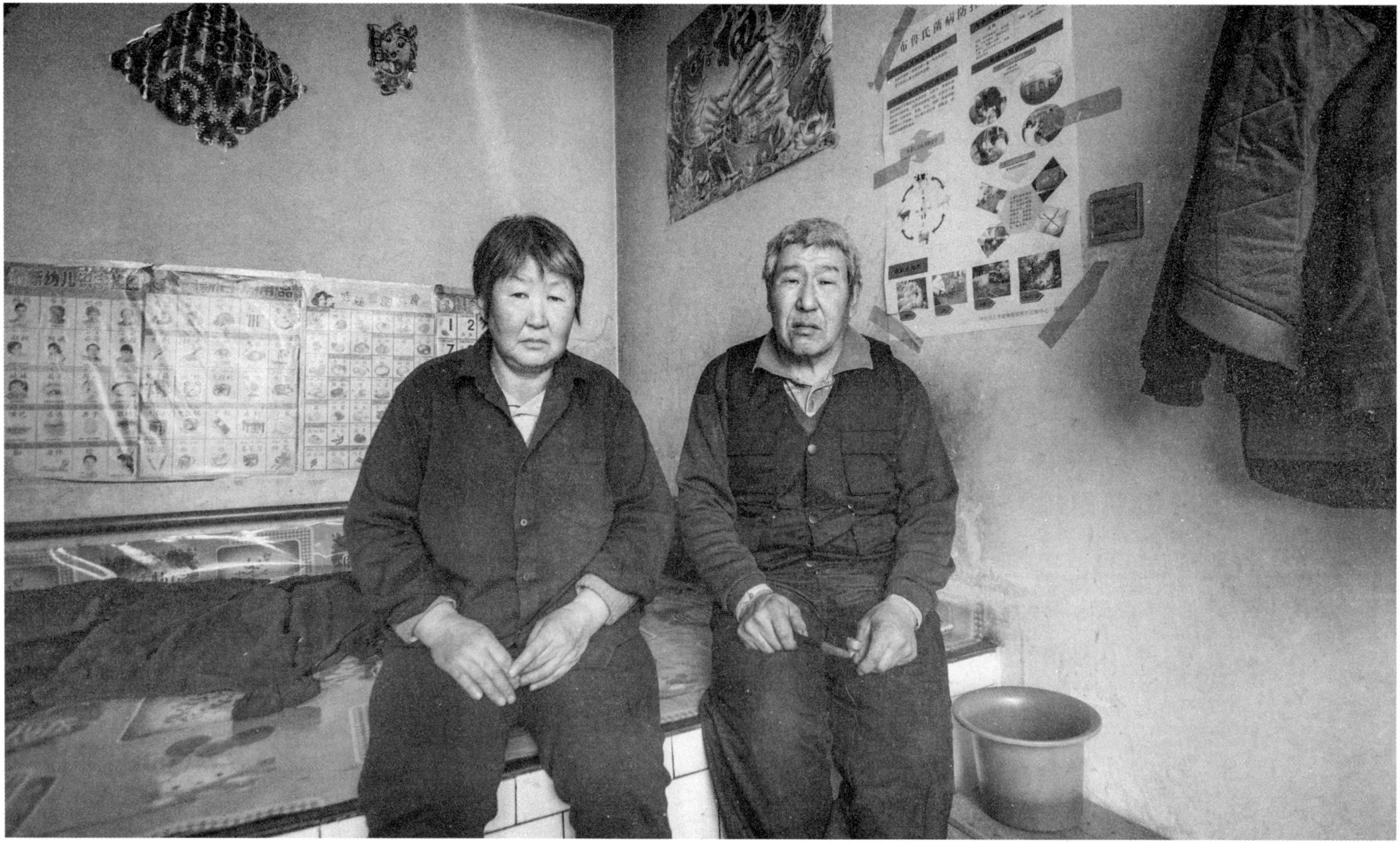

涂玉清一家

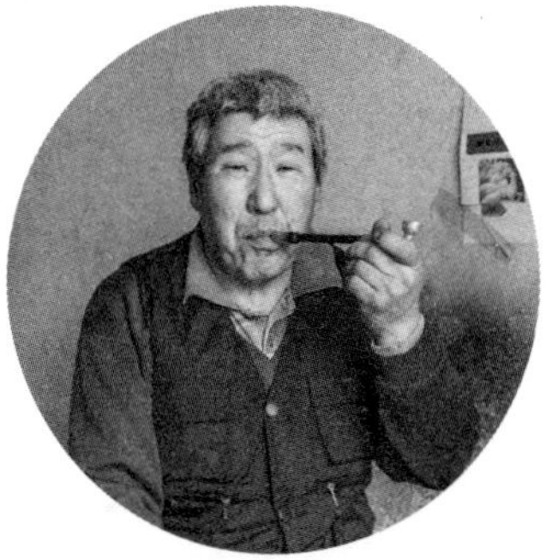

涂玉清

1953年出生，鄂温克族。

杜克塔尔村是有着300年历史的自然村，全村130户，300人左右，80%是鄂温克族，日常用语是鄂温克语。1956年成立猎民村。涂玉清17岁开始打猎，2000年政府收枪禁猎，他开始从事农牧业生产。

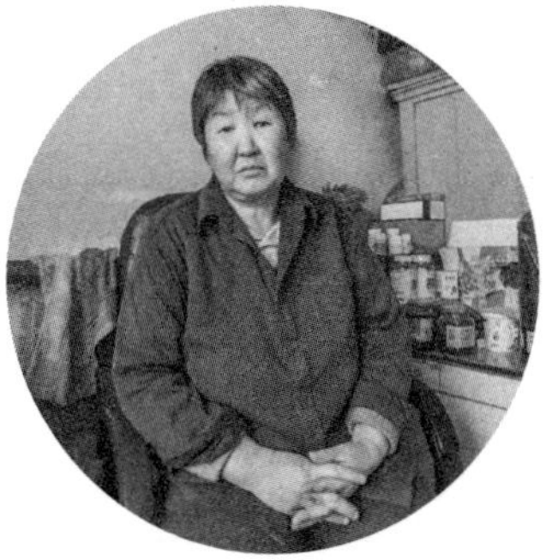

爱人：敖荣华

1956年出生，鄂温克族。养育了两个儿子、两个女儿。

家里有300多亩地，4头牛。

居住地：内蒙古自治区呼伦贝尔市莫力达瓦达斡尔族自治旗杜拉尔鄂温克民族乡杜克塔尔村

拍摄于2013年1月31日

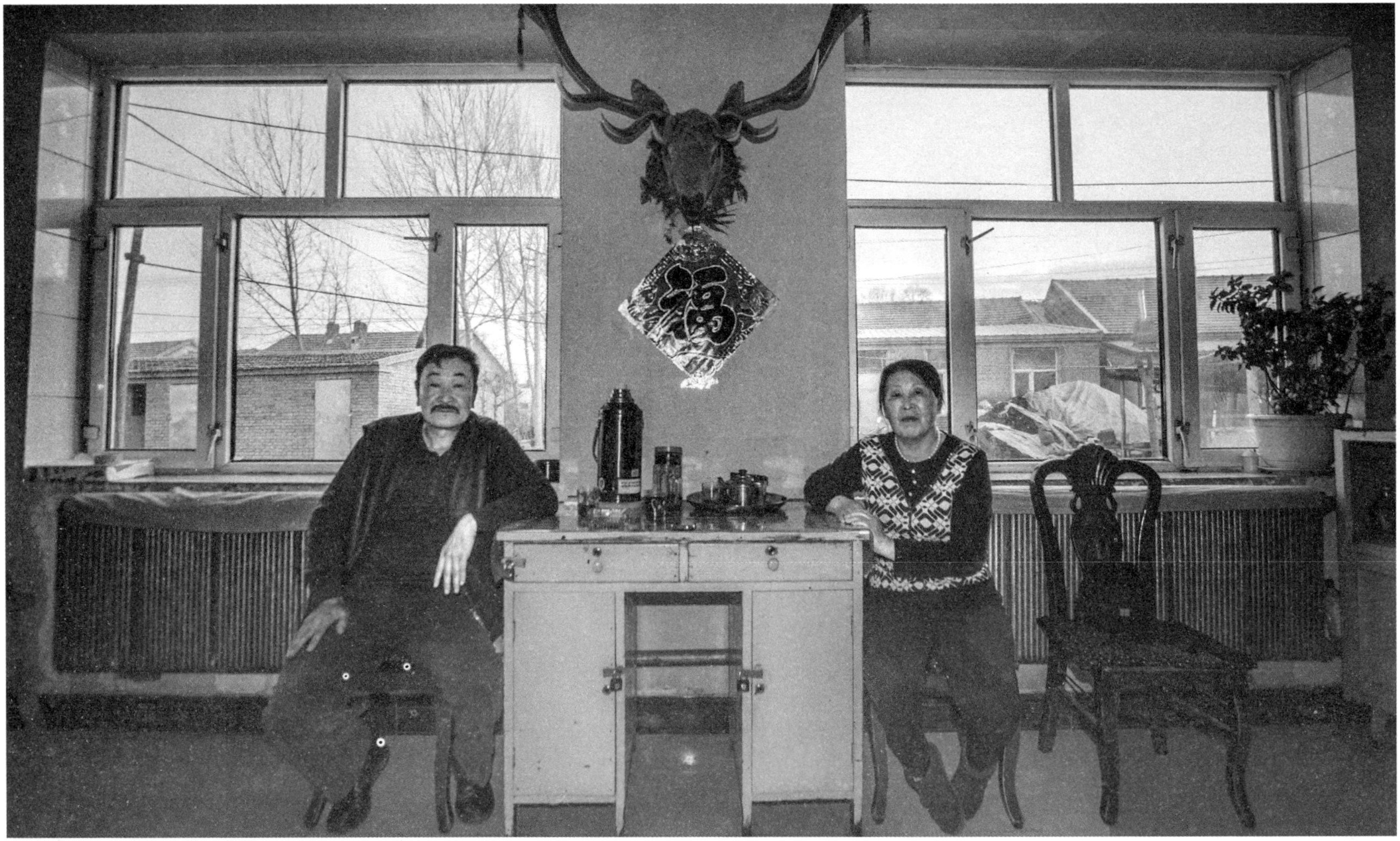

卜金江一家

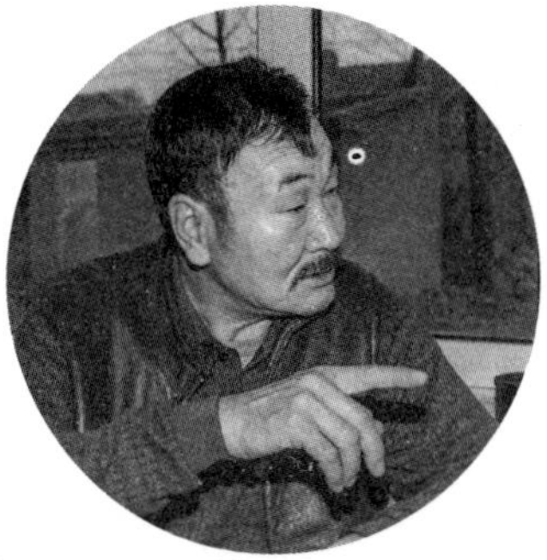

卜金江

1957年出生，鄂温克族，父亲是鄂温克族，母亲是汉族。1974年参加猎民队，2000年响应国家号召，放下猎枪。1990年当选猎民村书记，连任书记、村主任至今。

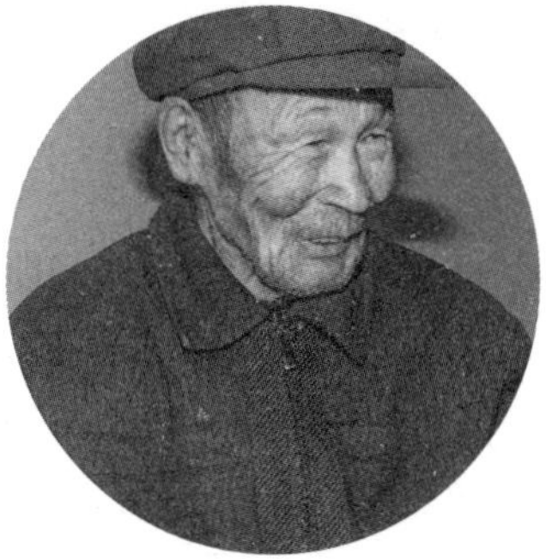

卜金江的父亲：卜宝胜

1929年出生，鄂温克族。卜宝胜是当地有名的老猎人，枪响见物，打过黑熊、野猪、狍子等。

居住地：内蒙古自治区呼伦贝尔市扎兰屯市萨马街鄂温克民族乡鄂温克猎民村

拍摄于2013年11月2日

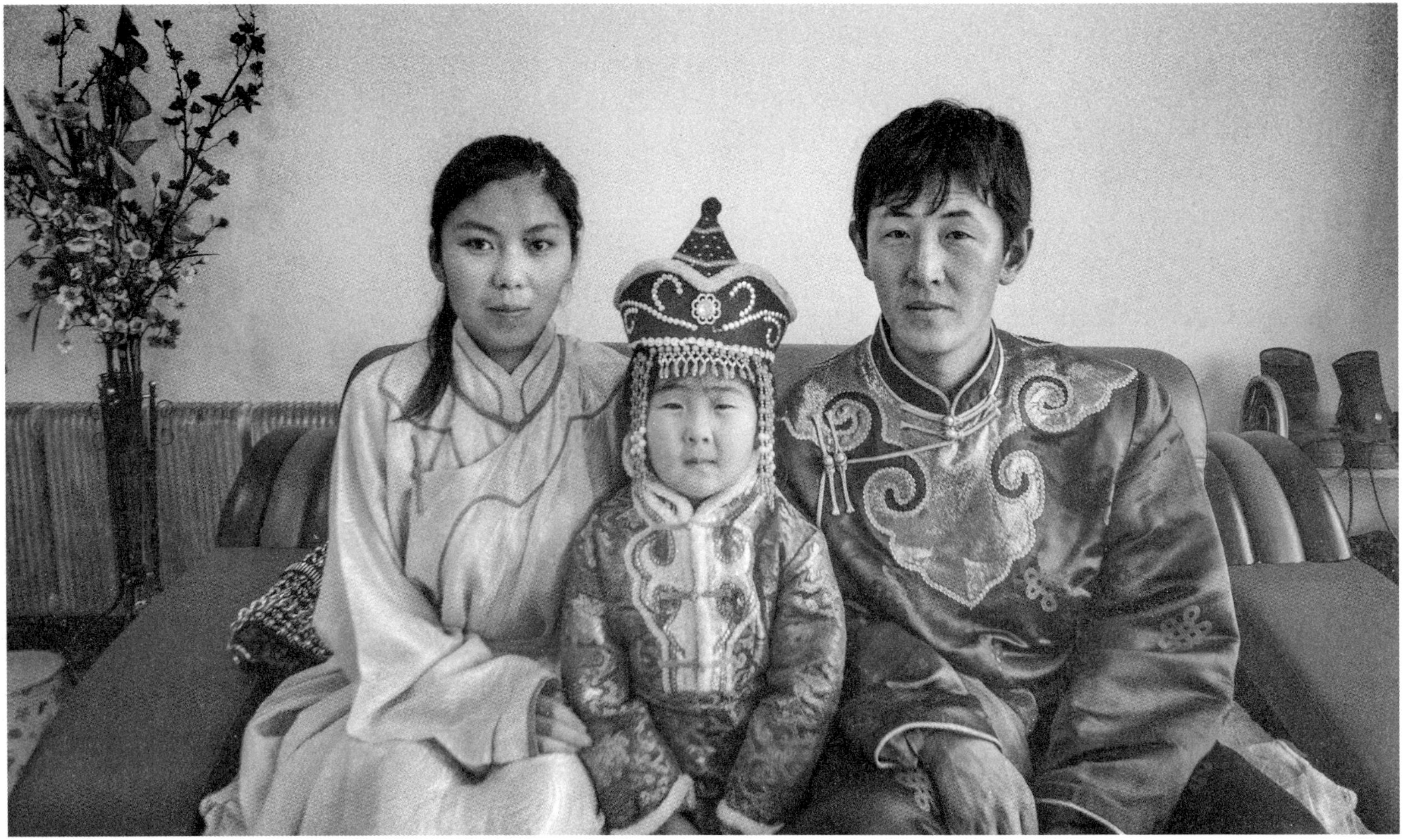

李智斌一家

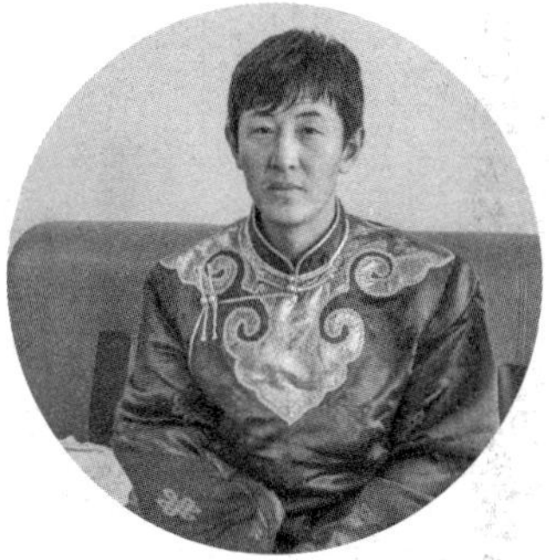

李智斌

1982年8月出生，鄂温克族，父母都是鄂温克族。初中文化。

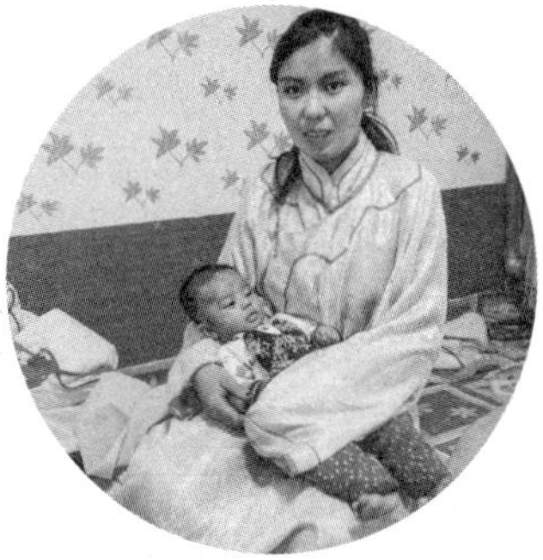

爱人：韩志梅

1985年6月出生，鄂温克族，初中文化。怀里抱着的是韩志梅弟弟的孩子，不过前几天与李智斌通电话，他说他的儿子2014年初出生了。

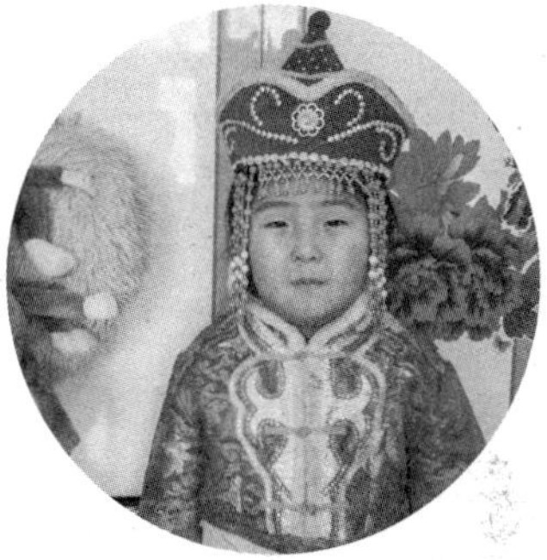

女儿：李涵

2007年11月出生，鄂温克族。

家里有100只羊，60亩地。

居住地：内蒙古自治区呼伦贝尔市扎兰屯市萨马街鄂温克民族乡鄂温克猎民村

拍摄于2013年1月28日

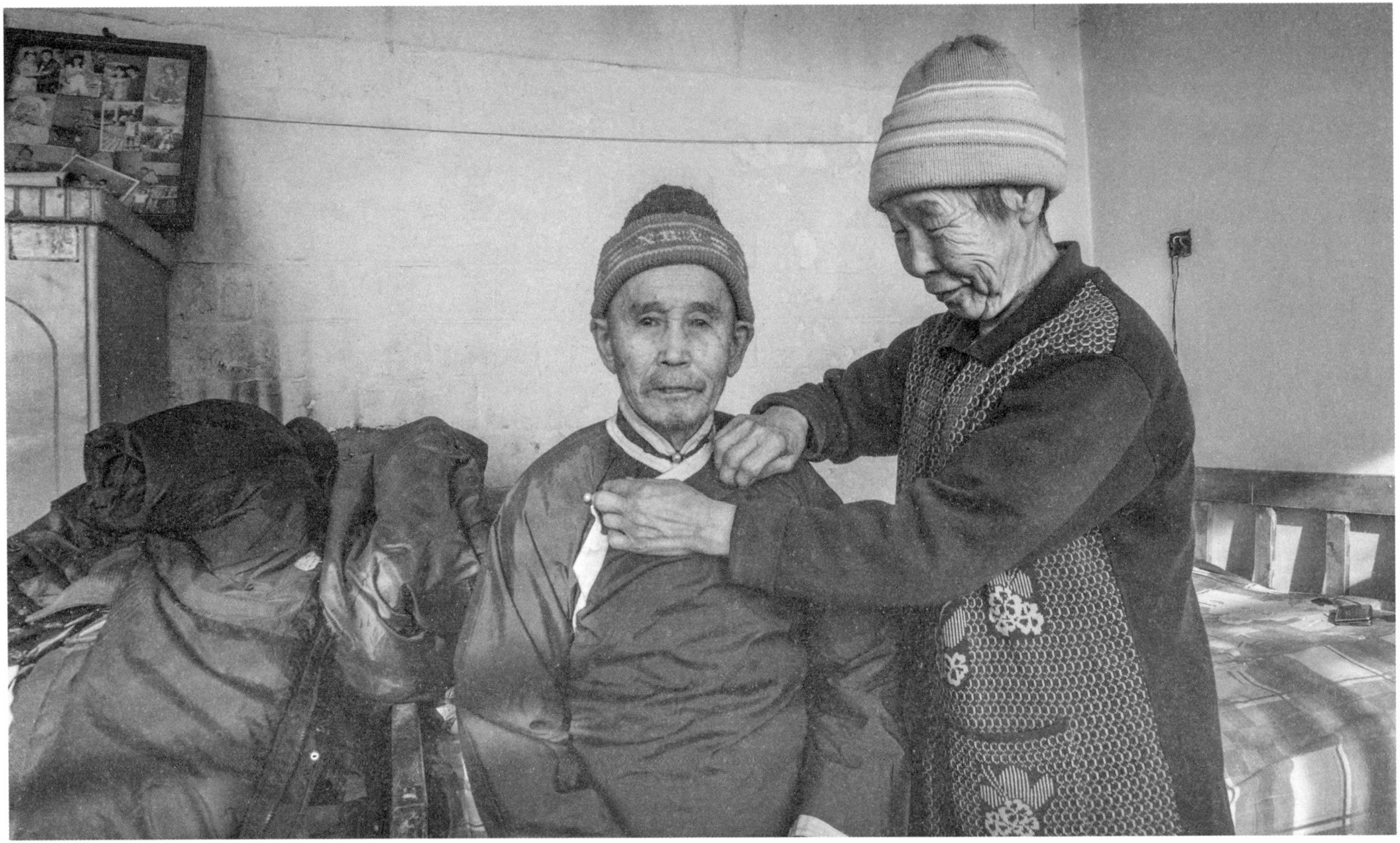

卜金贵一家

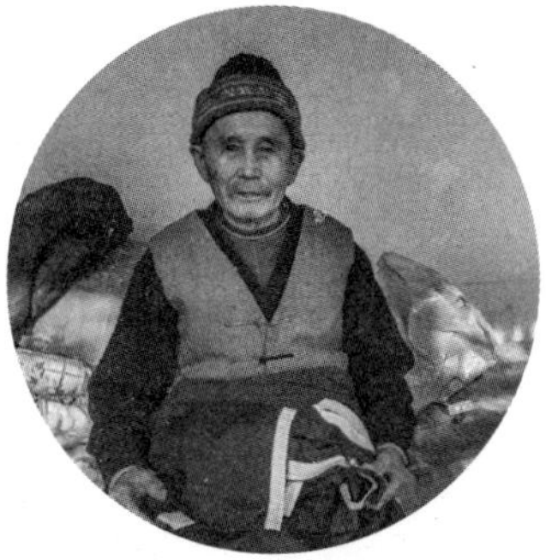

卜金贵

1934年出生，鄂温克族。老人20岁就开始打猎，在猎民队大集体生活，2000年上缴枪支，开始种地。非农村户口，享受农村待遇，有农村低保，一个人一年3000元左右。

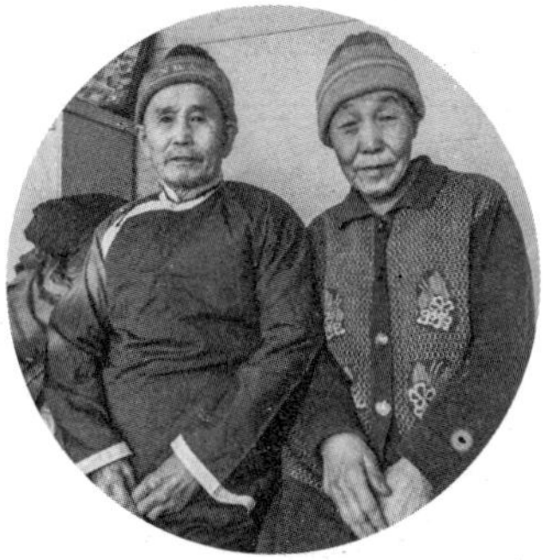

爱人：杜那仁高娃

1945年出生，鄂温克族。他们养育了四个女儿、一个儿子。

居住地：内蒙古自治区呼伦贝尔市阿荣旗音河达斡尔鄂温克民族乡维古奇猎民村

拍摄于2013年1月29日

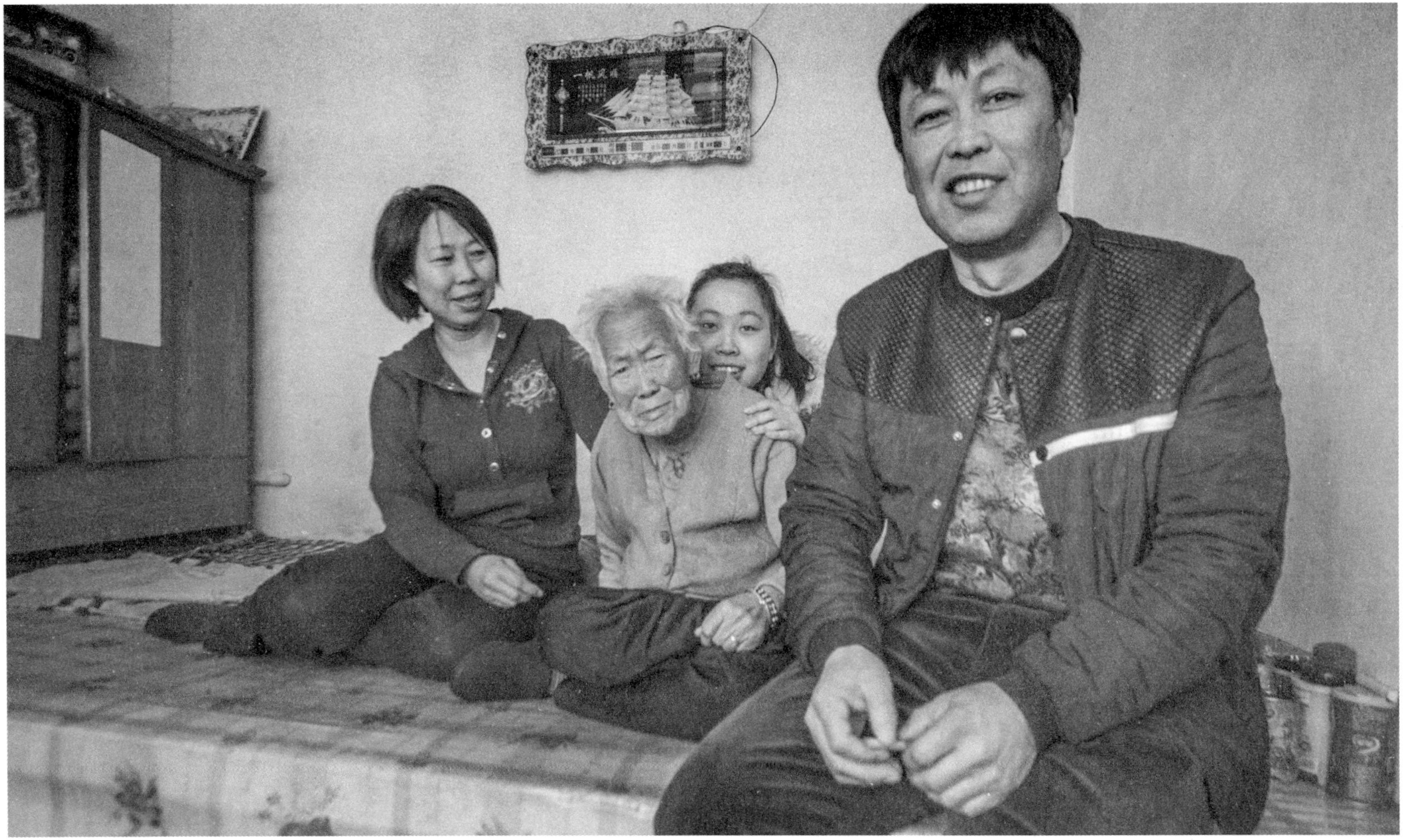

多玉霞一家

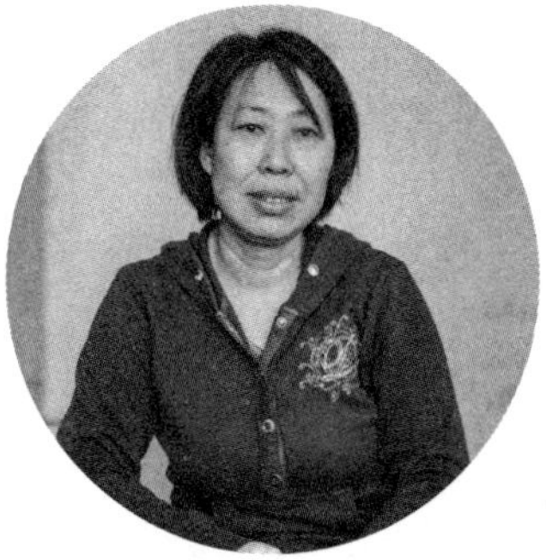

多玉霞

1967年出生，鄂温克族。鄂温克族自治旗第三中学毕业，现在百路村小学任教。

弟弟：多文臣

1973年出生，鄂温克族。

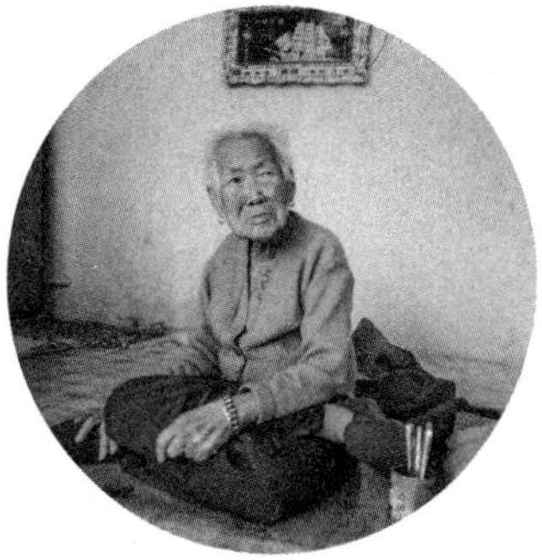

母亲：涂瑞敏

86岁，鄂温克族。养育了十个儿女，多玉霞排行第七，多文臣最小。

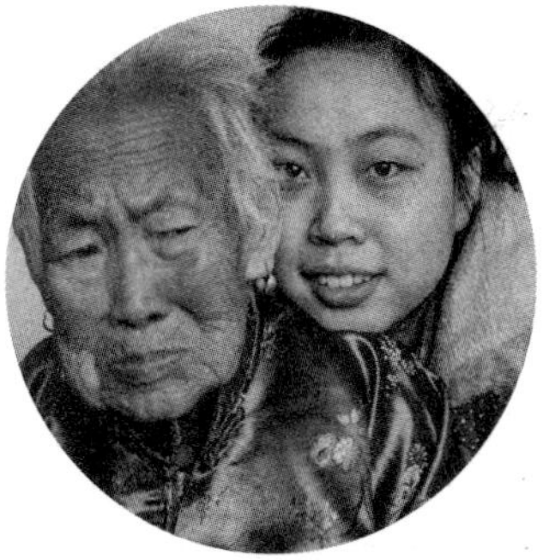

女儿：多婧娜

1996年出生，读高一。

居住地：黑龙江省齐齐哈尔市讷河市兴旺鄂温克民族乡百路村

拍摄于2013年2月2日

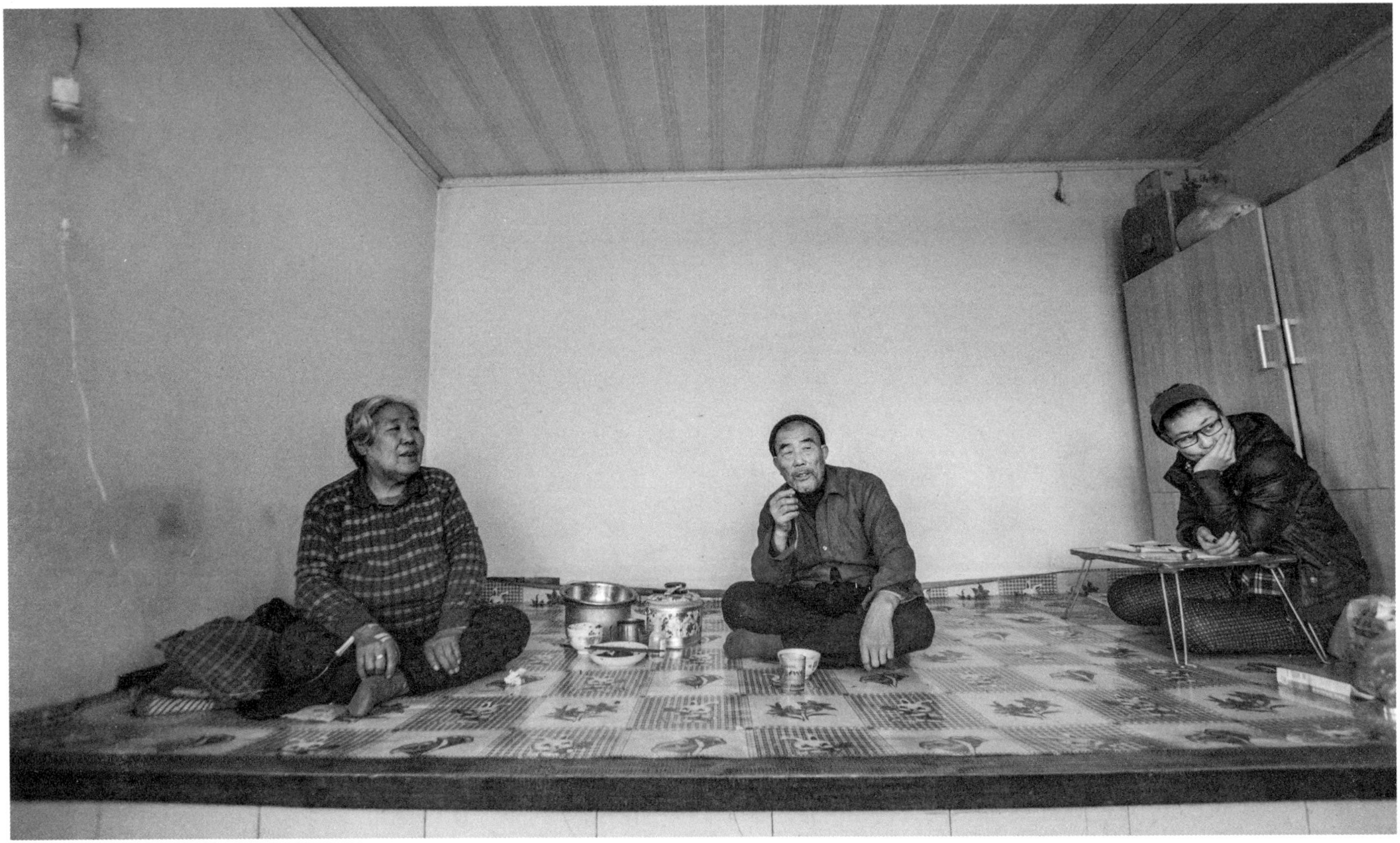

涂秀珍一家

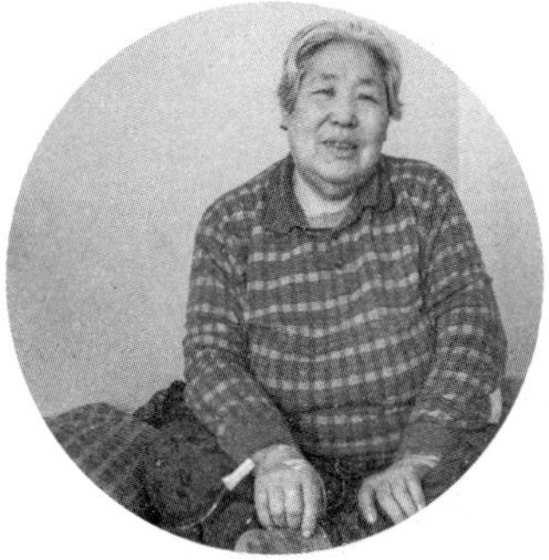

涂秀珍

67岁，鄂温克族。

爱人：孙继成

73岁，汉族。养育四个儿子、一个女儿。

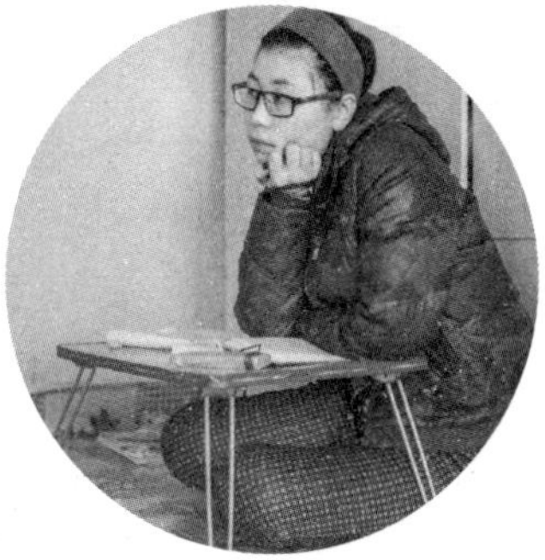

孙女：涂思琦

1993年出生，鄂温克族。现在黑龙江八一农垦大学学习，会计专业。小时候和奶奶学过鄂温克语，由于没有语言环境，忘了，但对本民族文化很感兴趣。

居住地：黑龙江省齐齐哈尔市讷河市兴旺鄂温克民族乡百路村

拍摄于2013年2月2日

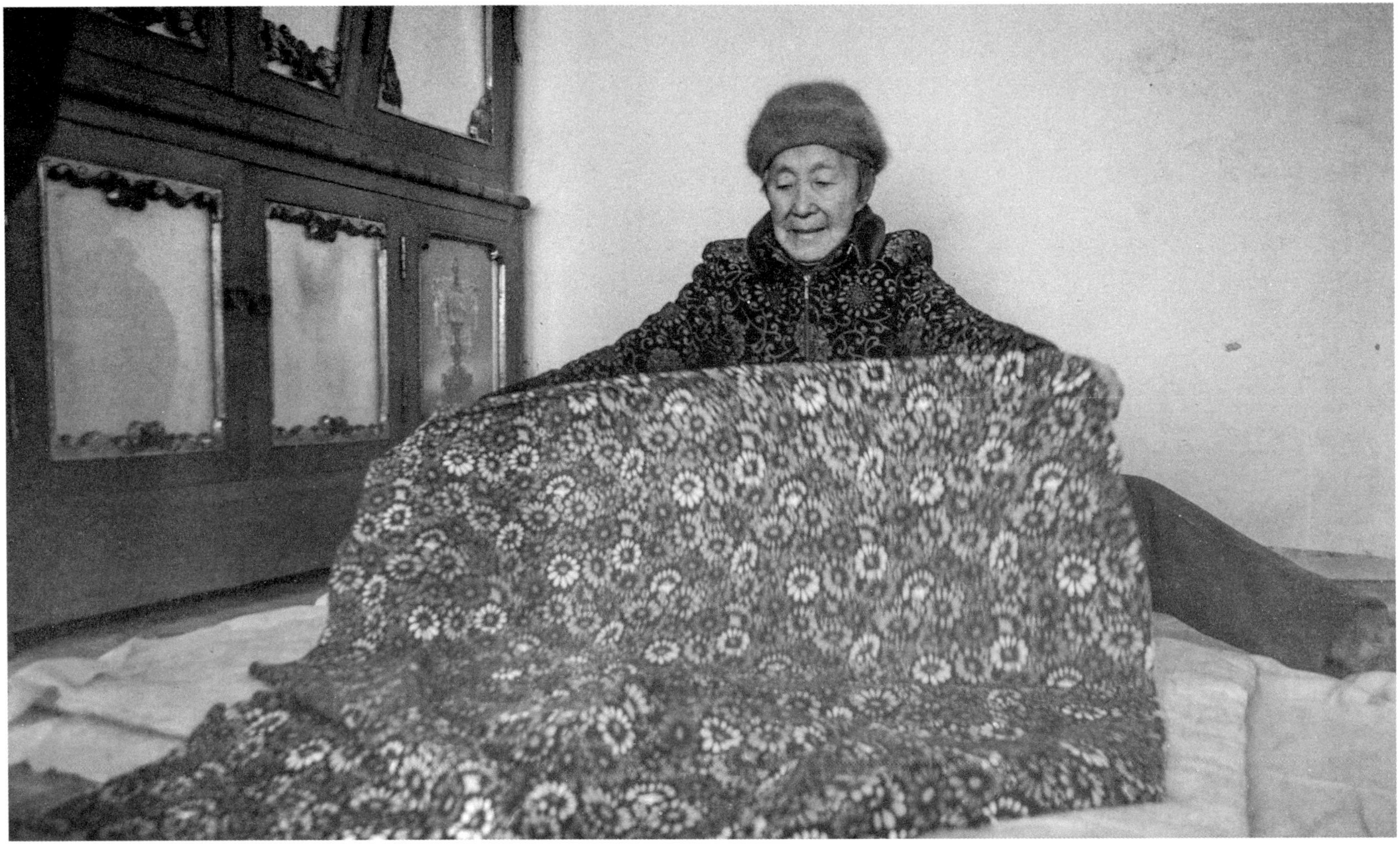

敖英华一家

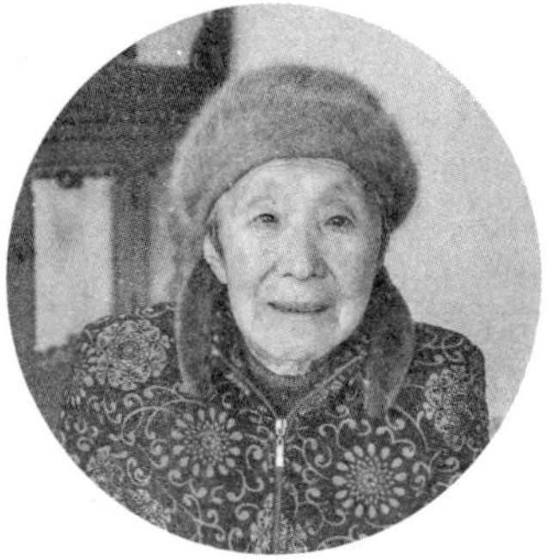

敖英华

78岁，鄂温克族。养育了三个儿子、四个女儿。

老人有低保，一年1500～1600元，农村户口。

家里有2头牛。

居住地：黑龙江省齐齐哈尔市讷河市兴旺鄂温克民族乡索伦村

拍摄于2013年2月2日

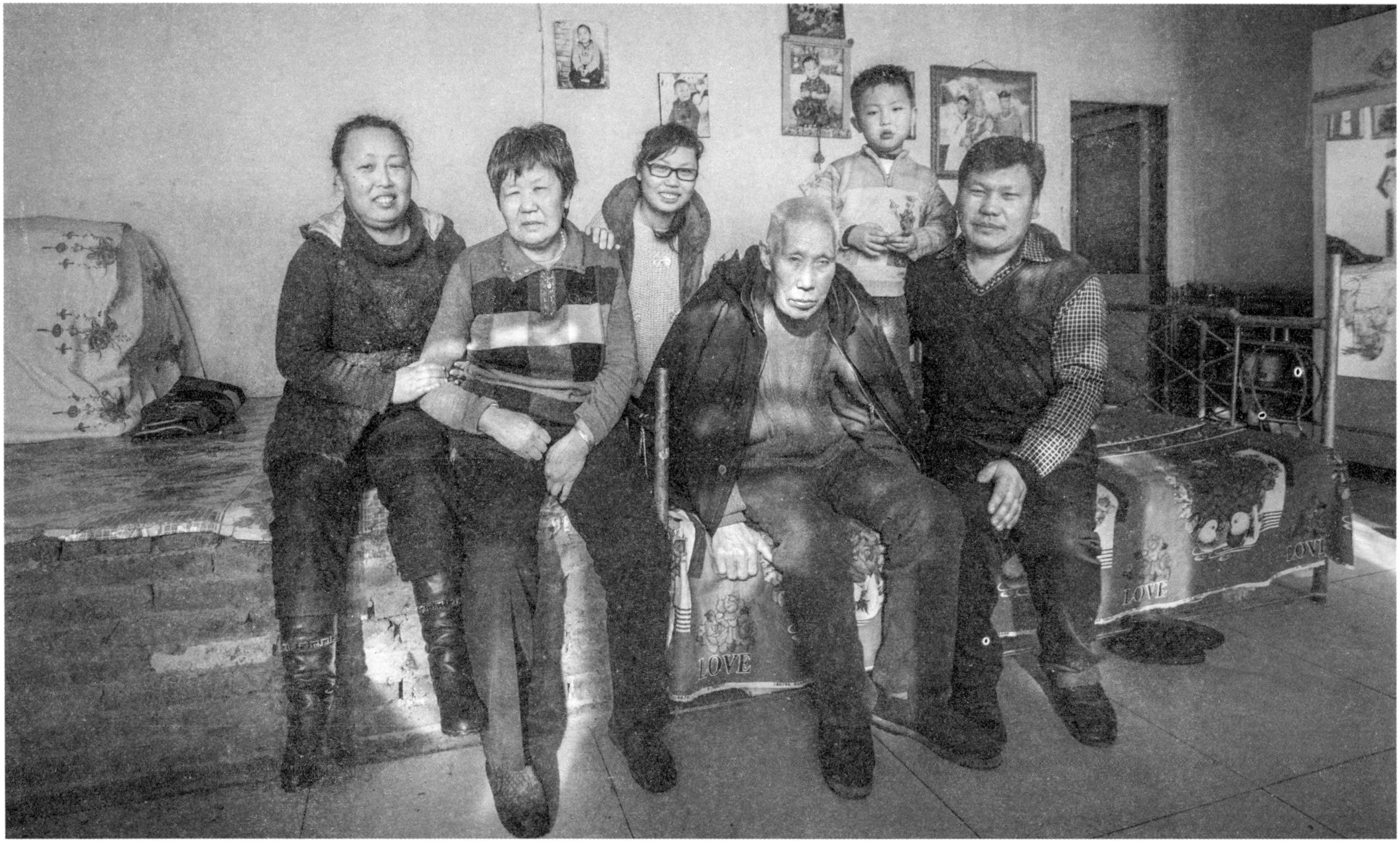

涂继承一家

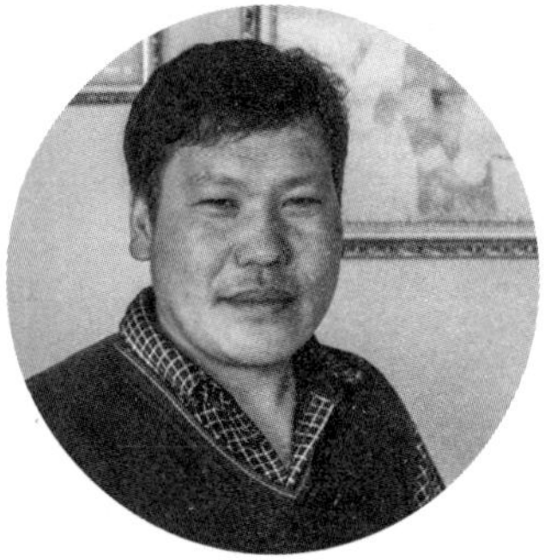

涂继承

1970年出生，鄂温克族。齐齐哈尔民族师范毕业，会说鄂温克语。曾经是索伦村小学校长，2009年学校撤并，现在是兴旺鄂温克民族乡中心学校民族教研员。2000年作为教练带领黑龙江省抢枢队参加全国农民运动会，是黑龙江省鄂温克族民间故事传承人。

爱人：杜凤霞

1971年出生，鄂温克族。齐齐哈尔民族师范毕业，现在是兴旺鄂温克民族乡中心小学教师。

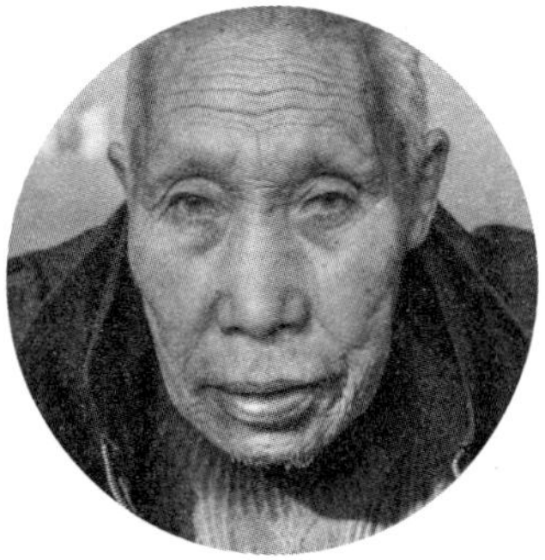

父亲：涂维新

77岁，鄂温克族，一直从事农业劳动。

母亲：何维荣

69岁，鄂温克族。养育了七个子女。

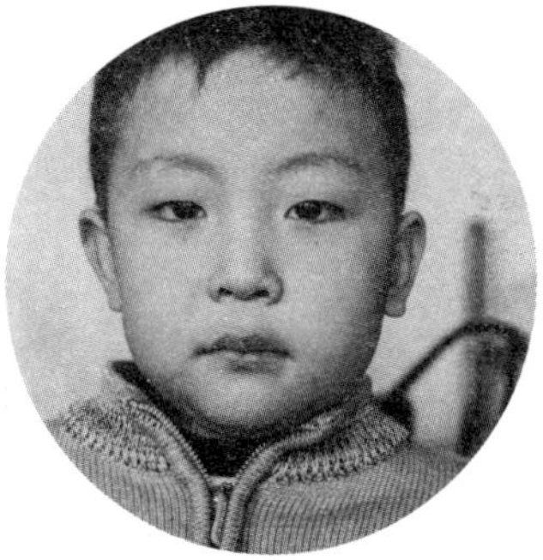

儿子：涂嘉睿

2006年出生，鄂温克族。读小学一年级，会说鄂温克语日常用语。

女儿：涂嘉卉

1995年出生，鄂温克族。读高二，会说鄂温克语日常用语。

居住地：黑龙江省齐齐哈尔市讷河市兴旺鄂温克民族乡索伦村
拍摄于2013年2月2日

使鹿鄂温克人家

居住地 内蒙古自治区呼伦贝尔市根河市敖鲁古雅鄂温克族乡。

勒拿河流域北雅库特地域的使鹿鄂温克人，1820年渡过黑龙江，在漠河一带游猎，1858年迁至额尔古纳河以南大兴安岭北部林区。

1957年经内蒙古自治区人民政府批准成立奇乾鄂温克民族乡。

1965年在根河市满归镇的敖鲁古雅河畔定居。

2003年在根河市以西兴建了敖鲁古雅鄂温克族乡新村。

语　言 目前老年人语言保持得好，年轻人会说的不多了。

服　饰 基本上人人都有民族服饰，但日常穿着的不多了。从事家庭游的人们经常穿着。

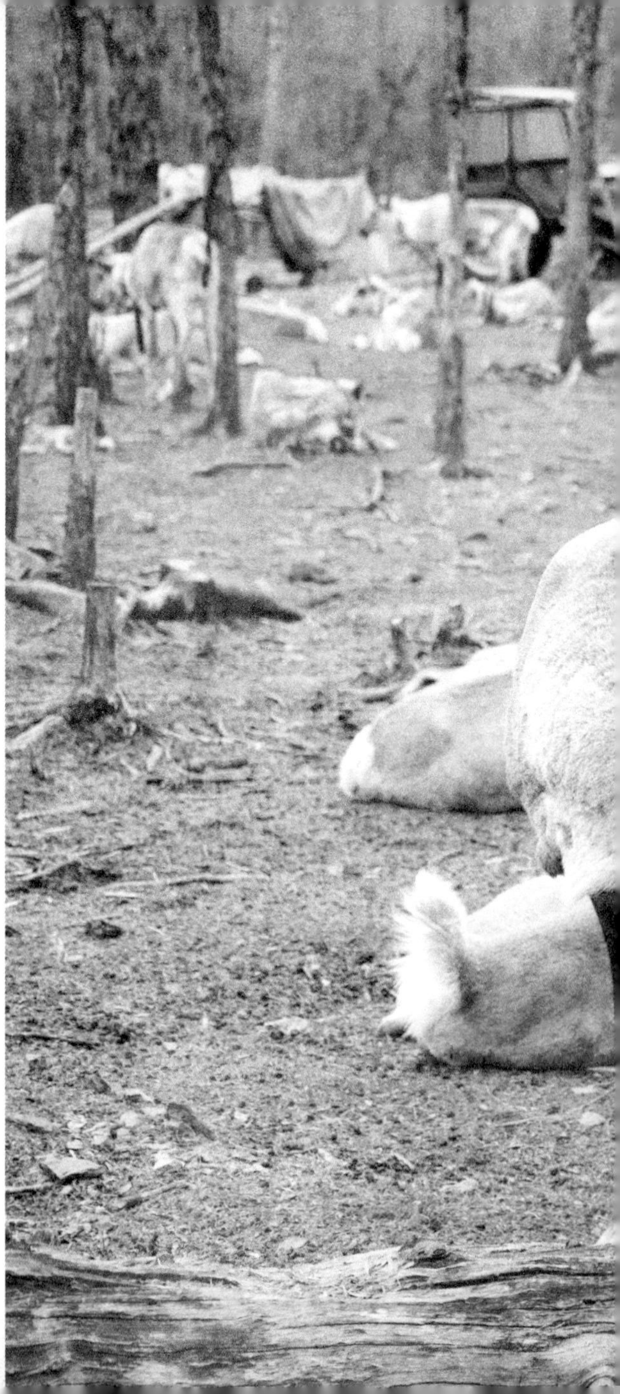

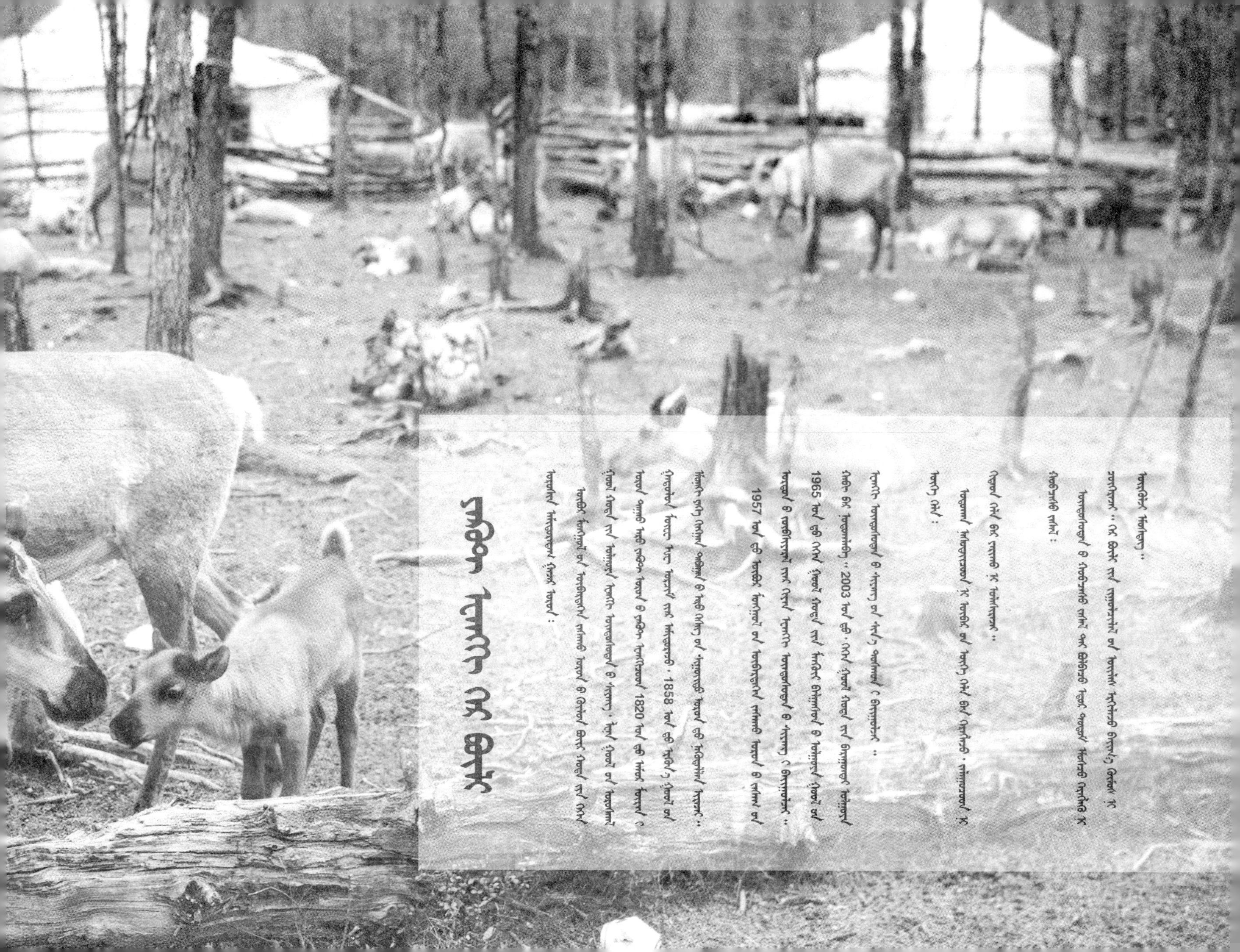

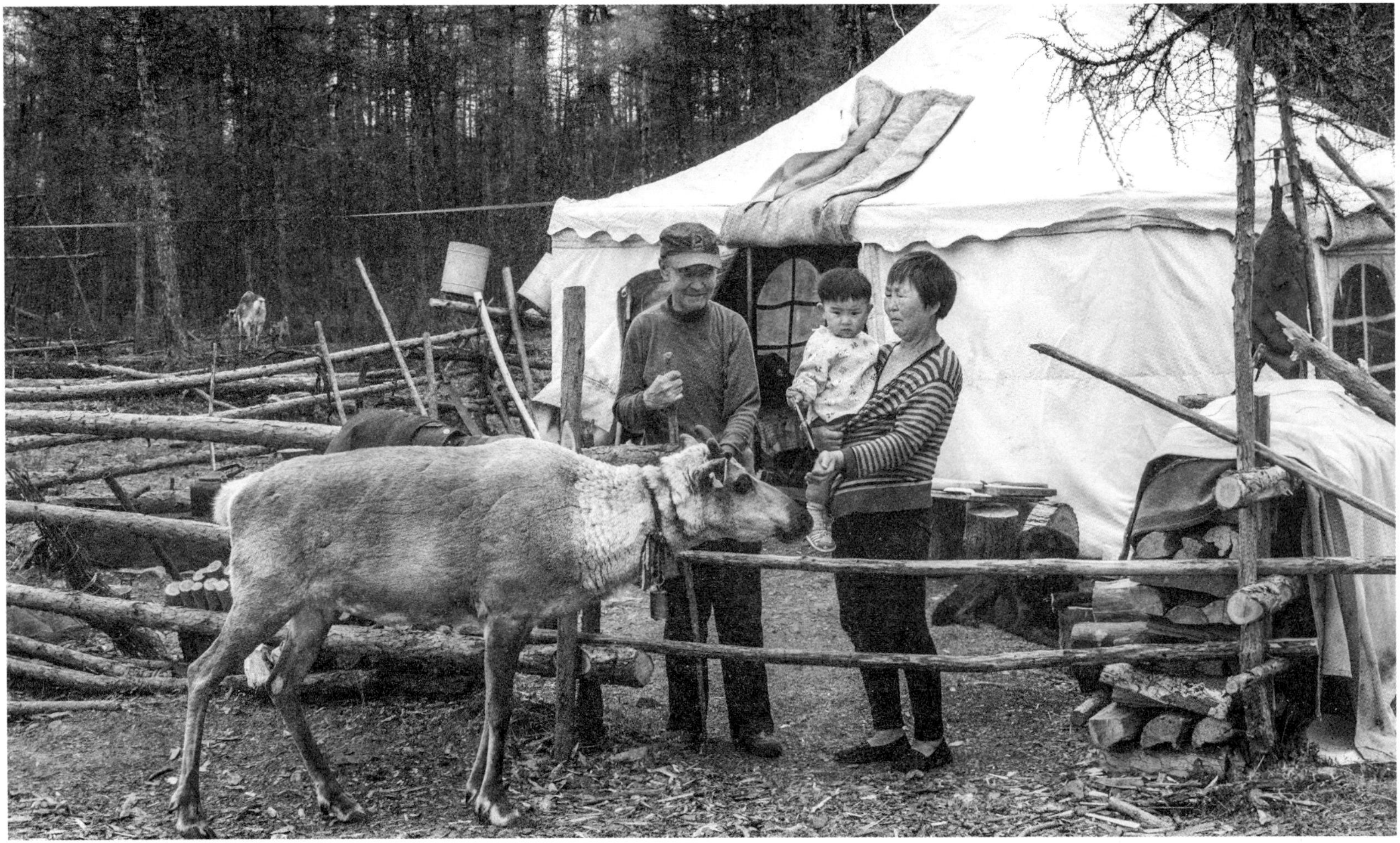

阿荣布一家

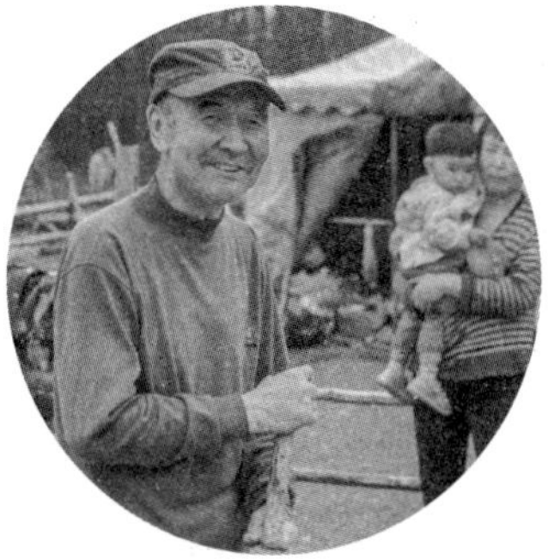

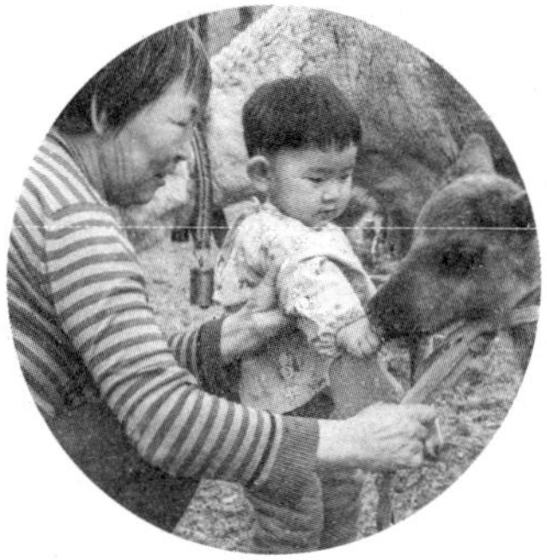

阿荣布

1954年7月出生，鄂温克族。高中毕业，会说鄂温克语、汉语。阿荣布是内蒙古自治区级非物质文化遗产项目“鄂温克驯鹿文化”传承人。

爱人：玛茹莎

1956年10月出生，鄂温克族。会说鄂温克语、汉语。已从鄂温克族自治旗企业退休，现在饲养驯鹿。

外孙女：娅莲妮

2013年1月出生，鄂温克族。跟着姥姥、姥爷在山上的猎民点生活。

现在家里有30头驯鹿。

居住地：内蒙古自治区呼伦贝尔市根河市敖鲁古雅鄂温克族乡

拍摄于2014年5月10日

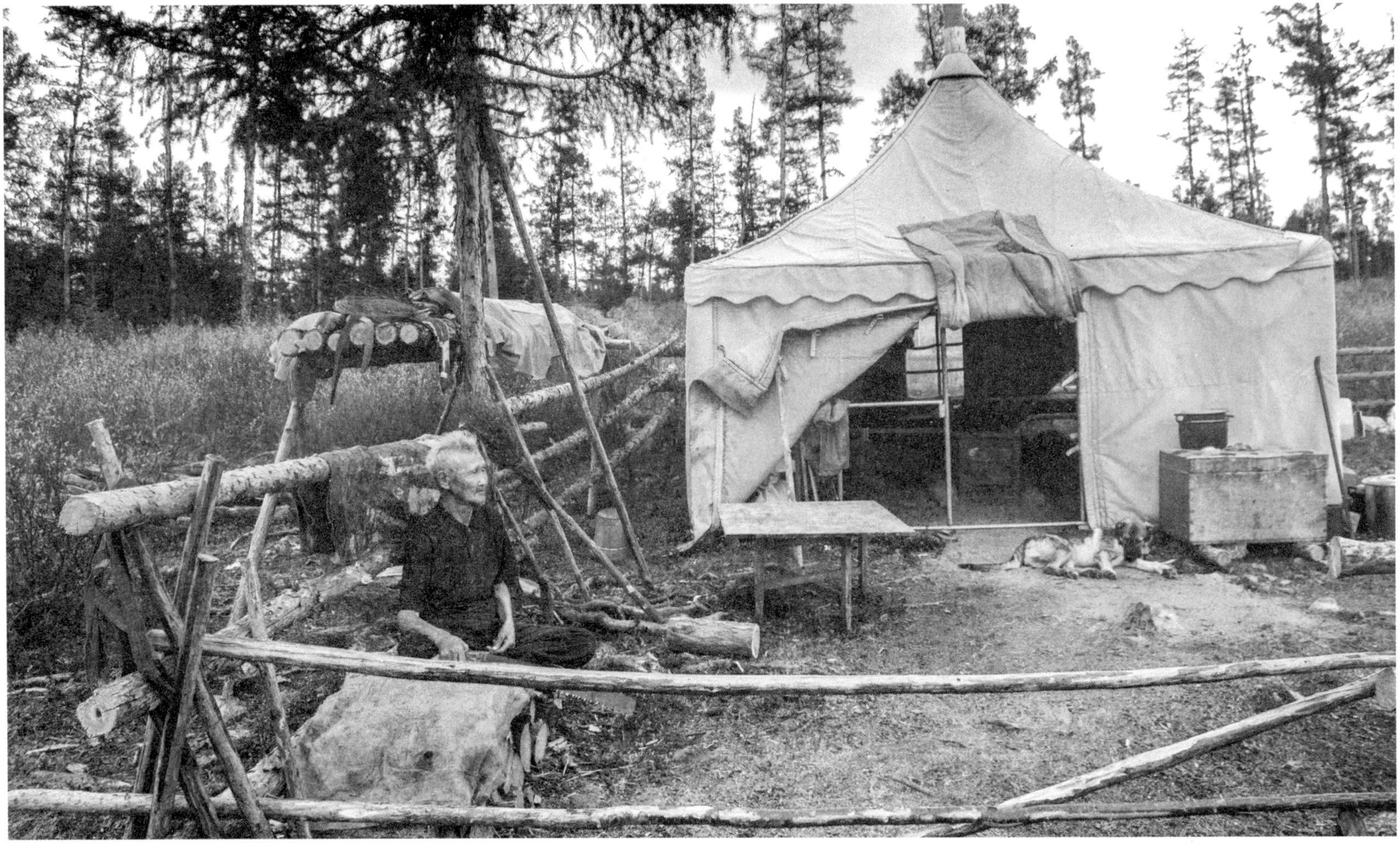

安道一家

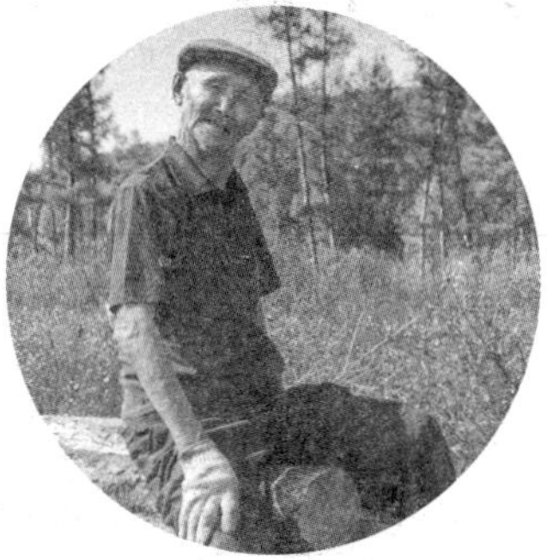

安 道

1937年5月出生，鄂温克族。敖鲁古雅鄂温克固德林氏族。安道会打猎刀，做口弦琴，是内蒙古自治区级非物质文化遗产项目“桦树皮船制作”传承人。

居住地：内蒙古自治区呼伦贝尔市根河市敖鲁古雅鄂温克族乡
拍摄于2013年4月5日

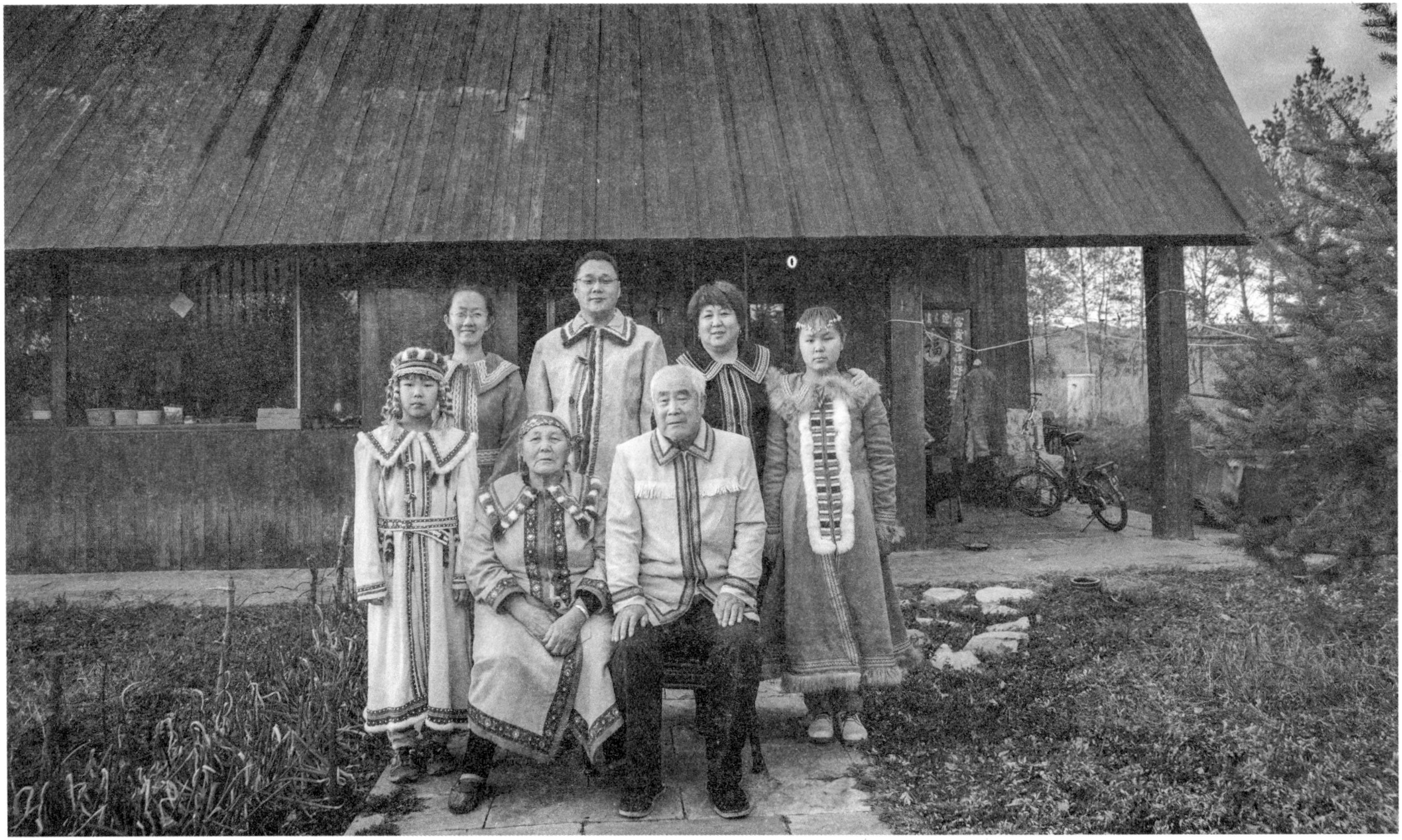

安塔布一家

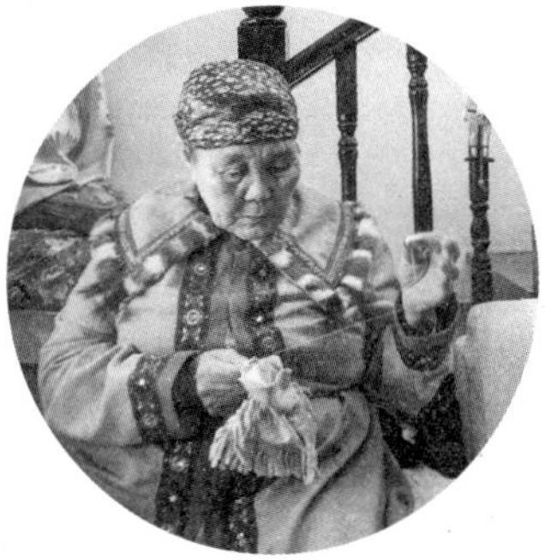

安塔布

1944年出生，鄂温克族，父母都是鄂温克族。敖鲁古雅鄂温克布利托天氏族。她是内蒙古自治区级非物质文化遗产项目“熟皮子技艺”传承人。

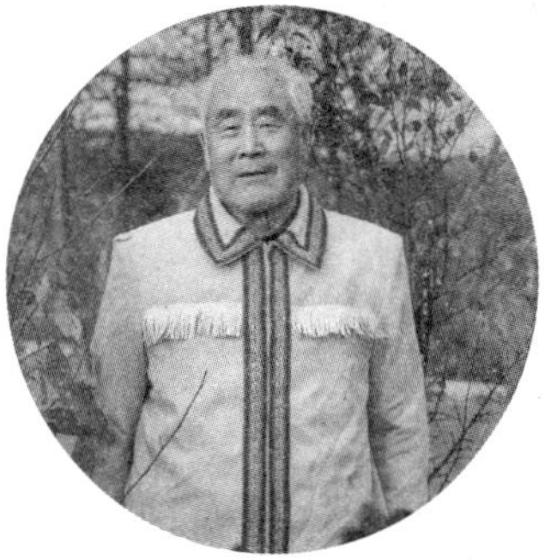

爱人：张景涛

1937年出生，汉族。已从根河市农业银行退休。

女儿：张晓丽

1972年出生，鄂温克族。中专学历，中共党员，现任敖鲁古雅鄂温克族乡医院会计。

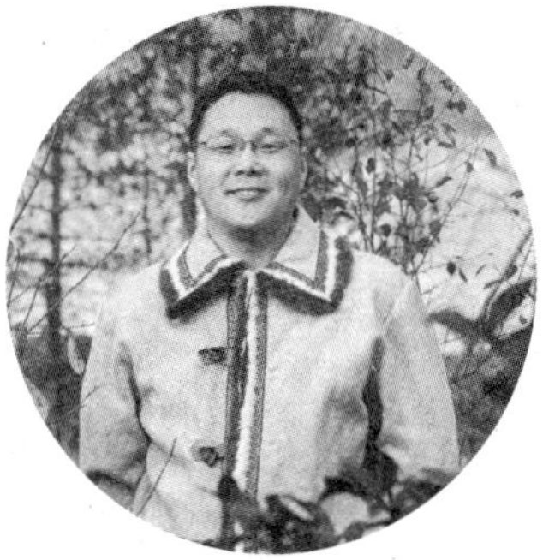

儿子：张万军

1975年出生，鄂温克族。大学学历，中共党员，现任根河市交通局副局长。

居住地：内蒙古自治区呼伦贝尔市根河市敖鲁古雅鄂温克族乡

拍摄于2014年9月17日

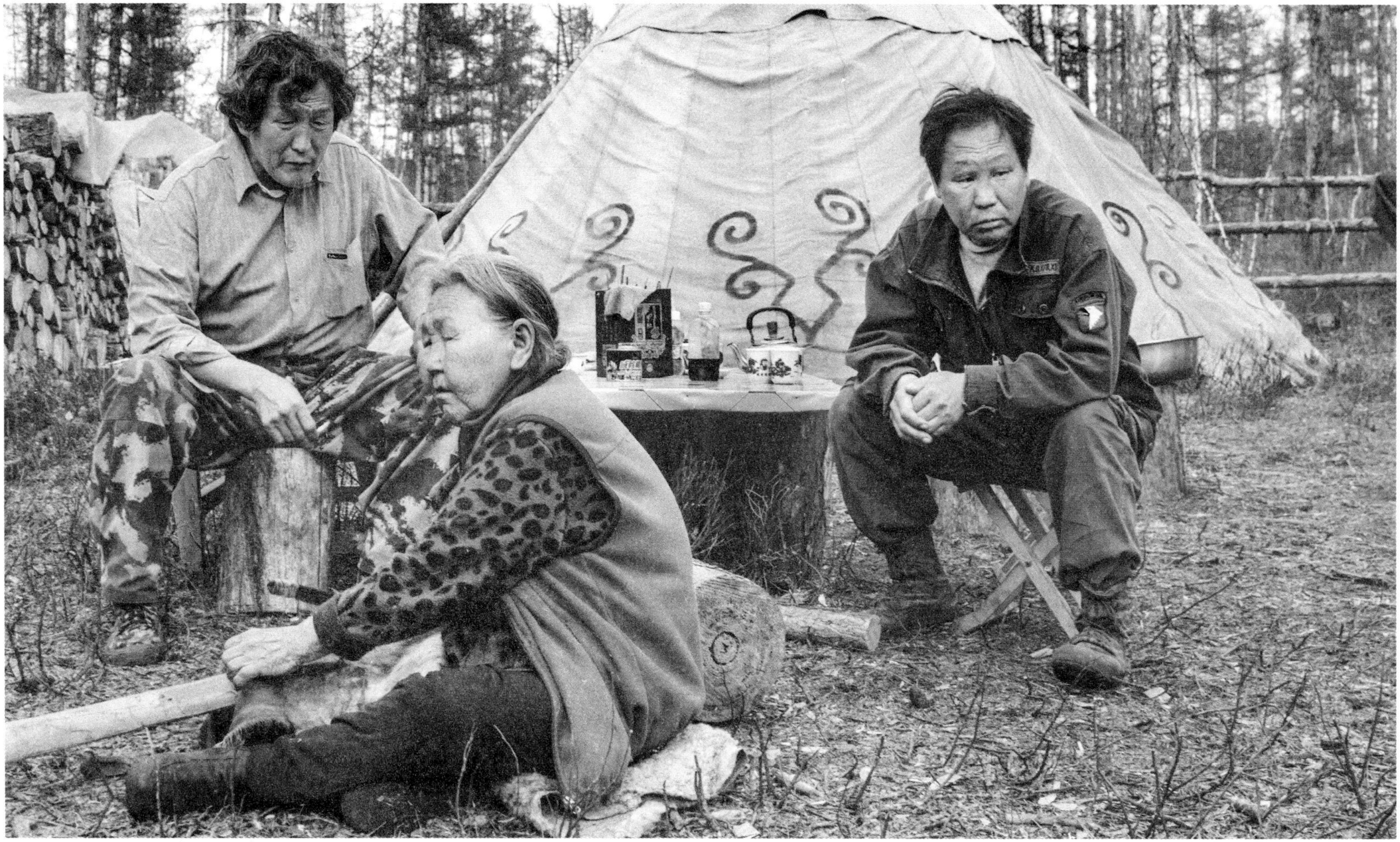

巴拉杰依一家

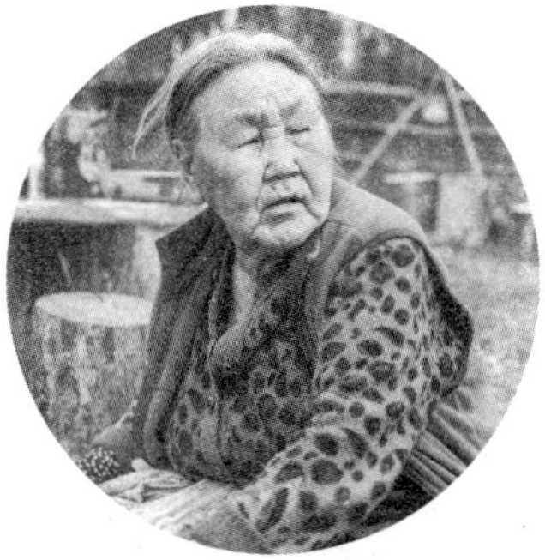

巴拉杰依

1942年4月出生，鄂温克族。小学四年级文化，曾经当过护士。巴拉杰依是内蒙古自治区级非物质文化遗产项目“敖鲁古雅鄂温克驯鹿文化”和“鄂温克萨满服饰与器具制作”传承人。现在根据自己的记忆，已经完成了10多万字的《猎民日记》（暂定名）。

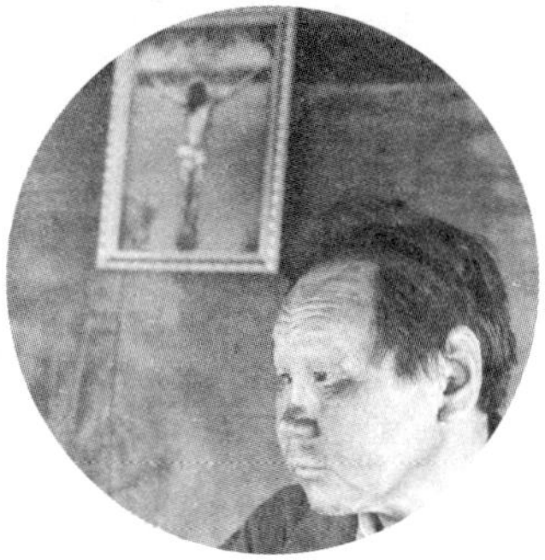

儿子：维佳

1965年9月出生，鄂温克族，画家。现在母亲巴拉杰伊猎民点饲养驯鹿。

居住地：内蒙古自治区呼伦贝尔市根河市敖鲁古雅鄂温克族乡

拍摄于2014年5月10日

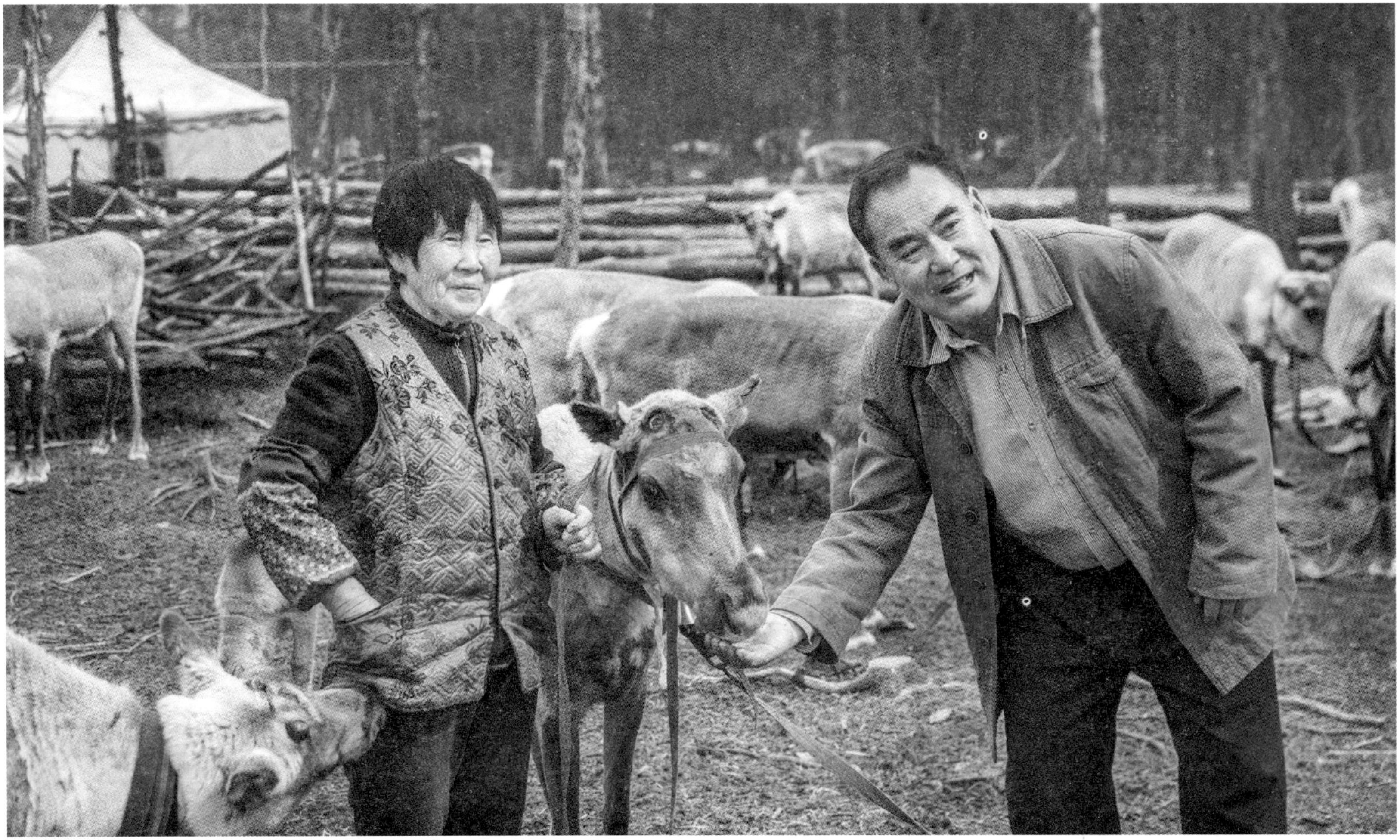

布秀英一家

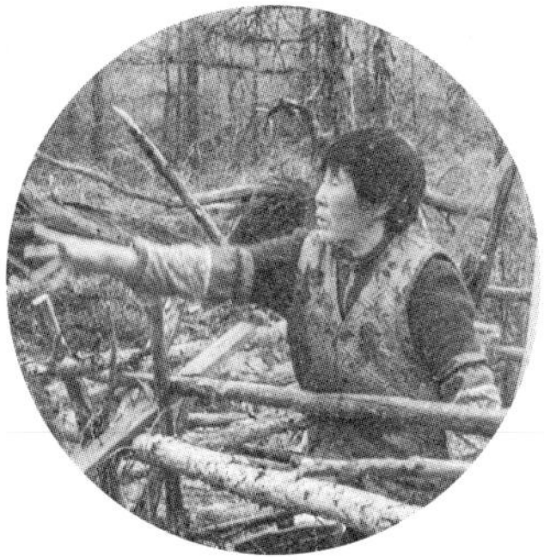

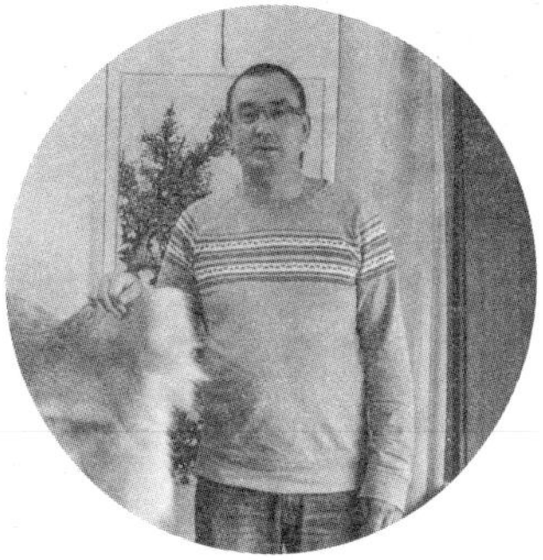

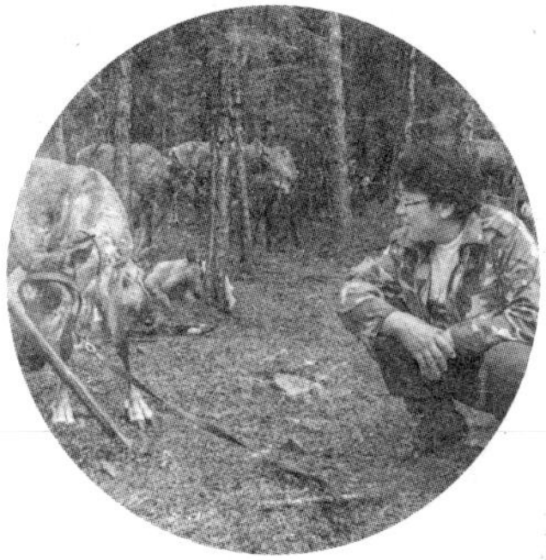

布秀英

1947年8月出生，鄂温克族，敖鲁古雅鄂温克布利托天氏族。

爱人：刘书林

1949年出生，汉族。曾任敖鲁古雅鄂温克族乡学校工会主席，现已退休。

长子：刘峰

1976年8月出生，鄂温克族。中专学历，日常使用汉语。个体司机，同时经营家庭游。

四子：刘焱

1982年3月出生，鄂温克族。在北京工作。

居住地：内蒙古自治区呼伦贝尔市根河市敖鲁古雅鄂温克族乡

拍摄于2014年9月17日

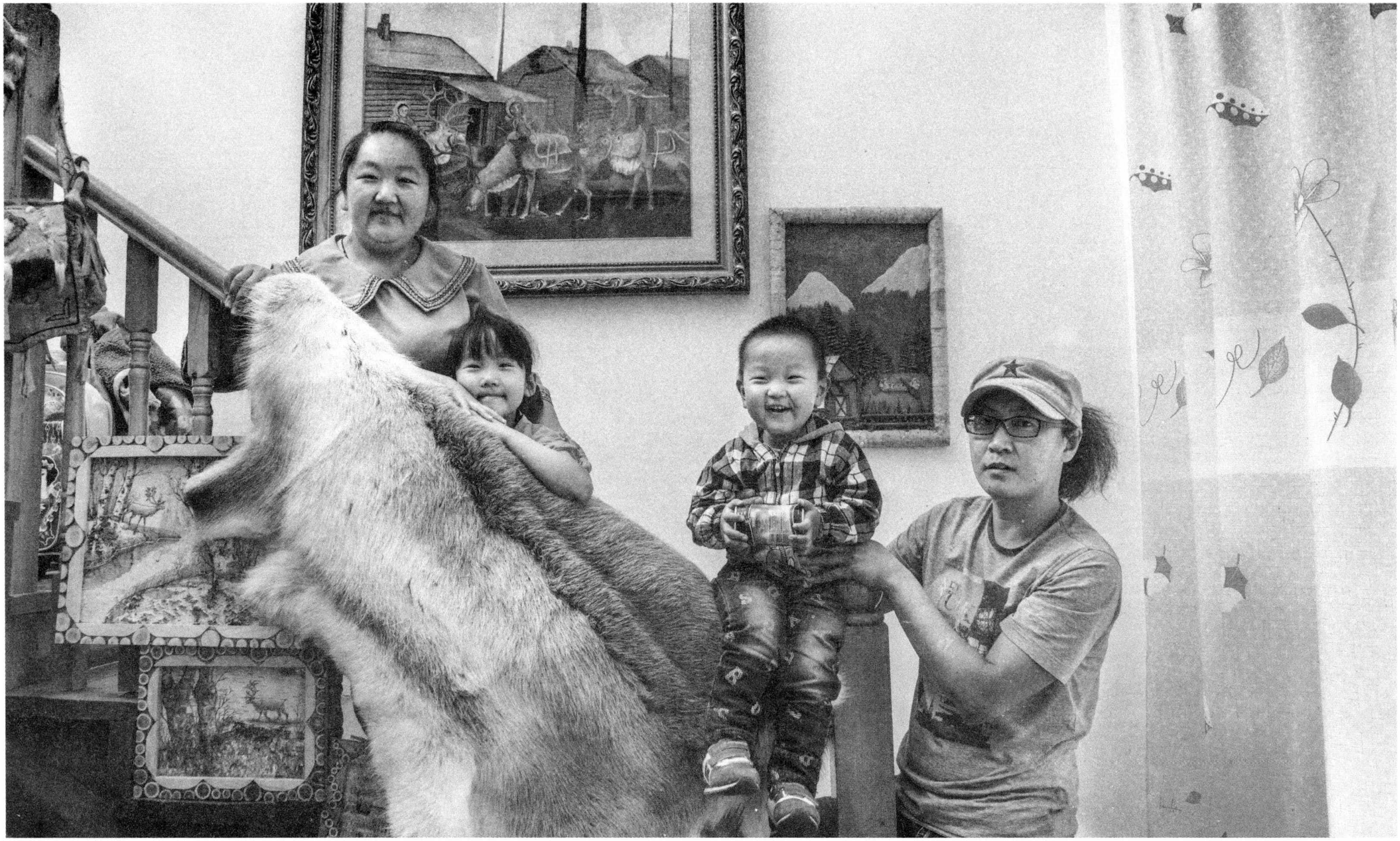

古秋生一家

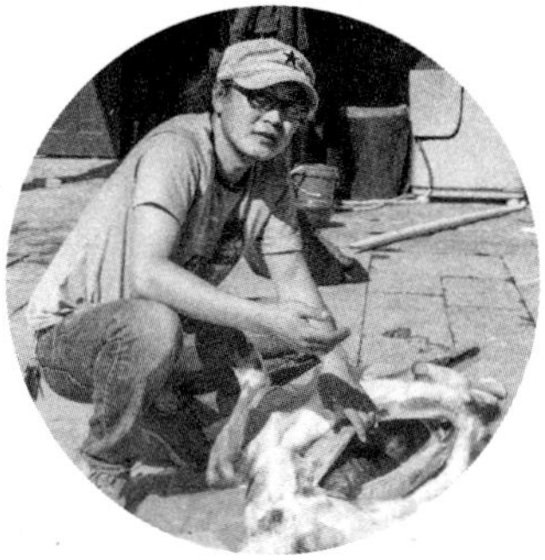

古秋生

1979年9月出生，鄂温克族，父亲是鄂温克族，母亲是汉族。高中文化，能听懂鄂温克语，日常使用汉语交流。在乌力库玛附近有猎民点，家里有39头驯鹿，对外接待游客，2014年接待了大约400人次。这张照片是他在处理突然死亡的驯鹿。

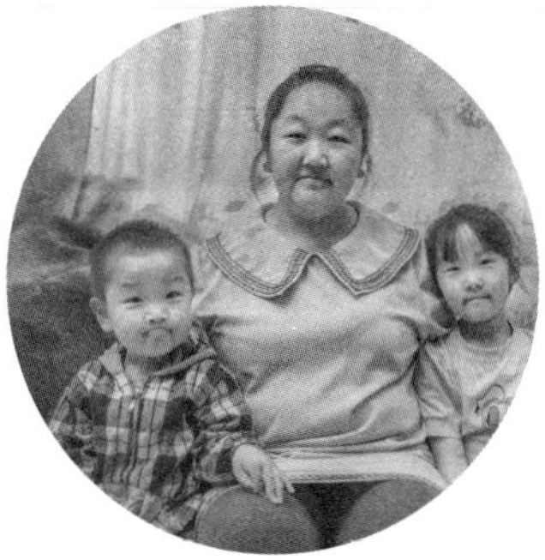

爱人：张庆峰

1980年5月出生，山东临沂人，汉族。淄博职业学院毕业，大专学历。

长女：乌丽娅娜

2007年9月出生，鄂温克族，在根河市民族小学上一年级。

长子：额尔塔

2012年4月出生，鄂温克族，在上幼儿园。

张庆峰在家经营猎民特色游，卖民族特色工艺品，年收入5万元左右。

居住地：内蒙古自治区呼伦贝尔市根河市敖鲁古雅鄂温克族乡

拍摄于2014年9月17日

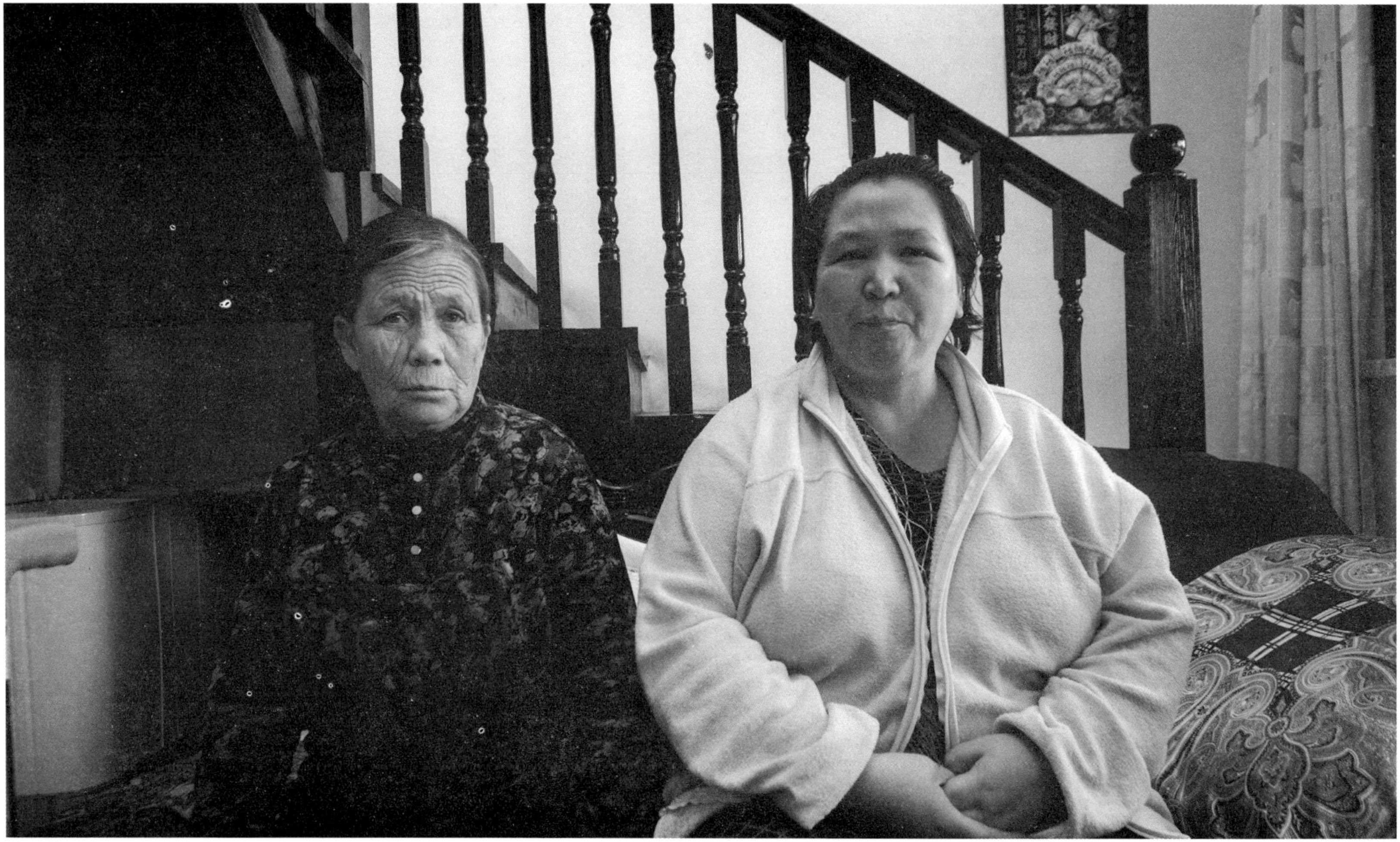

古香芹一家

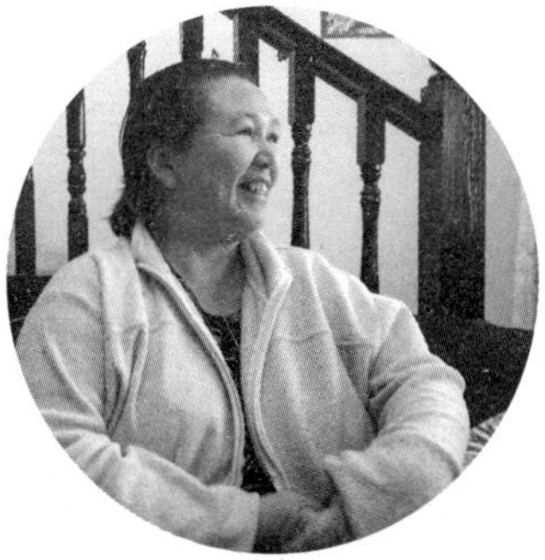

古香芹

1970年5月出生，鄂温克族，敖鲁古雅鄂温克固德林氏族。

古香芹的母亲：李桂花

1941年6月出生，俄罗斯族。

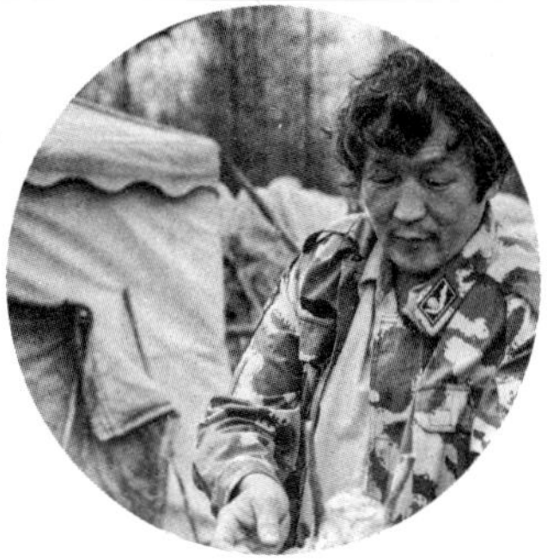

爱人：何协

1966年4月出生，鄂温克族。在敖鲁古雅鄂温克族乡政府工作。

居住地：内蒙古自治区呼伦贝尔市根河市敖鲁古雅鄂温克族乡

拍摄于2013年4月5日

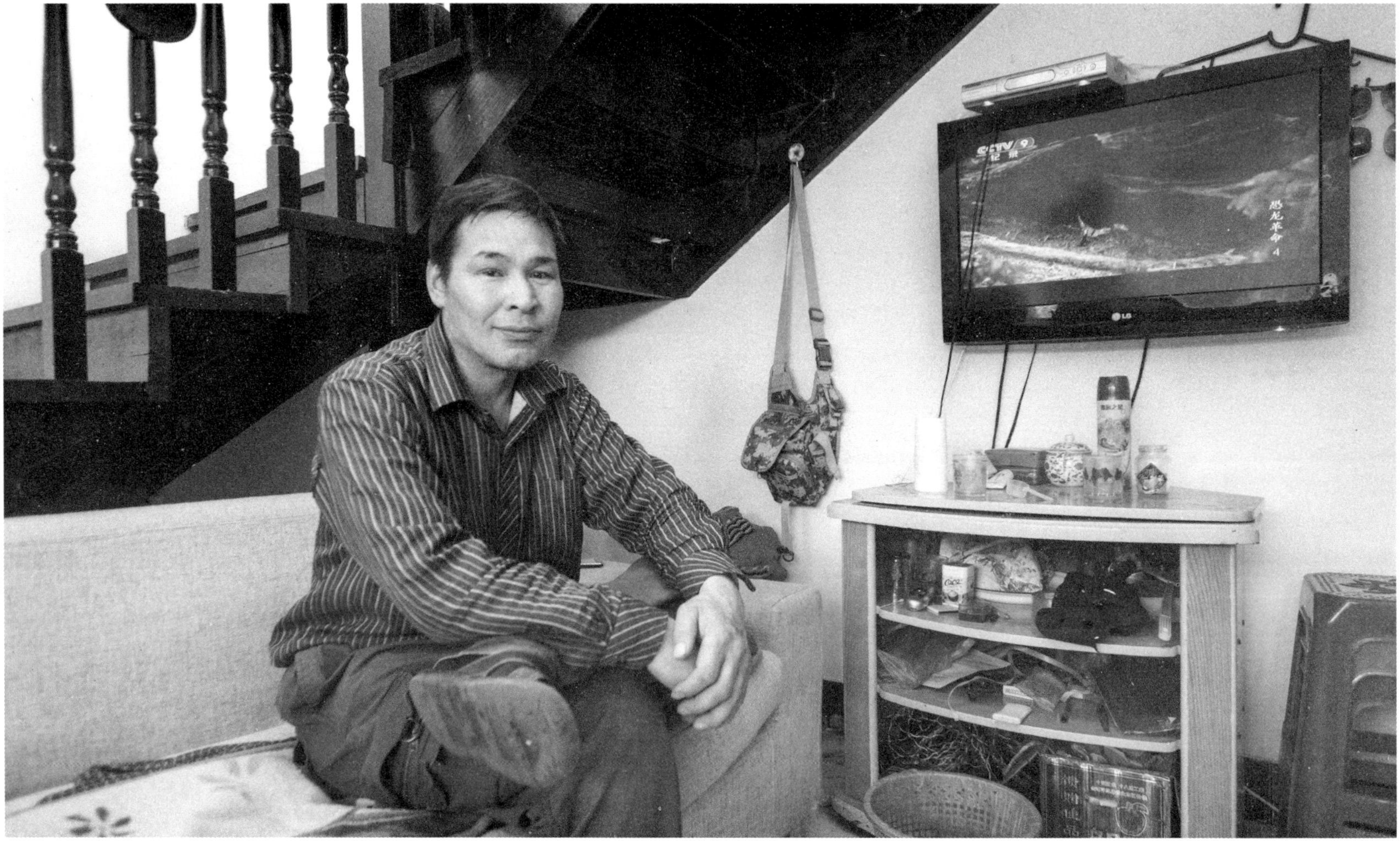

古永军一家

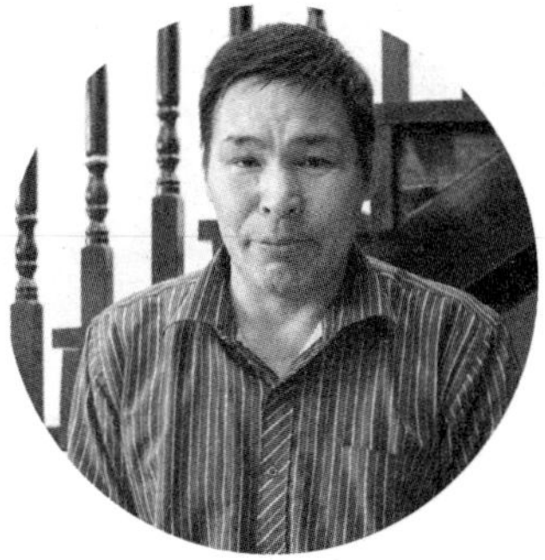

古永军

1973年出生，鄂温克族，敖鲁古雅鄂温克固德林氏族。

居住地：内蒙古自治区呼伦贝尔市根河市敖鲁古雅鄂温克族乡

拍摄于2013年4月5日

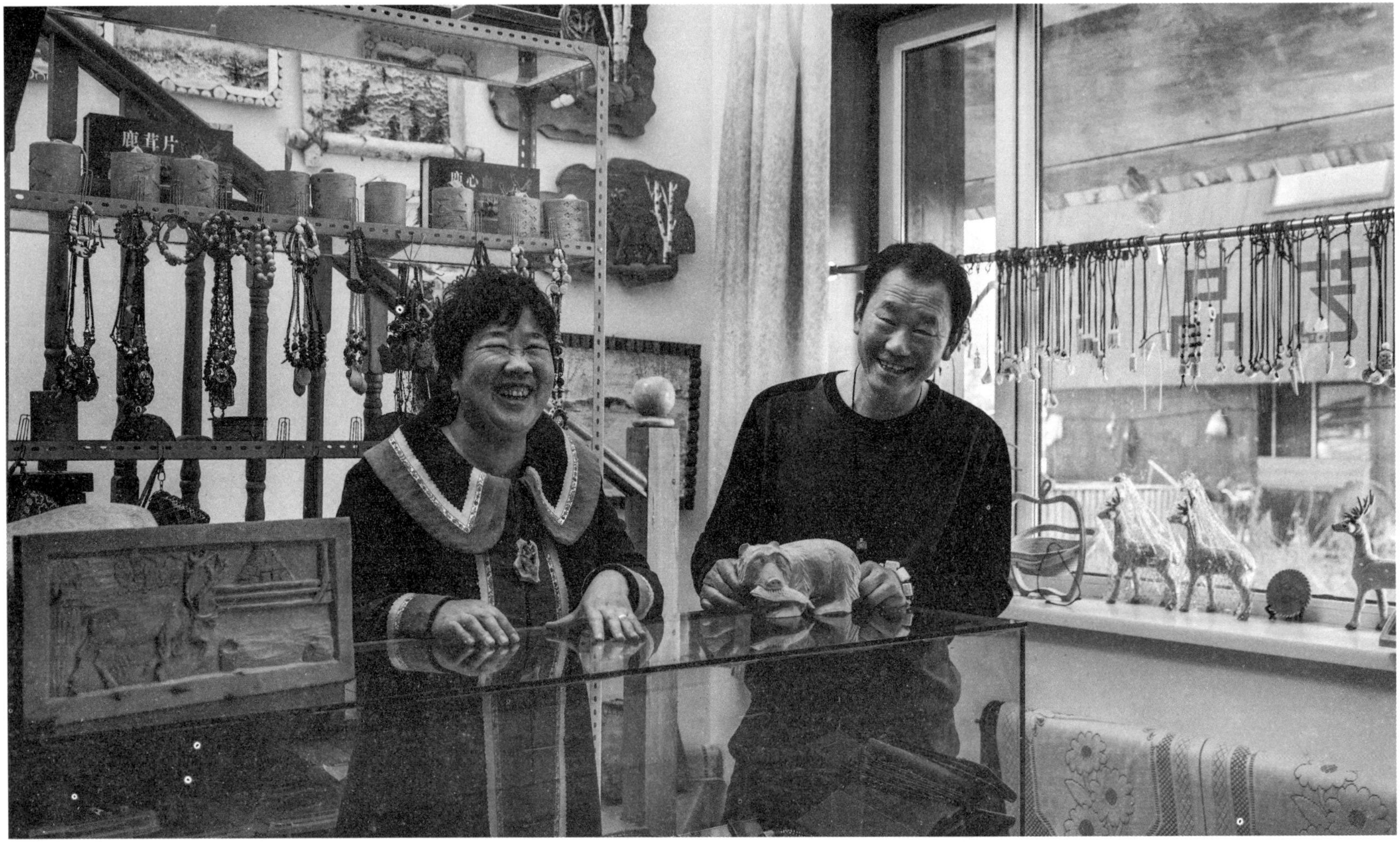

何迎春一家

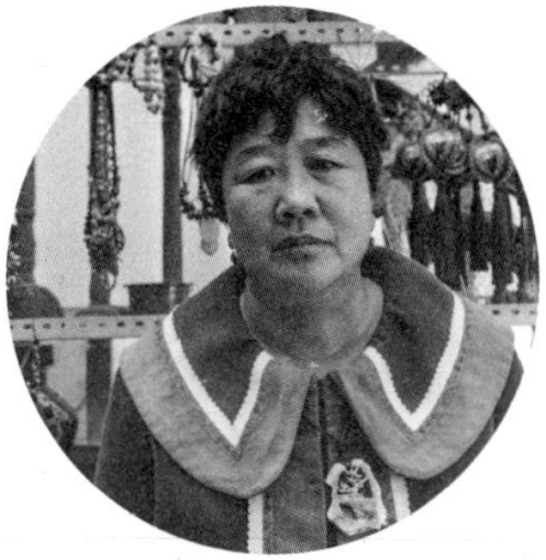

何迎春

1965年5月出生，鄂温克族，父亲是鄂温克族，母亲是俄罗斯族。根河党校毕业，大专学历，中共党员。会说鄂温克语、汉语。在敖鲁古雅鄂温克族乡政府任妇联主席。

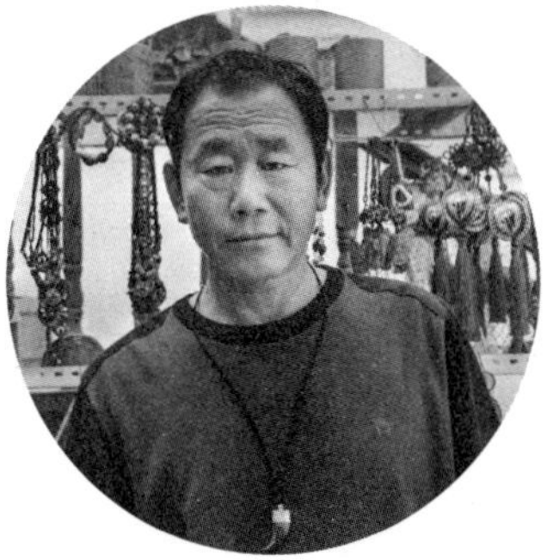

爱人：柳江亭

1963年7月出生，汉族。经营个体饭店。

女儿：柳妮娜

1986年9月出生，鄂温克族。在北京市德尔康尼骨科医院任库管主任。

居住地：内蒙古自治区呼伦贝尔市根河市敖鲁古雅鄂温克族乡

拍摄于2014年9月17日

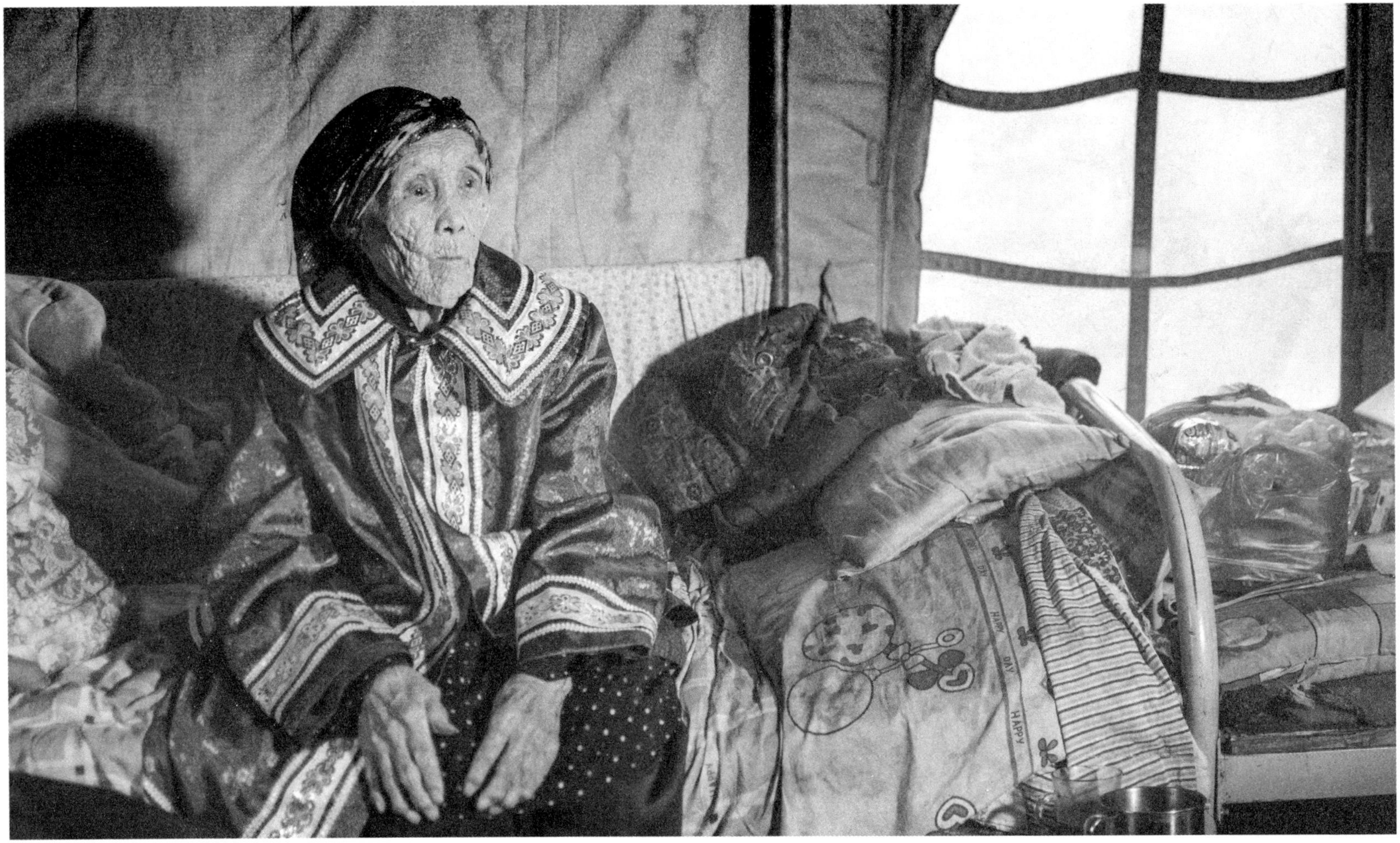

玛利亚布一家

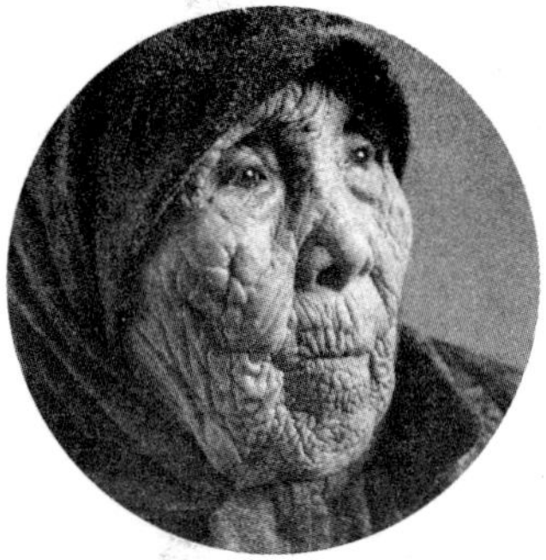

玛利亚布

1916年6月出生，鄂温克族，敖鲁古雅鄂温克布利托天氏族。

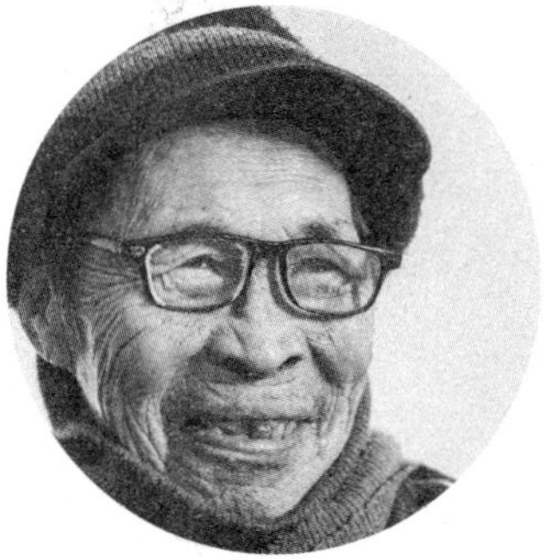

弟弟：格力斯克

1942年11月出生，鄂温克族，敖鲁古雅鄂温克布利托天氏族。

居住地：内蒙古自治区呼伦贝尔市根河市敖鲁古雅鄂温克族乡

拍摄于2013年12月28日

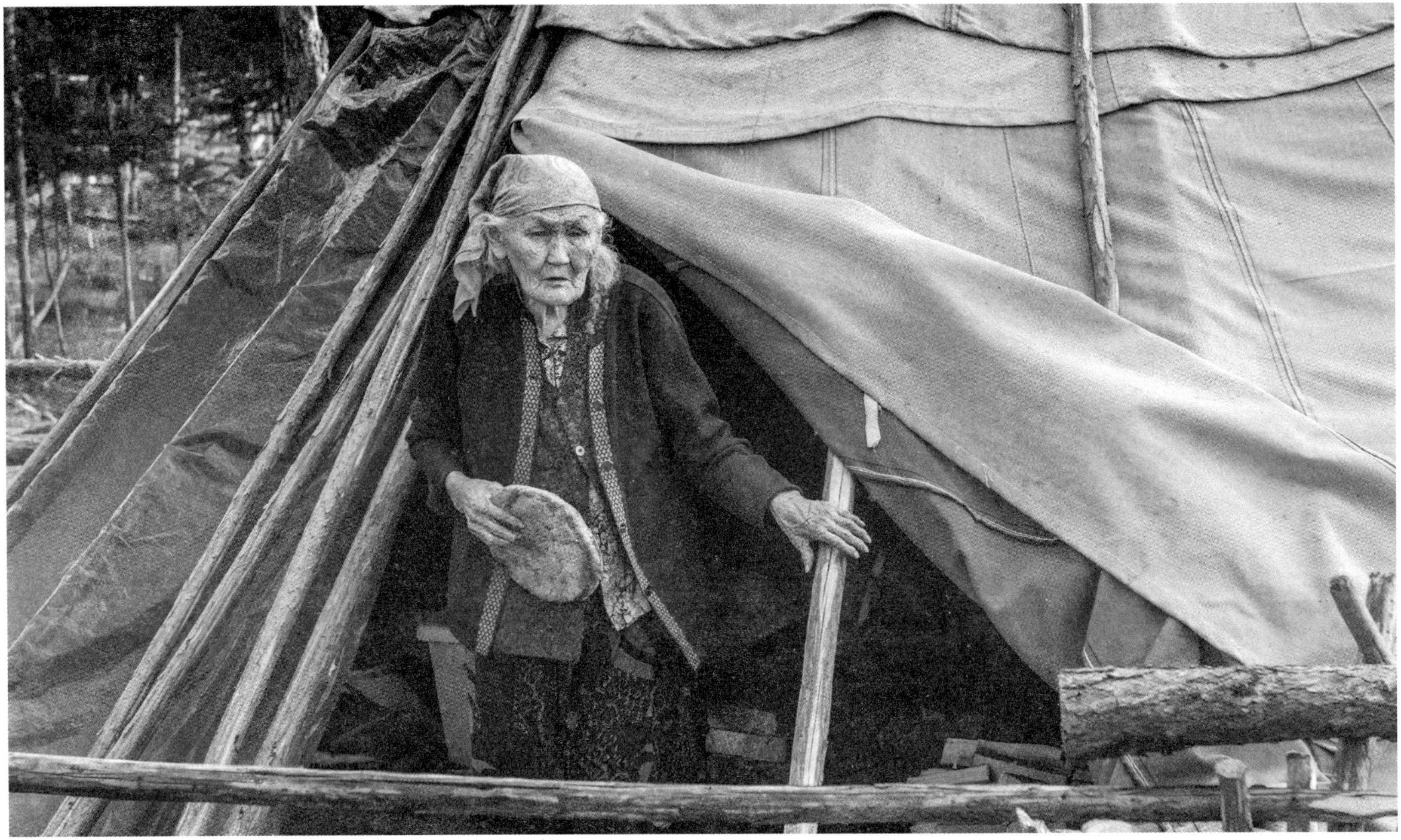

玛利亚索一家

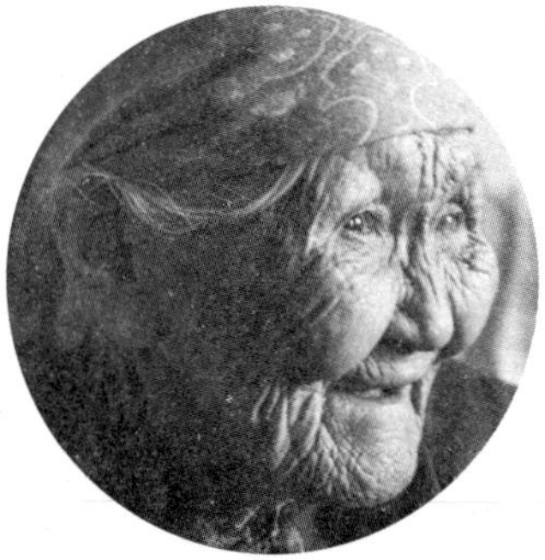

玛利亚索

1921年10月出生，鄂温克族，敖鲁古雅鄂温克索罗共氏族。

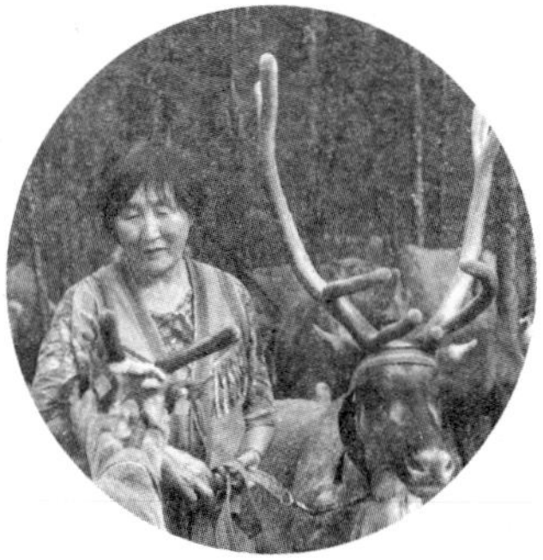

次女：德克沙

1959年10月出生，鄂温克族。中专学历，会说鄂温克语、汉语。在敖鲁古雅鄂温克族乡人大工作。她是内蒙古自治区级非物质文化遗产项目“鄂温克萨满服饰与器具制作”传承人。

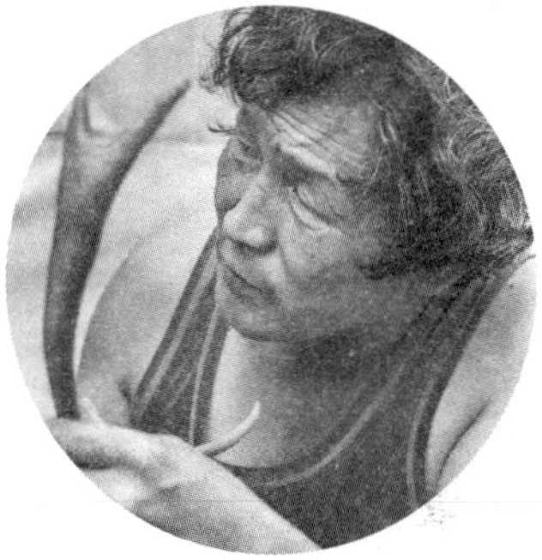

长子：何协

1966年4月出生，鄂温克族。在敖鲁古雅鄂温克族乡政府工作。

居住地：内蒙古自治区呼伦贝尔市根河市敖鲁古雅鄂温克族乡

拍摄于2014年6月22日

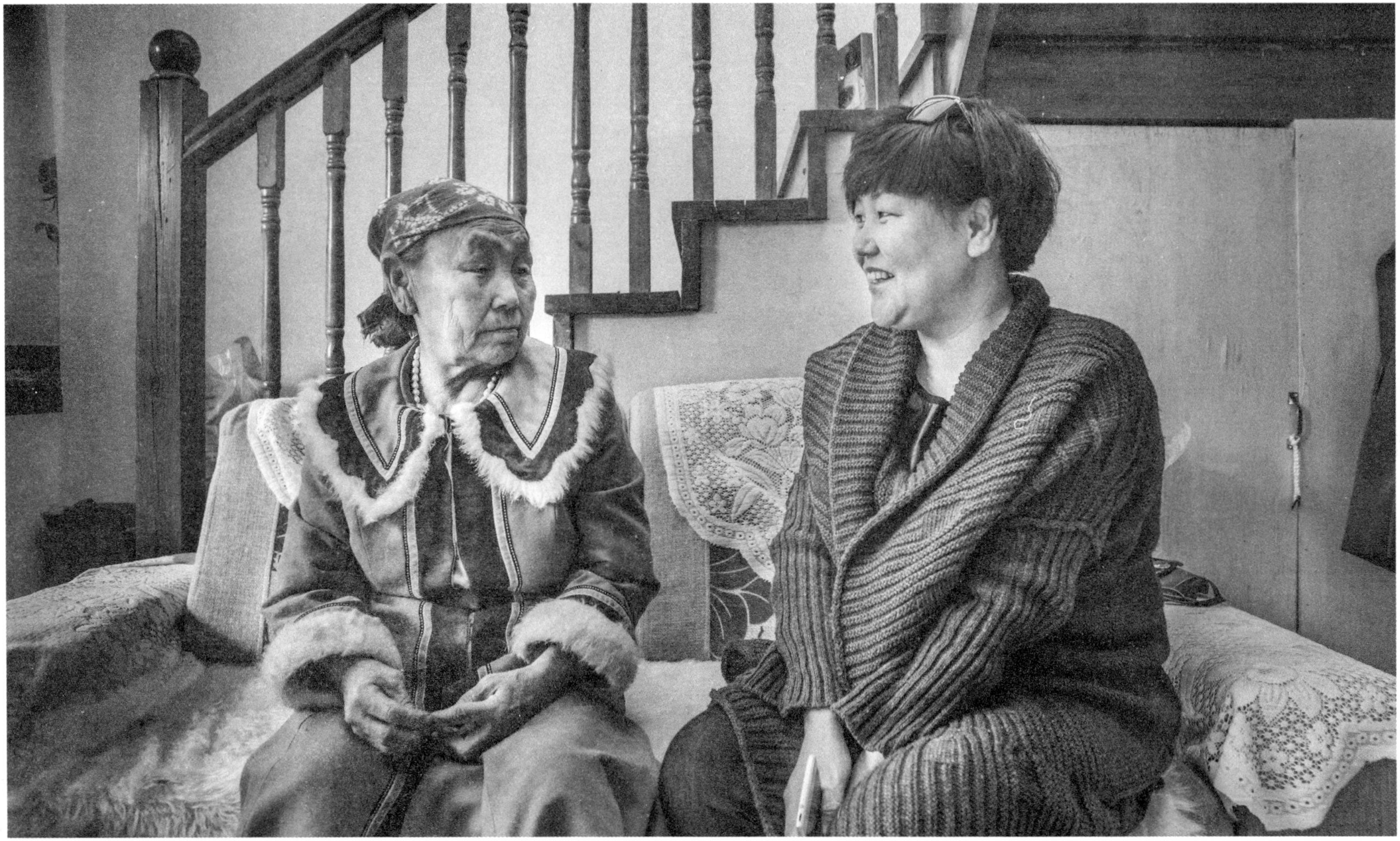

玛妮·葛一家

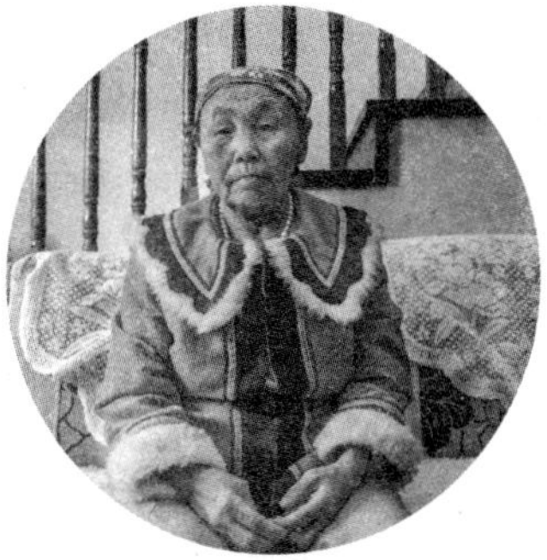

玛妮·葛

1952年8月出生，鄂温克族，父母都是鄂温克族。小学文化，会说鄂温克语、汉语。养育了三个女儿、一个儿子。以前在山上养驯鹿，1996年儿子成家后，把驯鹿交给儿子就下山了。玛妮·葛的母亲是最后的萨满——纽拉。

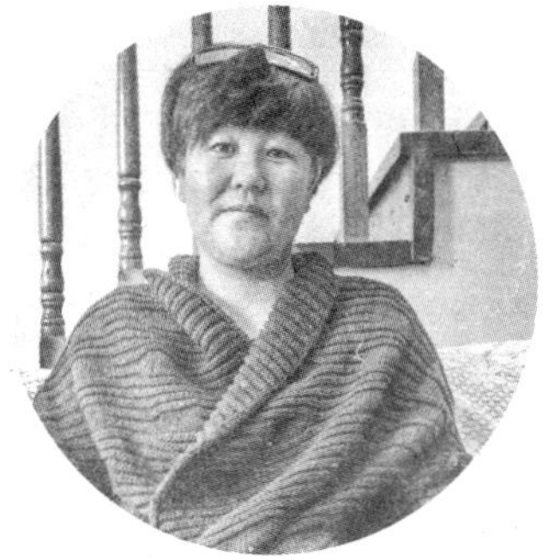

女儿：吴旭红

1978年8月出生，鄂温克族，中共党员，大专学历，敖鲁古雅鄂温克族乡社区支部书记，呼伦贝尔市第二届、第三届人大代表。

居住地：内蒙古自治区呼伦贝尔市根河市敖鲁古雅鄂温克族乡

拍摄于2014年9月18日

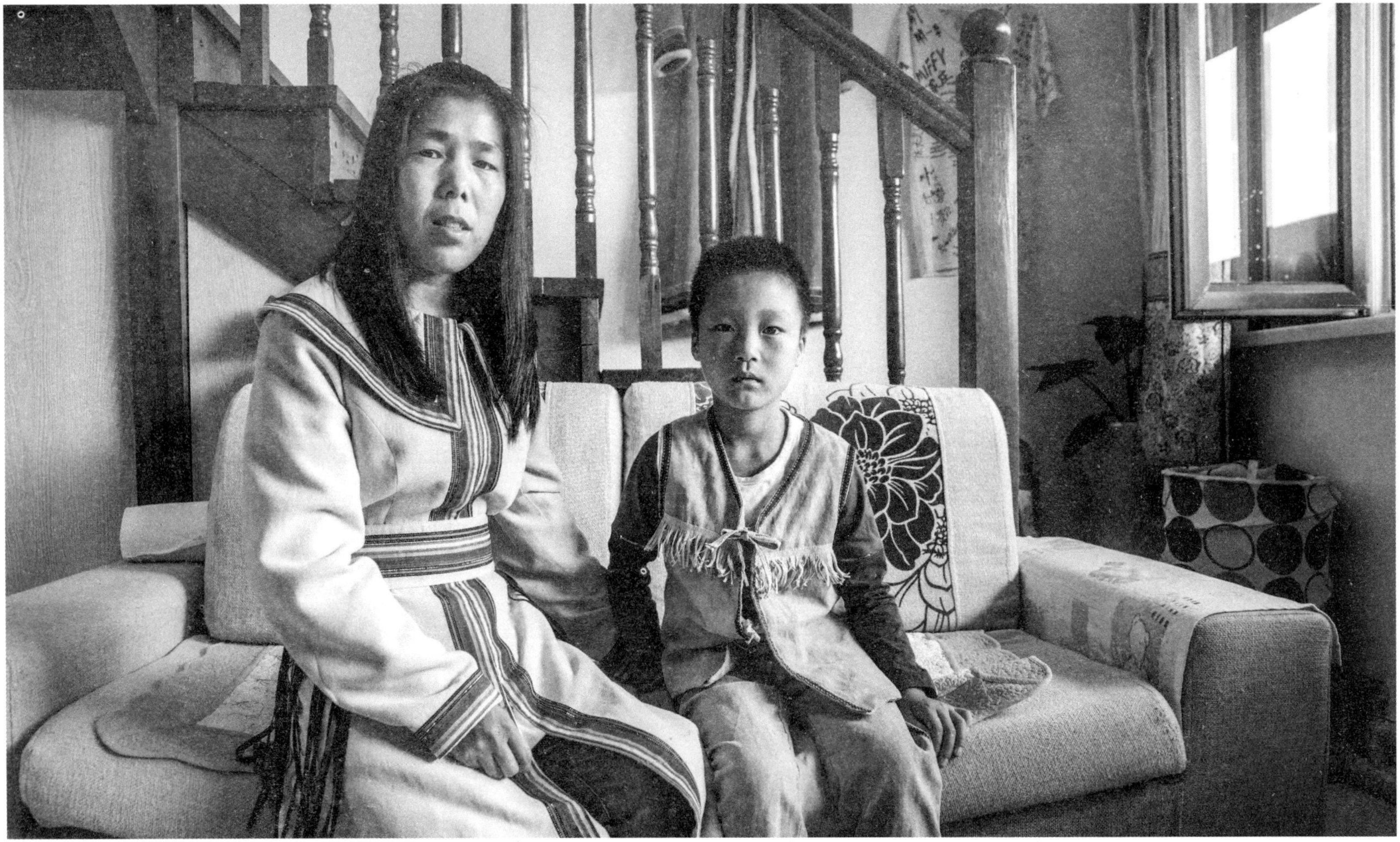

莫依图杨一家

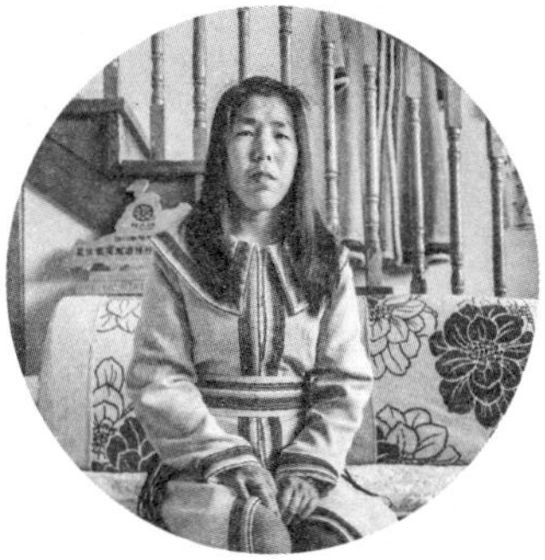

莫依图杨

1986年9月出生，鄂温克族，父亲是汉族，母亲是鄂温克族。山东淄博职业学院生物制药专业毕业，大专学历，共青团员。日常使用汉语交流。莫依图杨在2012年从根河背包到云南香格里拉，经过14个省市，用时4个多月。现在敖鲁古雅鄂温克族乡景区打工，年收入1.3万元。

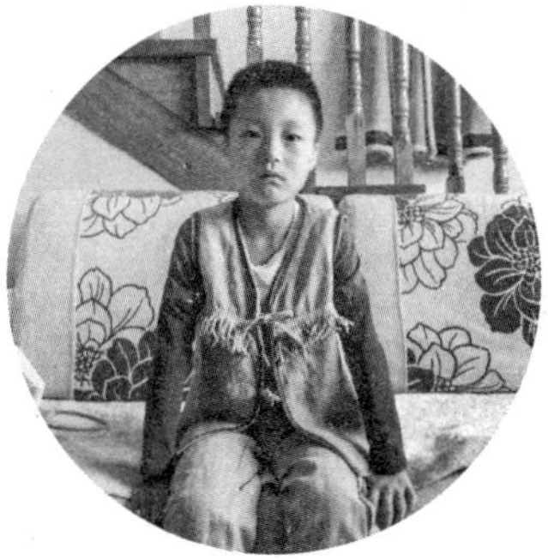

外甥：于杨梵溪

2007年3月出生，鄂温克族，在根河市民族小学二年三班学习。

居住地：内蒙古自治区呼伦贝尔市根河市敖鲁古雅鄂温克族乡

拍摄于2014年9月17日

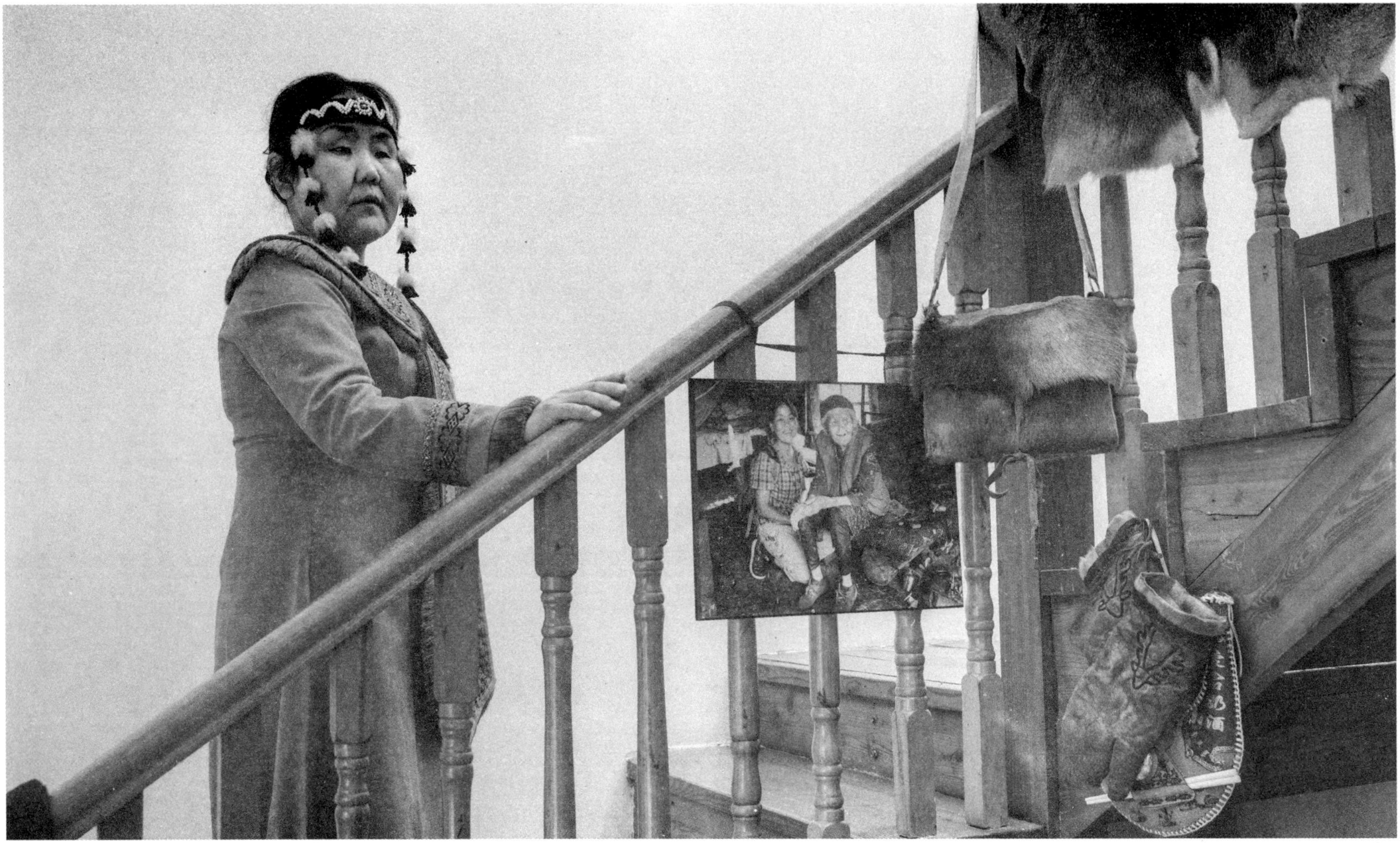

索玉兰一家

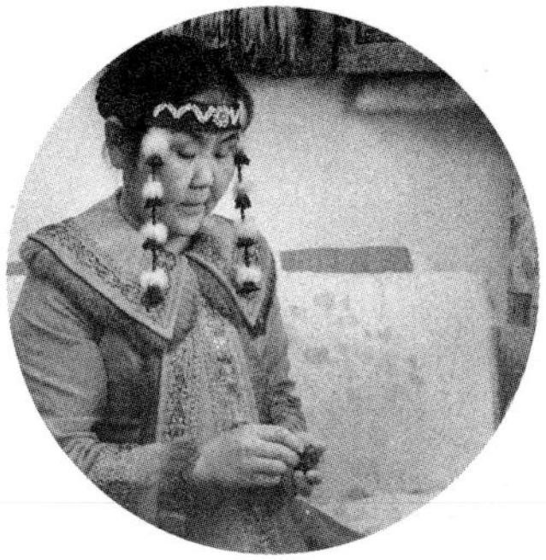

索玉兰

1977年10月出生，鄂温克族，父母都是鄂温克族。初中毕业。会说鄂温克语、汉语。经营索玉兰驯鹿部落，和弟弟一起养30多只驯鹿。

爱人：白彦波

1974年8月出生，黑龙江人，汉族。

女儿：塔吉娅纳

1994年6月出生，鄂温克族，在根河市二中上高三，能听懂鄂温克语。

长子：维尔乔克索

2000年3月出生，鄂温克族，在根河市一中上初二，能听懂鄂温克语。

索玉兰说，孩子们对山里的一切都不感兴趣。

居住地：内蒙古自治区呼伦贝尔市根河市敖鲁古雅鄂温克族乡

拍摄于2014年9月18日

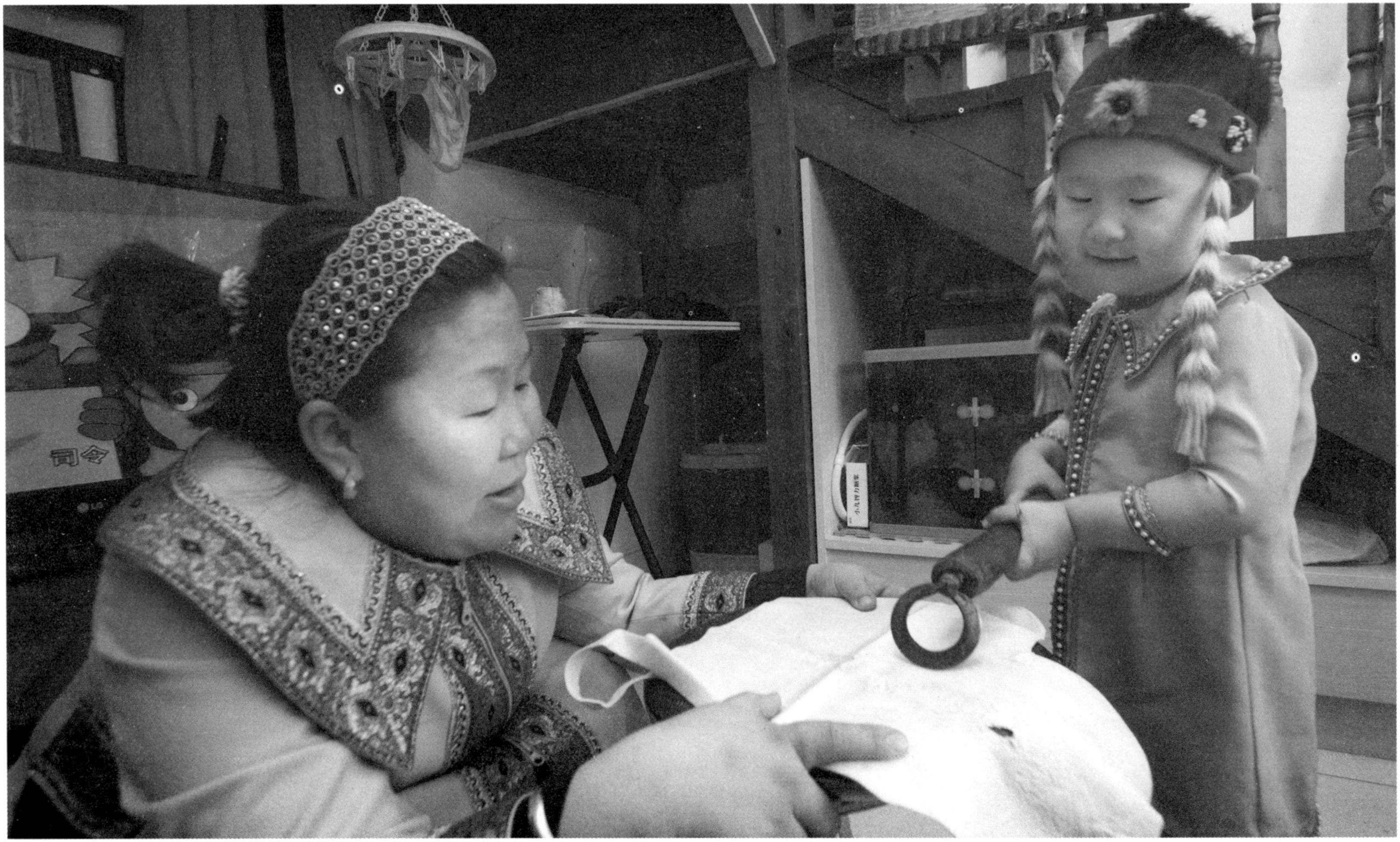

索云一家

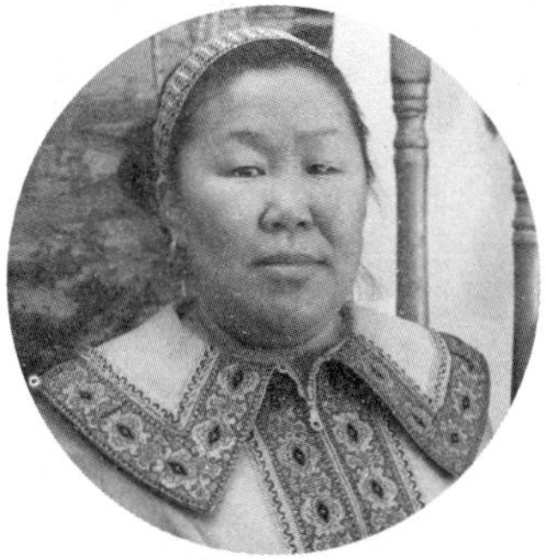

索　云

1979年出生，鄂温克族，敖鲁古雅鄂温克索罗共氏族。

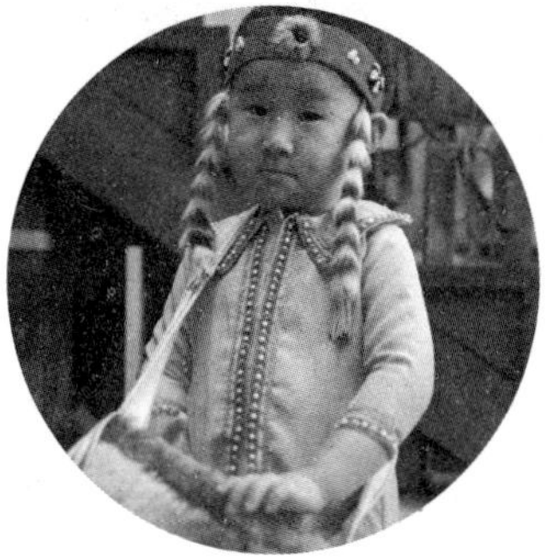

女儿：索妮娅

2010年4月出生，鄂温克族，敖鲁古雅鄂温克索罗共氏族。

居住地：内蒙古自治区呼伦贝尔市根河市敖鲁古雅鄂温克族乡

拍摄于2013年4月5日

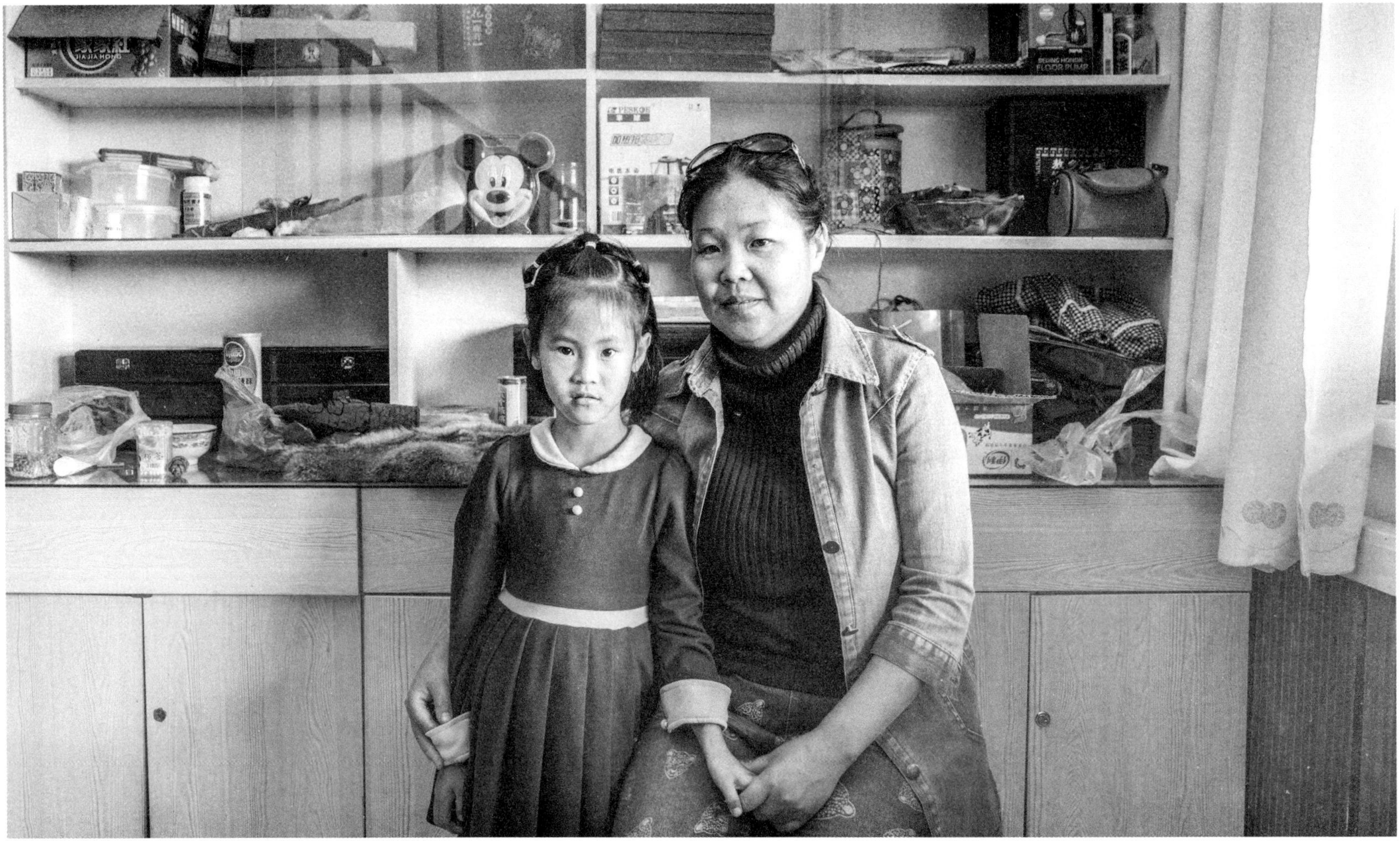

王芳一家

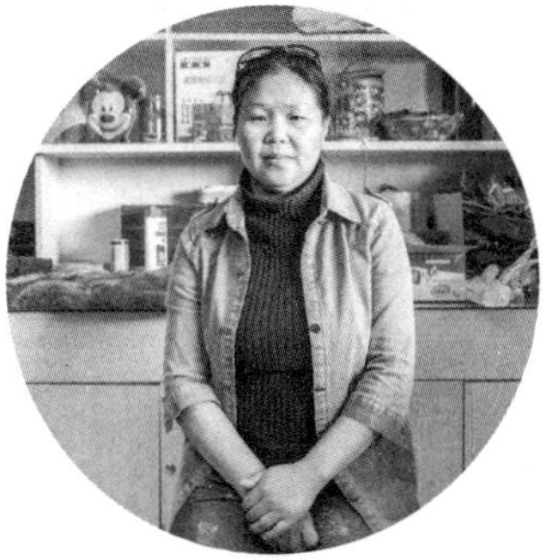

王　芳

1980年3月出生，鄂温克族，父亲是汉族，母亲是鄂温克族。海拉尔卫校毕业，中专学历。会说鄂温克语、汉语。

爱人：王卫国

1975年7月出生，汉族，根河市工商银行职工。

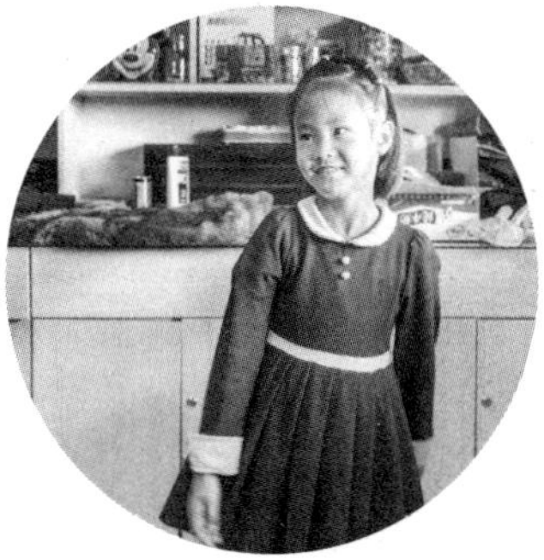

女儿：雅妮娜

2008年1月出生，鄂温克族，根河市民族小学一年一班学生。

居住地：内蒙古自治区呼伦贝尔市根河市敖鲁古雅鄂温克族乡

拍摄于2014年9月17日

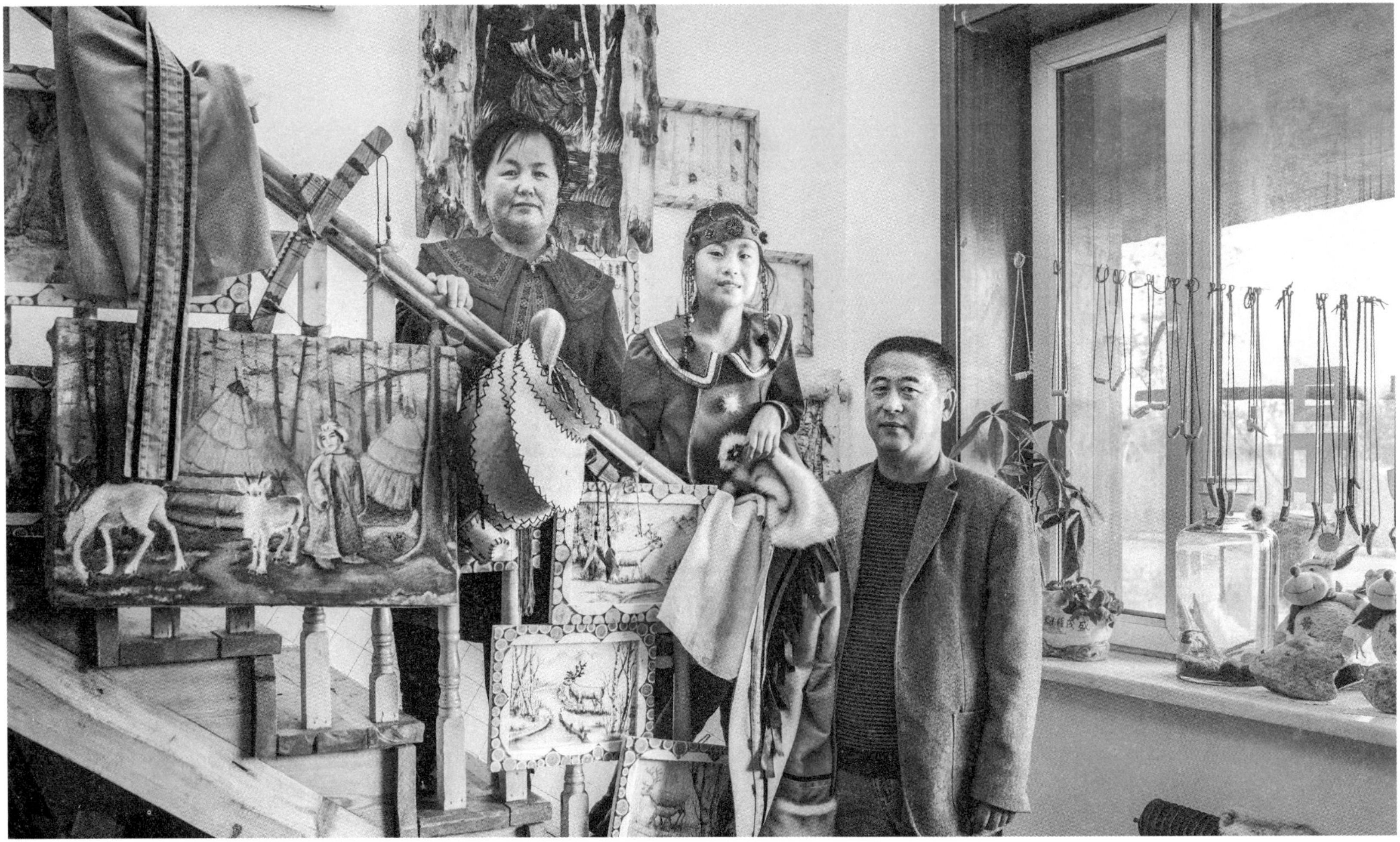

吴旭珍一家

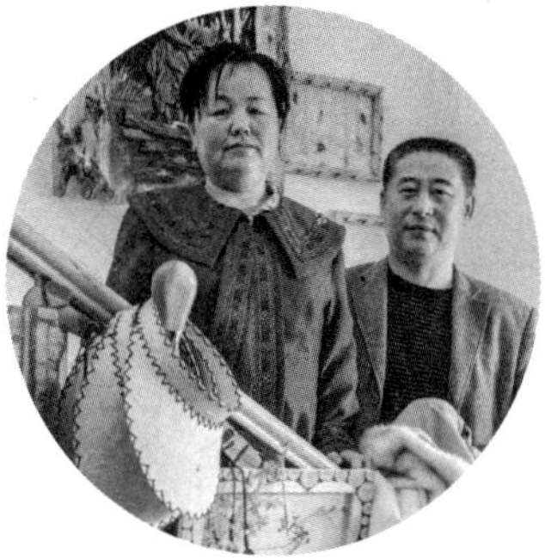

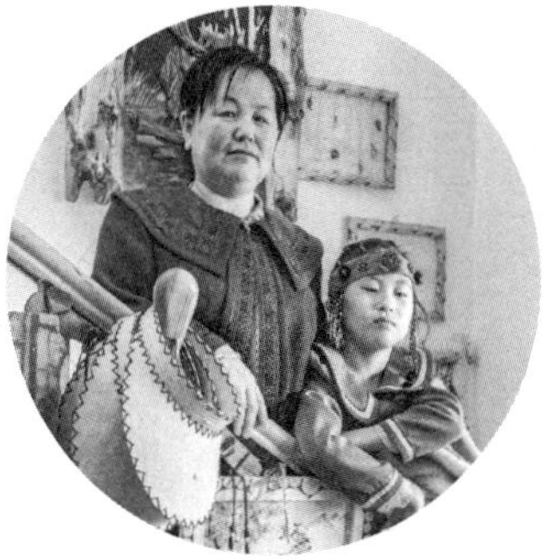

吴旭珍

1973年6月出生，鄂温克族，父亲是索伦鄂温克人，母亲是敖鲁古雅鄂温克人。初中文化，会说鄂温克语日常用语，平时使用汉语交流。现在经营民族特产商店，卖旅游纪念品。跟母亲学会了打列巴。

爱人：张明

1969年12月出生，汉族。

儿子：张舜

1993年11月出生，鄂温克族，就读于呼伦贝尔学院旅游管理专业。

女儿：冬妮娅

2005年11月出生，鄂温克族。在根河市民族小学读三年级，学校设有鄂温克语课程，会用鄂温克语唱歌、数数。

居住地：内蒙古自治区呼伦贝尔市根河市敖鲁古雅鄂温克族乡
拍摄于2014年9月17日

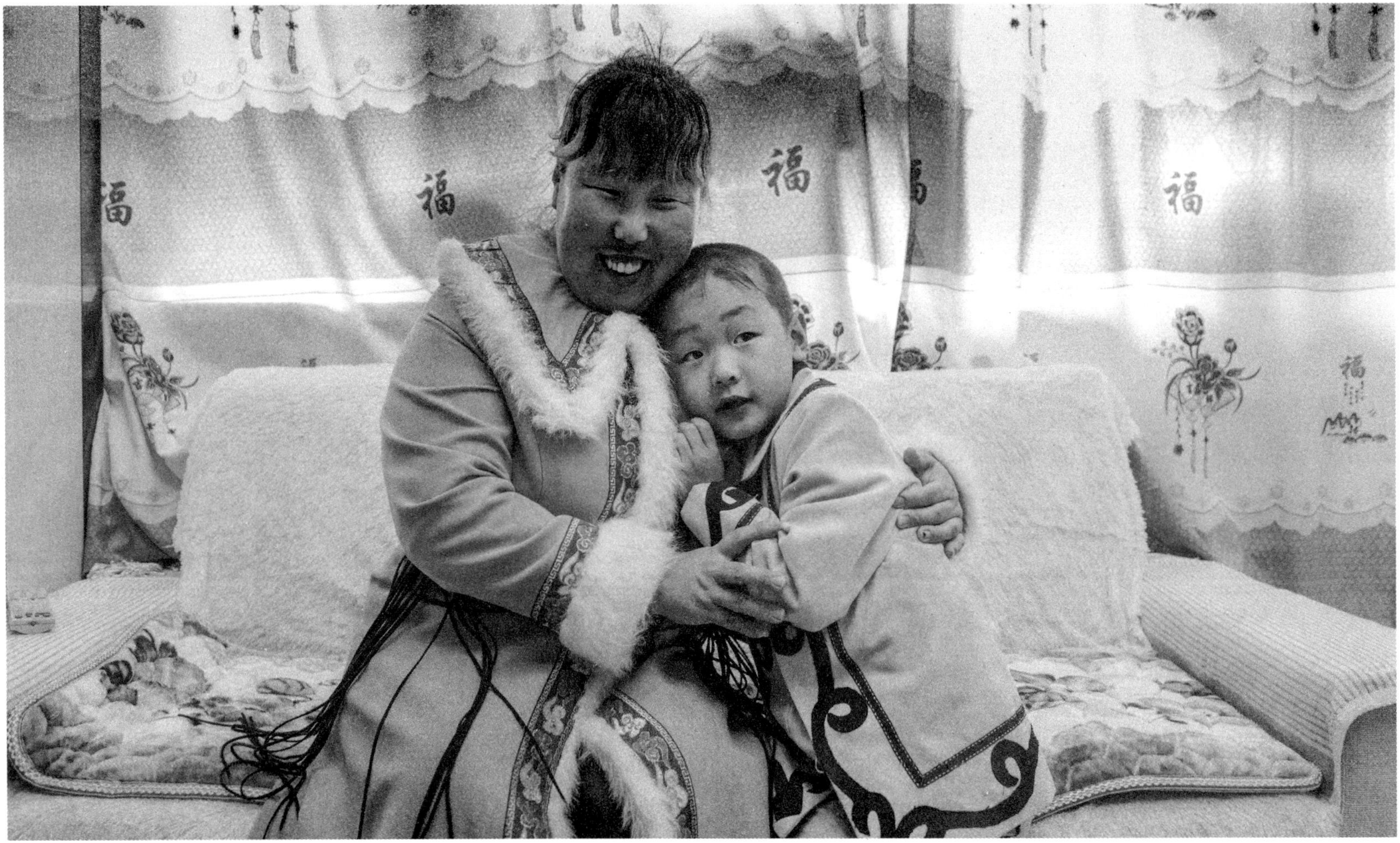

肖樱子一家

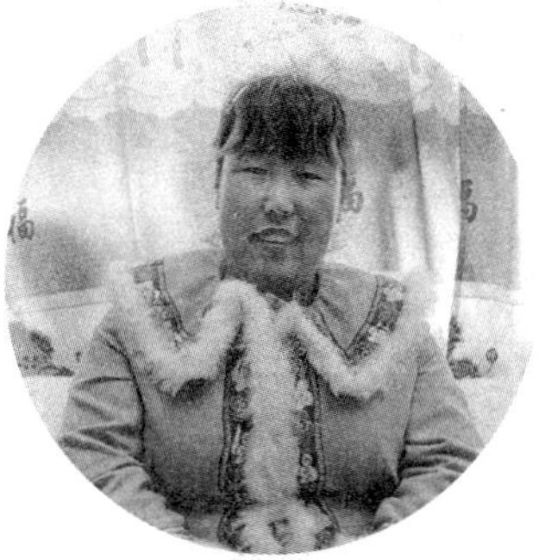

肖樱子

1983年5月出生，鄂温克族，父亲是汉族，母亲是鄂温克族。初中文化，共青团员，能听懂鄂温克语，日常使用汉语交流。经营家庭游，能接待8人住宿。

爱人：刘佳

1983年9月出生，汉族，开工程车。

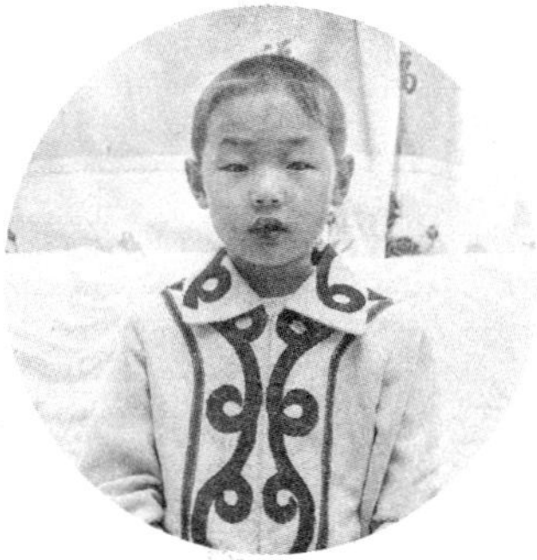

儿子：刘闯

2007年7月出生，鄂温克族，在根河市民族小学一年二班学习。

居住地：内蒙古自治区呼伦贝尔市根河市敖鲁古雅鄂温克族乡

拍摄于2014年9月17日

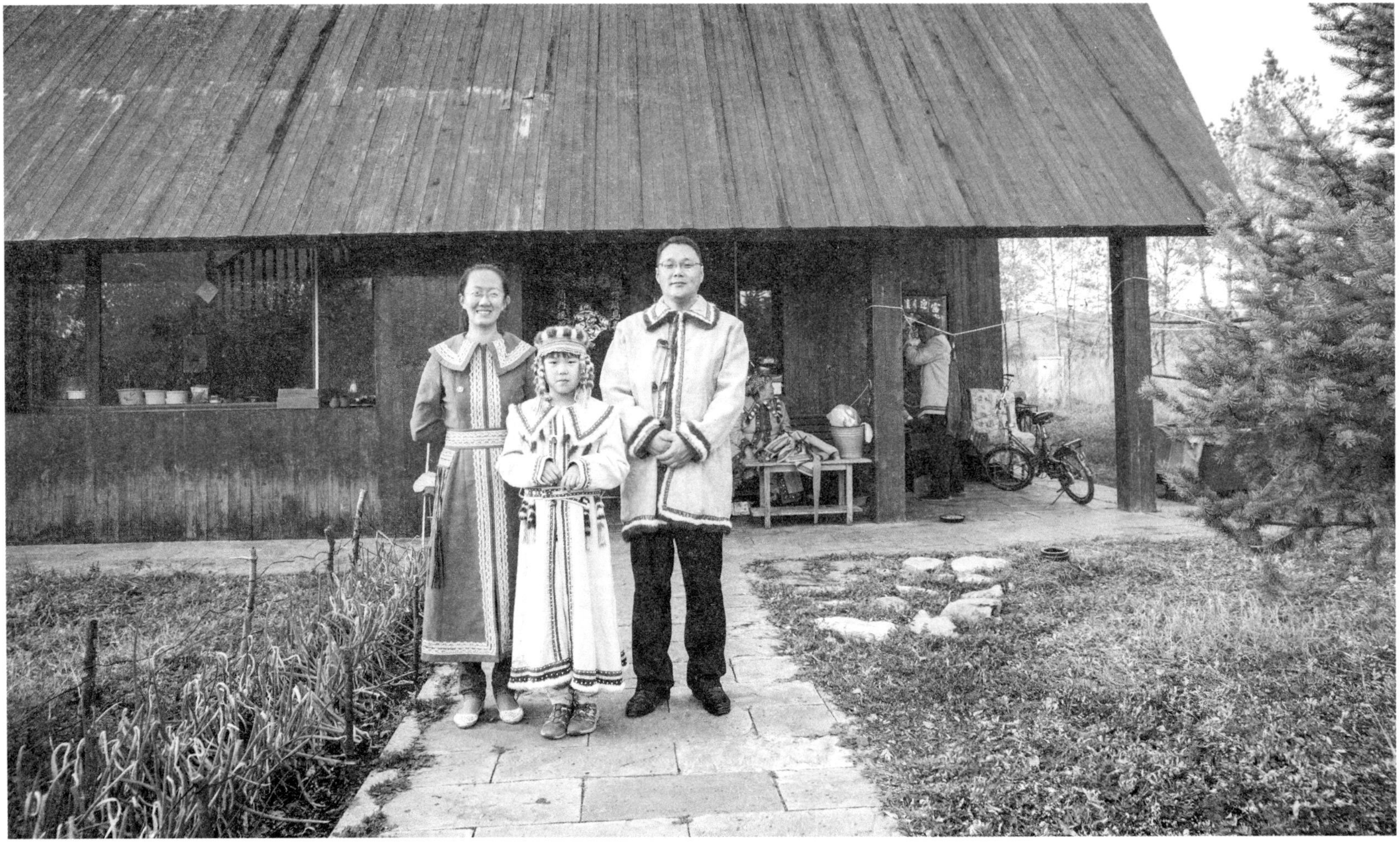

张万军一家

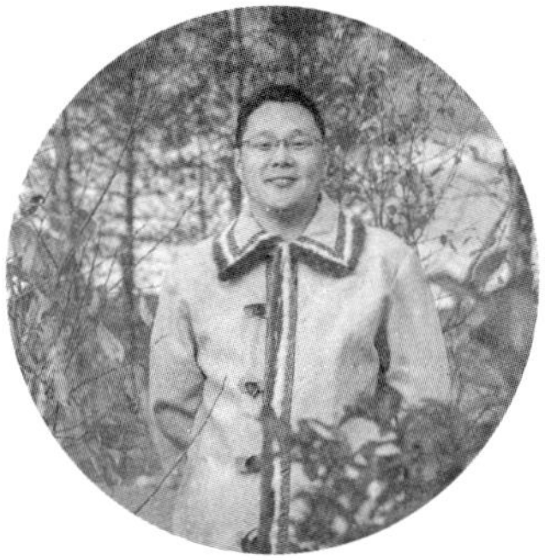

张万军

1975年出生，鄂温克族，父亲是汉族，母亲是鄂温克族。大学学历，中共党员，会说鄂温克语、汉语。现任根河市交通局副局长。

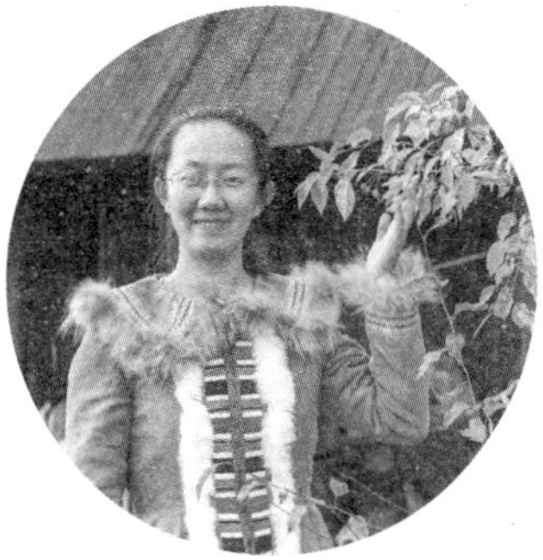

爱人：于兰

1980年8月出生，汉族。现任敖鲁古雅鄂温克族乡政府副乡长。

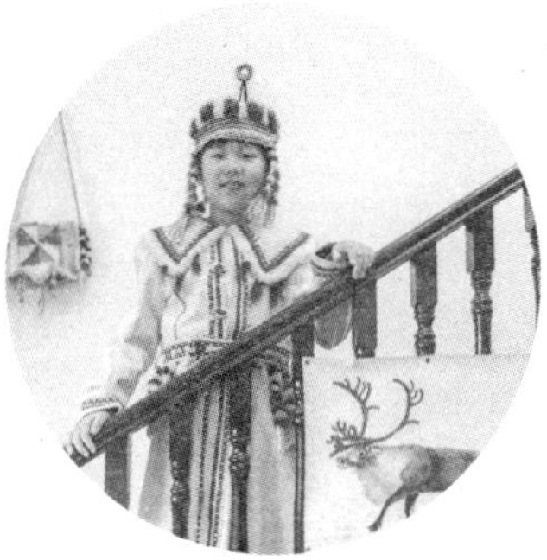

女儿：阿丽雅

2005年3月出生，鄂温克族，在根河市民族小学四年二班读书。学校设有鄂温克语课程，阿丽雅会唱鄂温克族歌曲，会口弦琴，会用简单的鄂温克语交流。

居住地：内蒙古自治区呼伦贝尔市根河市

拍摄于2014年9月17日

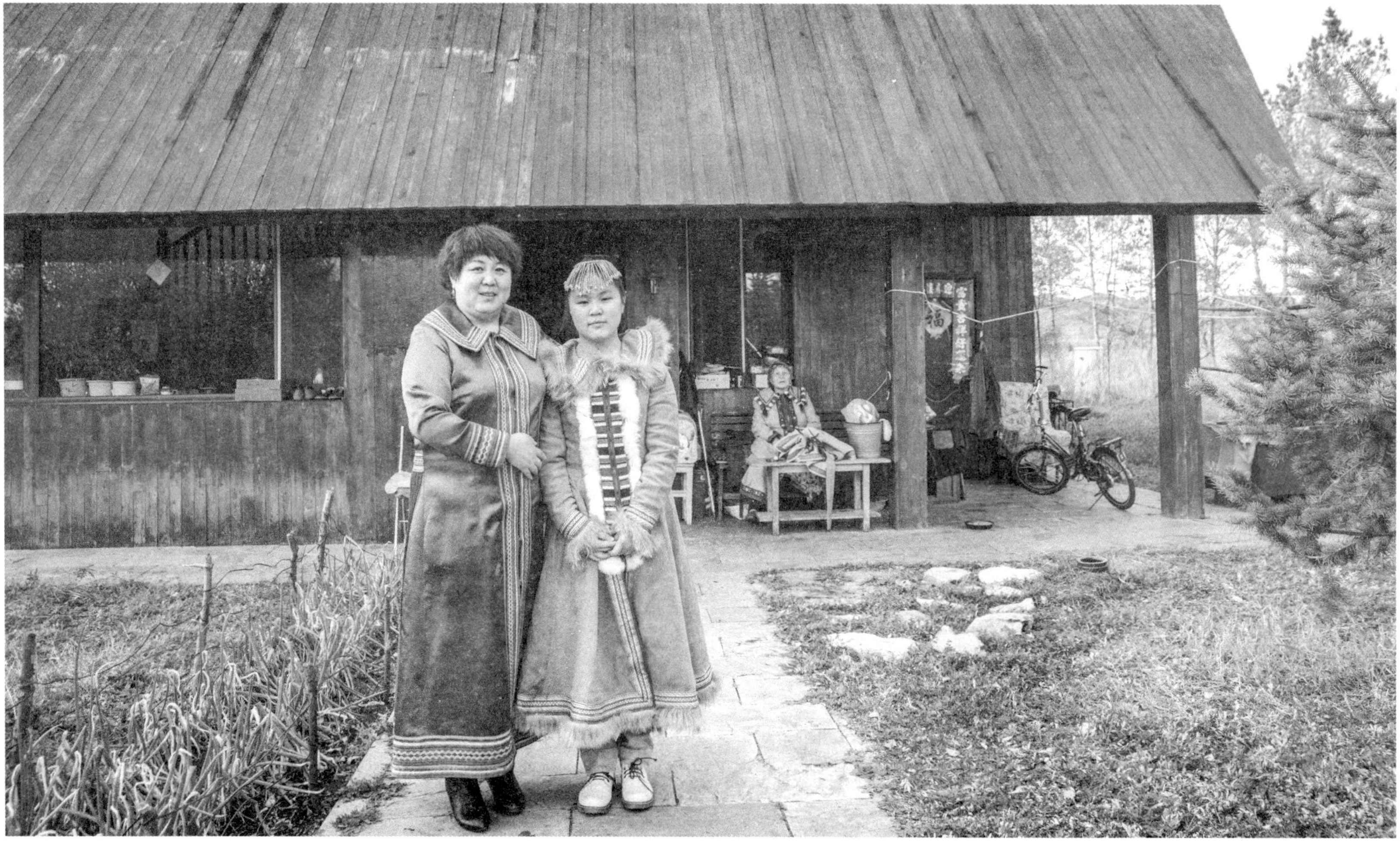

张晓丽一家

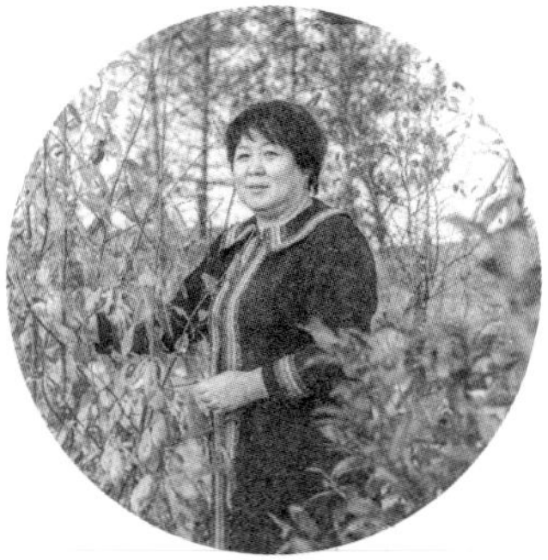

张晓丽

1972年出生，鄂温克族，父亲是汉族，母亲是鄂温克族。中专学历，中共党员，会说鄂温克语、汉语，敖鲁古雅鄂温克族乡医院会计。她是内蒙古自治区级非物质文化遗产项目“鄂温克服饰”传承人。

爱人：赵松涛

满族，在敖鲁古雅鄂温克族乡个体经营手工艺品、鹿产品。

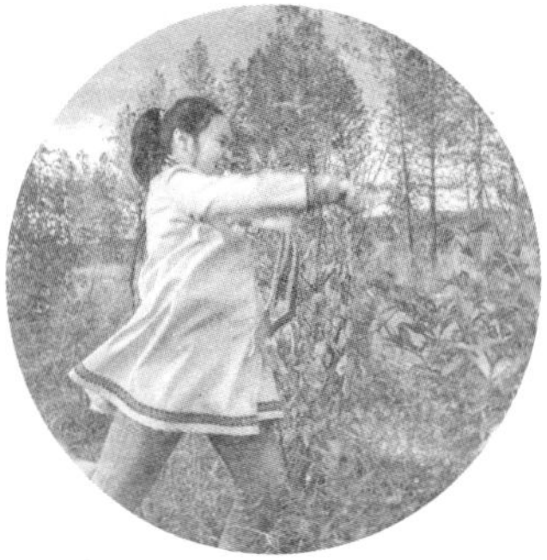

女儿：赛伦雅

2004年5月出生，鄂温克族。在根河市民族小学上五年级，学校设有鄂温克语课程，赛伦雅会说简单的鄂温克语，会唱鄂温克族歌曲，会口弦琴。

居住地：内蒙古自治区呼伦贝尔市根河市敖鲁古雅鄂温克族乡

拍摄于2014年9月17日

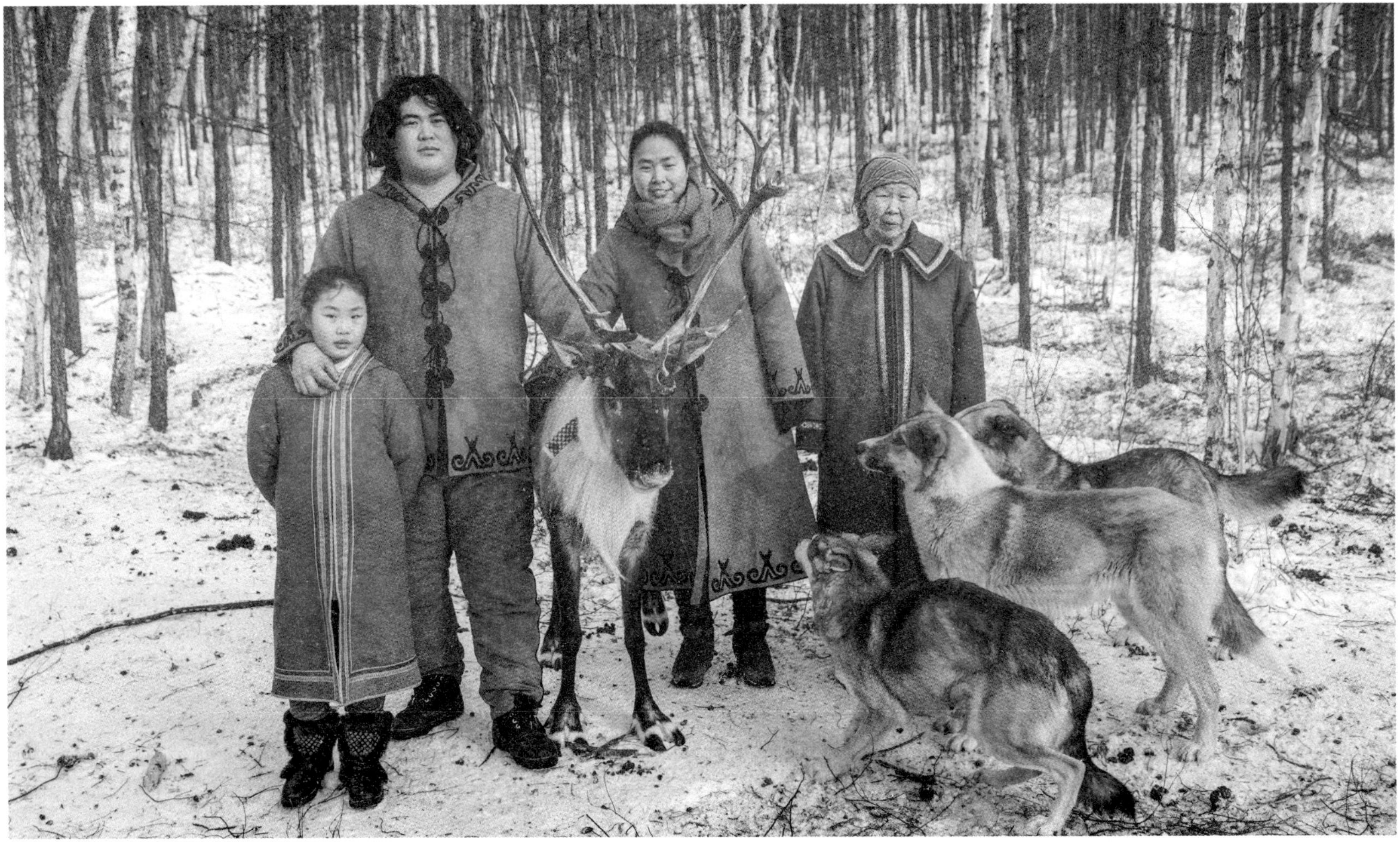

中妮浩一家

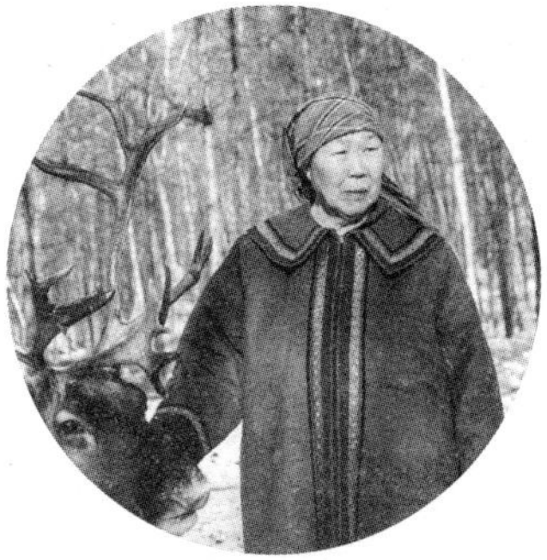

中妮浩

1941年8月出生，鄂温克族，父母都是鄂温克族。会说鄂温克语、汉语、俄语。20世纪60年代担任过猎民队书记、妇联主任等职务，后来因病休养，上山承包养鹿至今。

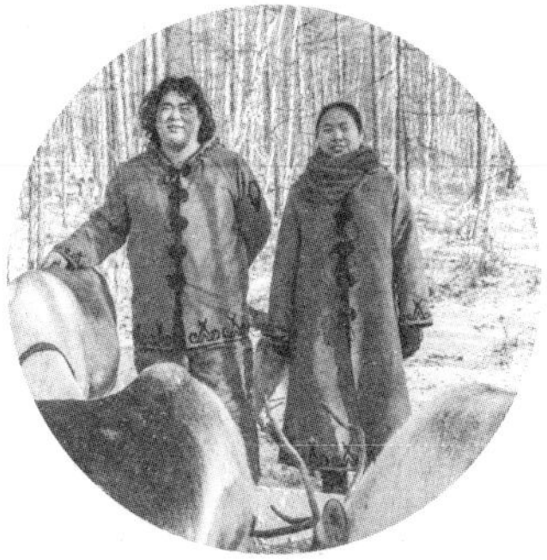

孙子：何磊

1984年3月出生，鄂温克族。初中文化。

孙媳妇：范索

1986年3月出生，鄂温克族。会说鄂温克语、汉语。

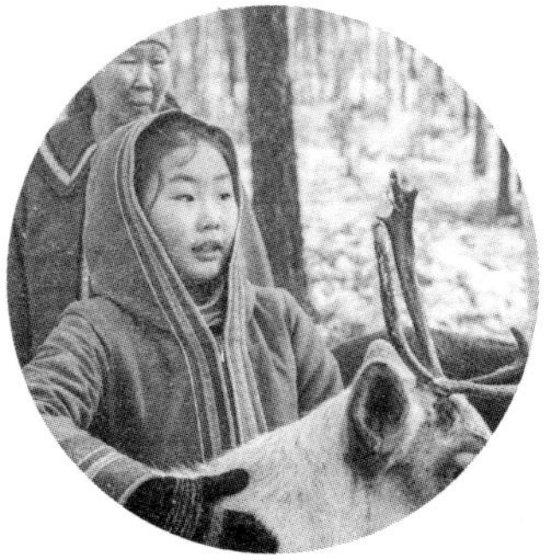

重孙女：娜思塔

2006年11月出生，鄂温克族，根河市民族小学二年级学生。

居住地：内蒙古自治区呼伦贝尔市根河市敖鲁古雅鄂温克族乡

拍摄于2015年1月12日

通古斯鄂温克人家

居住地 内蒙古自治区呼伦贝尔市陈巴尔虎旗鄂温克民族苏木、鄂温克族自治旗锡尼河东苏木。

语　言 莫日格勒方言，历史上称通古斯鄂温克语。陈巴尔虎旗鄂温克民族苏木的鄂温克人本民族语言保持得很好，鄂温克族自治旗锡尼河东苏木的鄂温克人由于长期与布里亚特蒙古人生活在一起，他们多数人讲布里亚特蒙古语。

服　饰 两个居住区的服饰文化保护得都很好。

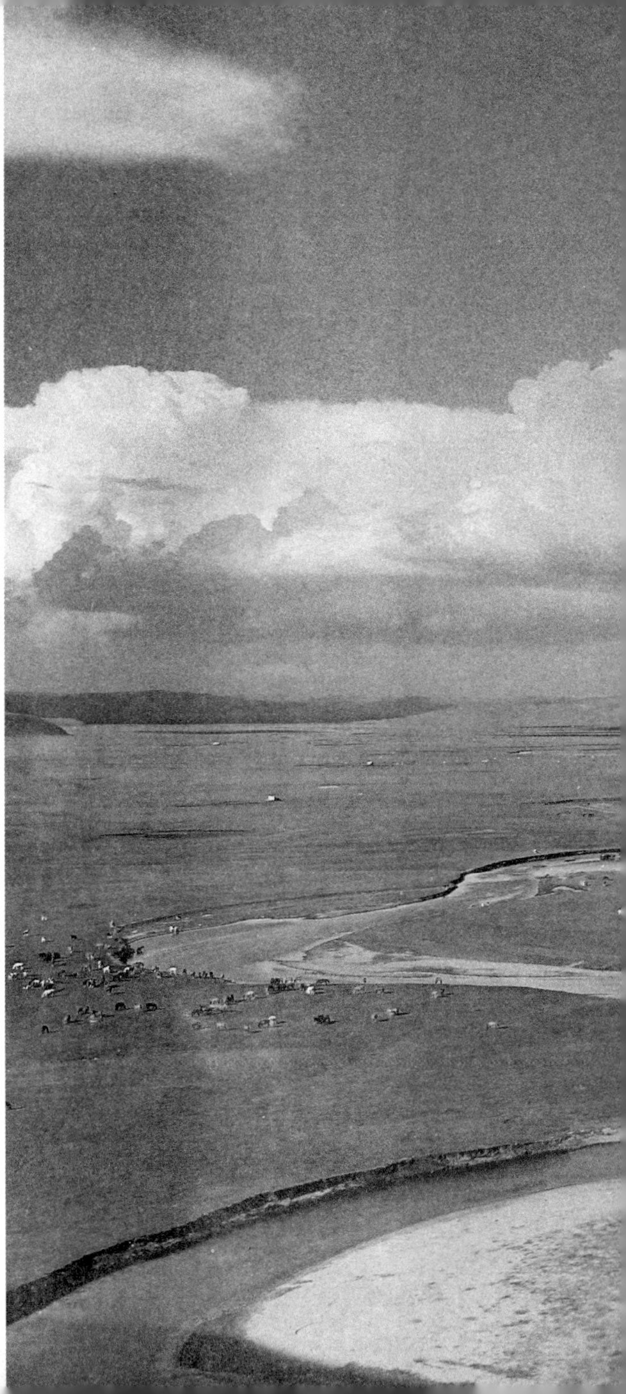

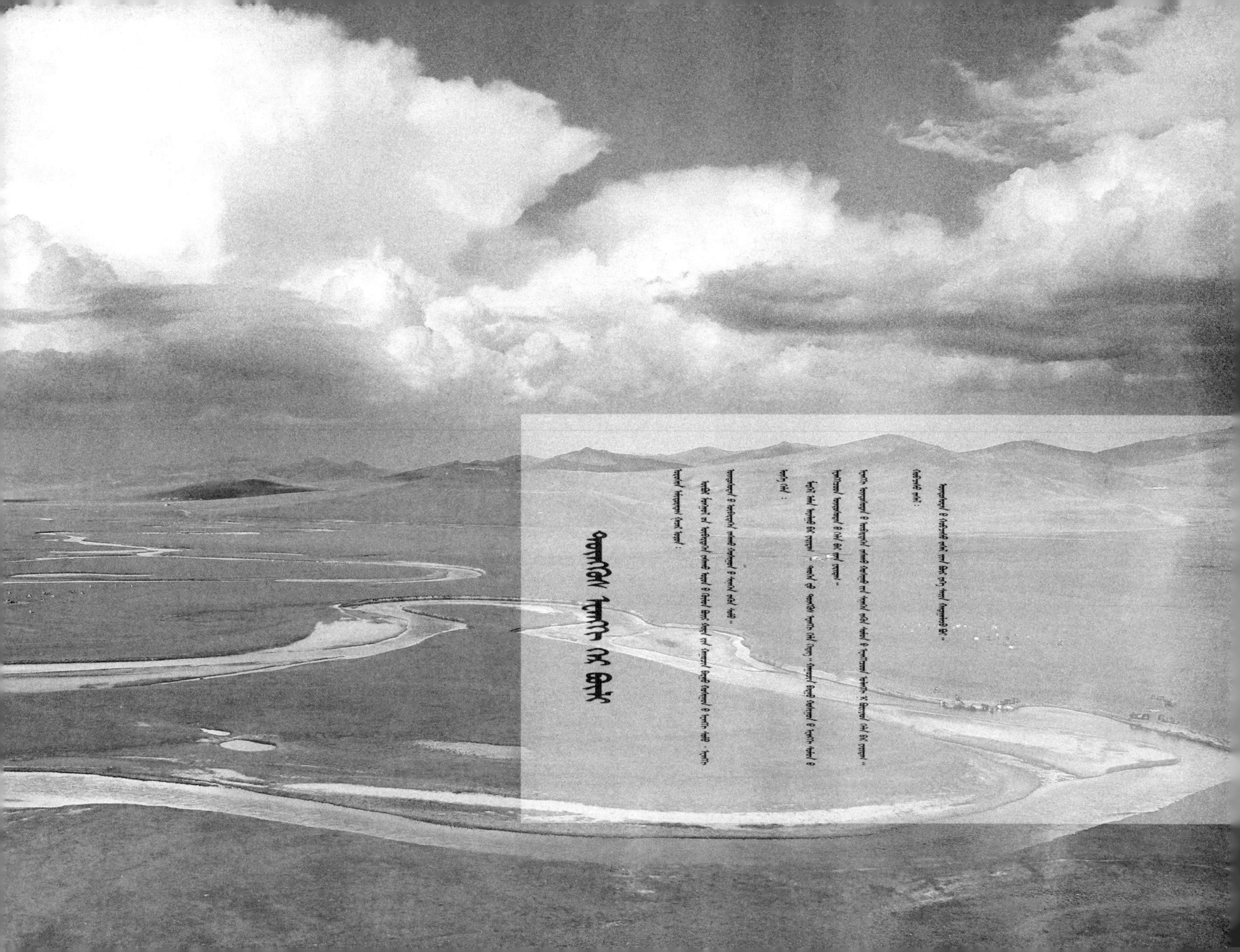

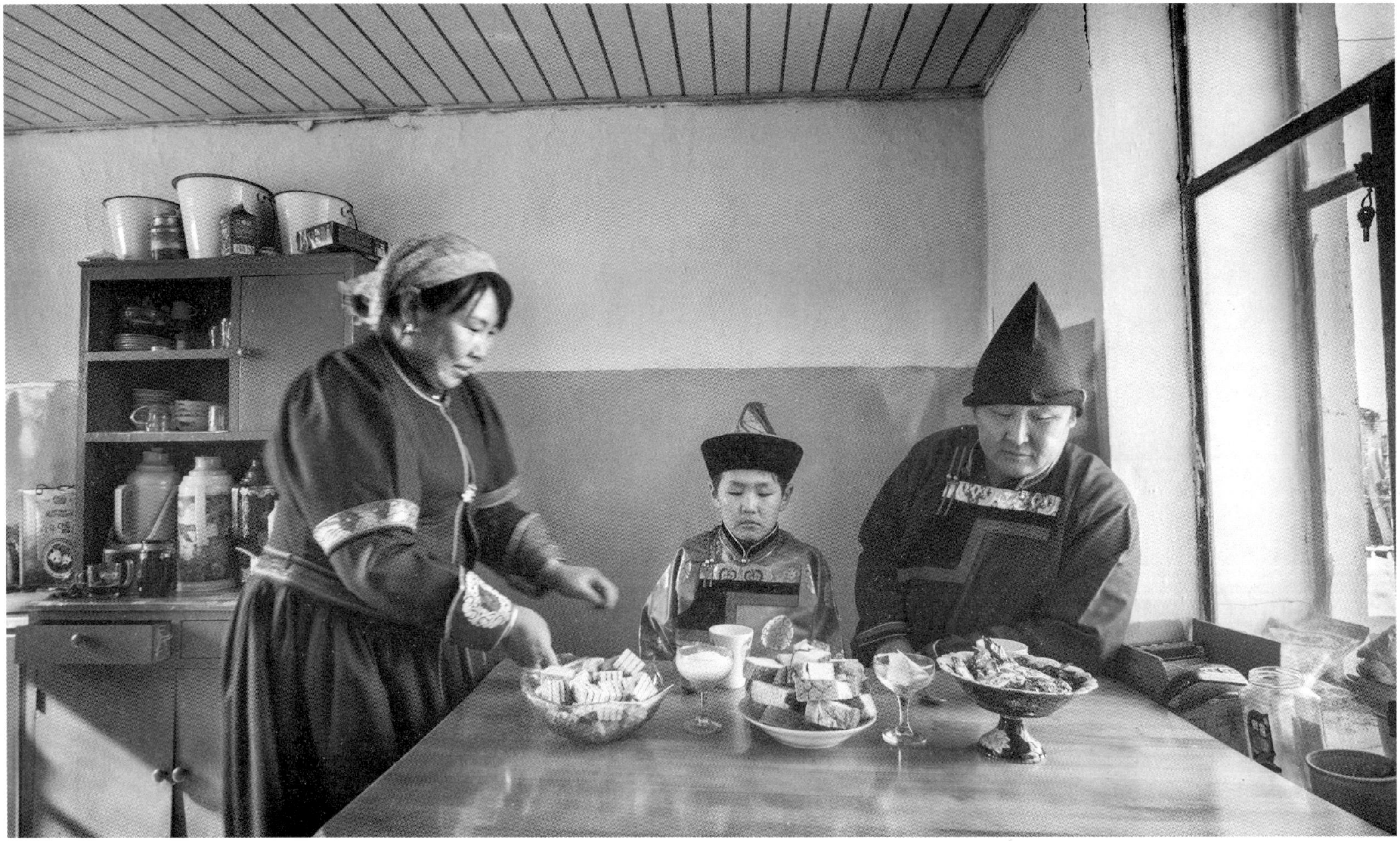

敖都一家

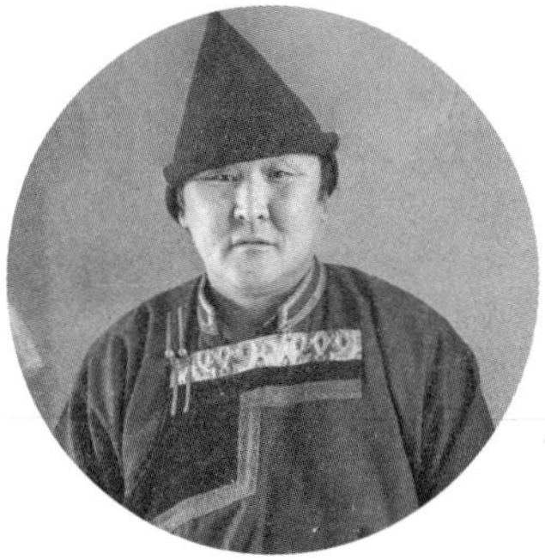

敖　都

1967年出生，鄂温克族。小学文化，会说鄂温克语、蒙古语、汉语。

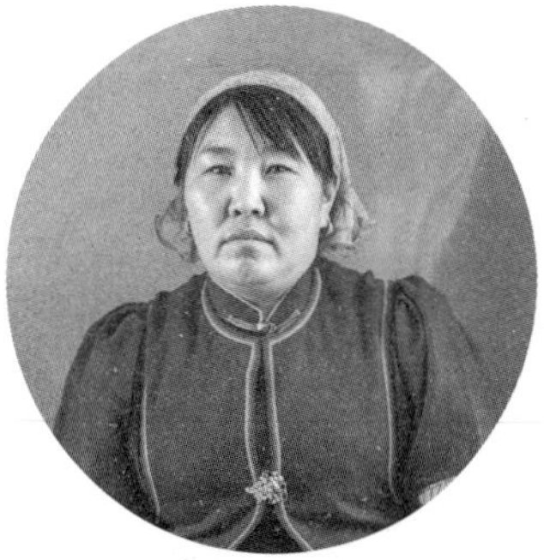

爱人：德格吉日玛

1976年出生，鄂温克族。

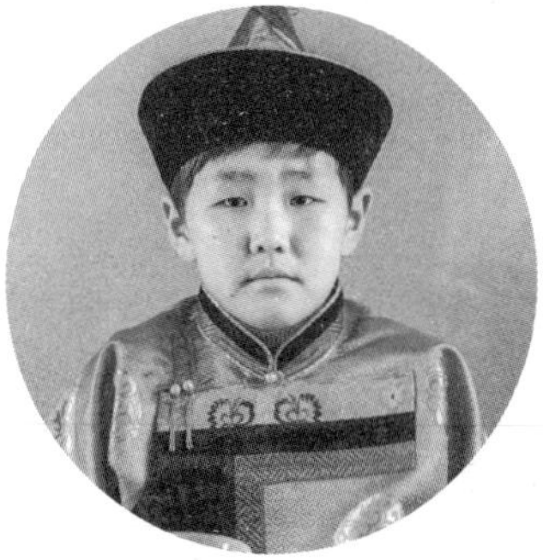

儿子：阿斯汗

2002年出生，海拉尔呼伦小学三年级学生，学习蒙古语。

敖都开车搞运输，收奶子。

家里有20头牛。

居住地：内蒙古自治区呼伦贝尔市陈巴尔虎旗鄂温克民族苏木阿达盖居民区

拍摄于2013年4月4日

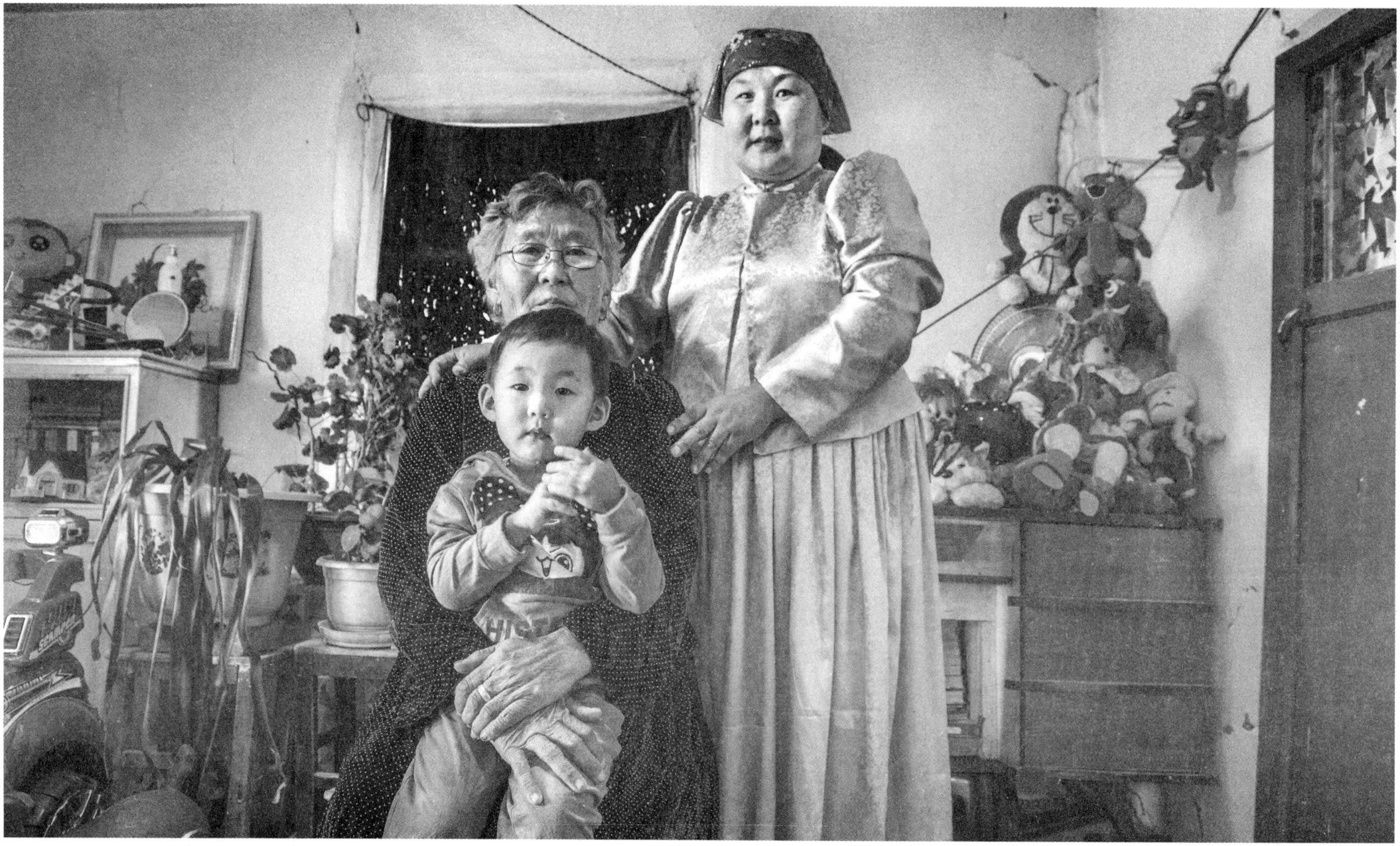

德吉德一家

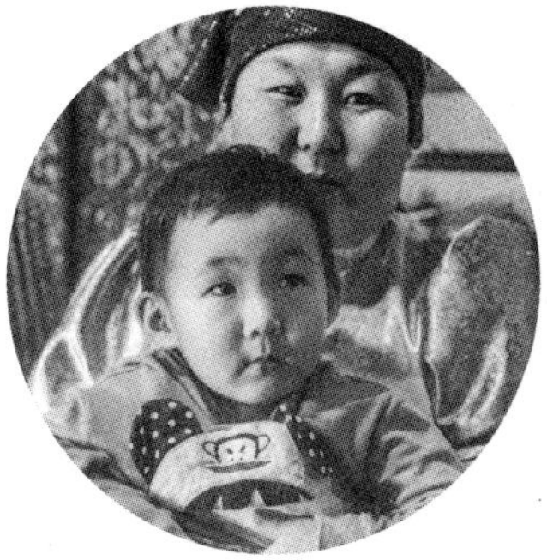

德吉德

1976年11月出生，鄂温克族。海拉尔一中高中毕业，学习蒙古语，会说鄂温克语、蒙古语、汉语。

爱人：陈福生

1976年3月出生，蒙古族。

女儿：珠拉

2012年1月出生，鄂温克族。

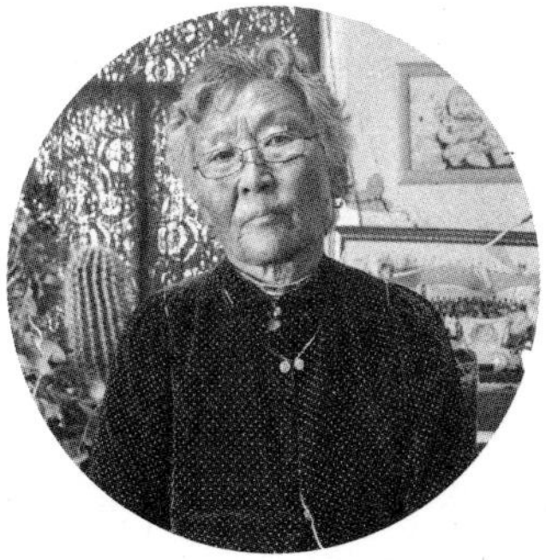

母亲：斯普勒

1945年12月出生，鄂温克族。海拉尔一中初中毕业，会说鄂温克语、蒙古语、汉语。

家里有80多头牛，10多匹马，1000只羊，年收入10万元。

居住地：内蒙古自治区呼伦贝尔市陈巴尔虎旗鄂温克民族苏木阿达盖居民区

拍摄于2014年9月9日

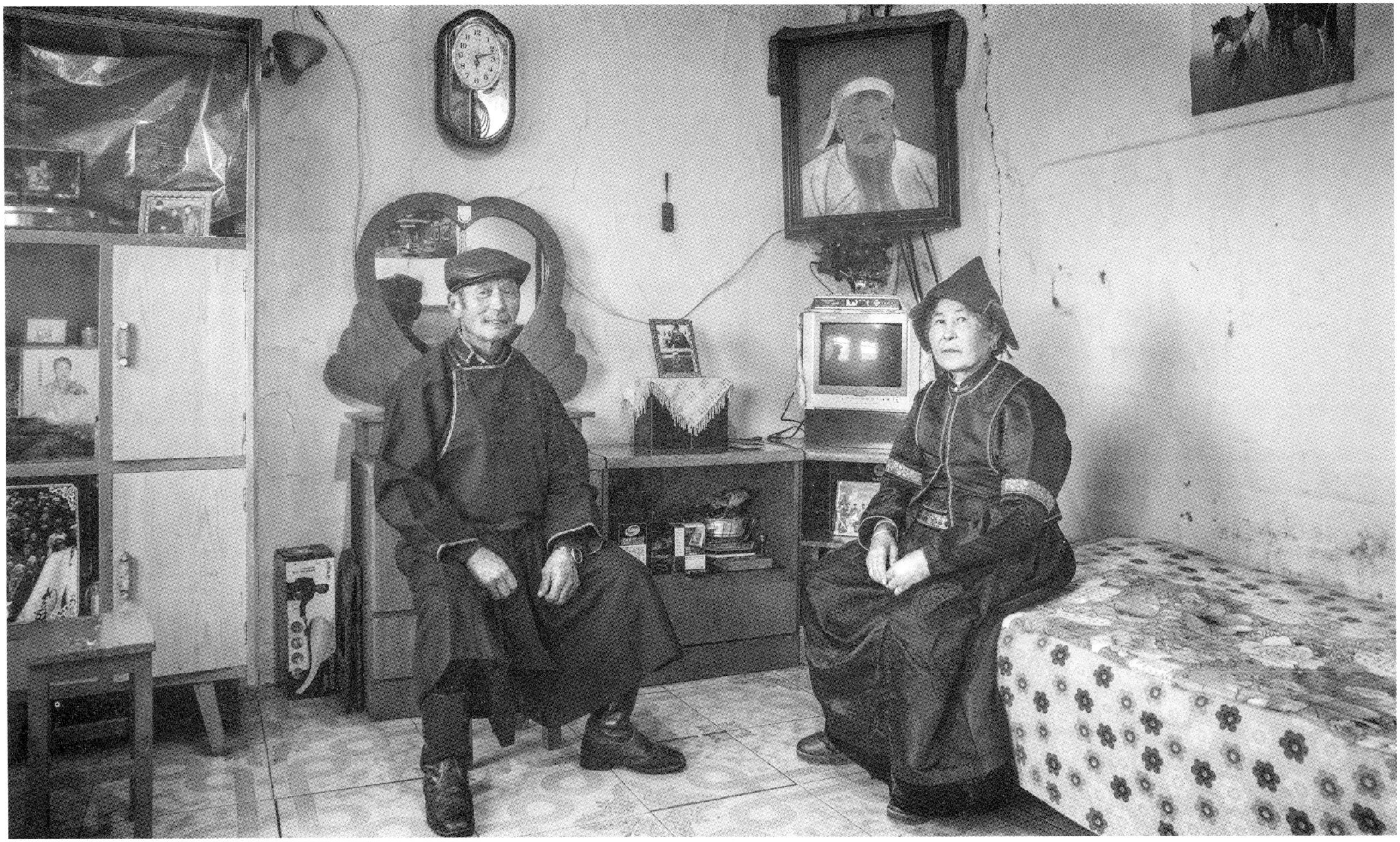

额尔敦巴特尔一家

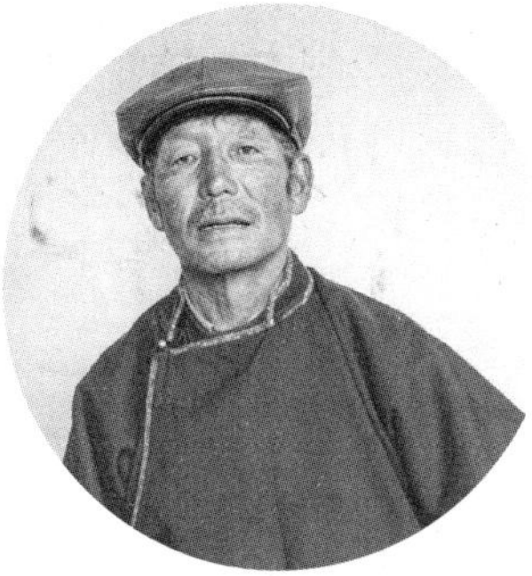

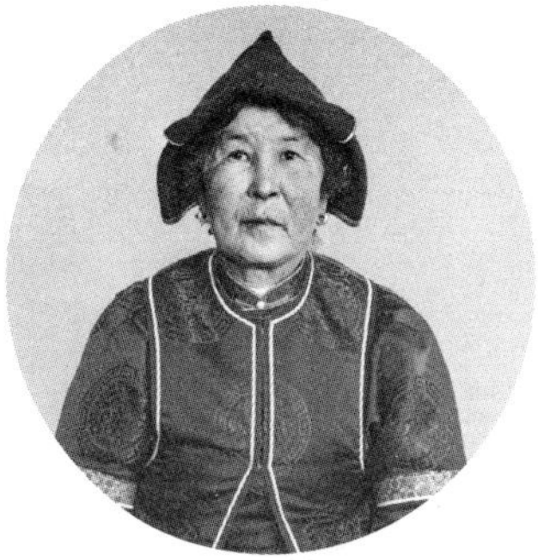

额尔敦巴特尔

1952年11月出生，鄂温克族，父母都是鄂温克族。阿达盖中学初中毕业，会说鄂温克语、蒙古语、汉语。1974年入伍在博克图守备五师，1978年转业，被分配到砖厂、林场，都没有去，热爱草原就回到了家乡。1985年入党，同年当选毕鲁图嘎查嘎查达。1995年当选毕鲁图嘎查书记兼嘎查达，2000年退休。

家里有30多头牛，10多匹马，300多只羊，年收入10万元。

爱人：道力玛

1954年11月出生，鄂温克族。养育了三个儿女，都是大学生。

长子：图门巴图

鄂温克族，呼伦贝尔学院毕业，现任陈巴尔虎旗鄂温克民族苏木特尼河办事处副主任。

长女：阿拉坦花

鄂温克族，内蒙古医学院毕业，现在陈巴尔虎旗中蒙医院工作。

次女：道米德

鄂温克族，内蒙古民族大学毕业，现在鄂温克族自治旗锡尼河西苏木中学任教。

居住地：内蒙古自治区呼伦贝尔市陈巴尔虎旗鄂温克民族苏木毕鲁图嘎查

拍摄于2014年9月9日

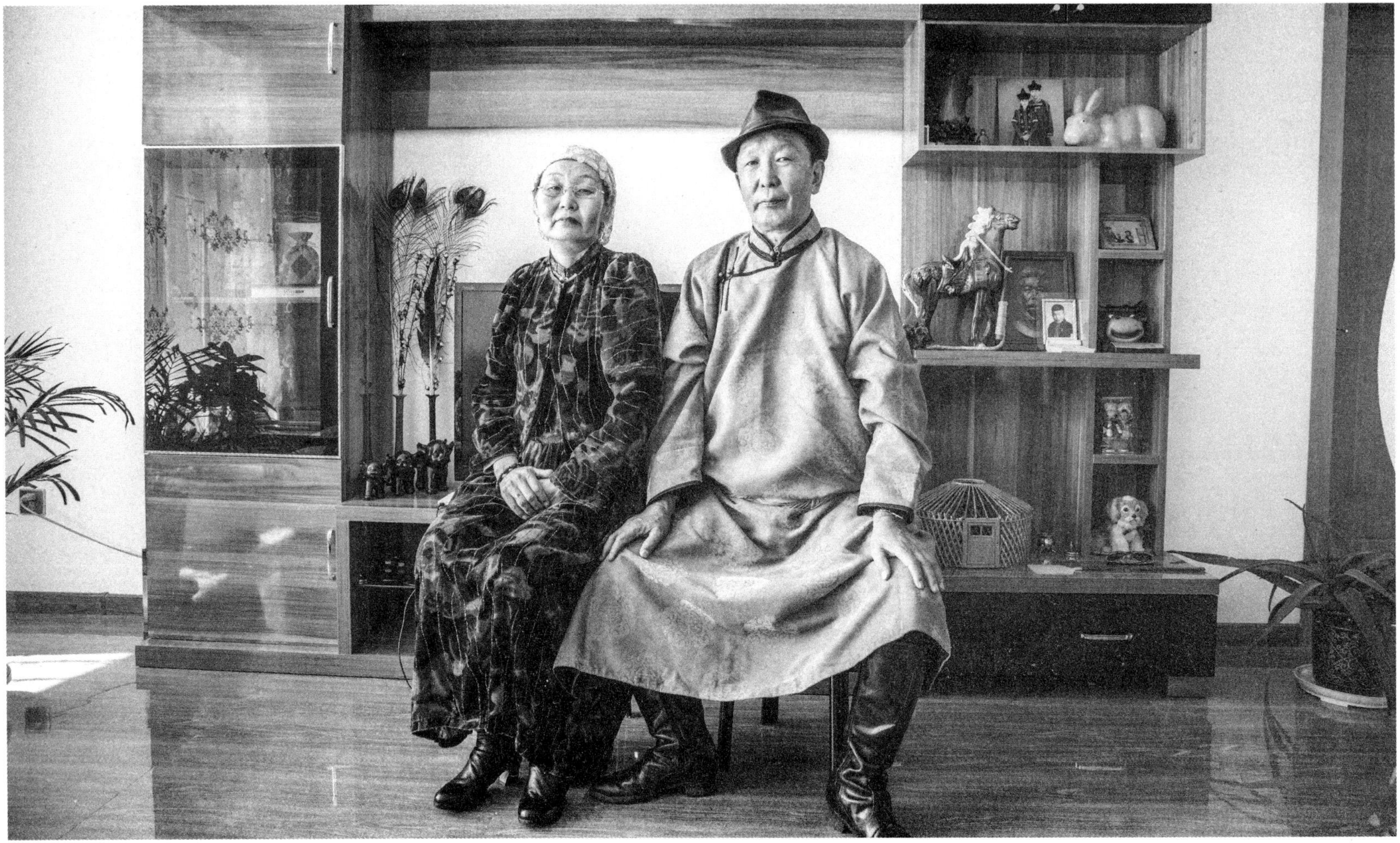

阿木尔萨那一家

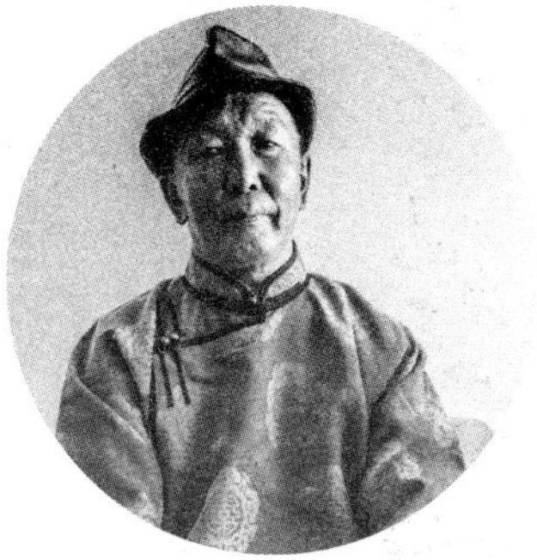

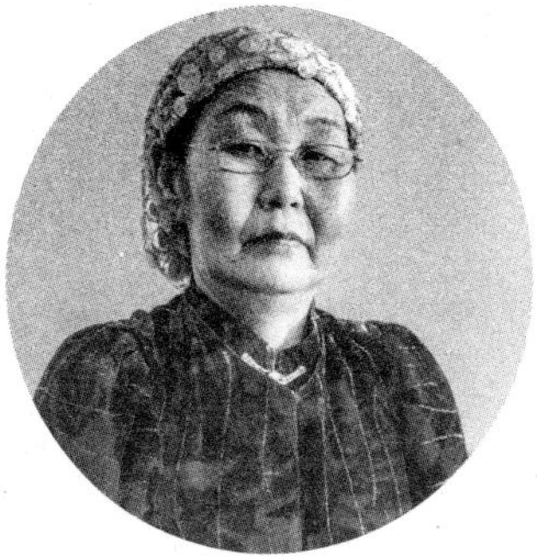

阿木尔萨那

1954年4月出生，鄂温克族，父母都是鄂温克族。高中文化，会说鄂温克语、蒙古语、汉语。1974年参加工作，1976年入党，曾在陈巴尔虎旗民族事务局任副局长，现已退休。

爱人：哈森高娃

1959年11月出生，达斡尔族。曾在陈巴尔虎旗医院工作，现已退休。

长女：乌尼日

1982年11月出生，鄂温克族。内蒙古师范大学研究生毕业，现在集宁市党校工作。

长子：希吉日

1985年5月出生，鄂温克族。呼伦贝尔学院毕业，现在鄂温克民族苏木政府工作。

居住地：内蒙古自治区呼伦贝尔市陈巴尔虎旗巴彦库仁镇
拍摄于2014年9月11日

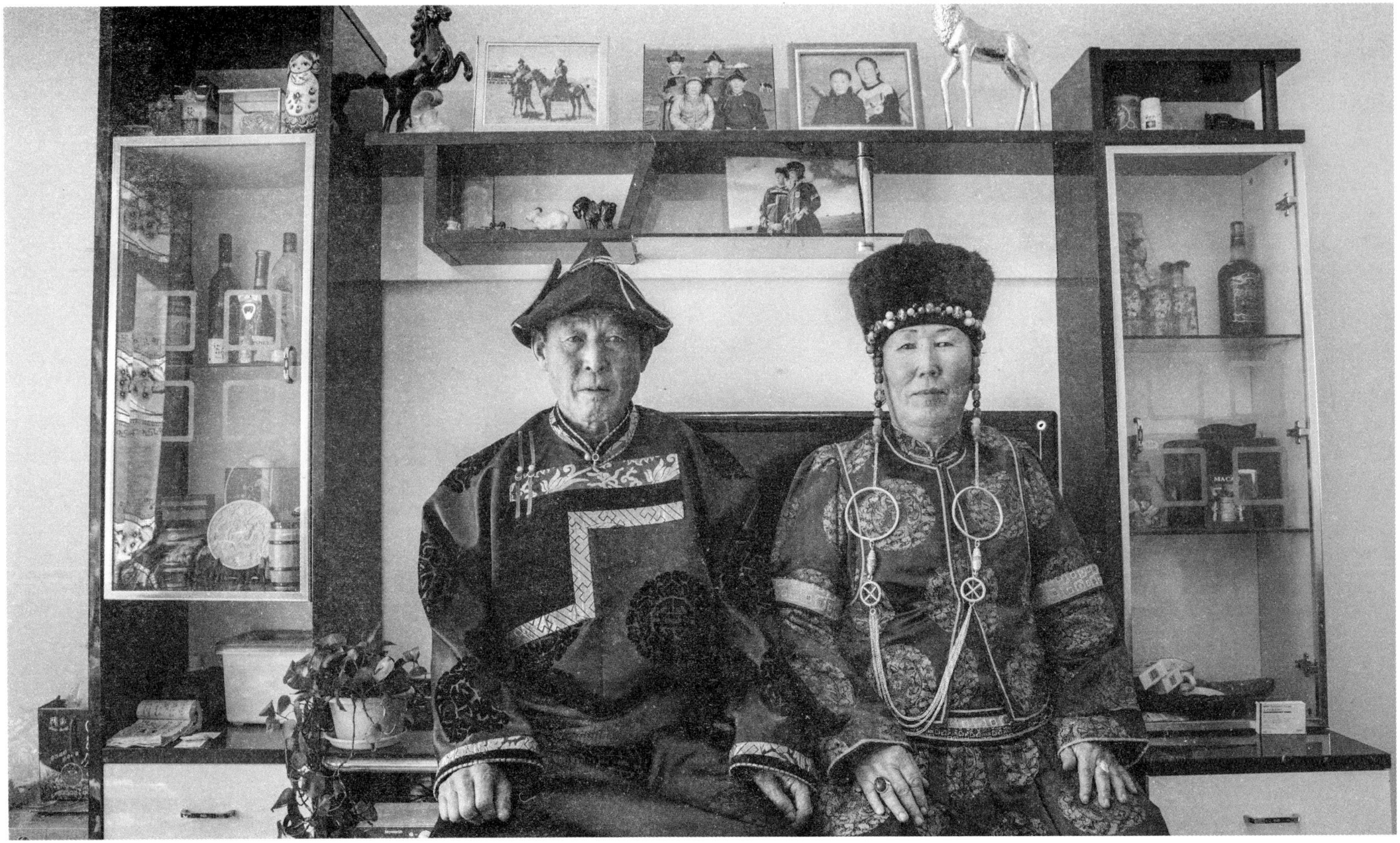

道官布一家

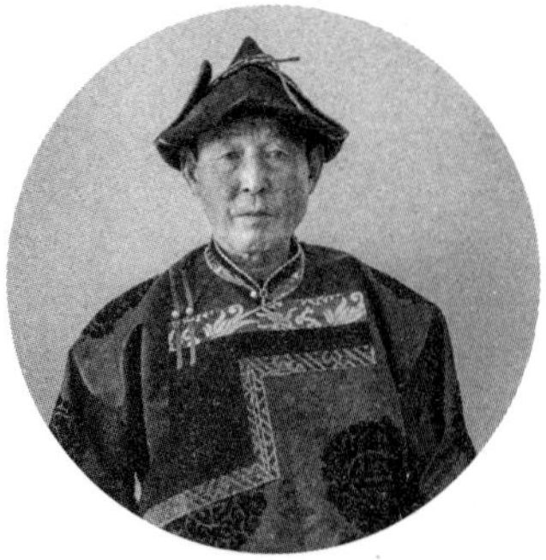

道官布

1952年11月出生，鄂温克族，父母都是鄂温克族。扎兰屯农牧学校毕业，中专学历，会说鄂温克语、蒙古语、汉语。1976年7月1日参加工作，1998年从鄂温克民族苏木畜牧兽医站站长岗位退休。

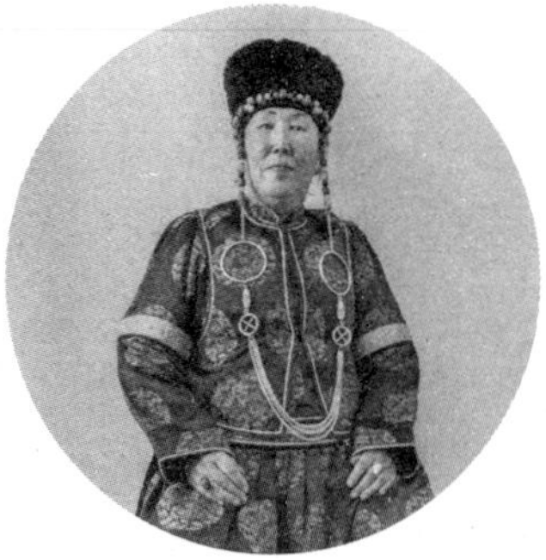

爱人：道达日玛

1952年9月出生，鄂温克族。1977年海拉尔师范专科学校毕业并参加工作，2000年从鄂温克民族苏木中心校退休。养育了两个女儿。

长女：森德日玛

1983年11月出生，鄂温克族。内蒙古师范大学毕业，现在鄂尔多斯准格尔旗中学任教。

次女：斯吉布

1985年8月出生，内蒙古师范大学毕业，英语专业。曾在蒙古国支教两年，现在鄂温克民族苏木政府党政办工作。

居住地：内蒙古自治区呼伦贝尔市陈巴尔虎旗巴彦库仁镇

拍摄于2014年9月11日

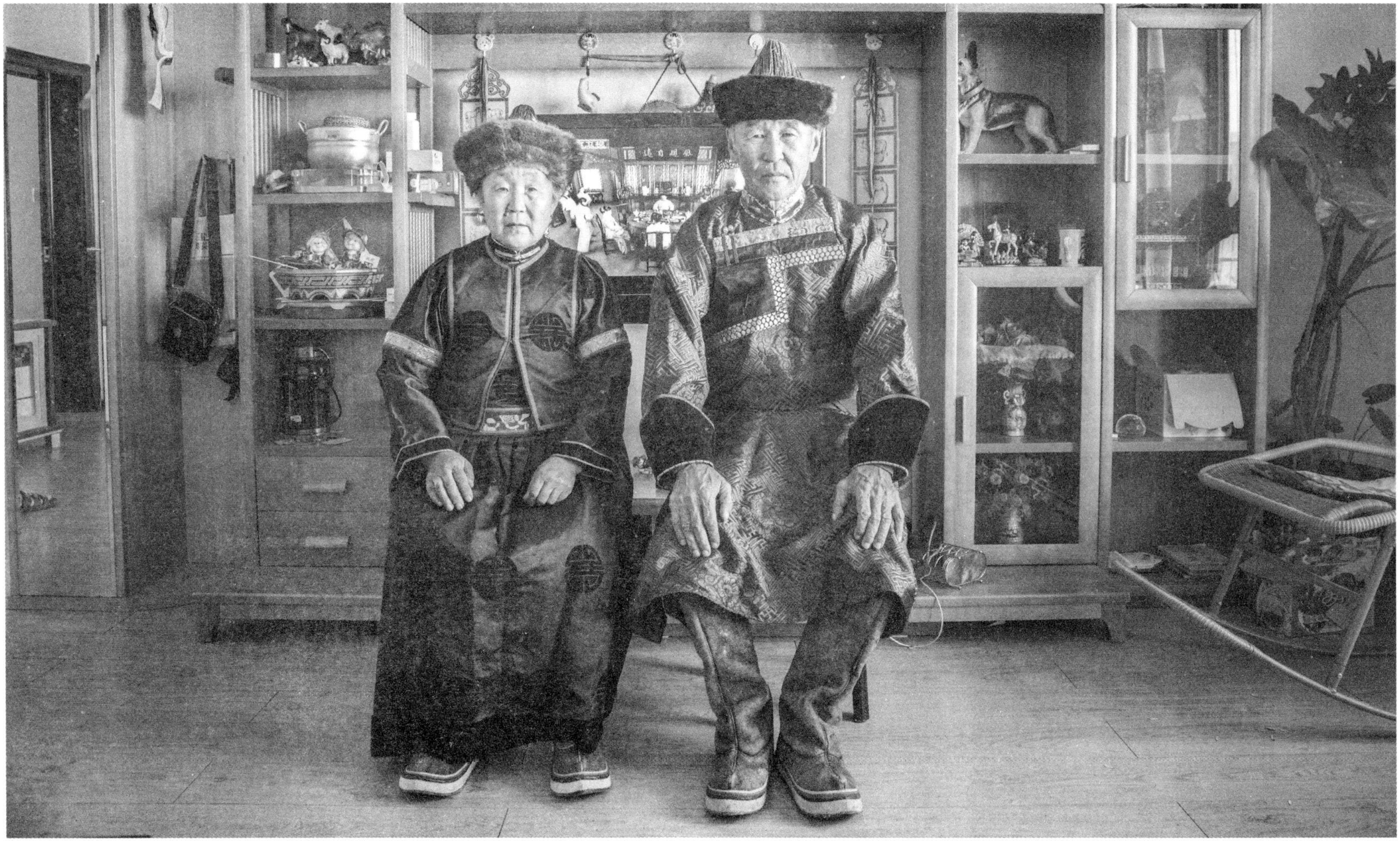

官其格巴图一家

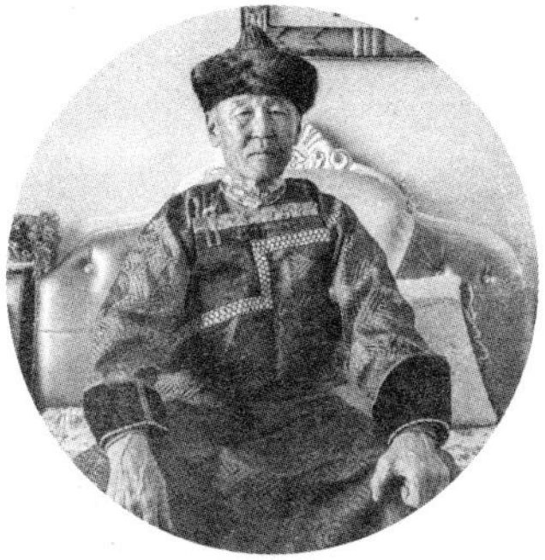

官其格巴图

1950年3月出生，鄂温克族，父母都是鄂温克族。哈吉小学毕业，会说鄂温克语、蒙古语、汉语。2008年开始收集整理通古斯鄂温克人的民族文化资料，2013年出版《通古斯鄂温克人的历史记忆》一书，第二部现已完稿，准备印刷。

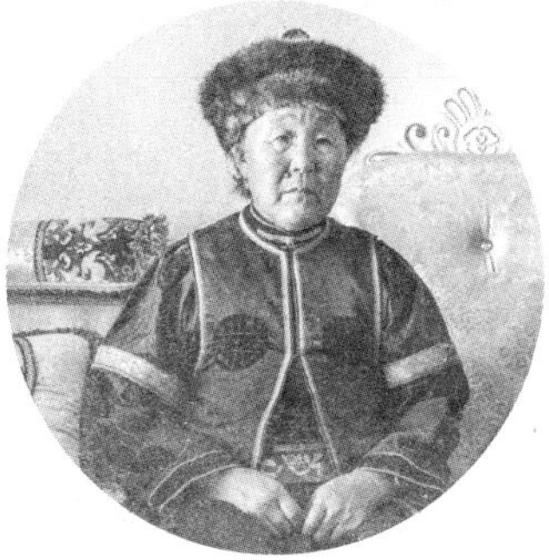

爱人：斯日格玛

1951年11月出生，鄂温克族。1988年入党，1992年至1997年期间任鄂温克民族苏木雅图克嘎查书记。养育三个儿女，儿子现任鄂温克民族苏木雅图克嘎查书记。次女在鄂温克民族苏木政府任妇联主任。

居住地：内蒙古自治区呼伦贝尔市陈巴尔虎旗巴彦库仁镇

拍摄于2014年9月11日

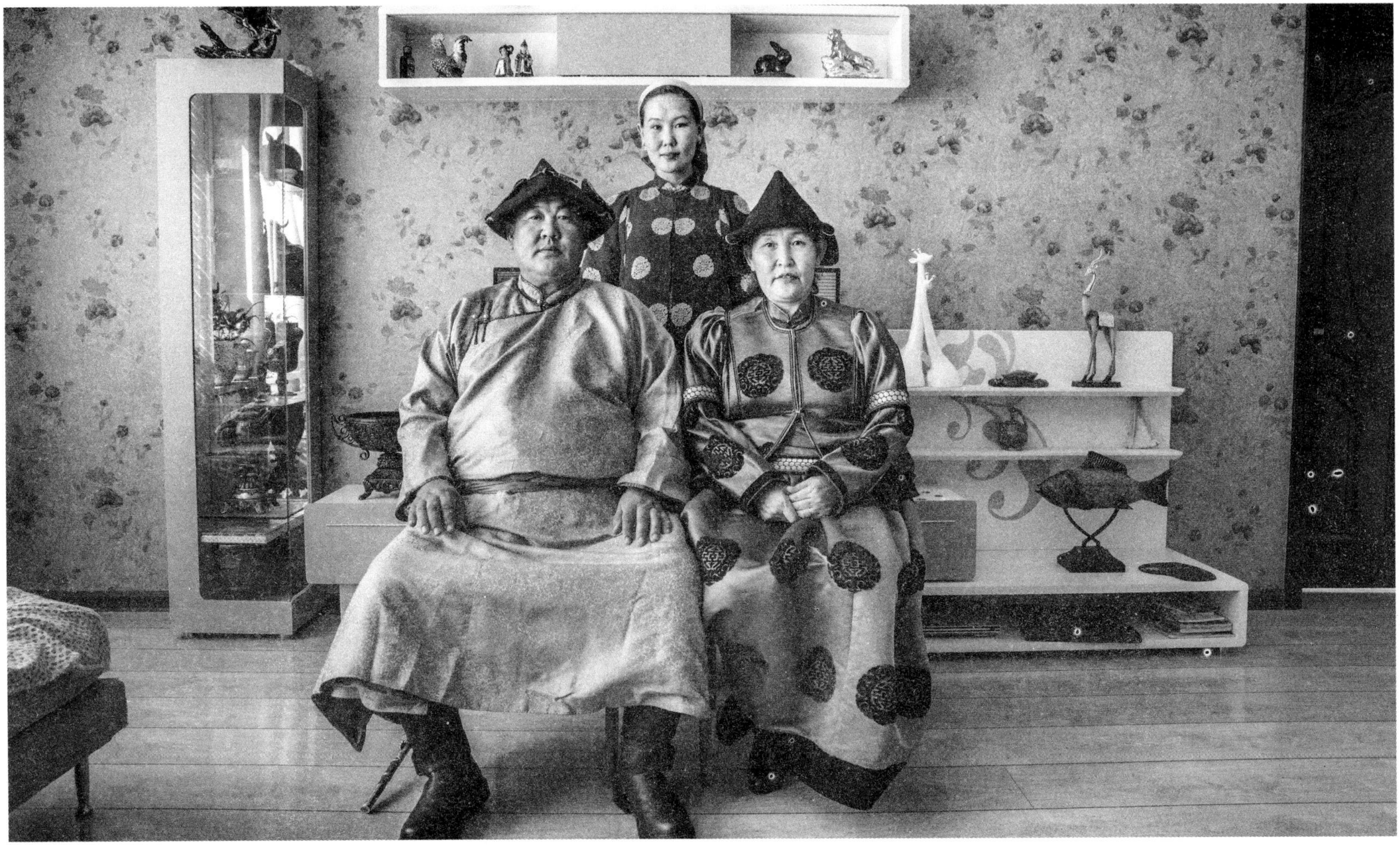

孟和一家

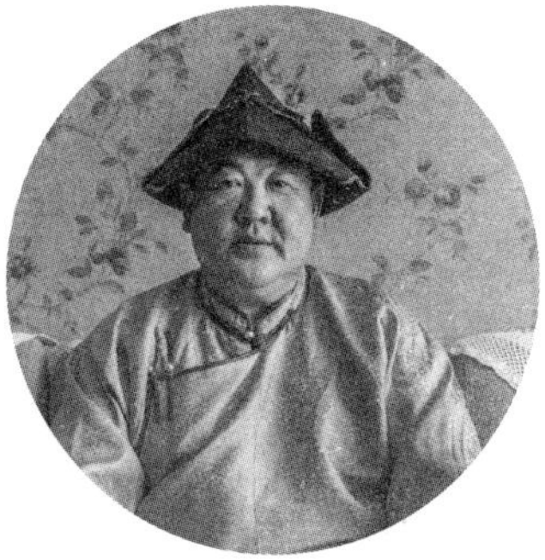

孟　和

1964年1月出生，鄂温克族，父母都是鄂温克族。内蒙古师范大学历史系函授毕业，会说鄂温克语、蒙古语、汉语。1985年参加工作，1995年入党，2002年至2012年期间历任鄂温克民族苏木政府常务副苏木达、党委副书记、政府苏木达，2012年任陈巴尔虎旗党委组织部机关工委副书记，2013年任陈巴尔虎旗民族宗教事务局副局长。

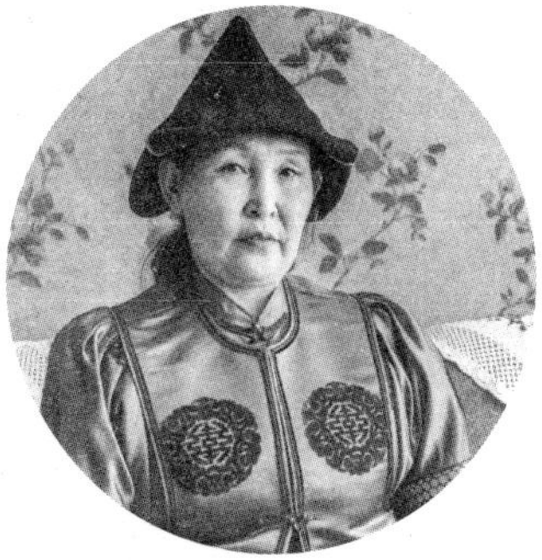

爱人：旭日

1964年1月出生，鄂温克族。呼伦贝尔学院蒙古文专业毕业。1985年参加工作，1990年入党。1996年至2002年期间历任鄂温克民族苏木政府妇联主任、副苏木达、人大主席，2002年至2005年任陈巴尔虎旗民族宗教事务局副局长，2005年至2007年任陈巴尔虎旗人大常委会专职委员，2007年至今任陈巴尔虎旗人大副主任。

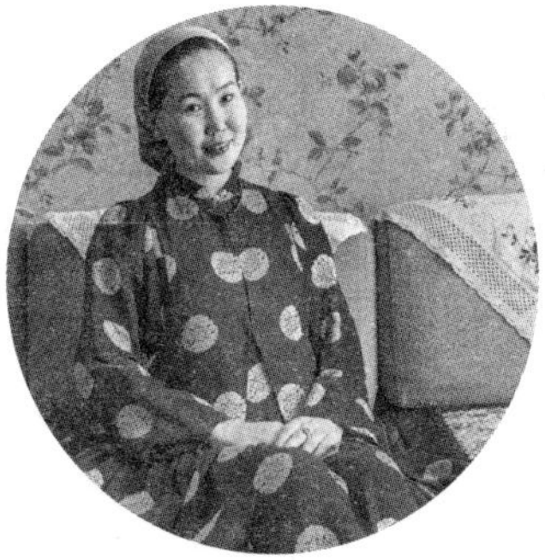

长女：孟根托亚

1990年4月出生，鄂温克族。2011年内蒙古财经大学毕业。2013年考录到鄂温克民族苏木工作，现任团委书记。

次女：乌尼热

1992年11月出生，鄂温克族。渤海大学毕业，现自主创业。

居住地：内蒙古自治区呼伦贝尔市陈巴尔虎旗巴彦库仁镇
拍摄于2014年9月11日

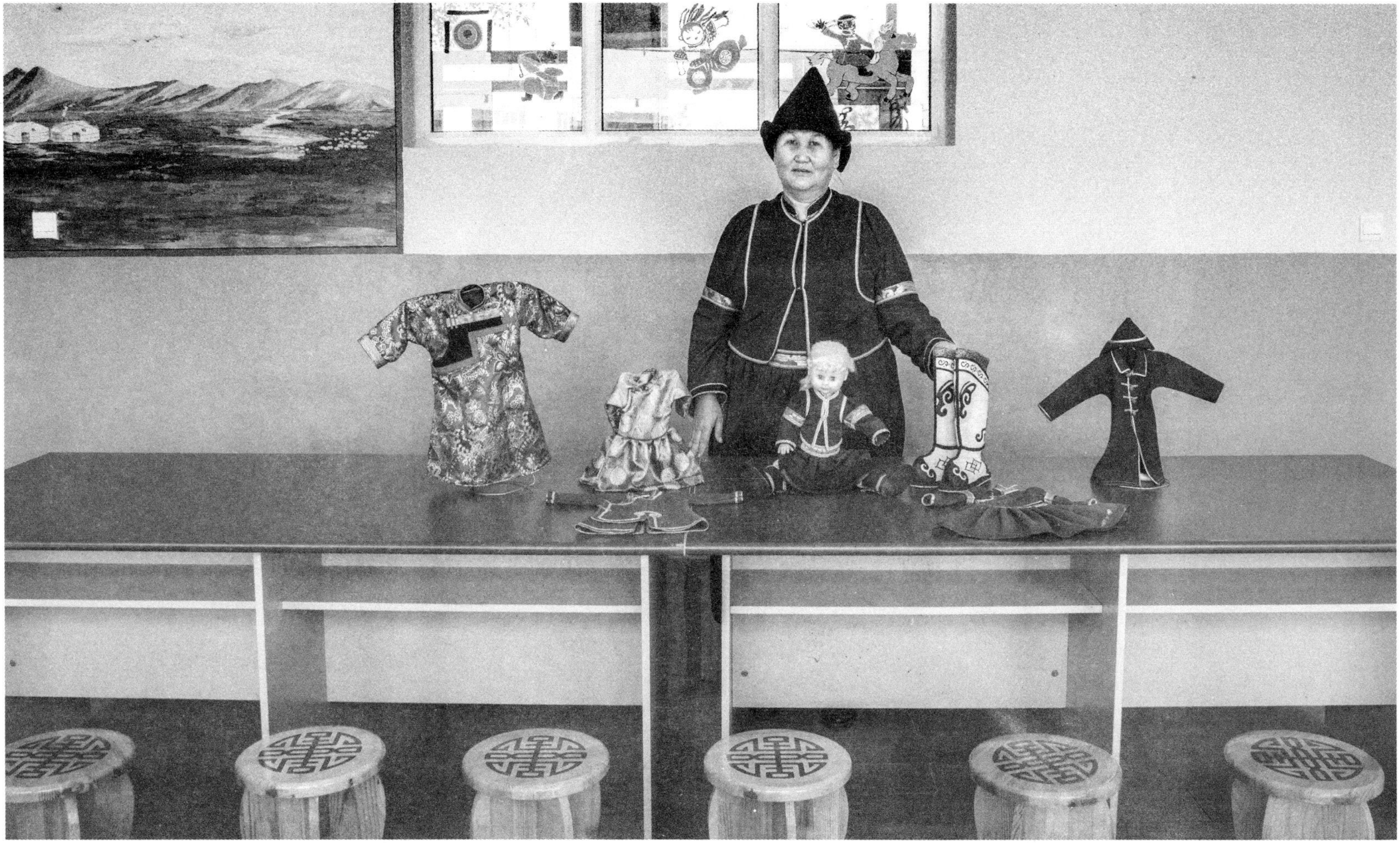

莫德格一家

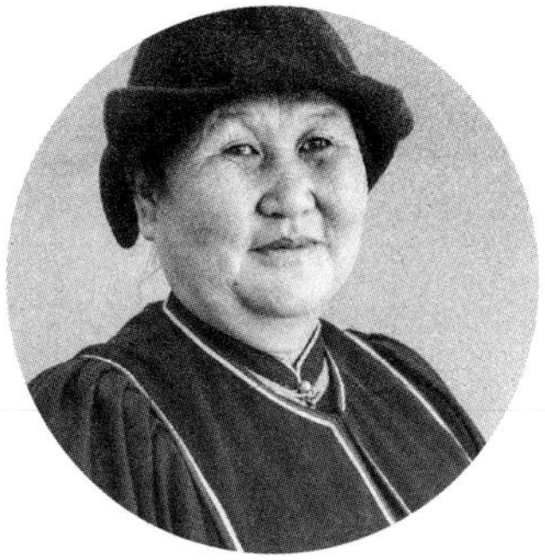

莫德格

1963年3月出生，鄂温克族，父母都是鄂温克族。内蒙古师范大学毕业，中学高级教师。1985年到鄂温克民族苏木学校工作，1989年到陈巴尔虎旗民族小学任教，曾获得内蒙古自治区级骨干教师称号。

爱人：额尔敦巴特尔

1958年11月出生，蒙古族。

女儿：伊兰

1989年5月出生，鄂温克族。现在呼伦贝尔市做导游工作。

儿子：伊力奇

1991年6月出生，鄂温克族。北京电影学院导演系毕业，毕业作品《回归草原》获得2014年华盛顿华裔电影节金奖。

居住地：内蒙古自治区呼伦贝尔市陈巴尔虎旗巴彦库仁镇

拍摄于2014年9月11日

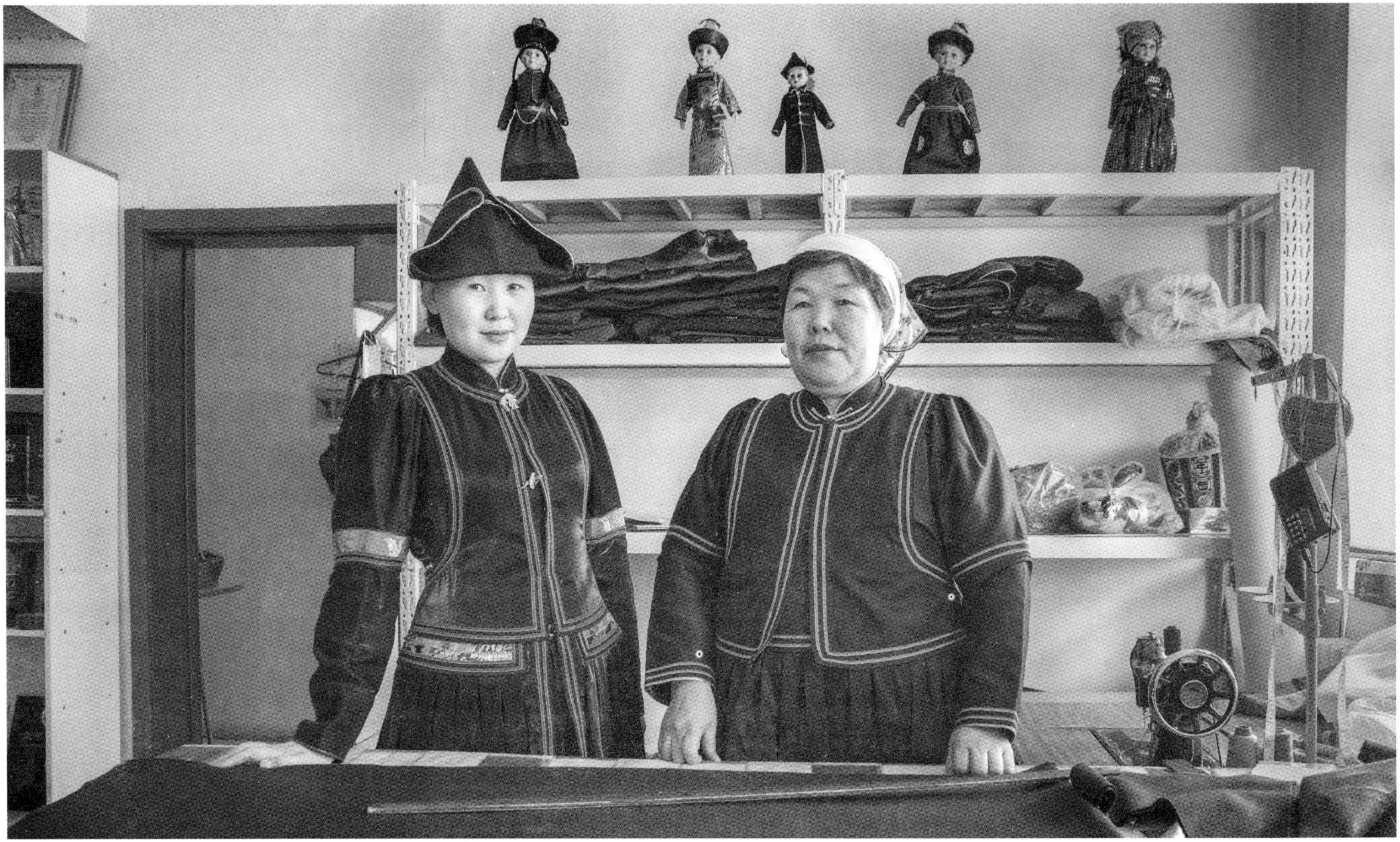

其木德一家

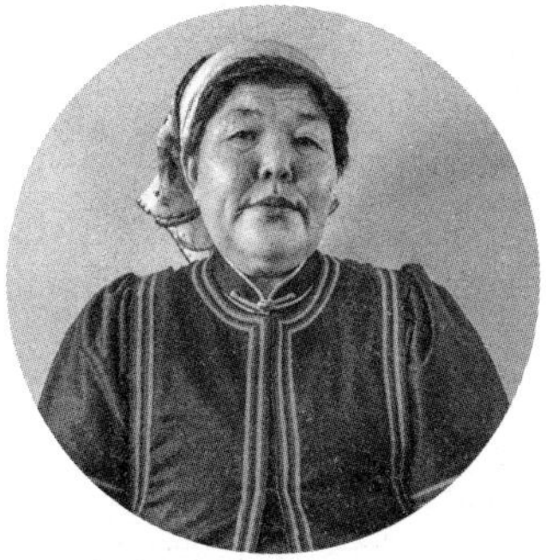

其木德

1963年5月出生，鄂温克族，父母都是鄂温克族。小学文化，会说鄂温克语、蒙古语、汉语。1992年开始制作民族服装，2006年开设“丝绸之路”民族商店。2009年入选内蒙古自治区级非物质文化遗产“通古斯鄂温克民族服饰”传承人。

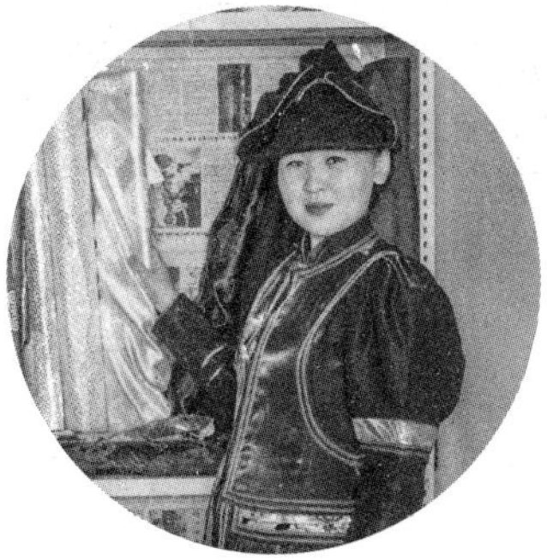

女儿：阿拉坦珠拉

1990年4月出生，鄂温克族。内蒙古民族大学舞蹈专业毕业，现在跟着母亲学习民族服饰制作。

儿子：达巴道尔吉

1986年8月出生，学做木匠。

居住地：内蒙古自治区呼伦贝尔市陈巴尔虎旗巴彦库仁镇

拍摄于2014年9月11日

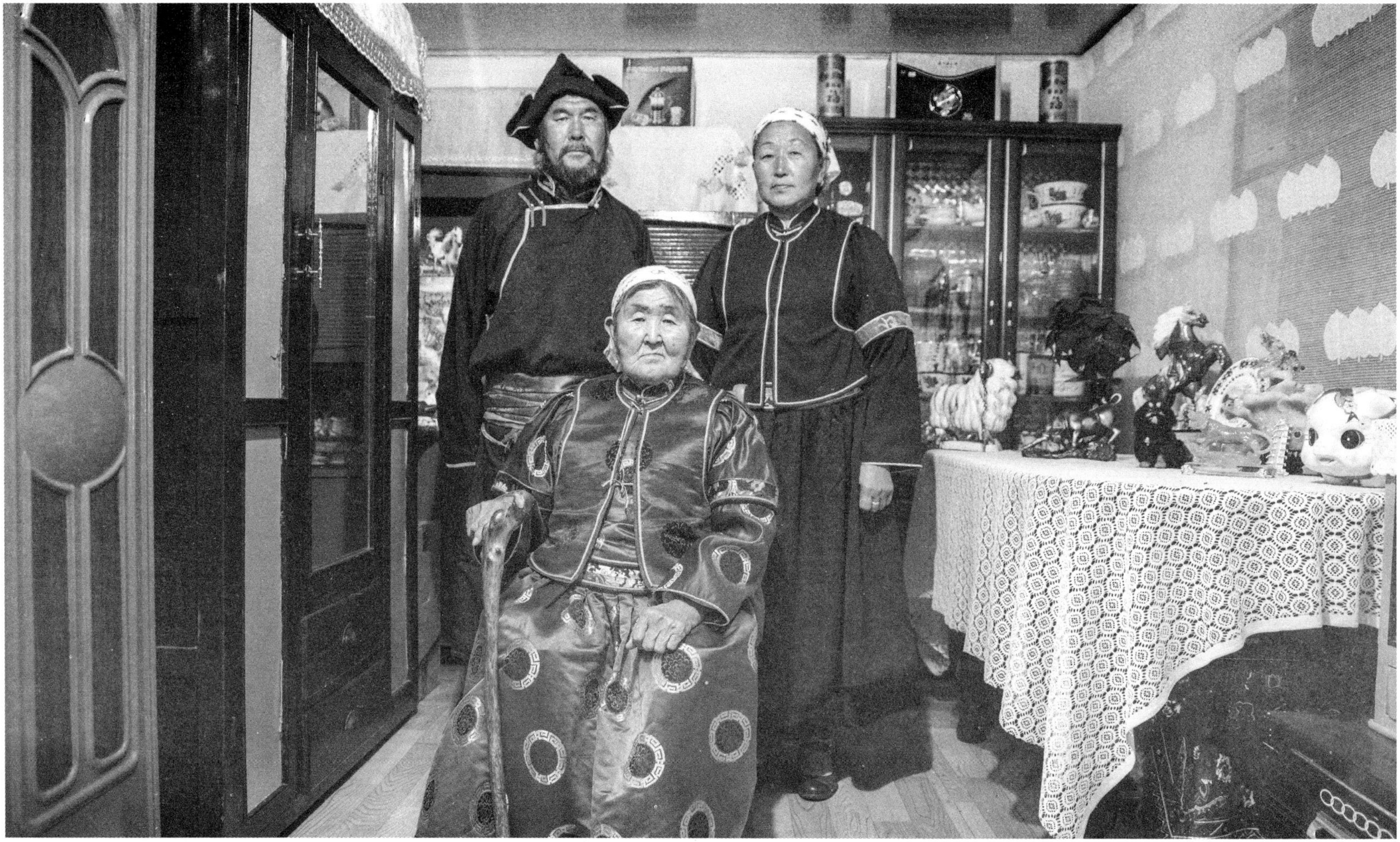

巴图吉日嘎拉一家

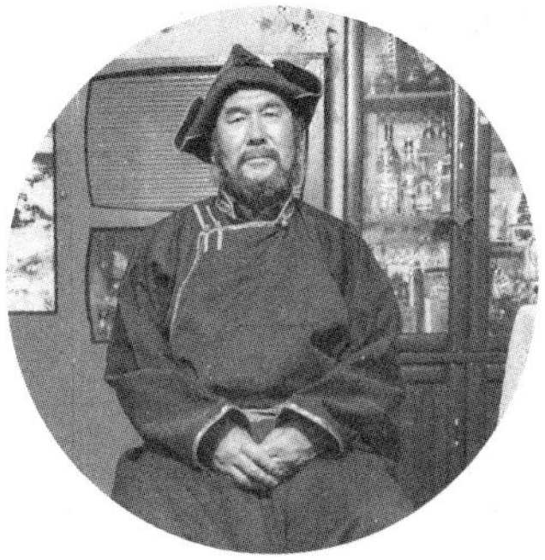

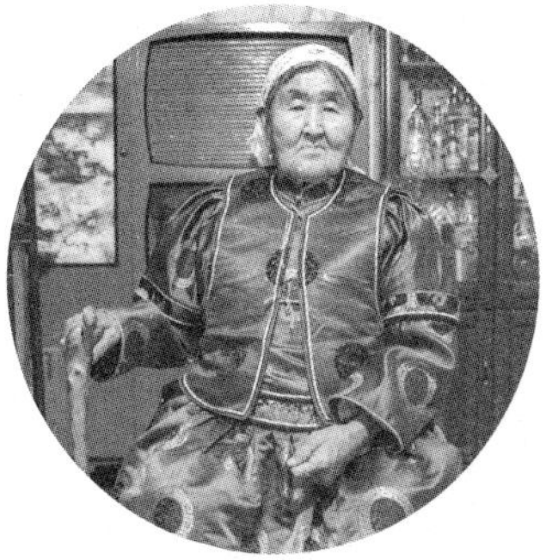

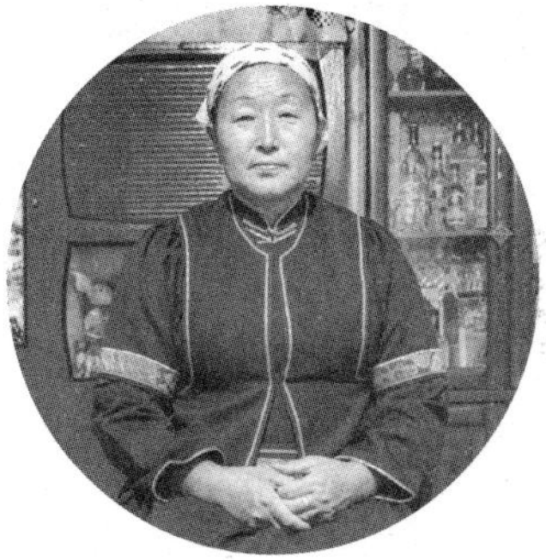

巴图吉日嘎拉

1961年12月出生，鄂温克族，父母都是通古斯鄂温克人。海拉尔一中毕业，学习蒙古语，会说鄂温克语、蒙古语、汉语。1993年当选哈吉嘎查嘎查达，1996年入党，2003年当选哈吉嘎查书记，2009年退休，曾获得呼伦贝尔市劳动模范称号。2009年开办牧户游，9个蒙古包，年收入4万～5万元。2014年参与拍摄《爸爸去哪儿了》（内蒙古篇）。会熟皮子、擀毡子、做奶酒等传统工艺。

岳母：森德木

1937年10月出生，鄂温克族。

爱人：斯普勒玛

1962年出生，鄂温克族。小学文化，2000年入党。曾任哈吉嘎查妇联主任十余年。

儿子：巴图赛汗

1985年5月出生，鄂温克族。西南师范大学毕业，现待业。

女儿：巴达玛旭日

1987年6月出生，鄂温克族。呼伦贝尔学院毕业，2014年考录到鄂温克民族苏木政府工作。

居住地：内蒙古自治区呼伦贝尔市陈巴尔虎旗鄂温克民族苏木哈吉嘎查

拍摄于2014年9月10日

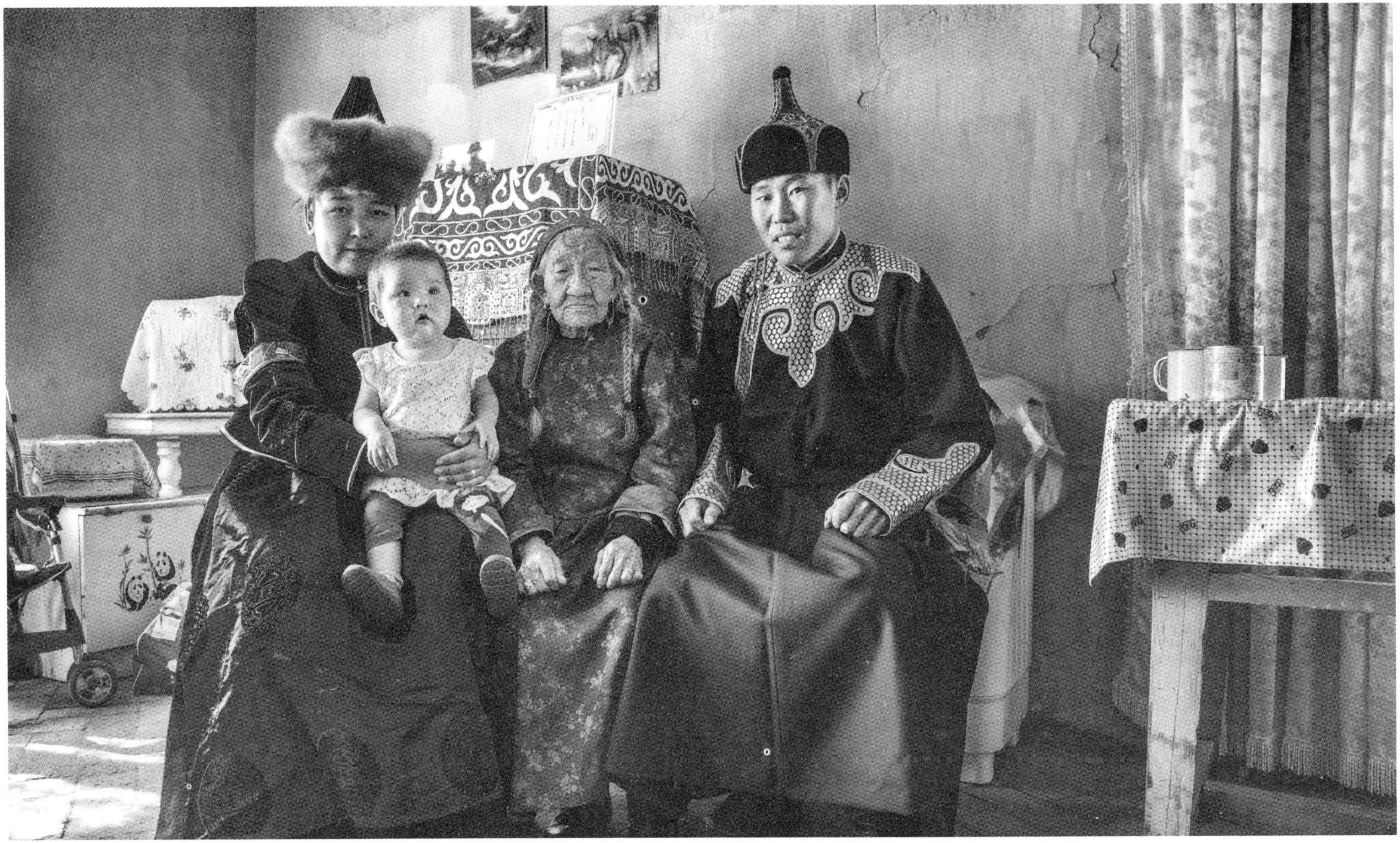

巴特尔一家

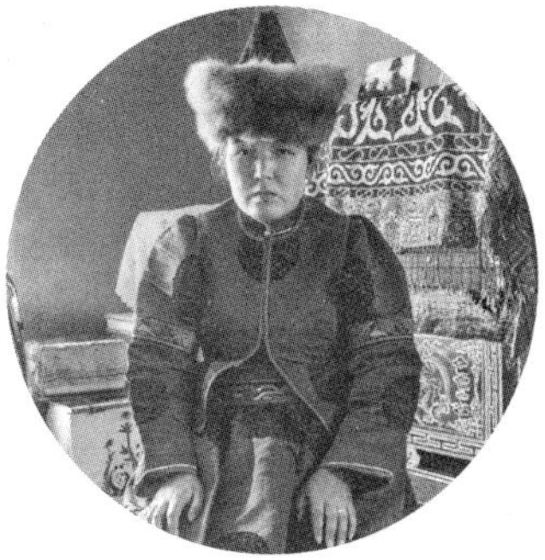

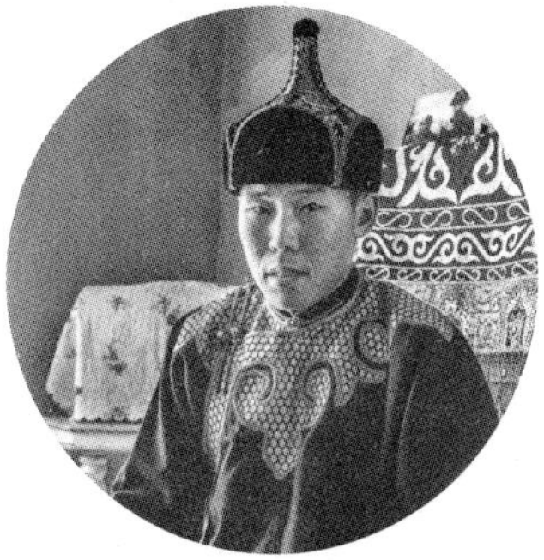

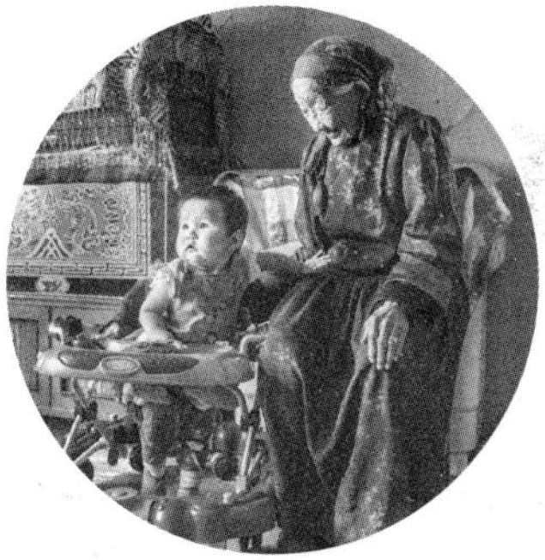

巴特尔

1995年1月出生，鄂温克族，父母都是通古斯鄂温克人。初中文化，会说布里亚特蒙古语和汉语，不会说通古斯鄂温克语。

爱人：那仁吉日嘎拉

1989年5月出生，鄂温克族，父母都是索伦鄂温克人。初中文化，会说鄂温克语、蒙古语、汉语。

巴特尔的姥姥：南斯勒玛

1940年出生，鄂温克族。

巴特尔的女儿：娜米拉

2013年11月出生，鄂温克族。

他们和巴特尔的父母一起生活，家里有50头牛，3匹马，40只羊。

居住地：内蒙古自治区呼伦贝尔市鄂温克族自治旗锡尼河东苏木罕乌拉嘎查

拍摄于2014年9月2日

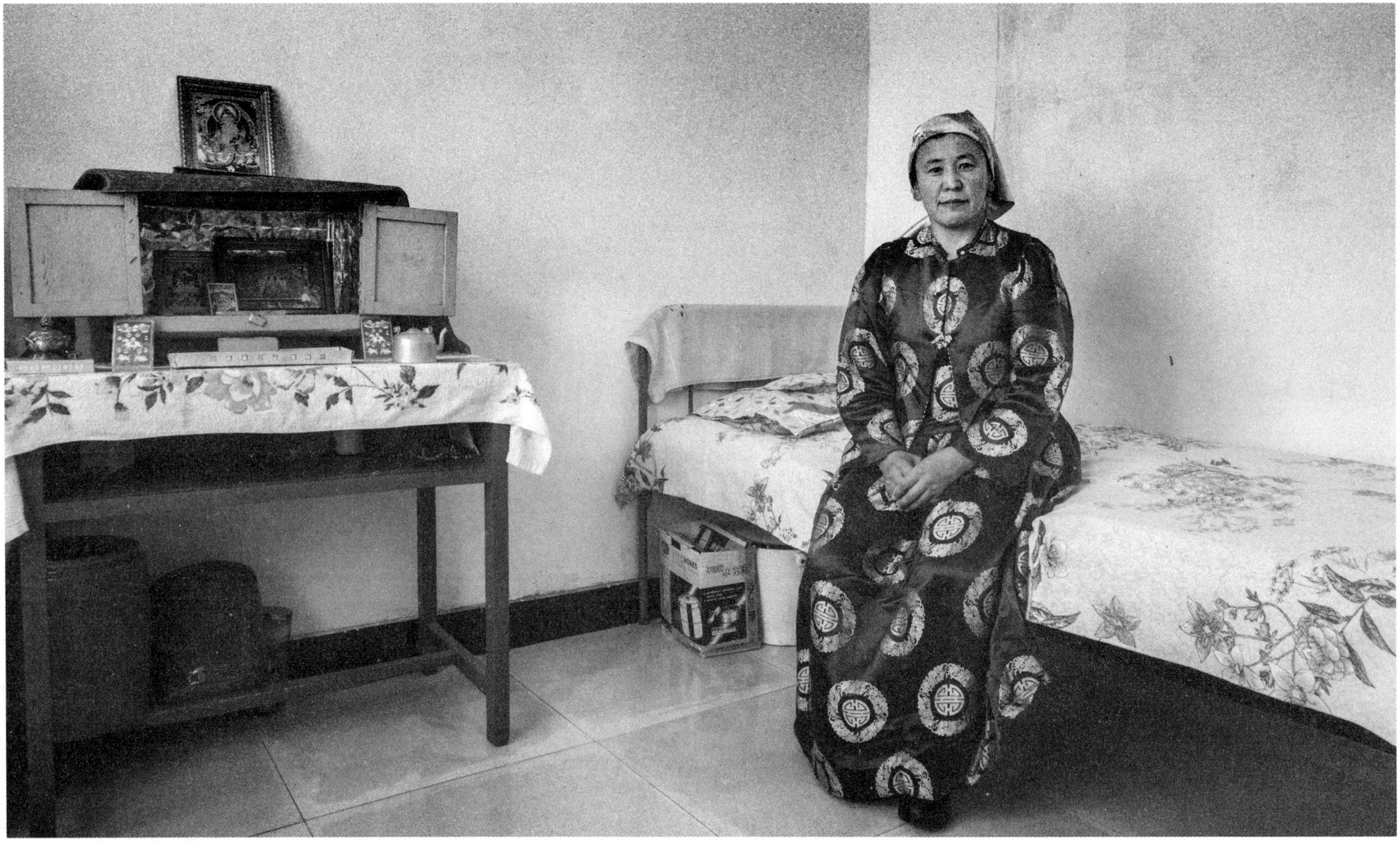

阿拉腾其木格一家

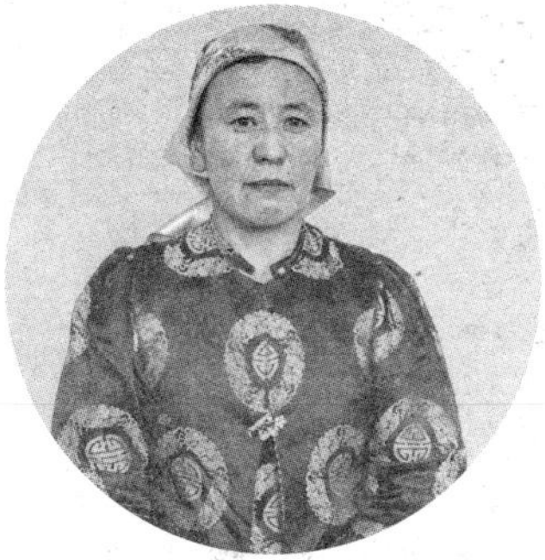

阿拉腾其木格

1980年7月出生，鄂温克族，父母都是通古斯鄂温克人。小学文化，会说蒙古语、汉语，不会说通古斯鄂温克语。

爱人：索优乐巴特尔

1976年7月出生，蒙古族，布里亚特蒙古人。

女儿：旭日

2001年6月出生，鄂温克族。在鄂温克族自治旗民族中学上初一，学习蒙古语。

家里有10多头牛，4匹马，100多只羊，年收入10万元。

居住地：内蒙古自治区呼伦贝尔市鄂温克族自治旗锡尼河东苏木罕乌拉嘎查

拍摄于2014年9月1日

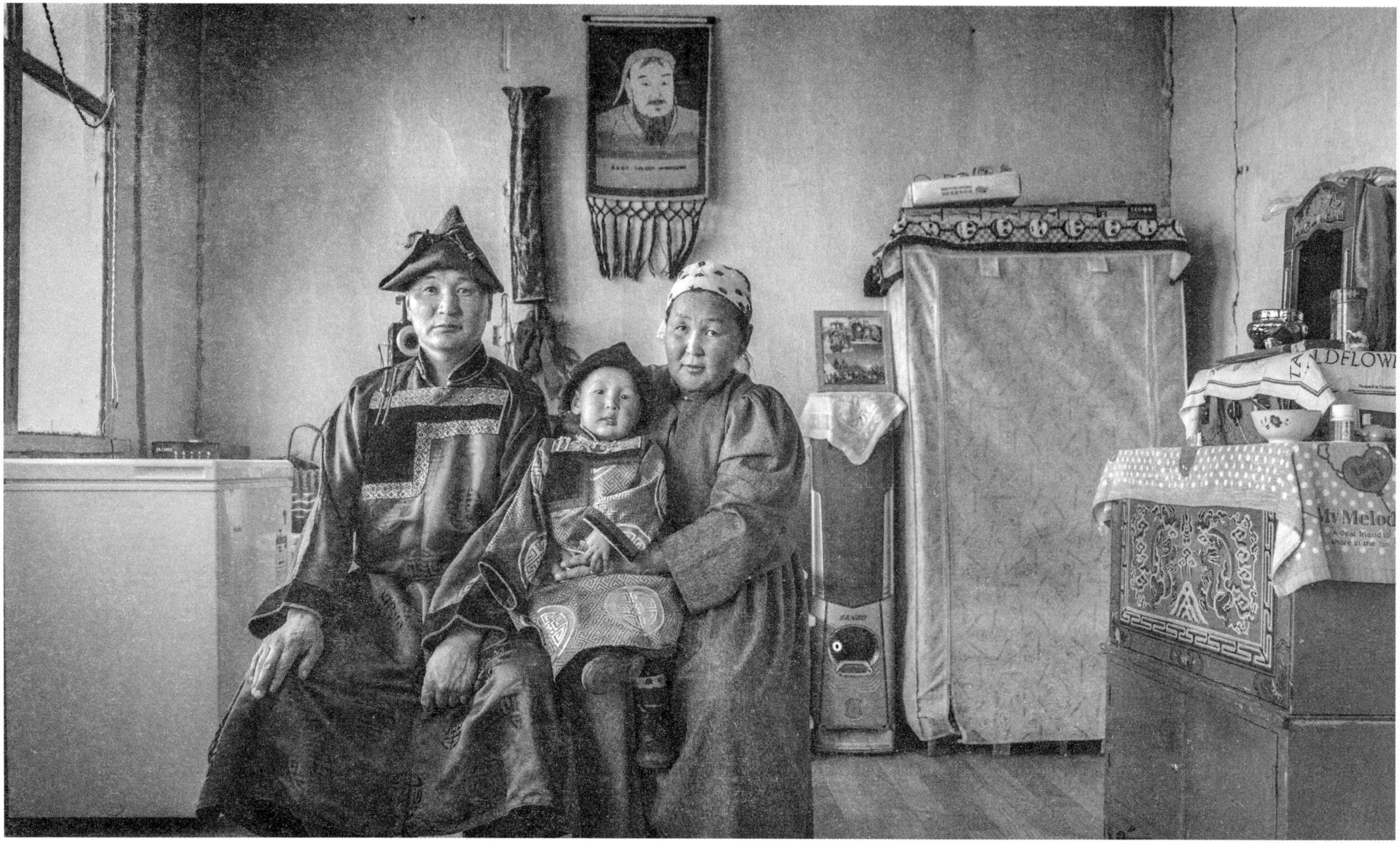

巴特尔一家

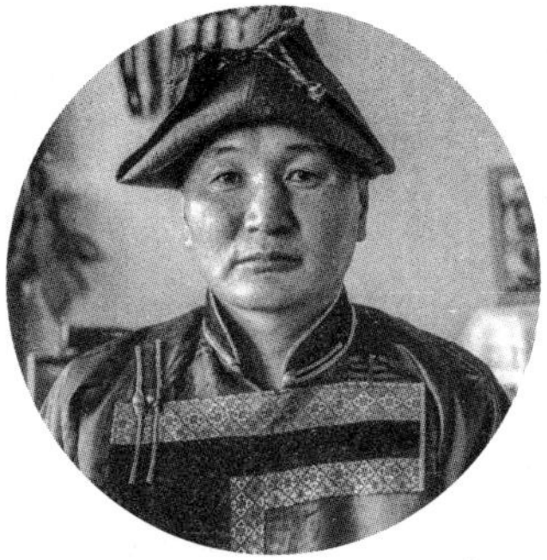

巴特尔

1978年11月出生，鄂温克族，父亲是通古斯鄂温克人，母亲是巴尔虎蒙古人。初中文化，中学的时候会通古斯鄂温克语，后来没人说，也就忘了。会说蒙古语、汉语。

爱人：斯仁巴拉吉德

1981年7月出生，鄂温克族。小学文化，会一点儿通古斯鄂温克语，会说蒙古语、汉语。

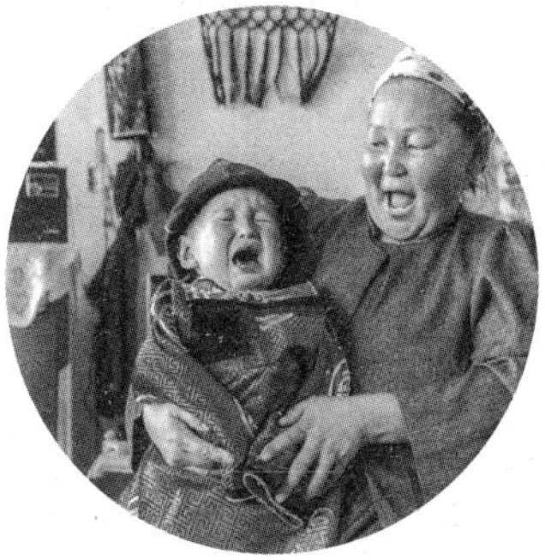

长子：薛扎布

2005年3月出生，鄂温克族。在鄂温克族自治旗第一小学上三年级，租房子住，由奶奶照顾。

次子：希贵（左）

2012年9月出生，鄂温克族。

家里有2头牛，10多匹马，50多只羊，年收入4万～5万元。

居住地：内蒙古自治区呼伦贝尔市鄂温克族自治旗锡尼河东苏木罕乌拉嘎查

拍摄于2014年9月1日

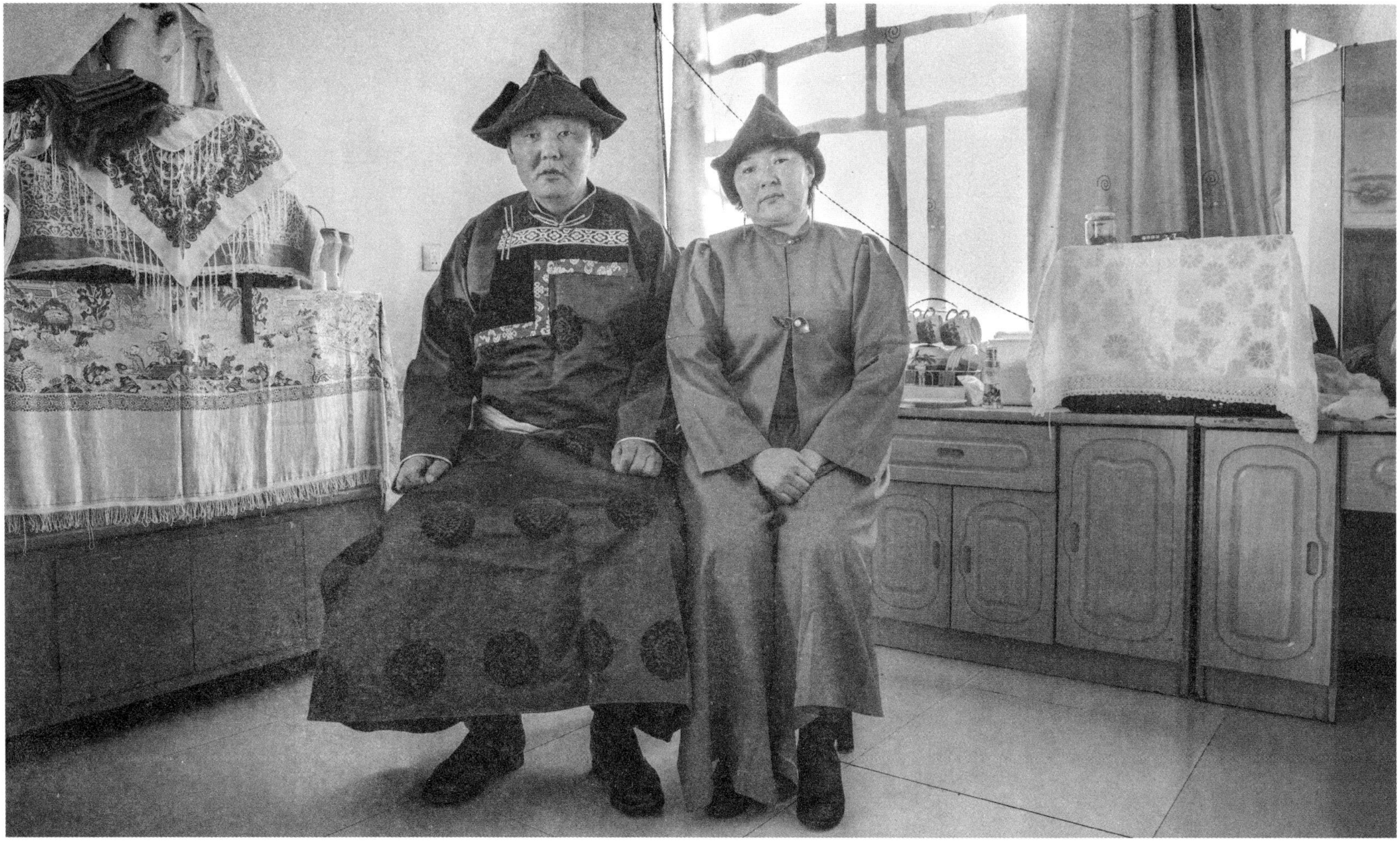

那木吉拉苏荣一家

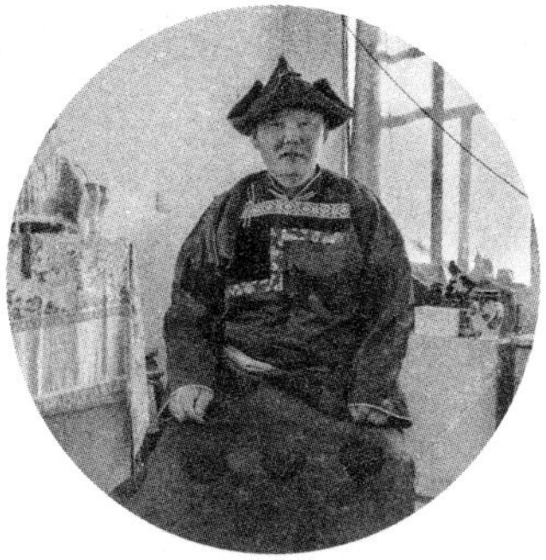

那木吉拉苏荣

1972年3月出生，鄂温克族，父亲是通古斯鄂温克人，母亲是布里亚特蒙古人。小学文化，会说蒙古语、汉语，不会说通古斯鄂温克语。

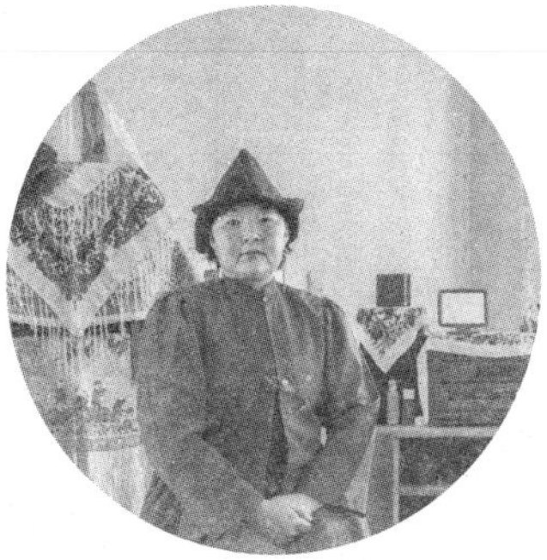

爱人：达力玛

1978年11月出生，鄂温克族。锡尼河中学初中毕业，1994年至1997年在巴彦托海镇卫校学习。

女儿：斯仁道力玛

1999年12月出生，鄂温克族。在鄂温克族自治旗民族中学上初三。奶奶从幼儿园开始陪孩子，一直照顾她。

家里有10多头牛，2匹马，年收入10万元。

居住地：内蒙古自治区呼伦贝尔市鄂温克族自治旗锡尼河东苏木罕乌拉嘎查

拍摄于2014年9月2日

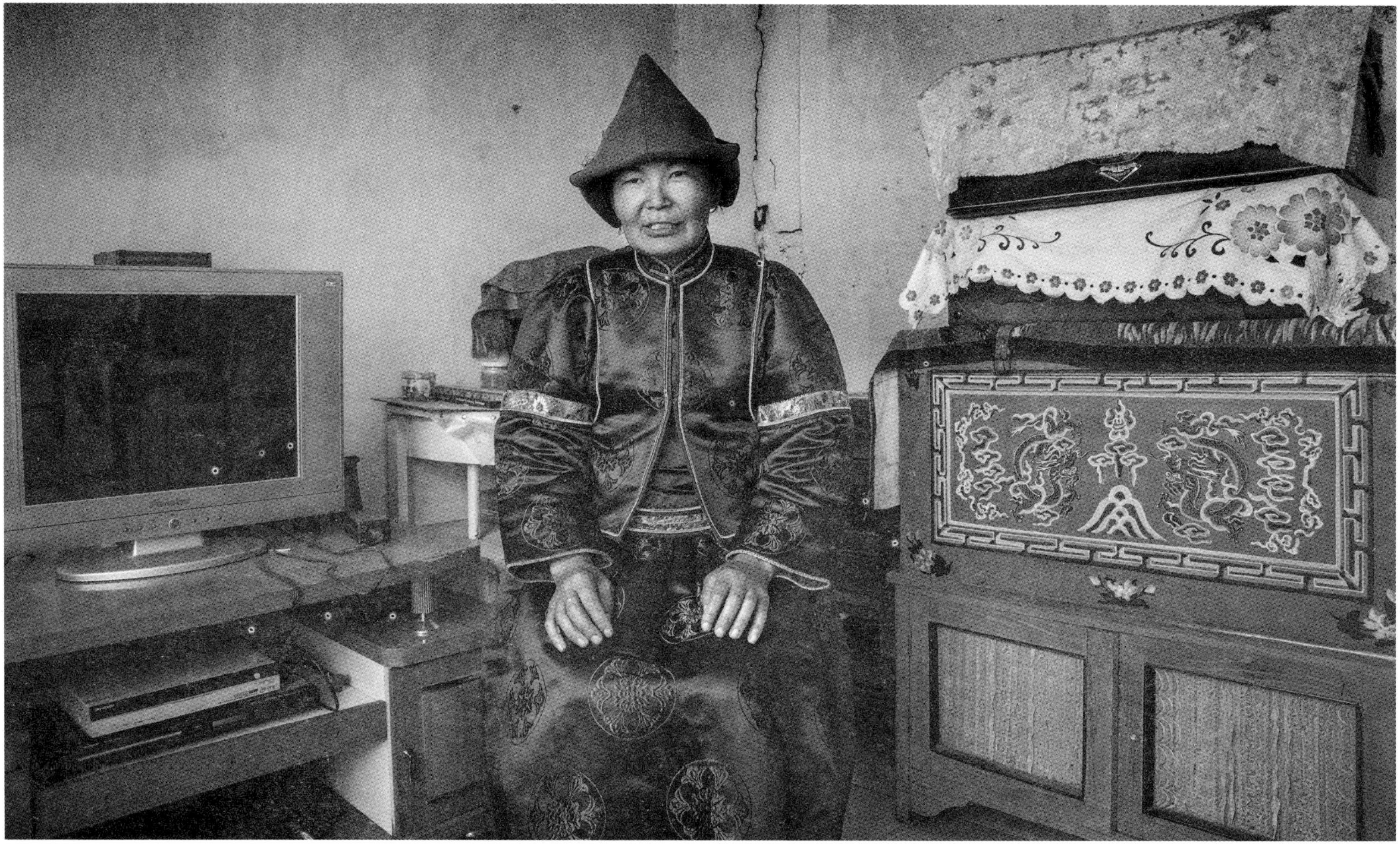

娜仁其木格一家

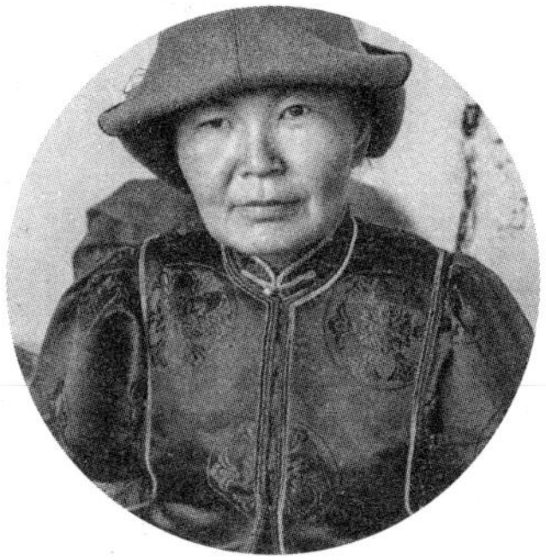

娜仁其木格

1976年4月出生，鄂温克族，父亲是通古斯鄂温克人，母亲是布里亚特蒙古人。小学文化，会说布里亚特蒙古语、汉语，不会说通古斯鄂温克语。

爱人：巴达玛

1975年8月出生，鄂温克族。去草场打草了，没有拍照。

儿子：布德扎布

1996年11月出生，鄂温克族。在鄂温克族自治旗职业高中学习马术。

家里有25头牛，4匹马，100多只羊，年收入7万～8万元。

居住地：内蒙古自治区呼伦贝尔市鄂温克族自治旗锡尼河东苏木罕乌拉嘎查

拍摄于2014年9月1日

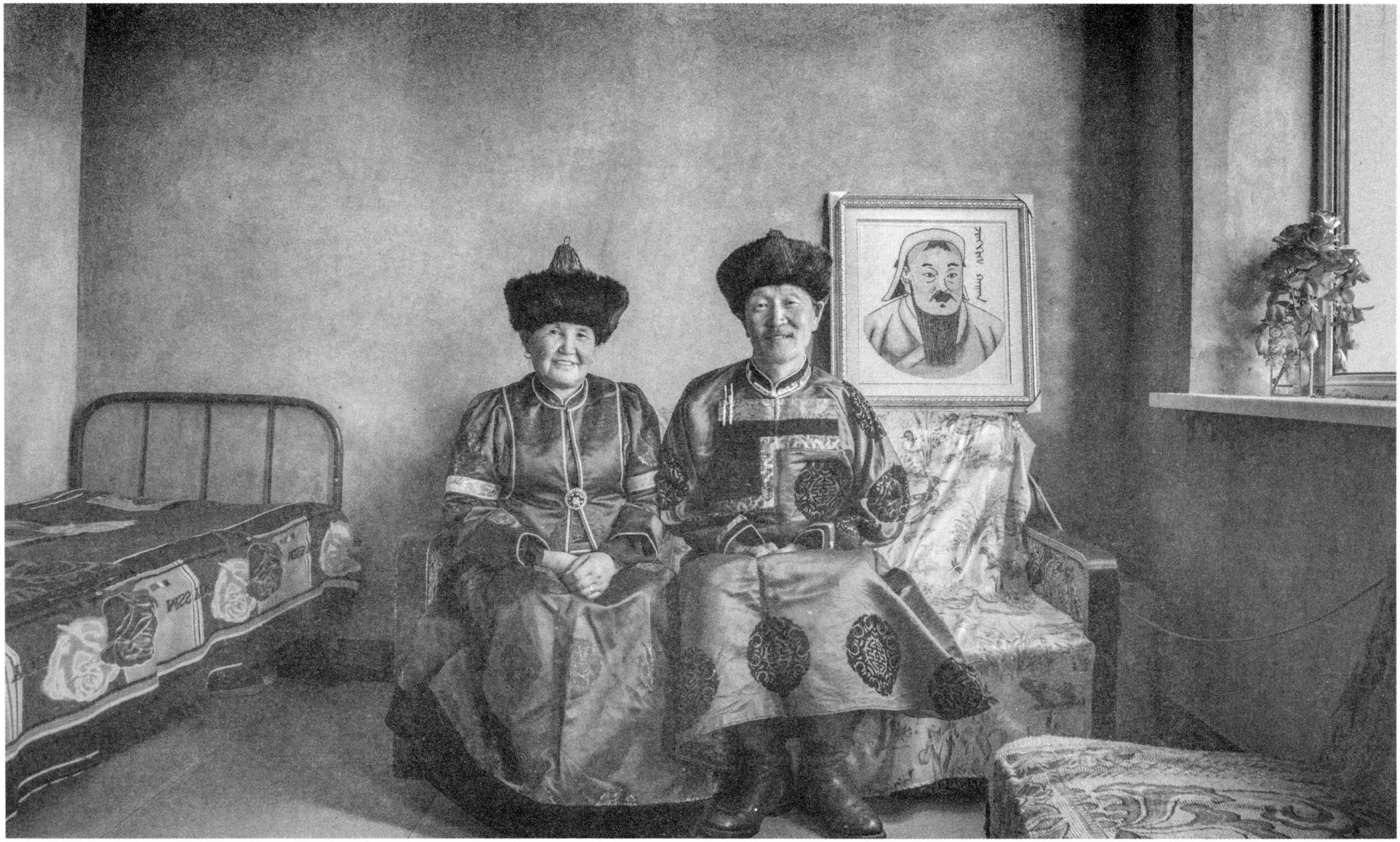

南斯勒玛一家

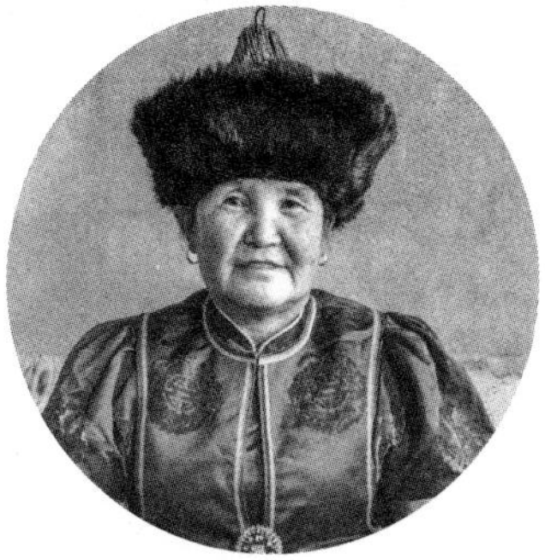

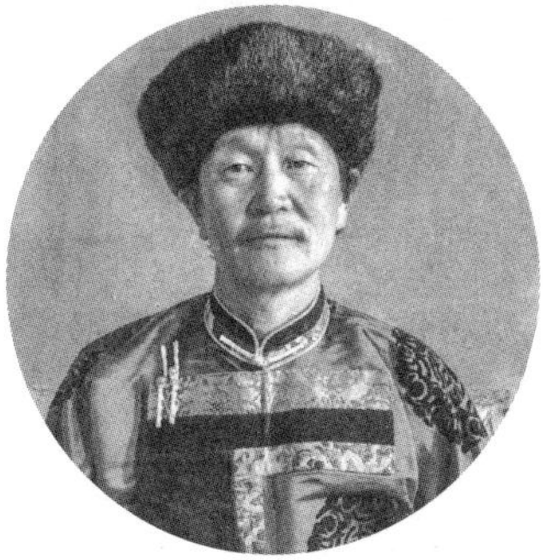

南斯勒玛

1961年1月出生，鄂温克族，父母都是通古斯鄂温克人。小学文化，会说蒙古语、汉语，不会说通古斯鄂温克语。

爱人：索义乐巴特

1969年7月出生，蒙古族，父亲是布里亚特蒙古人，母亲是通古斯鄂温克人。小学文化，会说蒙古语、汉语。

长子：呼德日

1994年9月出生，鄂温克族，在家待业。

次子：莫日根

2000年10月出生，蒙古族，在鄂温克族自治旗民族中学上初一。

家里有15头牛，1匹马，年收入8万元。

居住地：内蒙古自治区呼伦贝尔市鄂温克族自治旗锡尼河东苏木罕乌拉嘎查

拍摄于2014年9月1日

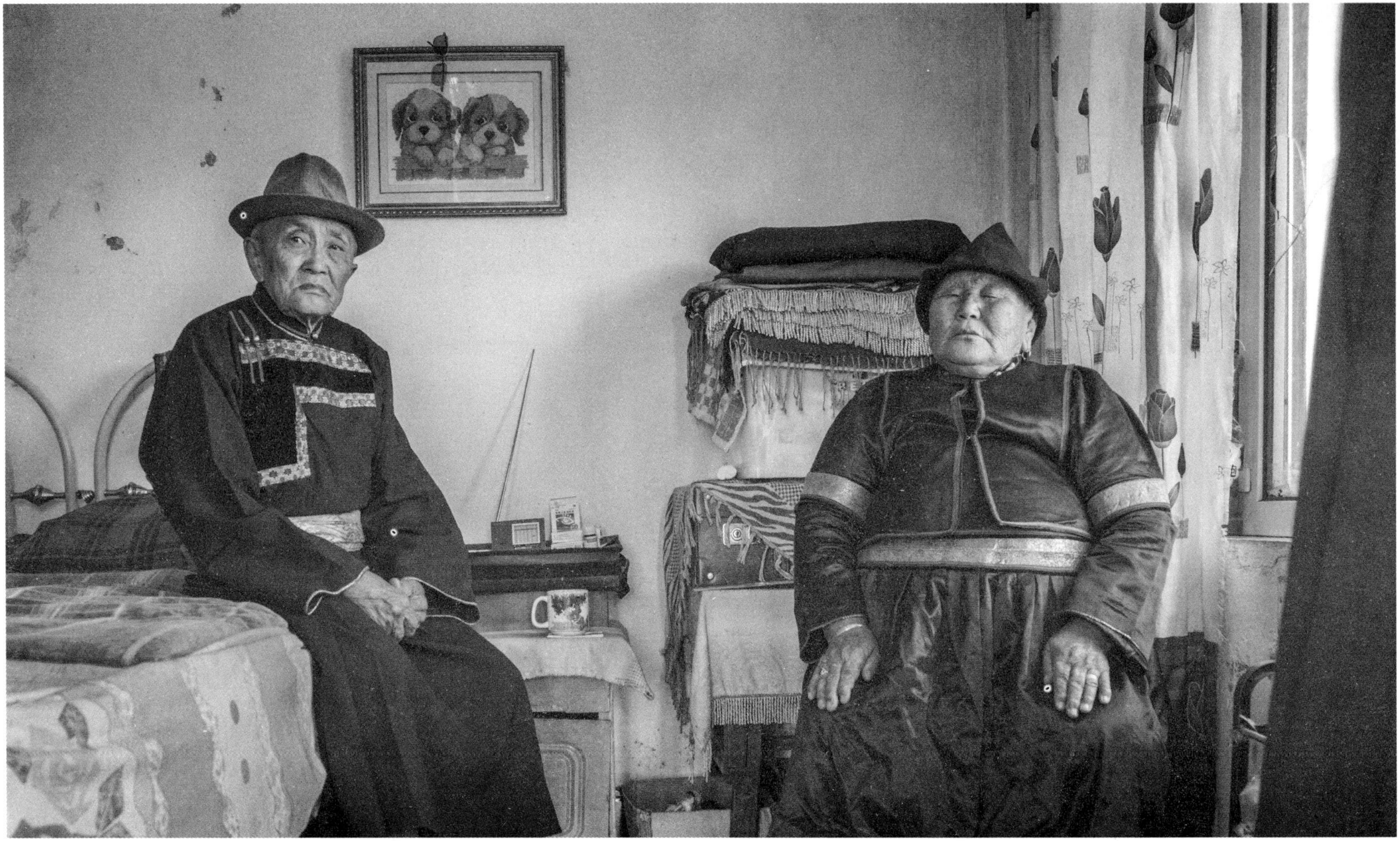

尼玛一家

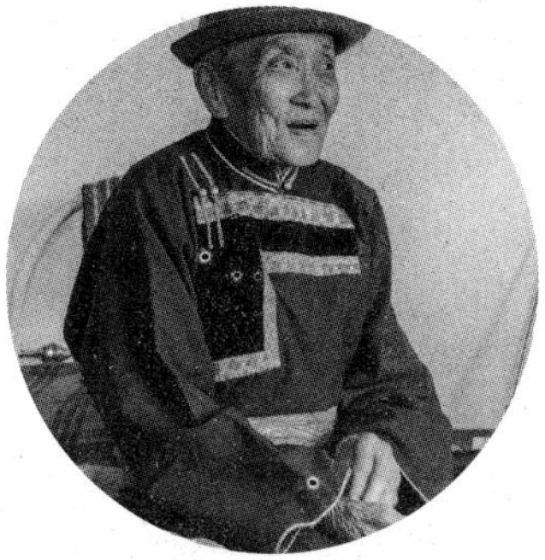

尼　玛

1937年6月出生，鄂温克族。锡尼河上小学，后来到呼和浩特市培训半年，学习兽医知识。会说通古斯鄂温克语、蒙古语、汉语。

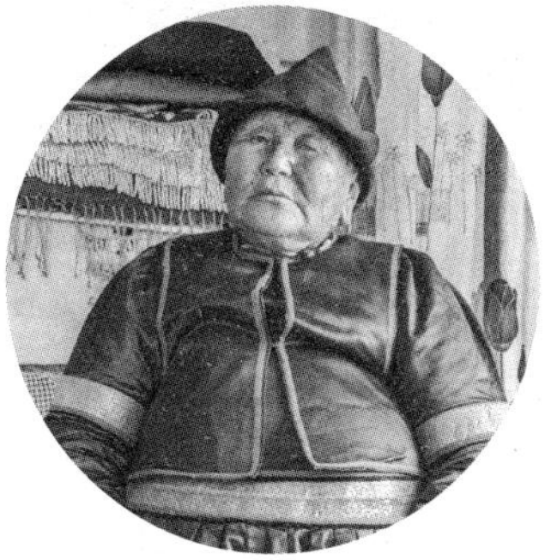

爱人：斯日格玛

鄂温克族，会说鄂温克语、蒙古语、汉语。养育八个儿子、四个女儿，现都已经成家，每家只要了一个孩子。二位老人现在和小儿子一起生活。

家里有8头牛，80匹马。

居住地：内蒙古自治区呼伦贝尔市鄂温克族自治旗锡尼河东苏木罕乌拉嘎查

拍摄于2014年9月2日

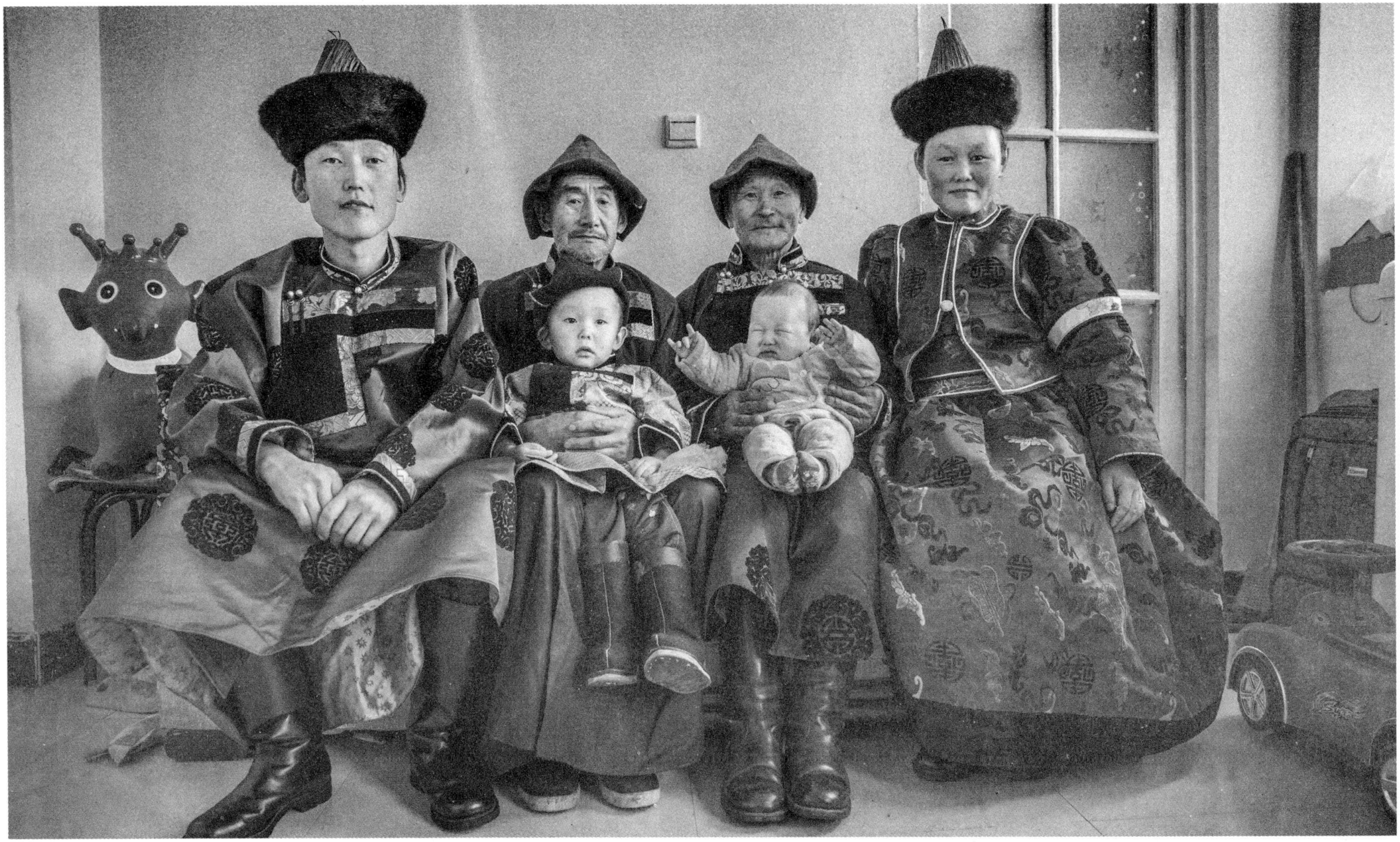

努日一家

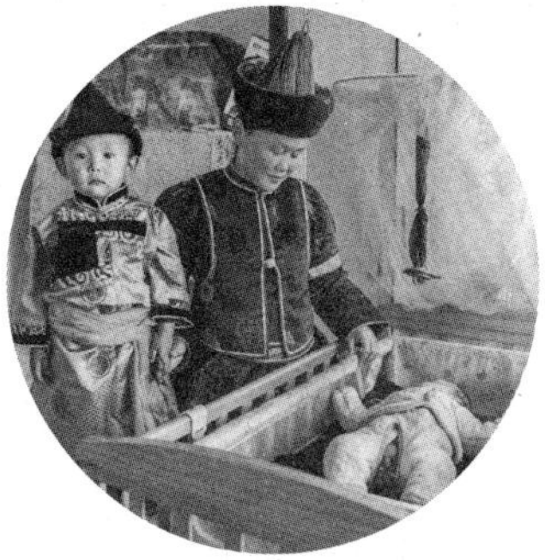

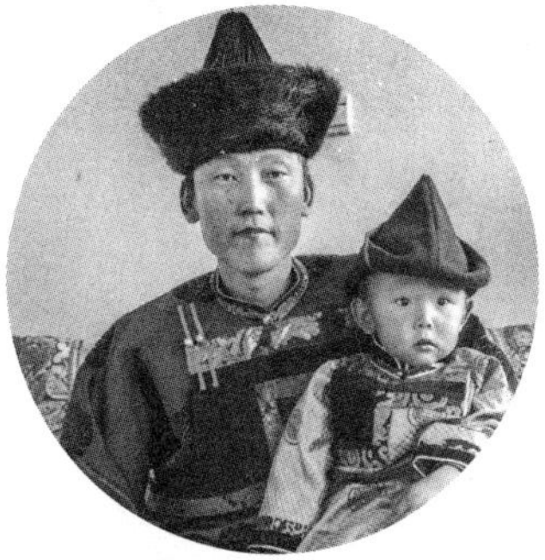

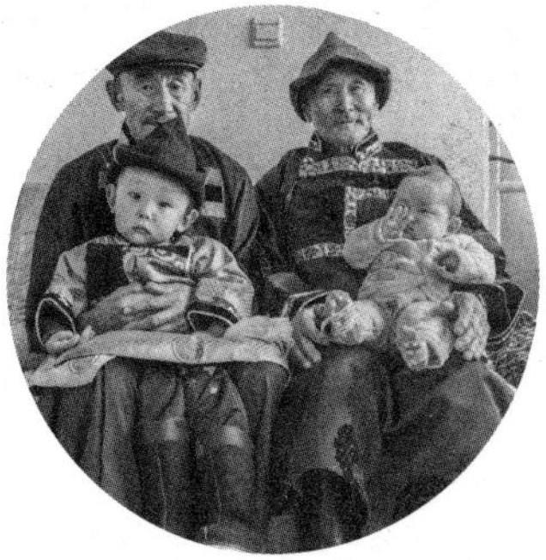

努　日

1989年6月出生，鄂温克族，父母都是通古斯鄂温克人。高中文化，会说通古斯鄂温克语、布里亚特蒙古语、汉语。

索义乐苏荣给人放羊，每月每只羊15元，从5月到10月，放5个月，今年放了300多只羊。家里有13头牛，70多只羊。

爱人：索义乐苏荣

1985年4月出生，蒙古族。初中文化，会说通古斯鄂温克语、布里亚特蒙古语、达斡尔语、汉语。

长子：成吉思（左）

2011年12月出生，鄂温克族。

次子：德格金（右）

2014年5月出生，鄂温克族。

努日的爷爷（右）：包力德

1941年1月出生，鄂温克族。

索义乐苏荣的继父（左）：王传孟

1933年11月出生，山东平邑人，汉族。

居住地：内蒙古自治区呼伦贝尔市鄂温克族自治旗锡尼河东苏木罕乌拉嘎查

拍摄于2014年9月1日

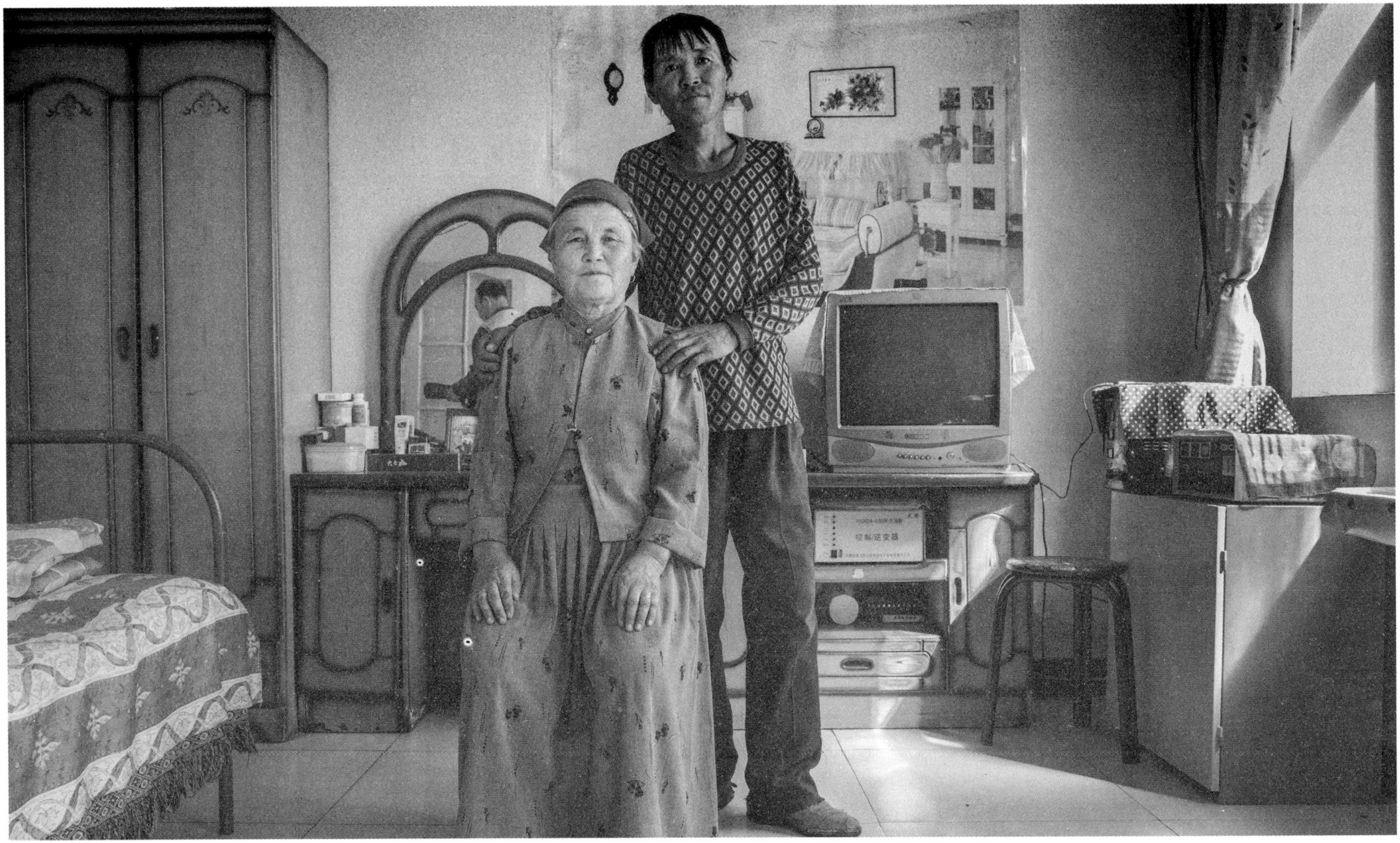

普勒吉德一家

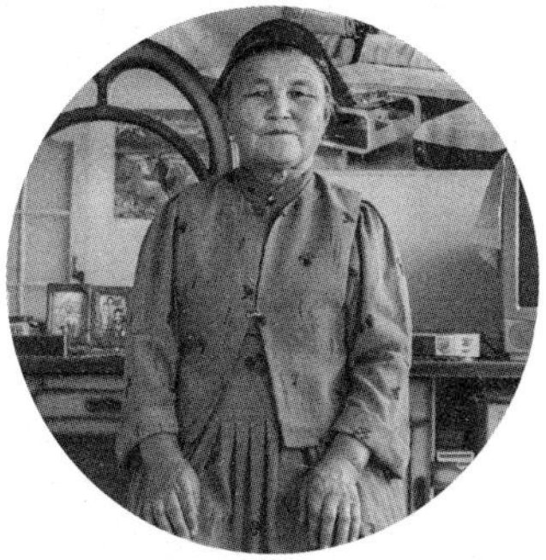

普勒吉德

1950年8月出生，鄂温克族，父母都是通古斯鄂温克人。小学文化，会说蒙古语、汉语，不会说通古斯鄂温克语。养育了四个儿子、一个女儿，现在和长子、三子一起生活。

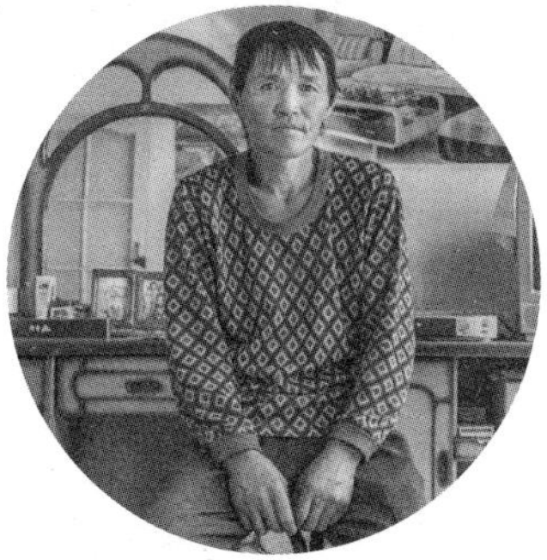

次子：斯登丹巴

1972年4月出生，鄂温克族。小学文化，会说蒙古语、汉语，不会说通古斯鄂温克语。

家里有15头牛，1匹马。

居住地：内蒙古自治区呼伦贝尔市鄂温克族自治旗锡尼河东苏木罕乌拉嘎查

拍摄于2014年9月2日

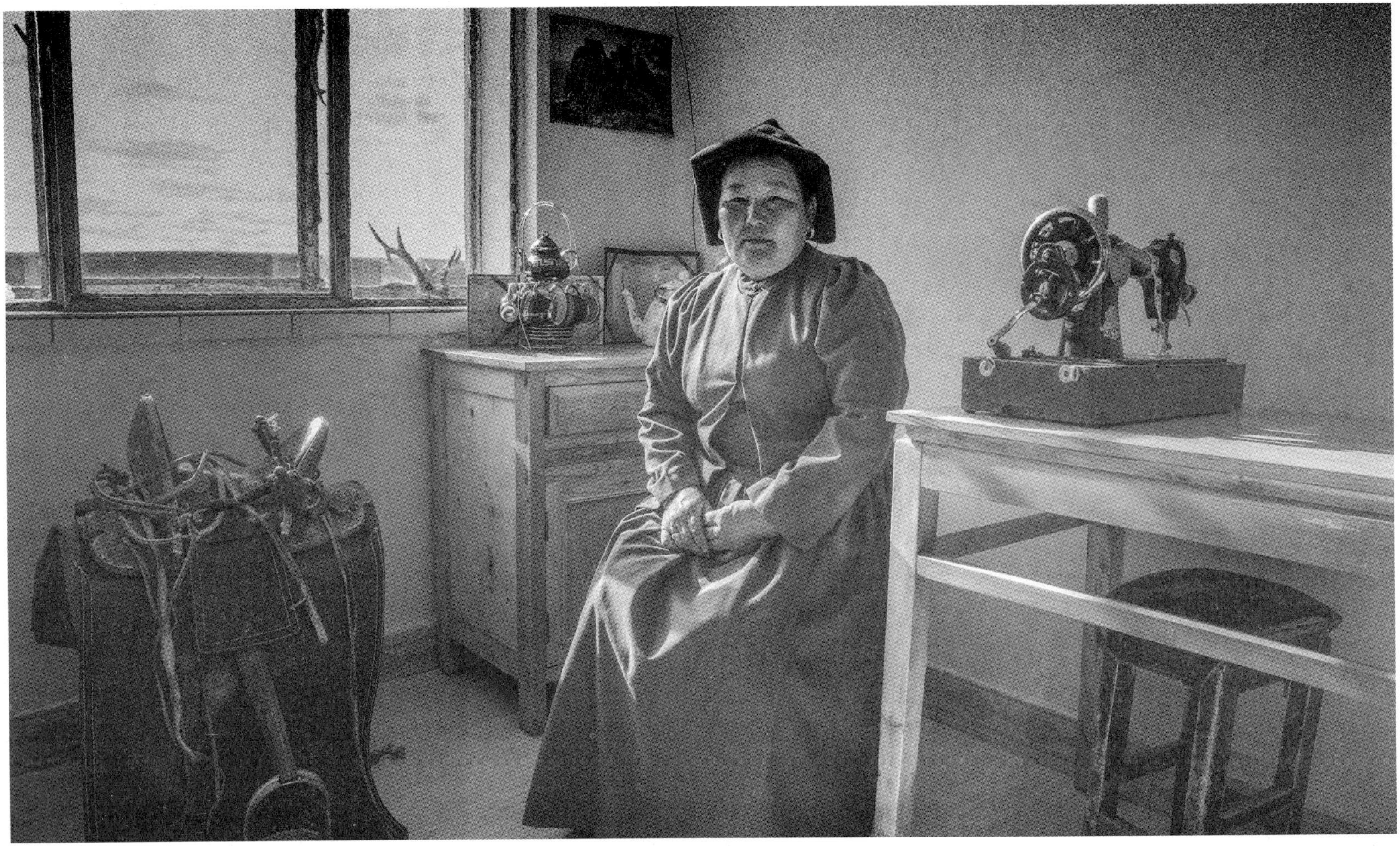

斯日格玛一家

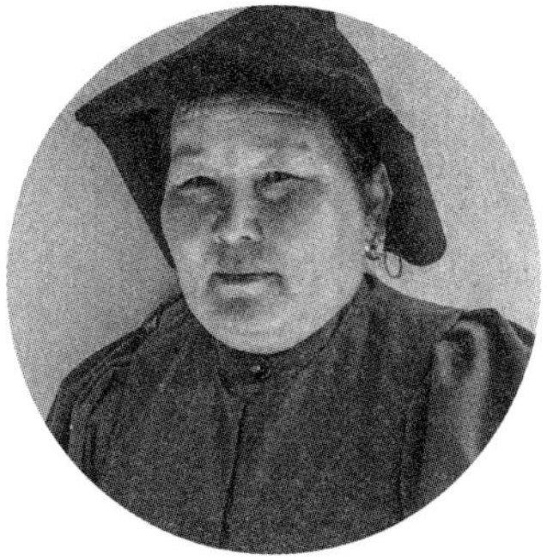

斯日格玛

1964年4月出生，鄂温克族，父母都是通古斯鄂温克人。初中文化，会说布里亚特蒙古语、汉语，懂一点点通古斯鄂温克生活用语。

爱人：巴图

1967年12月出生，蒙古族。

长女：乌日金

1986年8月出生，鄂温克族。

次女：诺敏

1992年4月出生，鄂温克族，在内蒙古大学读书。

长子：吴晓成

1993年12月出生，蒙古族。曾在鄂温克族自治旗职业高中学习马术，现在北京天星国际马术俱乐部工作。

家里有30多头牛，20匹马，100多只羊，年收入8万元。

居住地：内蒙古自治区呼伦贝尔市鄂温克族自治旗锡尼河东苏木罕乌拉嘎查

拍摄于2014年9月2日

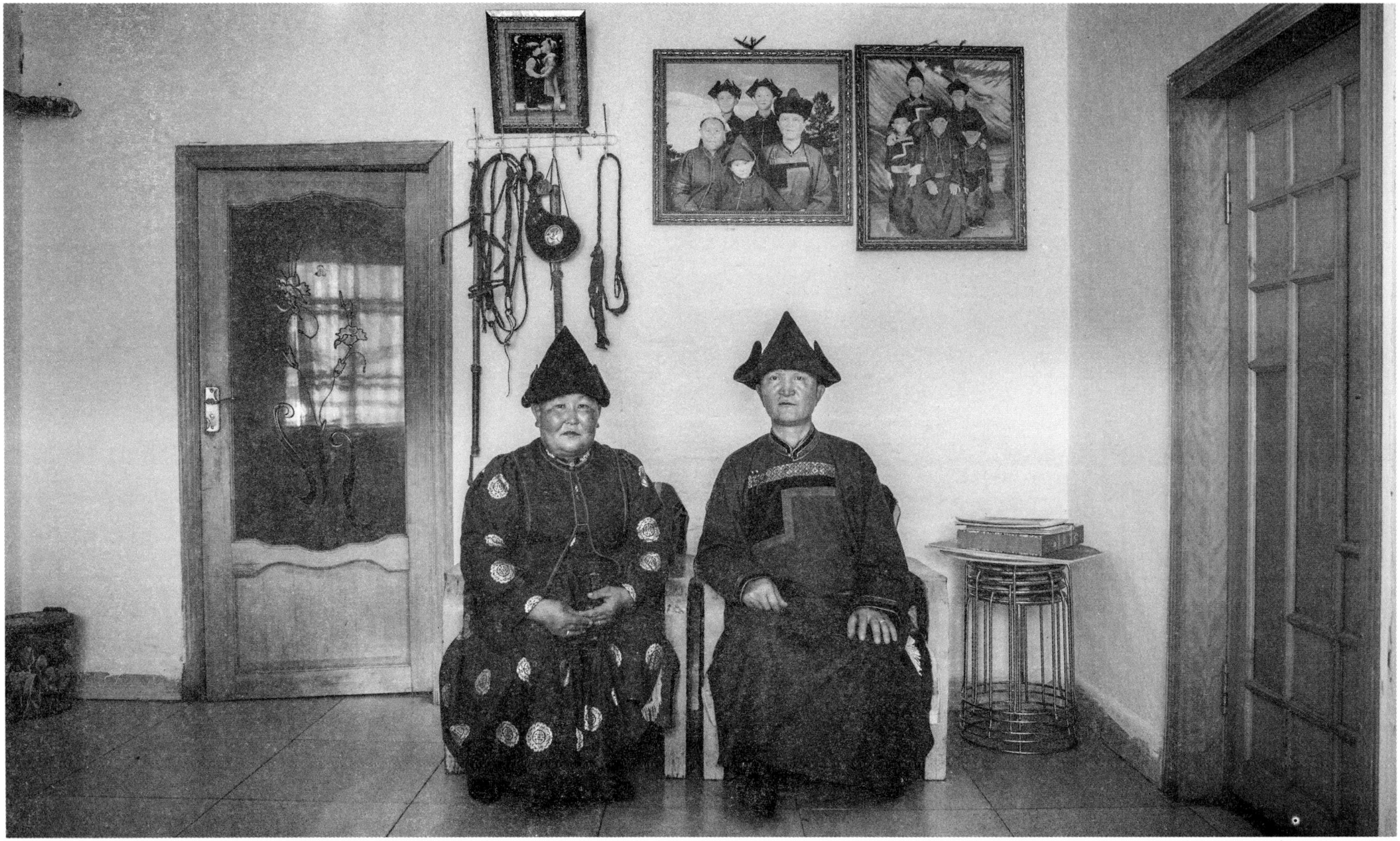

德格吉日呼一家

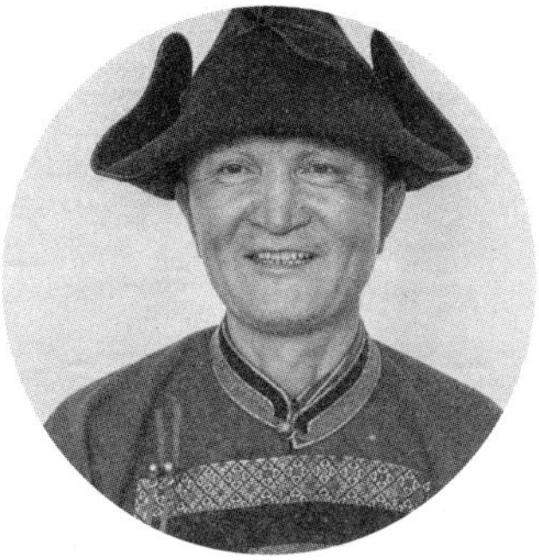

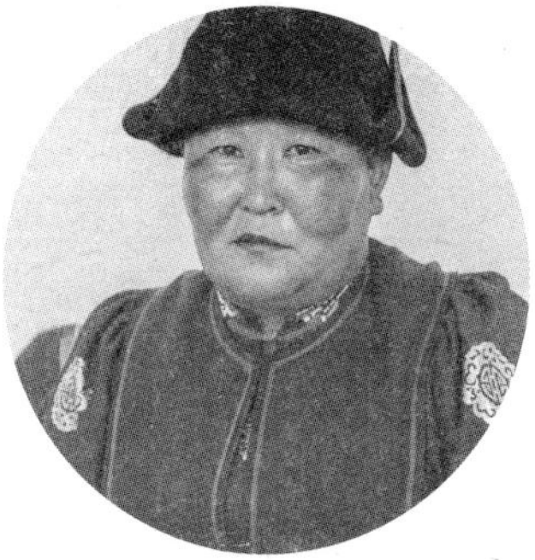

德格吉日呼

1971年6月出生，鄂温克族，父母都是通古斯鄂温克人。初中毕业后，到陈巴尔虎旗党校进修，大专学历。会说通古斯鄂温克语、蒙古语、汉语。1997年入党，2000年当选辉苏嘎查嘎查达。2005年至今任辉苏嘎查书记。2007年当选呼伦贝尔市第一届人大代表。

家里有20多头牛，80匹马，1000多只羊，年收入30万元。

爱人：巴拉玛

1972年2月出生，鄂温克族。陈巴尔虎旗二中毕业，学习蒙古语，初中文化。

长子：干照日格

1994年11月出生，鄂温克族，在西南民族大学学习。

次子：甘迪格

1996年5月出生，鄂温克族，在河北工业大学人文法律系学习。

三子：吉德胡勒

2004年10月出生，鄂温克族，在陈巴尔虎旗民族小学上五年级。为了孩子上学，在巴彦库仁镇买了楼房，由奶奶照顾孩子。

居住地：内蒙古自治区呼伦贝尔市陈巴尔虎旗鄂温克民族苏木辉苏嘎查

拍摄于2014年9月10日

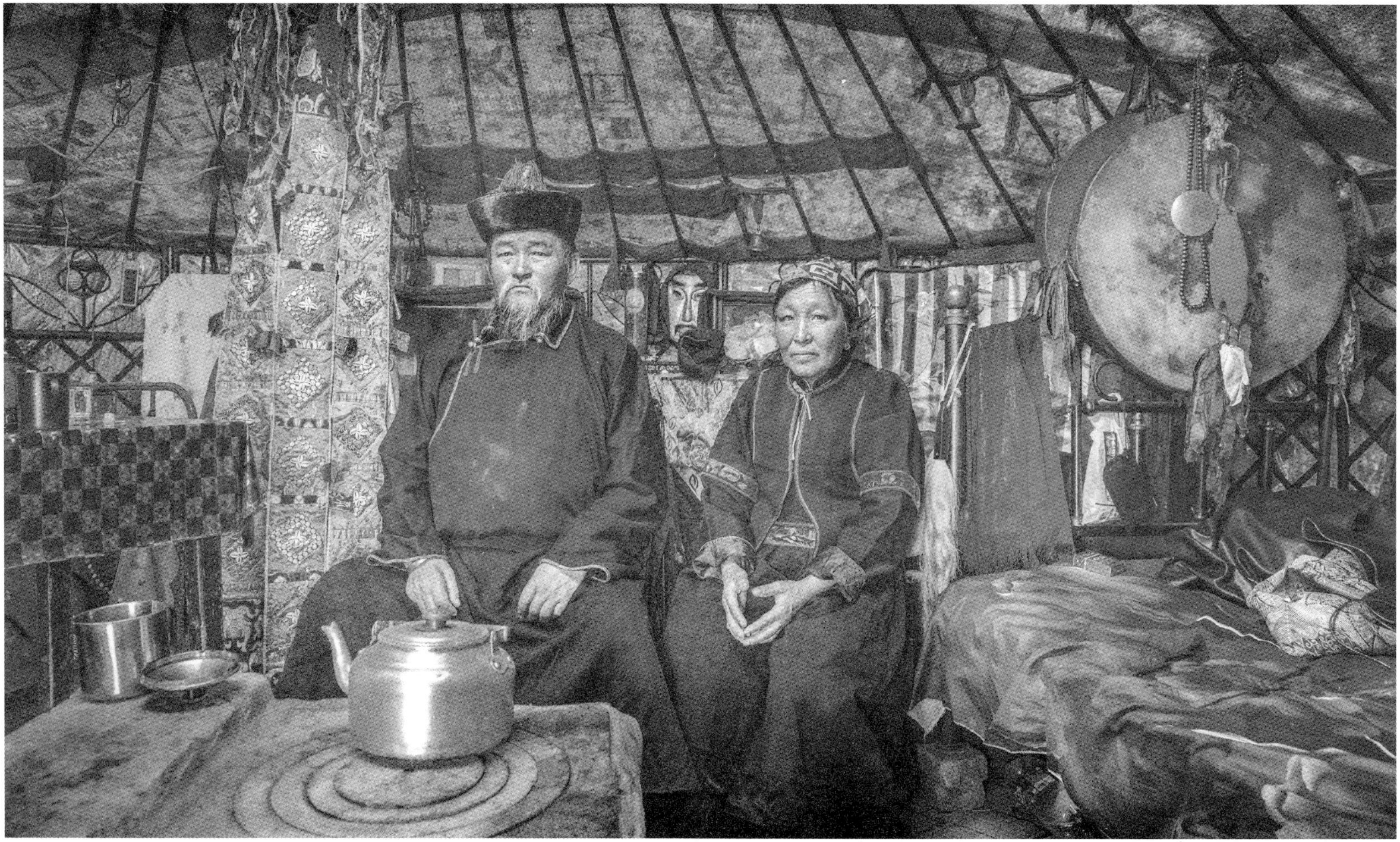

斯仁巴图一家

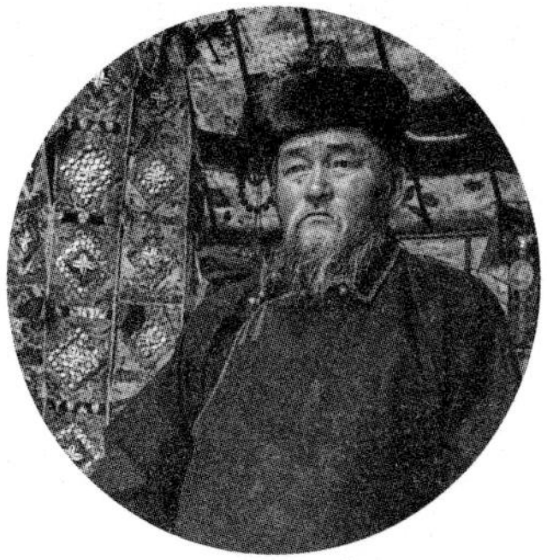

斯仁巴图

1956年10月出生，鄂温克族，父母都是通古斯鄂温克人。小学文化，会说通古斯鄂温克语、蒙古语、汉语。斯仁巴图是鄂温克族萨满。

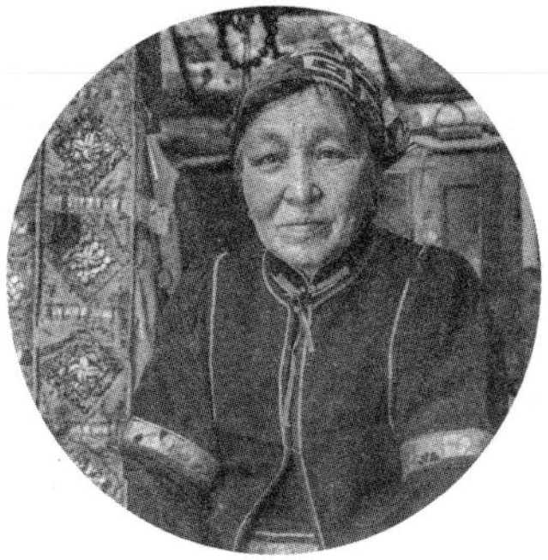

爱人：斯日吉玛

1958年1月出生，鄂温克族。初中文化，1988年入党。曾任辉吞嘎查团支部书记、妇联主任等职。

儿子：青格乐图

1990年7月出生，鄂温克族。陈巴尔虎旗第二中学毕业，现在家放牧。

女儿：斯琴韩都

1991年8月出生，鄂温克族，出嫁了。

家里有20多头牛，3匹马，40只羊，年收入5万元。

居住地：内蒙古自治区呼伦贝尔市陈巴尔虎旗鄂温克民族苏木辉吞嘎查

拍摄于2014年9月10日

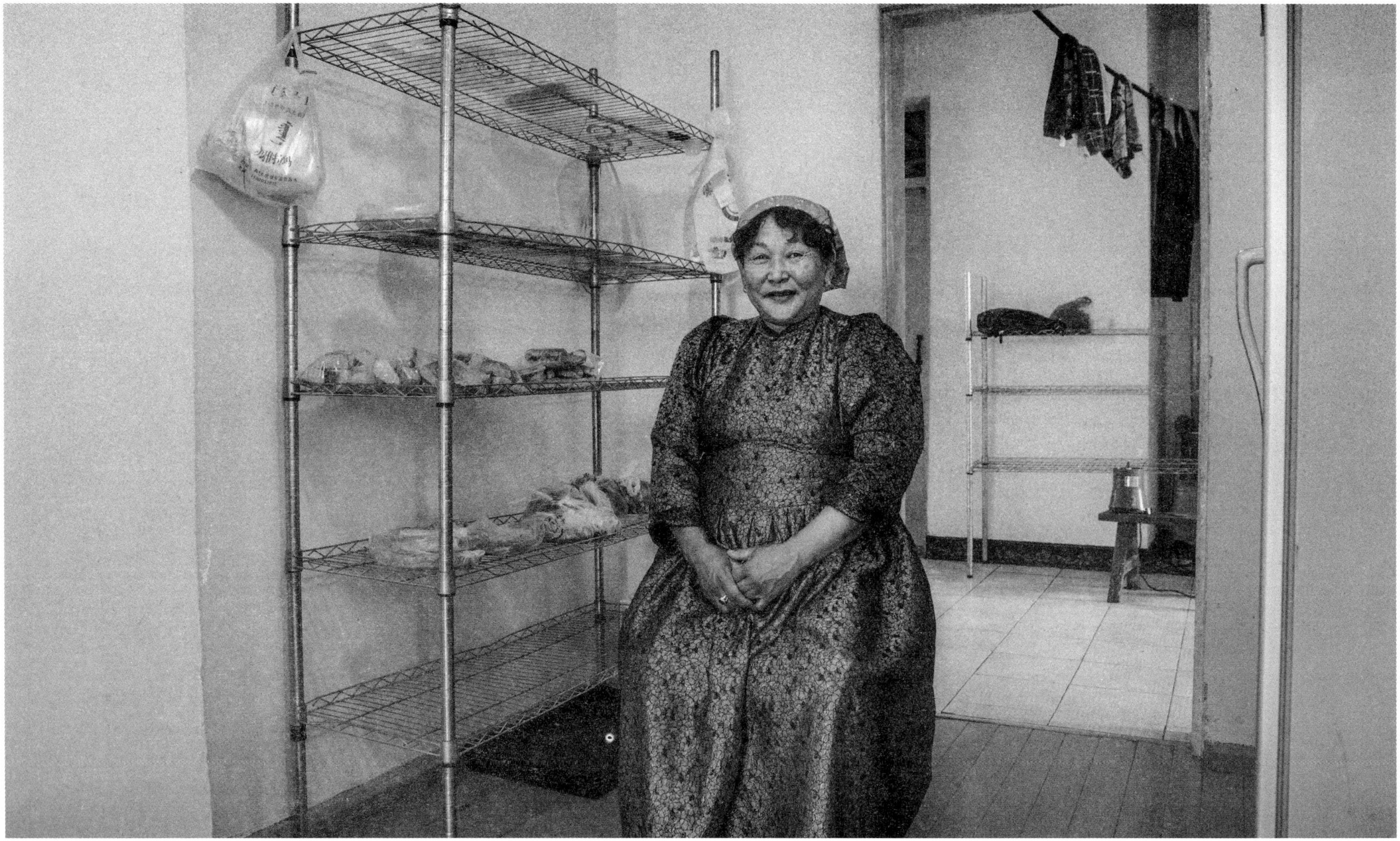

苏雅拉玛一家

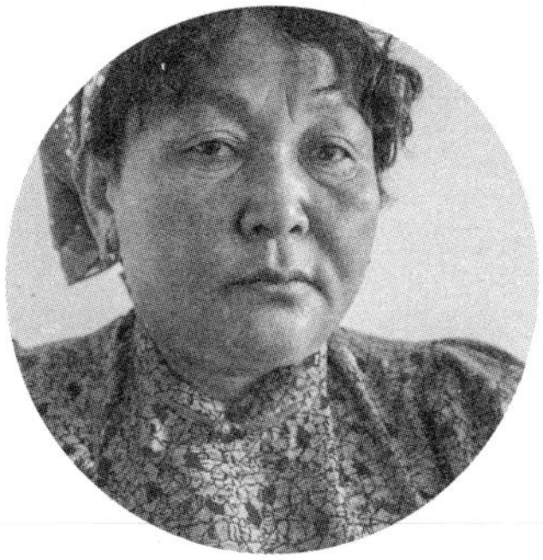

苏雅拉玛

1967年2月出生，鄂温克族，父母都是通古斯鄂温克人。鄂温克民族苏木中学毕业，初中文化，会说通古斯鄂温克语、蒙古语、汉语。2005年在鄂温克民族苏木经营列巴房，2013年搬到旗里经营“哈木尼干鄂温克自制克列巴”，房租每年2.5万元，收入够日常开销。

爱人：额尔敦图

蒙古族。

长女：阿拉坦其其格

鄂温克族，初中文化，出嫁了。

次女：丽霞

鄂温克族，在海拉尔一中上高一，学蒙古语。

居住地：内蒙古自治区呼伦贝尔市陈巴尔虎旗巴彦库仁镇

拍摄于2014年9月10日

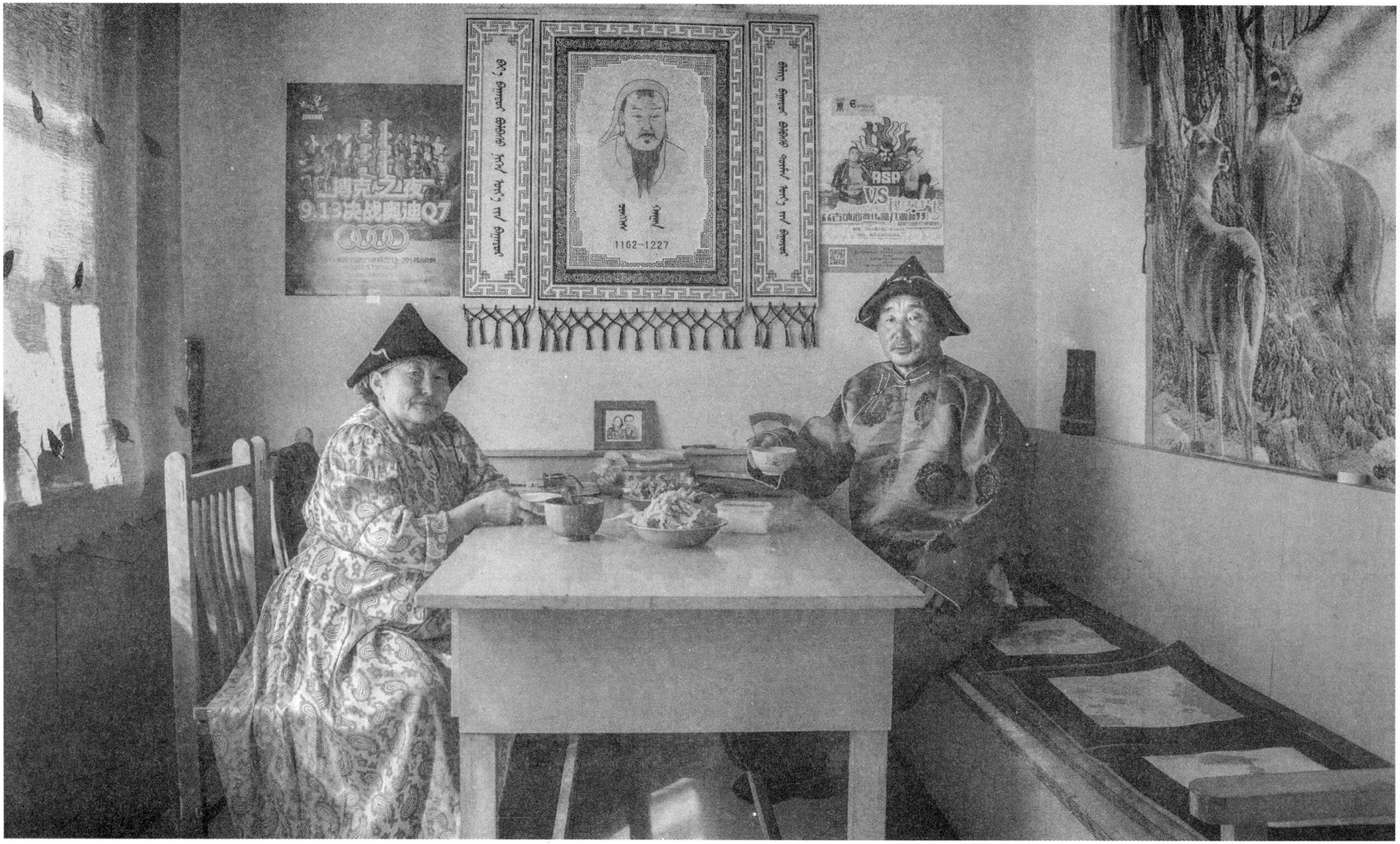

巴特尔一家

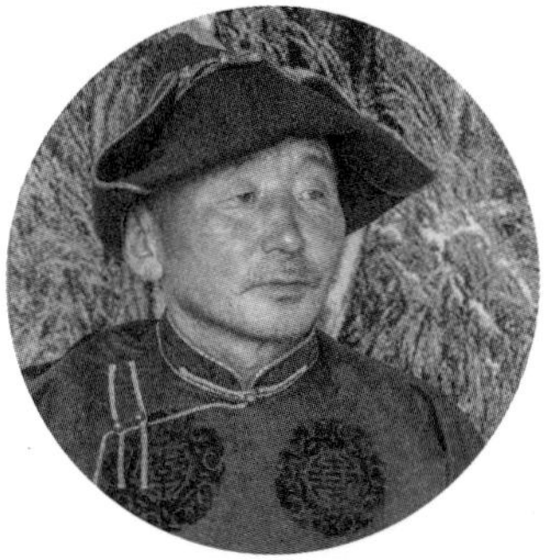

巴特尔

1961年6月出生，鄂温克族，父母都是通古斯鄂温克人。哈吉学校初中毕业，会说鄂温克语、蒙古语、汉语。

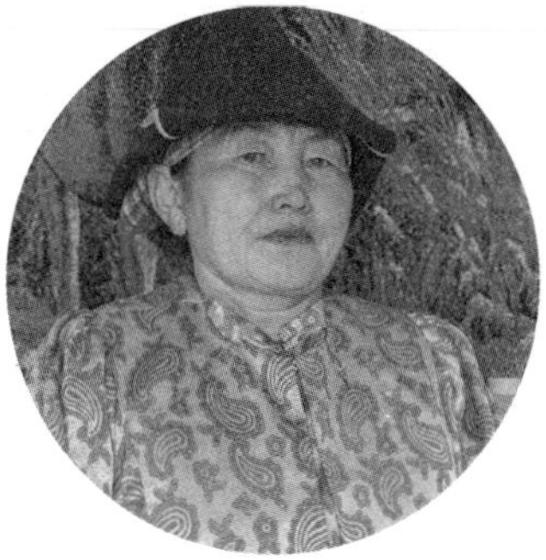

爱人：斯普勒玛

1963年3月出生，鄂温克族。海拉尔一中高中毕业，学习蒙古语。1992年入党，曾任6年嘎查妇联主任。

儿子：诺孟

牧民，在嘎查负责残联工作。

女儿：布仁扎布

1988年11月出生，鄂温克族。呼和浩特民族学院毕业，现在鄂尔多斯电台做播音员、记者。

家里有26头牛，58匹马，980只羊，年收入20多万元。

居住地：内蒙古自治区呼伦贝尔市陈巴尔虎旗鄂温克民族苏木雅图克嘎查

拍摄于2014年9月10日

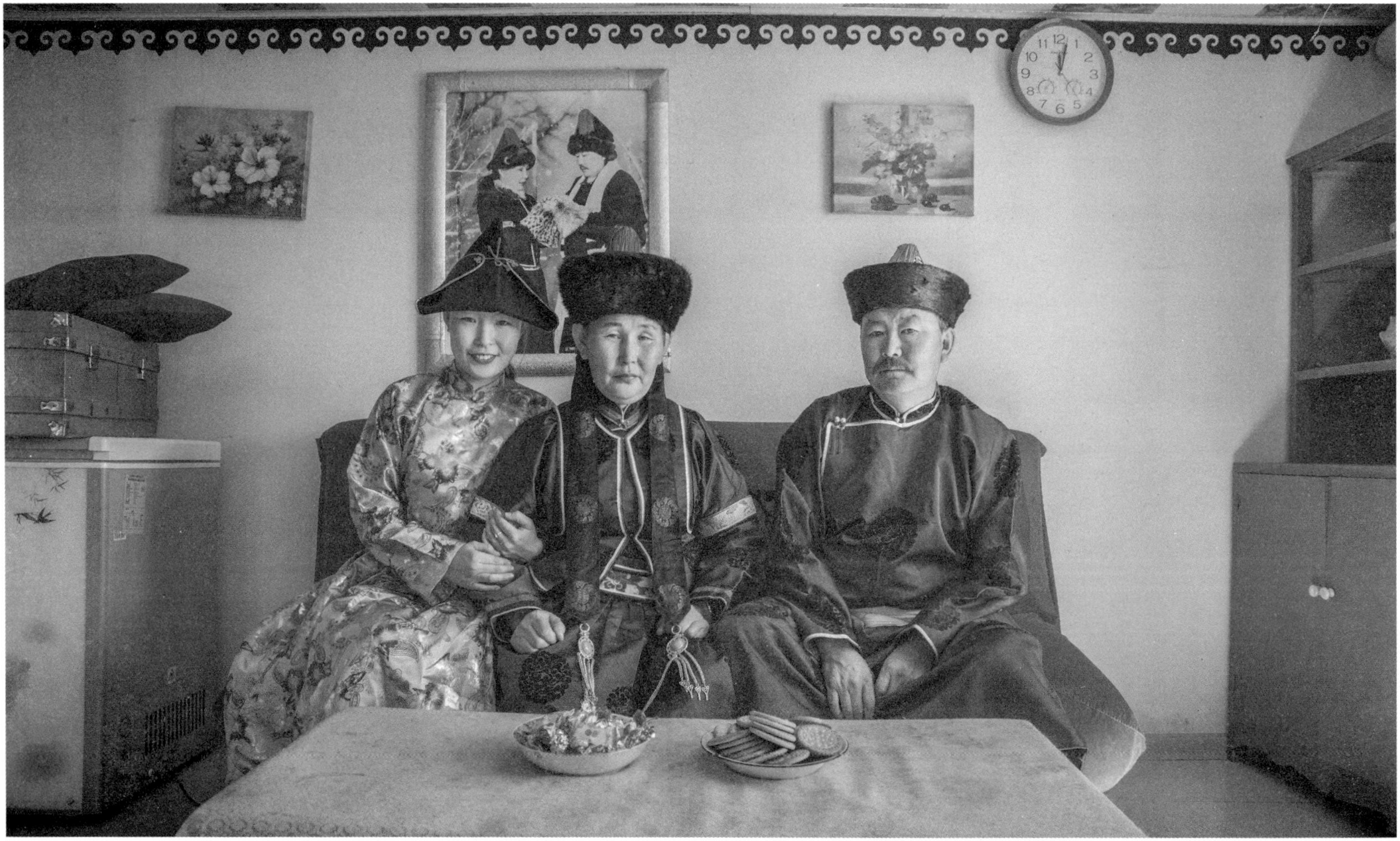

朝克巴达日呼一家

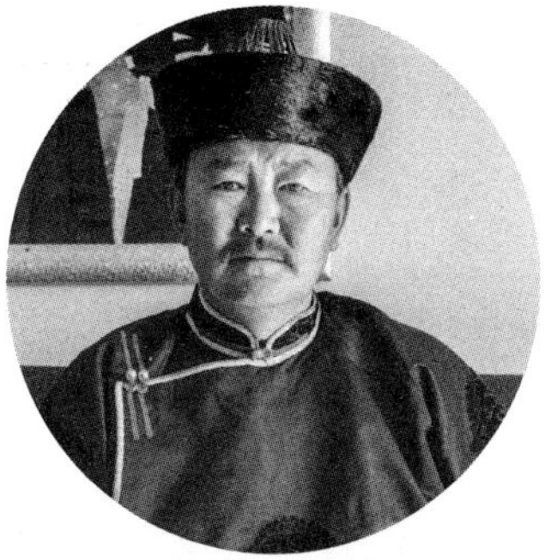

朝克巴达日呼

1968年2月出生，鄂温克族，父母都是通古斯鄂温克人。小学文化，会说通古斯鄂温克语、蒙古语、汉语。1993年入党，曾任雅图克嘎查团支部书记。朝克巴达日呼是鄂温克民族苏木第一家养殖高产奶牛示范户，2000年开始养殖高产奶牛。他们还主动帮扶周围贫困家庭，到目前已经有三四户牧民在他们的帮助下脱贫。

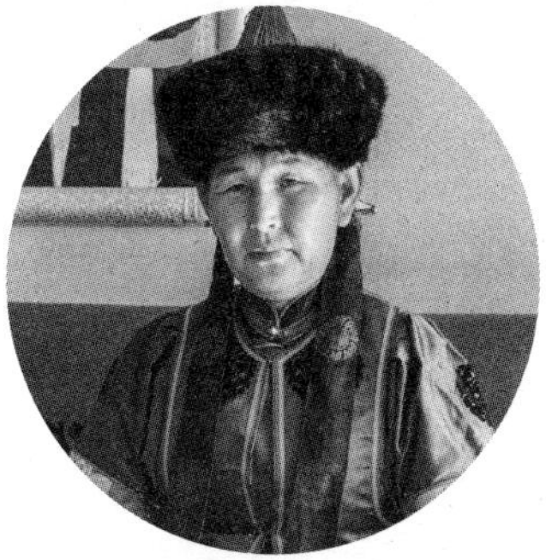

爱人：赛音其其格

1968年3月出生，鄂温克族。初中文化，1993年入党。2005年至今任雅图克嘎查妇联主任。2012年，赛音其其格组织十户牧民家庭成立肉羊合作社，共同发展致富。

长女：阿拉坦图娅

1990年5月出生，鄂温克族。呼伦贝尔学院毕业，在巴彦库仁镇自主创业。

长子：阿木古楞

1993年8月出生，鄂温克族。在内蒙古交通职业学院学习。

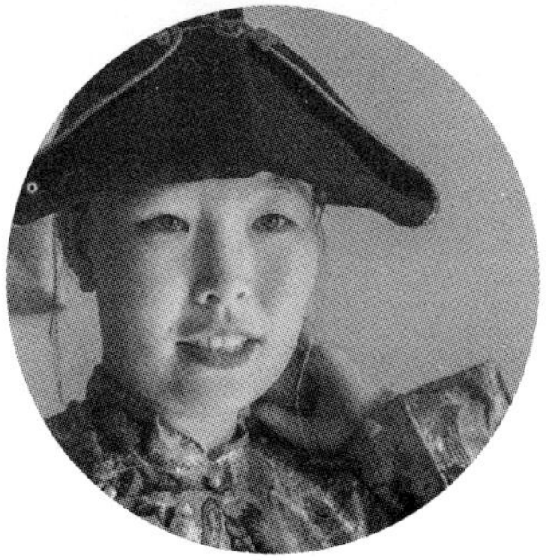

次女：阿拉木斯旭日

1991年12月出生，鄂温克族。吉林农业大学毕业，现待业。问她是否愿意回到草原帮助爸爸妈妈经营牧业，小脑袋摇得跟拨浪鼓似的。

家里有70多头高产奶牛，7匹马，700只羊，年收入30万～40万元。

居住地：内蒙古自治区呼伦贝尔市陈巴尔虎旗鄂温克民族苏木雅图克嘎查

拍摄于2014年9月10日

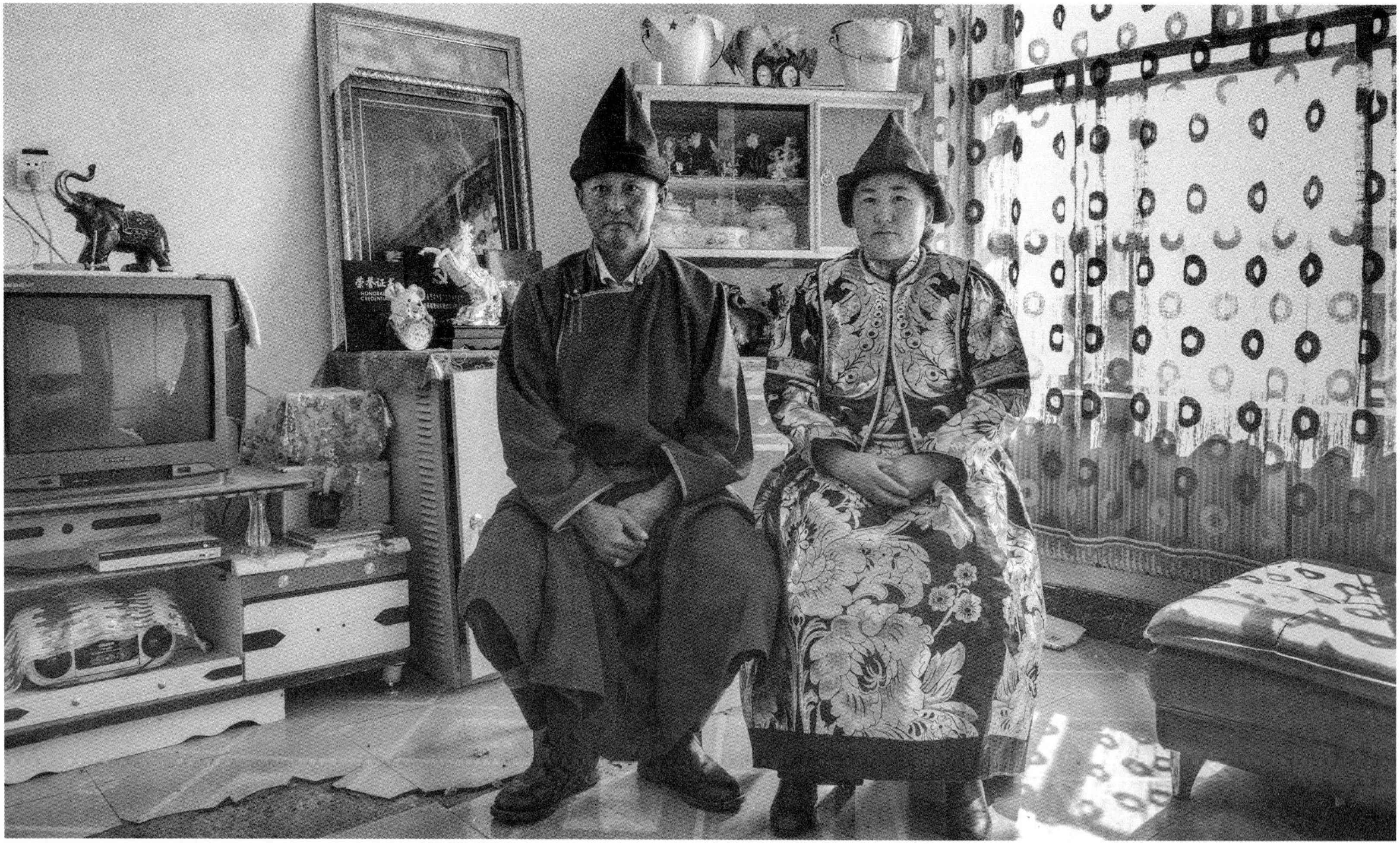

甘珠尔扎布一家

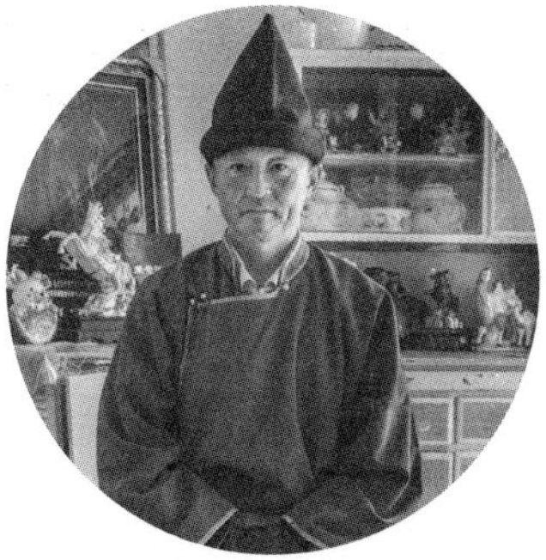

甘珠尔扎布

1974年10月出生，鄂温克族，父母都是通古斯鄂温克人。呼伦贝尔蒙师毕业，中专学历，会说通古斯鄂温克语、蒙古语、汉语。1995年任雅图克嘎查团支部书记，1997年当选雅图克嘎查达，1999年入党，2003年当选雅图克嘎查书记。

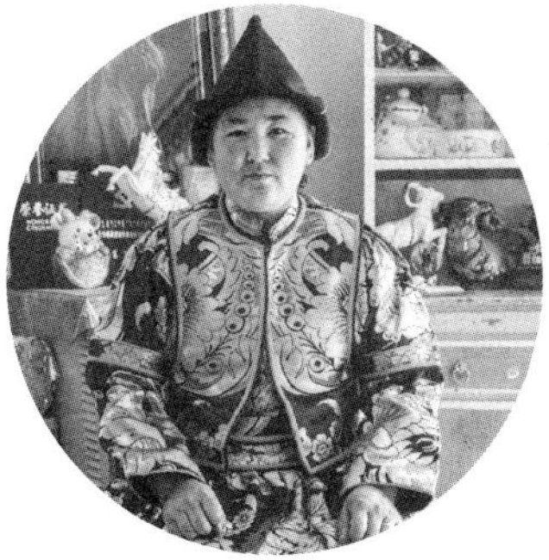

爱人：呼格吉勒玛

1978年11月出生，鄂温克族。陈巴尔虎旗第二中学毕业，初中文化，会说通古斯鄂温克语、蒙古语、汉语。

长子：甘迪嘎

2000年6月出生，鄂温克族。在陈巴尔虎旗第二中学上初二，学习蒙古语。

次子：嘎拉森

2005年3月出生，鄂温克族。在陈巴尔虎旗民族小学上四年级，学习蒙古语。为了孩子上学，在巴彦库仁镇买了楼房，由爷爷奶奶照顾。

家里有100头牛，60匹马，1200只羊，年收入30万元。

居住地：内蒙古自治区呼伦贝尔市陈巴尔虎旗鄂温克民族苏木雅图克嘎查

拍摄于2014年9月10日

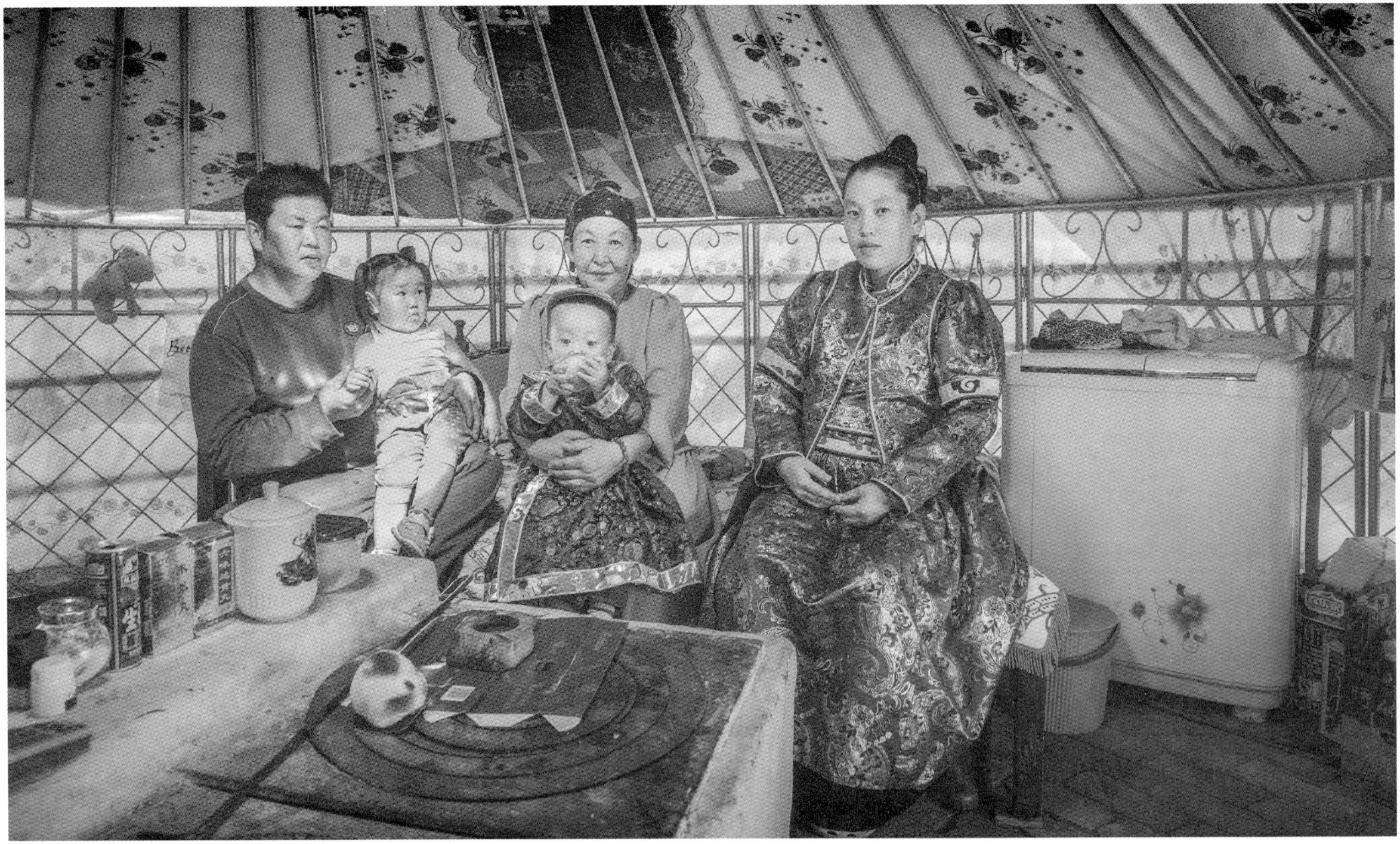

斯吉德玛一家

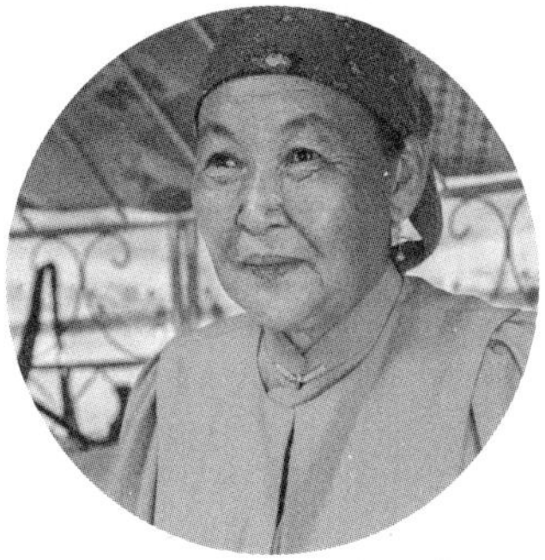

斯吉德玛

1959年12月出生，鄂温克族，父亲是通古斯鄂温克人，母亲是布里亚特蒙古人。高中文化，会说鄂温克语、蒙古语、汉语。养育了两个儿子、一个女儿、一个养子。

现在家里正在盖60平方米的砖房，政府补贴项目，个人出资2.2万元，其余资金由政府补齐。家里有37头牛，6匹马，300只羊，年收入7万~8万元。

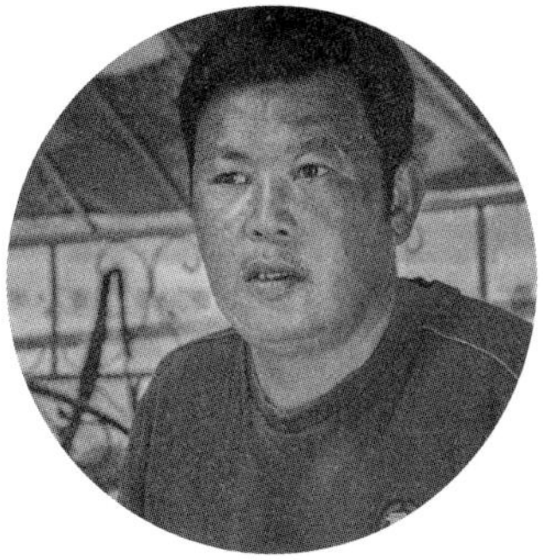

长子：乌嫩

1978年9月出生，鄂温克族。初中文化，会说鄂温克语、蒙古语、达斡尔语、汉语。伊拉特嘎查牧民。

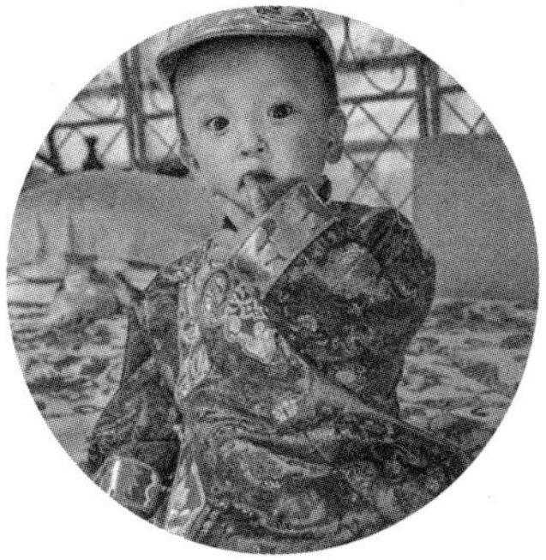

次子乌力吉的儿子：丹尼斯

2013年1月出生，鄂温克族。

斯吉德玛现在和次子乌力吉一起生活，就在我们拍摄的第二天，乌力吉的爱人又生了个儿子。

居住地：内蒙古自治区呼伦贝尔市鄂温克族自治旗辉苏木伊拉特嘎查

拍摄于2014年8月22日

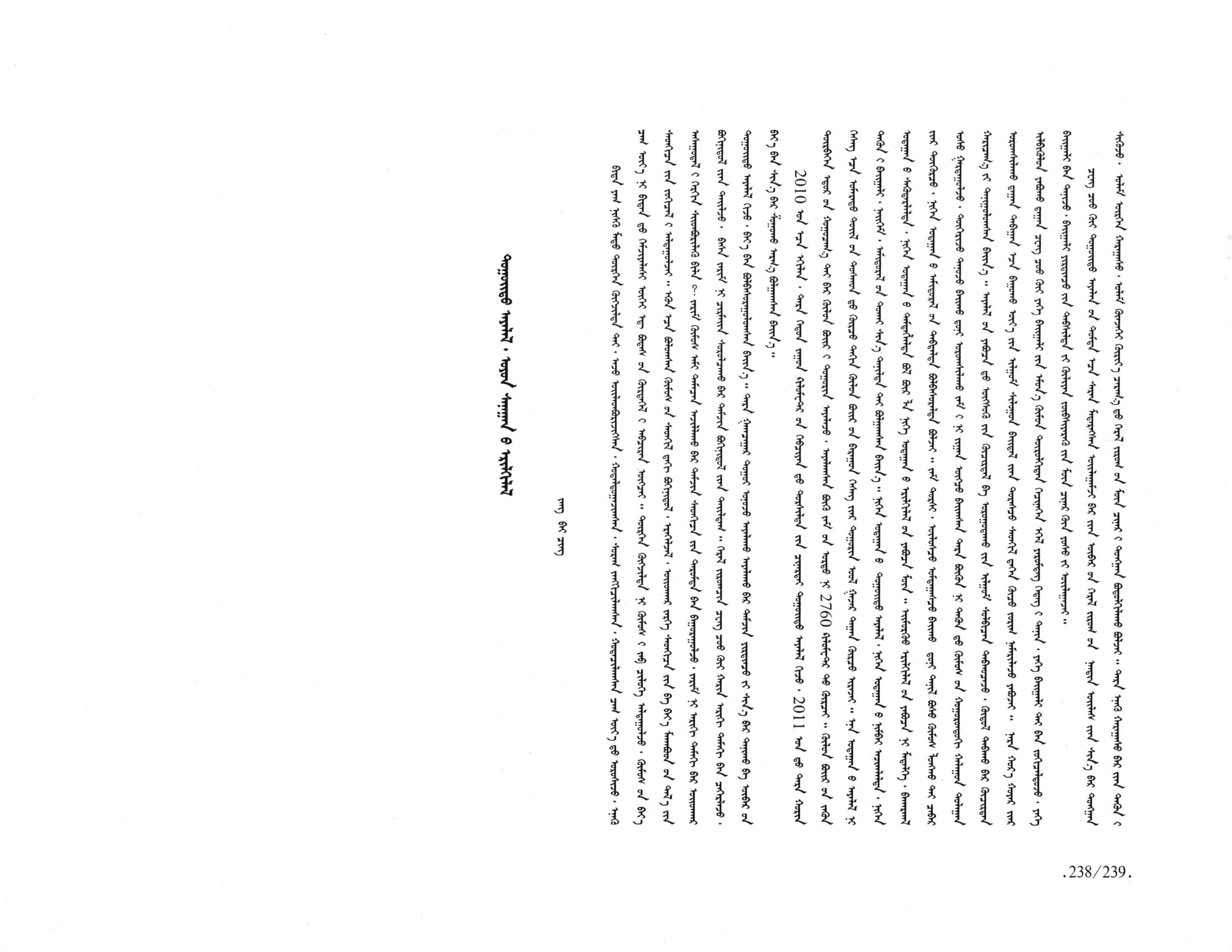

2760

2010 2011

[illegible]

[illegible] 2013 ᠣᠨ ᠤ 6 ᠰᠠᠷ᠎ᠠ ᠶᠢᠨ 5 ᠤ [illegible] 2013 ᠣᠨ ᠤ 3467 [illegible] 51 [illegible] 250 [illegible] 5000 [illegible] ᠪᠣᠯᠤᠨ᠎ᠠ᠃

2013 ᠣᠨ ᠤ 4 ᠰᠠᠷ᠎ᠠ ᠶᠢᠨ [illegible] ᠪᠣᠯᠤᠨ᠎ᠠ᠃

[illegible] ᠪᠣᠯᠤᠨ᠎ᠠ᠃

[illegible] ᠪᠣᠯᠤᠨ᠎ᠠ᠃

[illegible]

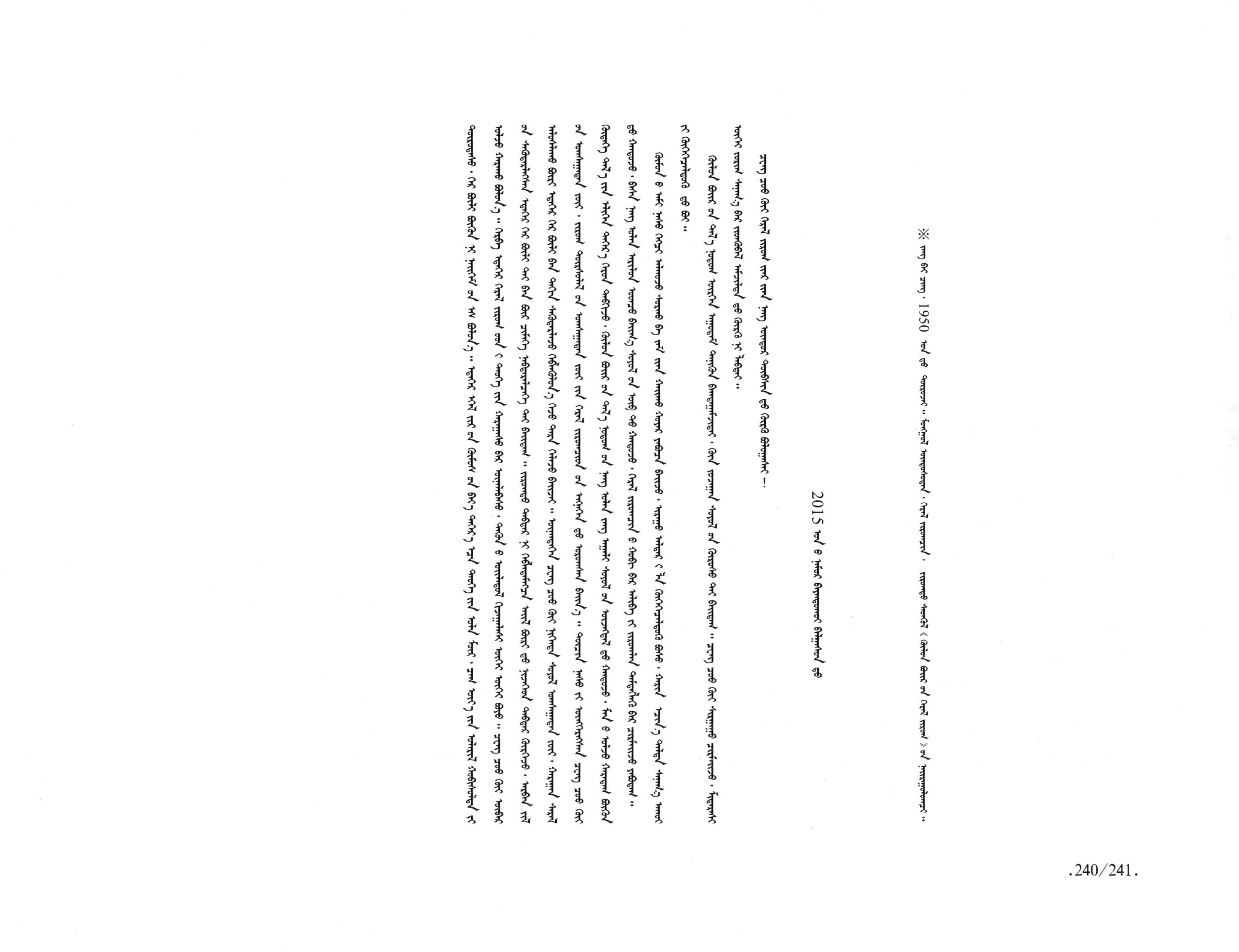

骑行，寻访内心

柏　青

我们所处的时代正在飞速发展，工业化、商业化、信息化、城镇化给我们带来了极大的物质享受。日新月异的变化，让人们目不暇接，高度发展的惯性有时候让人们的心身无所适从。于是，作为个体的人们便产生了种种莫名的焦虑、彷徨、忧郁等心理问题以及生理问题。怎样排解这种生理乃至心理问题呢？人们有的拼命地工作来排解压力，有的努力学习在消除心里的焦躁，有的吸烟纵酒释放压抑的心情……摄影人程朝贵却毅然决然地戒掉了烟酒，选择了独自骑行这种简单的体力运动方式来为自己减压助力，他把独自骑行作为一种重新认识世界和自我的方式。

2010年开始，他小范围地在几百千米路内进行试验性骑行。经过一年的实践，2011年，他利用24天时间独自骑行环绕呼伦贝尔一周，行程达2760千米。自呼伦贝尔东部到达北极村后环呼伦贝尔西部回到出发地。这次环呼伦贝尔骑行让他对自然、对社会、对人生都有了全新的认识。一次骑行，一次观察，一次拍摄，一次记录，就是一次寻找的过程，这种寻找的过程充满了诱惑、知识、趣味，也是一次人生的历练。一路上，饥渴之中有路人递过一瓶水，迷途之中有人指出了前路的方向，都让他真正感受到了人与人之间的温情。骑行中蹬坡的吃力与下坡的惬意交替发生着，只要遇到高坡艰难攀登时他就想到一定会有登高后下坡的惬意，又浑身充满了力量。与阳光风雨的肌肤相亲，使程子感悟到了在大自然面前，人是多么渺小，就像那路边的小草小树一般。要学会适应大自然，顺应大自然，理解大自然，接受大自然的洗礼。

程子用骑行得出的人生体悟重新审视了自己所钟爱的摄影的真谛，他开始在更广的范围、更深的领域思考摄影。他用这种眼光重新打量一下养育自己的这片草原以及这片草原上的人们，眼前豁然一亮：多么美丽的草原啊！守护这片美丽草原的人民，心灵是多么善良与纯朴啊！于是，他开始用镜头关注这片草原，关注守护着这片草原的人们。他开始深入到草原牧民家，和牧民交朋友，话家常。一次次到牧民家交流，深得牧民信赖，牧民给他讲民俗，讲故事，讲草原的昨天、今天和明天。在与牧民成为朋友后，他为牧民拍家庭照、人物照，并将这些照片洗了后再送给牧民。在拍了牧区鄂温克人家后，他赴黑龙江拍摄农区鄂温克人家，然后又深入林区拍摄驯鹿鄂温克人家。在得知新疆塔城地区有一部分鄂温克族人后，他便有了一个更大胆的设想：筹划单人单车骑行新疆塔城市，一路采访拍摄鄂温克人家。

作为民族文化访谈拍摄者，程子完全可以乘飞机、火车前往，而他决定采取单人单车骑行这种简单方式前往，纯粹是对自己的一种挑战，这种挑战极具风险性。但是程子认为不用这种方式很难理解当年鄂温克人戍边的精神，不理解这种精神就很难把握影像的切入点。于是他毅然做出了这样的决定。在呼伦贝尔尚是冰雪刚刚消融的4月中旬他开始骑行，一路经通辽、承德、北京、张家口、呼和浩特到甘肃后进入新疆乌鲁木齐，然后到达塔城市，历时51天，骑行3467千米，于2013年6月5日在塔城市举办索伦部戍边250周年大会期间胜利到达。一路风雨，一路曲折，一路艰辛，这在他即将出版的《骑行日记》一书都作了详细的描述。在我们驱车5000多千米前往新疆塔城市接他时，我见到了一个皮肤黝黑、满脸胡须的强壮汉子，更看到了一个从思想到灵魂都蜕变了的摄影人。这本图集《中国鄂温克人家》，有了新疆塔城地区的鄂温克人家便显得更为丰满和完整，然而这些影像却来之艰辛。

德国哲学家叔本华说：“人的面孔要比人的嘴巴说出来的东西更多，更有趣，因为嘴巴说出的只是人的思想，而面孔说出的是思想的本质。”哲学家的一句话道出了这本图集《中国鄂温克人家》的真谛。每一张图片都是年代的缩影，每一个人物都是时代的产物，每一个家庭都是社会的细胞。在这样一个个小人物身上，反映着大历史大时代的变迁。如果把这些影像放入大历史的节点上去考量，其作用不可估量。程子和他拍摄的这些鄂温克人家都有联系，都有往来。他说此图集出版后要亲自送给每户人家一本，过十年后他还要再拍摄这些人家，二十年、三十年即每隔十年他就要把这些人家重新拍摄一遍，并分别制作成图集出版。其实，程子是在自觉不自觉中进入到文化人类学、视觉人类学、图像人类学的摄影者行列中了。已过不惑之年的程子却有了大惑，他奔波在这片草原上，面对呼伦贝尔草原上俯拾皆是的民俗文化，面对那些我们看得到的，也有我们视而不见的，更有许许多多在悄然消逝的文化遗存，作为摄影人，程子渴望沉下去，静下心来去拍摄、记录。他目前正在拍摄人文、历史、民俗、文化的一个个专题，一张张图片，记录着草原上一个个美丽的故事。

生命的过程，大概就是学步与寻路的过程。不是为了追求一种光荣，而是为了追求一种境界。

呼伦贝尔草原美丽辽阔，人文历史底蕴厚重，以程子的勤奋努力、执着坚韧的精神一直拍下去，他一定会有收获的。

期望程子在用影像记录民族文化方面取得更大的成绩！

2015年秋于巴彦托海镇

柏青：“50后”，蒙古族，摄影人，《呼伦贝尔摄影》杂志编辑

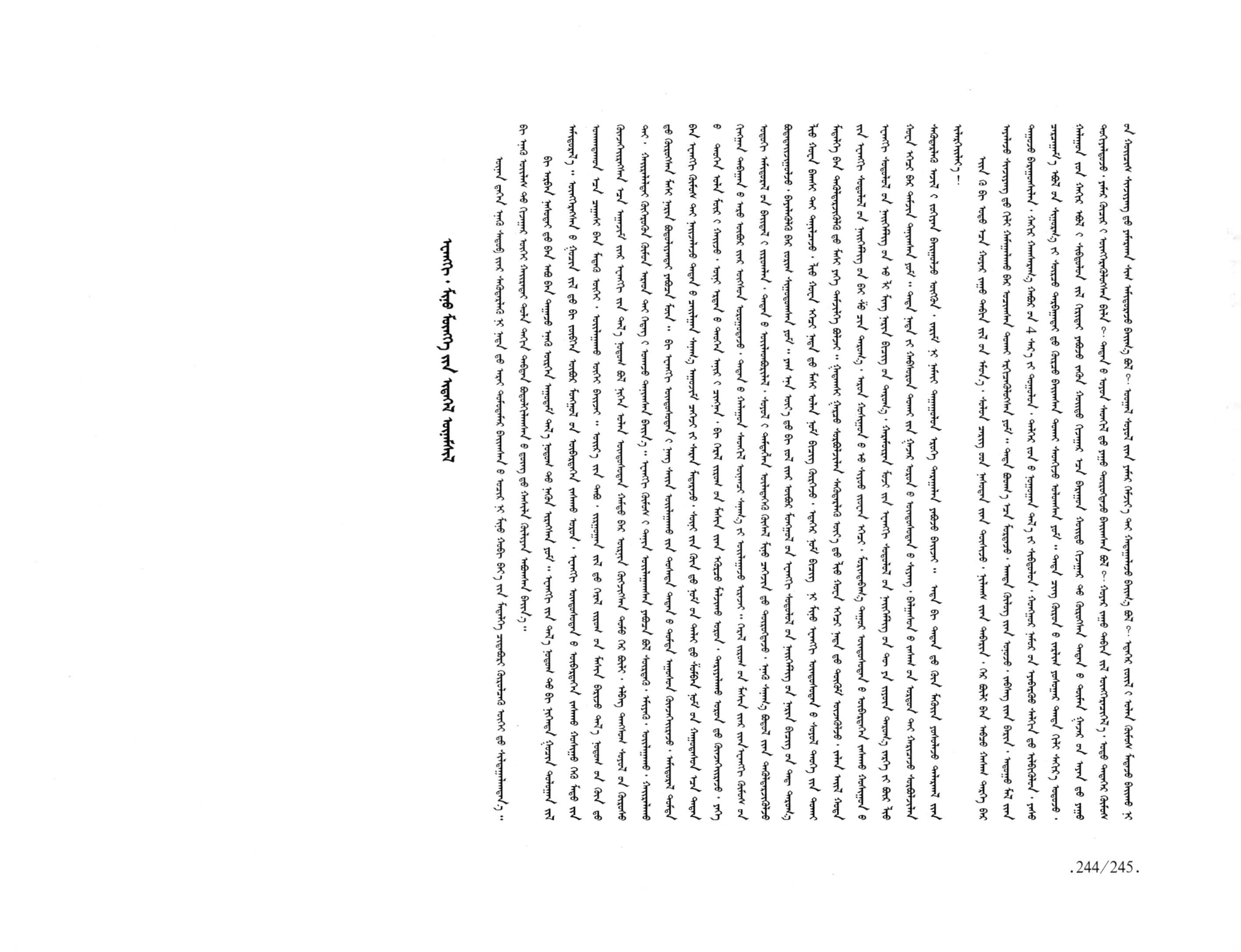

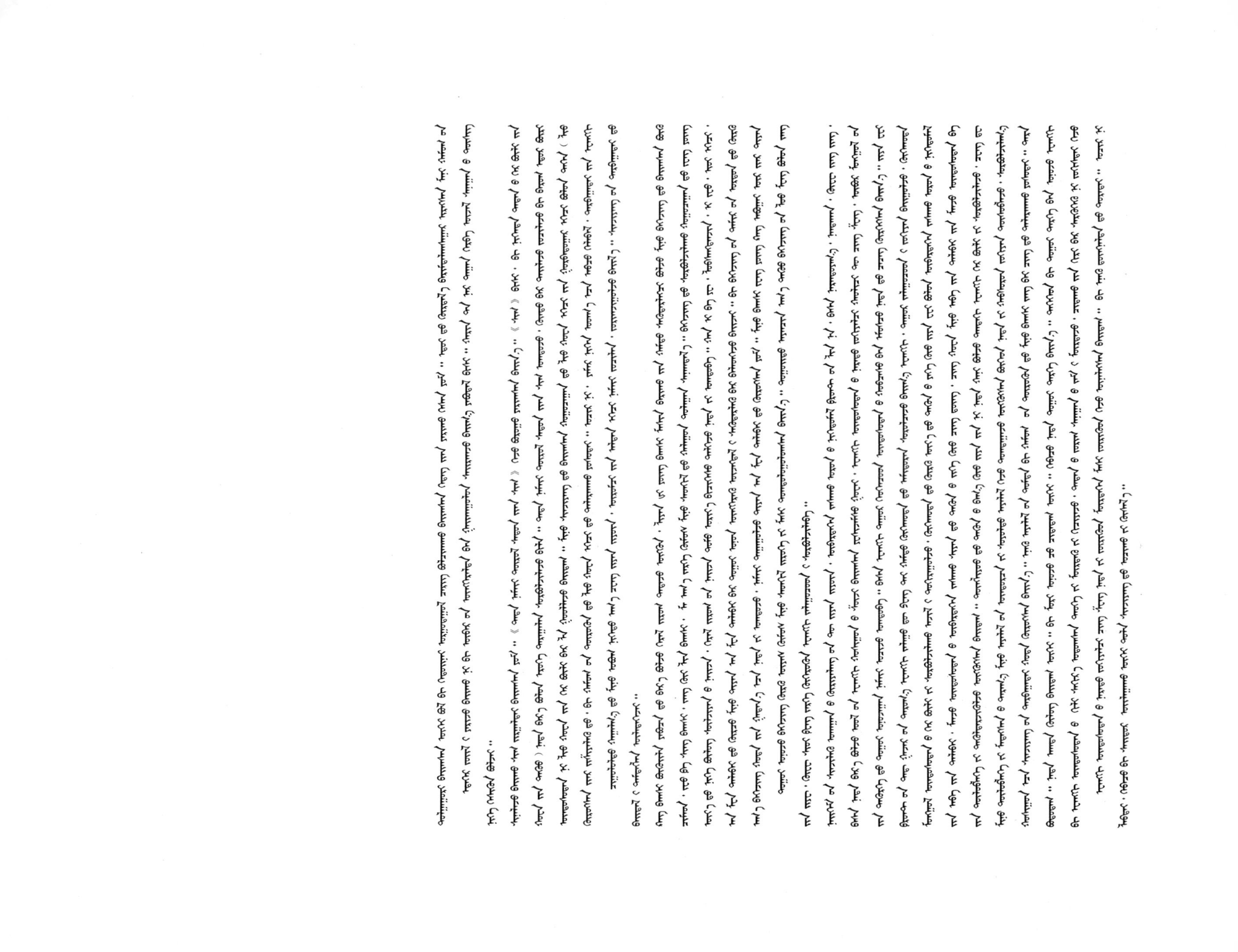

[illegible]

[illegible]

[illegible]

[illegible]

[illegible]

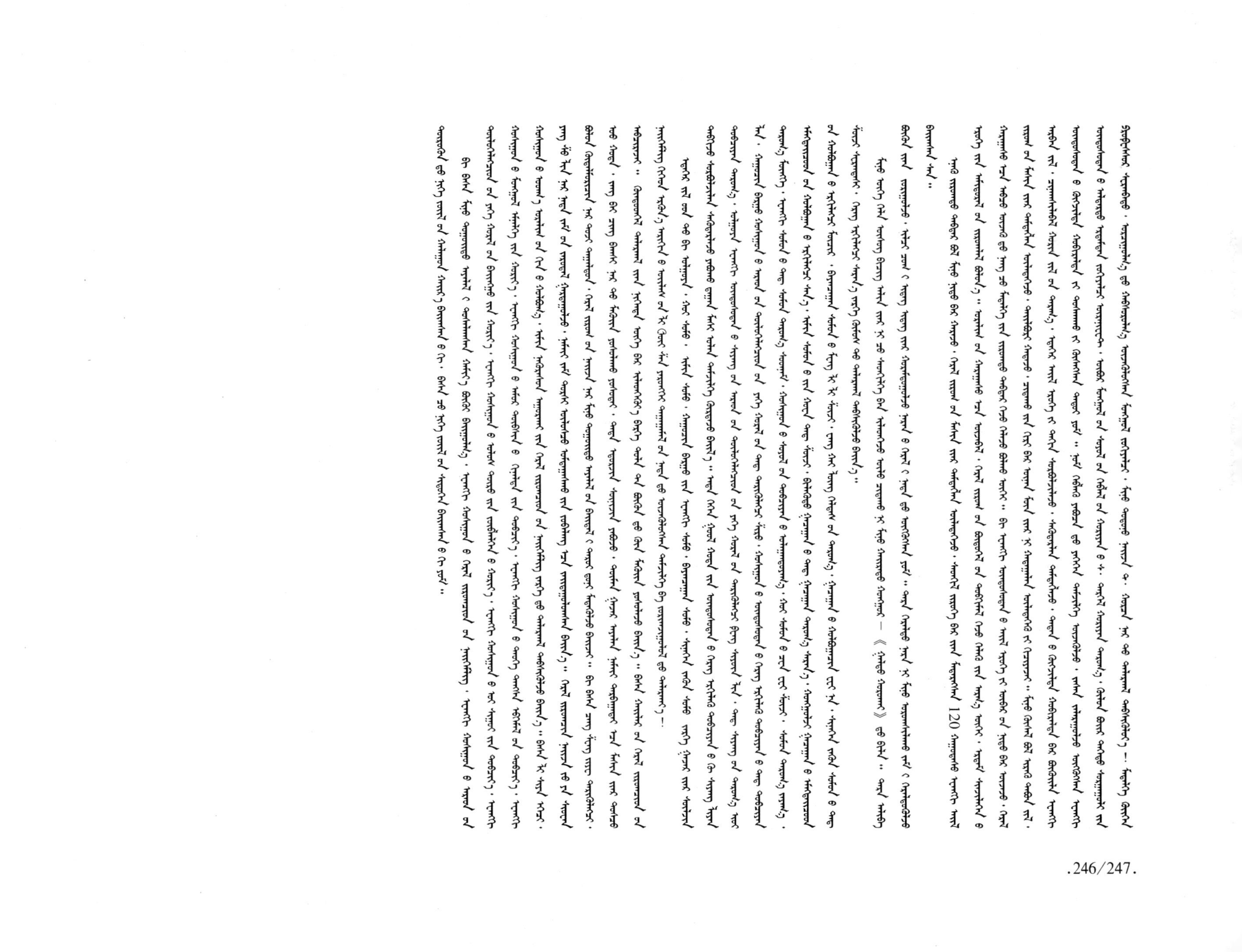

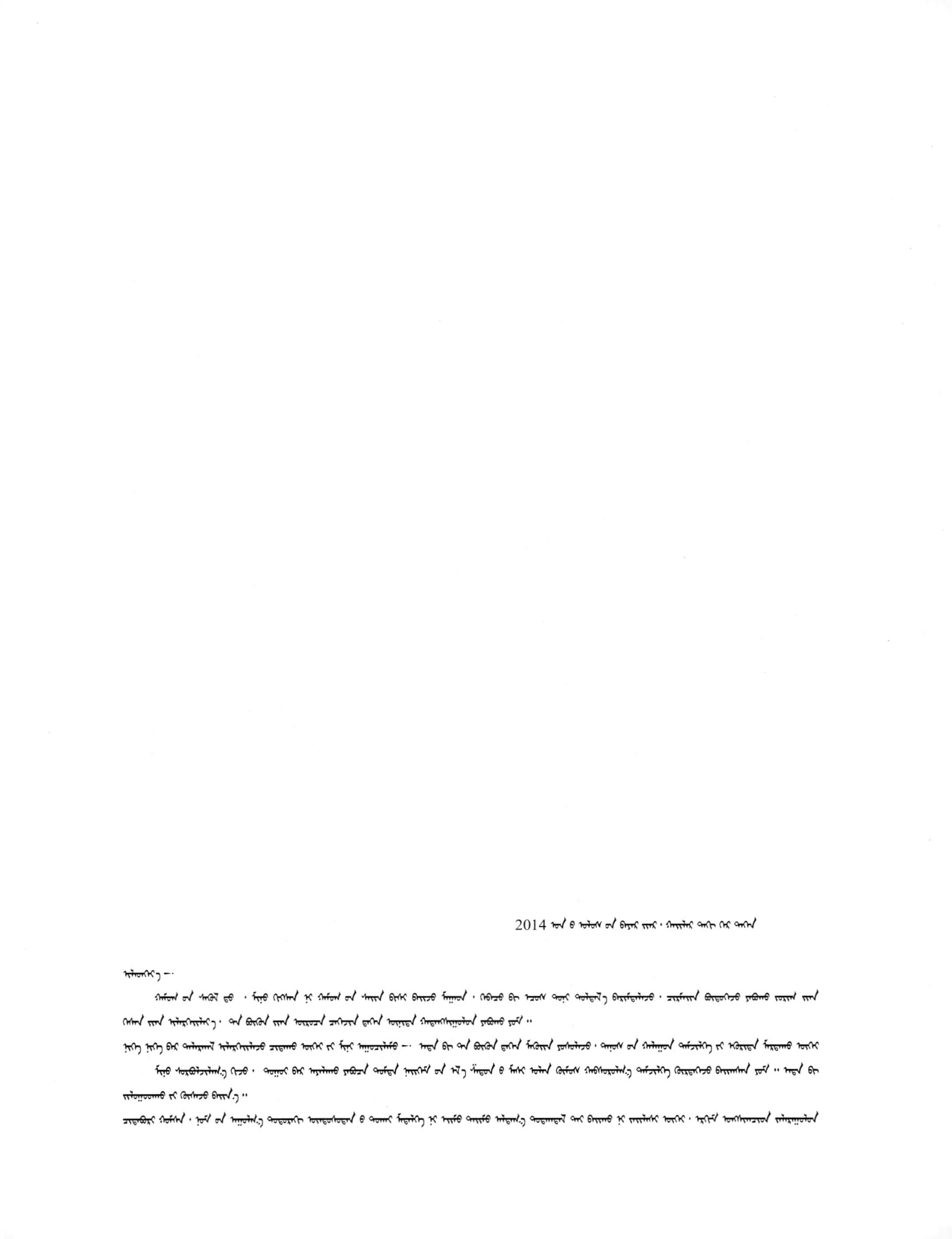

2014 [illegible]

[illegible]

[illegible]

[illegible]

[illegible]

[illegible]

[illegible]

[illegible]

鄂温克，我永恒的信念

程朝贵

其实拍摄这个专题对我来说显得有些大，为什么这么说呢？主要还是自身的学识和功力远远不够。

但思前想后，还是把它扛起来了。那又为什么敢扛起来呢？因为热爱。

我是10岁那年随父亲来到这片草原的，至今在鄂温克草原生活近40年了。头30年，只知道这里是内蒙古自治区，是鄂温克族自治旗，再往下知之甚少。最近十几年的时间拿起相机，走进草原，渐渐了解到鄂温克草原是个多民族共同生息的大家庭，有着丰厚的文化底蕴和可爱的兄弟姐妹。

为了更好地了解鄂温克民族，融入其中，我在生活中和鄂温克人交朋友，感受他们的坦诚和豁达；星夜苦读，从书海中寻找他们的足迹，聆听远古的声音；一次次地背起相机，深入到牧区、农区，一次次踏上大兴安岭，去触碰那真挚、炽热的心灵。慢慢地，一个想法逐渐呈现在脑海：如果用手中的相机，拍摄记录下现在鄂温克人的生产生活状态，记录下他们的文化艺术形态，那不是挺好的一件事吗？这个想法不断地充实，不断地完善，于是下定决心要去做这件事情了。此时，幸运地认识了柳华老师，她是内蒙古自治区鄂温克族研究会副秘书长。柳华老师送了好些有关鄂温克族文化方面的书籍，我恶补了一下鄂温克族的文化历史知识，受益匪浅。去外地采访拍摄也是谁也不认识，全是柳华老师给牵线搭桥。扎兰屯市鄂温克族研究会的白淑琴会长、阿荣旗的吴晓娟大姐、莫力达瓦达斡尔族自治旗鄂温克族研究会的武黎明秘书长，还有黑龙江省鄂温克族研究会的涂亚君会长等等，他们帮着联系当地民族乡政府组织采访拍摄，甚至有的亲自陪着我一家一户地走！真的要深深地鞠上一躬，说声谢谢了。

走着走着，想到了新疆。想到了250年前500名索伦兵搀扶着年迈的父母，身后紧跟着坚定的妻子，大轮车上的摇篮里还有嗷嗷待哺的婴儿。他们从布特哈出发，骑着战马，身背武器，向西，再向西。走过四月枯黄的草原，七月娇嫩的草原，寒冬腊月冰封的草原，来到了遥远的新疆，他们是受清政府之命驻守新疆的。历经寒暑，从东北走到西北，近一年的时间，万里戍边路上都发生过什么？都经历了什么？他们的心里想的是什么？250年过去了，现在的新疆鄂温克人生活得怎么样？文化保护得怎么样？当然有人知道，但我不知道。

于是又想去新疆了。

鄂温克族著名作家庆胜老师对我的评价是：偏执，并且还很偏执。很喜欢他的评价，因为既然要追溯鄂温克人戍边历程，感受他们的心路，就要尽可能地还原历史。我没有马，也不会骑马，但有自行车，于是就骑着自行车从鄂温克旗到了新疆塔城。在这一路的骑行中，首先要感谢我的老师——柏青，当他知道了计划后，给骑行定位为：文化之旅。他积极帮着策划，完善采访计划。在通辽，他的小儿子佳音陪着我采访通辽鄂温克人家；到了承德围场满族蒙古族自治县，他的外甥庆东、庆华安排采访围场满族人家和蒙古族后代；临到呼和浩特，他的大儿子佳伟和鄂温克族青年杜鹏组织了在呼和浩特市生活、工作的鄂温克、达斡尔族青年，骑着自行车到呼和浩特郊外迎接我，还有鄂温克、达斡尔族姑娘穿着艳丽的民族服装献花。佳伟还陪着我采访了鄂温克原旗委书记叶喜扎木苏，鄂温克族知名作家、律师庆胜，内蒙古社科院涂建军老师，自治区统战部琳娜老师，还有一群可爱的年轻人：娜仁托雅、南达汗、郭晶晶、金洁、郭旭峰等等。

在骑进北京城的时候，又有好多人让我感动不已。骑友北京老孟和张哥迎出北京城，引导着直奔天安门。我的老师郑永康先生一大早就到了天安门广场，准备拍摄我通过天安门的时刻。到达鸟巢玲珑塔下，北京的一帮博友、影友打开条幅，迎接我的到来。一张张熟悉的、陌生的面孔：汗裔巴爷、洛桑丹曲、一舟、于姐、其莫额德、周发兴老师、张贵林老师、马哥等等，让我倍感温暖。在北京采访期间，郑永康老师全程陪同兼摄影，廉智勇老师开车兼摄像，记录我在北京的活动。还有张家口的本家哥哥程建军、乌鲁木齐的阿藤姐给我接风、加油。到了新疆塔城，首先还是要感谢柳华老师。因为从某一方面讲，塔城的鄂温克族其实就是柳华一家的坚守。她早早就打电话给在新疆的三姐，告知了我的事情。在新疆的这些天里，三姐和特根（柳华的弟弟）陪着我，挨家挨户地采访。他们像迎接亲人一样，用最隆重的礼节招待我，大哥大姐家杀羊，二哥二姐请客，每天都像过年一样幸福。上面有句话我说错了，“他们像迎接亲人一样”，不是“像”，我就是他们家的一员，他们是我的亲人！

之所以说这些，不是想炫耀我的经历，而是要告诉大家，这一路走来，如果没有一种精神支撑，我可能早就当逃兵了。之所以能坚持下来，首先是热爱，然后是亲人般的关怀。

还要深深地感谢资助我骑行的一些部门：鄂温克旗摄影家协会、旗人大、旗政协、旗林业局、旗蒙医医院、安监局、档案史志局、旗文联、伊敏煤电公司影协等等。还有黎霞老师、杨树林悄悄塞给的茶水钱，让我在路上吃得饱、喝得暖；影友雅轩和李海潮老师一直跟踪报道发帖，让影友及时了解我的骑行信息。

要致敬的是常胜杰主席、敖浩特、柏青老师，他们日夜兼程，驱车万里，前往塔城接我回家。在这里，用语言已经无法表示敬意和谢意，只能深深地鞠上一躬。

还要感谢海拉尔区摄影家协会马铁柱主席以及各位老师和古纳河酒业李瑞山总经理的鼓励和支持。

这些年，奔波在敖鲁古雅、辉苏木、伊敏苏木、陈巴尔虎旗鄂温克民族苏木、巴彦嵯岗苏木、锡尼河东苏木采访拍摄，得到了很多帮助。在这里，向根河市民族事务局局长古香莲，敖鲁古雅鄂温克民族乡人大主席冯训林、副乡长于兰；陈巴尔虎旗人大副主任旭日、旗民族事务局副局长孟和、鄂温克民族苏木副苏木达苏德那木、旗文化局乌兰托娅；辉苏木书记陈伟、苏木达吉雅、妇联主席萨娜；伊敏苏木副书记金花、毕鲁图嘎查副嘎查达萨日娜、红花尔基嘎查妇女主任木其日；巴彦嵯岗苏木书记孟丽丽、部长王海龙、嘎查联络员伟娜；锡尼河东苏木副书记斯仁达西、办事员萨日娜等等，表示感谢！

无法用语言和文字表达心情的是对我的爱人——萤火虫。是她呕心沥血，积攒那一丁点儿、一丁点儿的光亮，攒成了一个太阳，照亮了我前进的方向。

这本画册的人物是我用心去感受的115户鄂温克人家，通过观察现代鄂温克人家庭，用相机记录下来并配以文字信息，做个真实的历史留存吧。我的愿望是再过5年、10年、20年，能坚持回访这些鄂温克人家，坚持拍摄记录，透过个体家庭的发展变化，看到民族文化的变迁。

感谢在出版过程中给予我大力支持和斧正的鄂温克族著名作家、学者乌热尔图先生，内蒙古文化出版社铁山社长和呼伦贝尔学院斯仁巴图教授，还有提供蒙古文翻译的呼伦贝尔市翻译家协会副秘书长胡日查老师！

在采访、骑行过程中，得到了社会各界人士的支持和帮助，不可能一一道谢，在此深深地鞠上一躬，不会忘记你们的，因为我已经记在心里了。

最后还想说一句话：我做得不一定好，但一定会坚持去做，努力去做！

2014年国庆节于家中